工业和信息化普通高等教育"十三五"规划教材立项项目

21世纪高等学校**会计学**系列教材

U0719594

T AX
ACCOUNTING

税务会计理论
与实务

第2版

◆ 江霞 李志勇 主编

人民邮电出版社

北 京

图书在版编目（CIP）数据

税务会计理论与实务 / 江霞，李志勇主编. -- 2版
. -- 北京 ：人民邮电出版社，2018.4（2019.7重印）
21世纪高等学校会计学系列教材
ISBN 978-7-115-47392-9

Ⅰ．①税… Ⅱ．①江… ②李… Ⅲ．①税务会计－高
等学校－教材 Ⅳ．①F234

中国版本图书馆CIP数据核字(2017)第301578号

内 容 提 要

本书详细地介绍了我国各类税种的相关税制及其相关业务的会计处理方法，将会计与税法紧密结合。

本书共 9 章，主要内容包括税务会计概述、增值税会计、消费税会计、城市维护建设税及教育费附加会计、关税会计、企业所得税会计、个人所得税会计、资源税会计、土地增值税会计及其他税会计。

本书既可作为应用型本科院校、高职和成人教育院校会计学、财务管理学专业相关课程的教材，也可作为企业会计人员的参考用书。

◆ 主　编　江　霞　李志勇
　　责任编辑　许金霞
　　责任印制　焦志炜

◆ 人民邮电出版社出版发行　　北京市丰台区成寿寺路 11 号
　　邮编　100164　　电子邮件　315@ptpress.com.cn
　　网址　http://www.ptpress.com.cn
　　北京鑫正大印刷有限公司印刷

◆ 开本：787×1092　1/16
　　印张：19.25　　　　　　　　　2018 年 4 月第 2 版
　　字数：492 千字　　　　　　　2019 年 7 月北京第 2 次印刷

定价：49.80 元

读者服务热线：(010)81055256　印装质量热线：(010)81055316
反盗版热线：(010)81055315
广告经营许可证：京东工商广登字 20170147 号

前 言 FOREWORD

税务会计是本科院校会计学专业、财务管理专业学生的必修课程之一，是会计学科体系的一个重要组成部分。学习税务会计不仅可以进一步加强学生对会计知识和会计实务的理解及应用，还对税收法规的运用和落实具有重要作用。目前，在我国会计实务和会计教学中，涉税业务的会计处理是一个薄弱环节。我国迫切需要培养一批既懂会计又精通税法的会计工作者。高等院校开设税务会计课程有利于会计人才的培养，为学生将来进入企业从事财务或管理工作打下良好的基础。

基于培养具有综合专业素质的应用型会计人才的需要，本书依据我国各类税种分别介绍相关税制及其相关业务的会计处理方法，将会计与税法紧密结合，注重新颖性、实用性和可操作性。在各税种现行税制部分，将相关法规更新至 2017 年 5 月，尤其对"营改增"内容进行了全面更新，以体现新颖性；在会计核算部分，尽可能全面介绍各类涉税业务的会计处理方法，尤其是结合实际工作需要，将各类涉税业务需要取得的原始凭证一一列出，以增强实用性和可操作性。

本书共 9 章，由江霞、李志勇主编。编写分工如下：会计核算部分由江霞、孙立新负责编写，现行税制部分由李志勇负责编写，董常伟也参与了部分内容的编校工作。

本书在编写过程中参阅了许多专家、学者的著作，在此向他们表示衷心的感谢！

由于编者水平有限，书中难免有某些错误和不妥之处，请各位读者批评、指正。

编 者

2017 年 5 月

目 录 CONTENTS

第一章　税务会计概述

学习目标

- 了解会计的产生和发展历史以及会计的含义
- 掌握税务会计的含义、特征
- 熟悉我国税收法规和会计法规体系

关键词

税务会计　税收法规　会计法规

引例

某公司在一次税务检查中，因业务招待费未进行纳税调整涉嫌偷税而被罚。该公司一会计很不服气，拿出企业会计准则与税务人员理论。他认为业务招待费按照企业会计准则规定应计入"管理费用"科目，作为期间费用理应抵减利润，不应缴纳企业所得税，为此与税务人员争论不休。

多年来，在我国号称"会计国考"的注册会计师"会计"科目考试，其综合题部分一般标注"不考虑所得税等相关税费以及其他因素影响"。这种导向使得广大考生学习会计时单纯考虑会计规定，不考虑相关税法规定，造成会计人员在税收申报时与税法规定脱节，涉税事项的会计处理成为会计工作中的弱项，即使是取得注册会计师资格的高水平会计人员，有时也会表现出对涉税事项的不熟悉。为此，加强会计人员涉税事项处理方法的学习成为当务之急。这时，从会计中分离出来的税务会计应运而生。

要明确税务会计的概念，就应当了解会计的产生和发展，以及会计的含义。税务会计作为会计的一个分支，是随着经济的发展和社会实践活动的需要应运而生。

第一节　税务会计的概念

一、会计的产生和发展

会计作为人类管理经济的一项重要活动，早在原始社会末期就出现了"结绳记事""刻契记事"等极为简单的记录、计算行为。殷商时期，开始有会计记录，并得以在国家征纳赋税中应用。西周时期，随着剩余产品的出现，"会计"一词出现了，并形成了一种对劳动耗费和劳动成果计量、记录的专职、独立会计活动，以及专门掌管国家财务收支的官职——"司会"，古代会计由此产生。在我国，会计的发展可以分为以下几个阶段。

（一）古代会计阶段

在西周奴隶社会就出现了"会计"一词。在宋代，官府中的官吏报销钱粮或办理移交，要编造"四柱清册"，实行"四柱结算法"。所谓四柱是指旧管、新收、开除、实在等四项数字，比喻支撑物体的四根柱子，缺一不可。它们之间的数量关系是"旧管+新收=开除+实在"，大致相当于今天的"期初余额+本期收入=本期支出+期末余额"。

（二）近代会计阶段

一般认为，从单式记账法过渡到复式记账法是近代会计的形成标志，即15世纪末期，意大利数学家卢卡·巴其阿勒有关复式记账论著《算术、几何，比及比例概要》的问世，标志着近代会计的开端。《算术、几何，比及比例概要》一书中专门用一个章节阐述了复式记账的基本原理。这被会计界公认为会计发展史上一个光辉的里程碑。

我国会计从单式记账向复式记账的过渡一般认为在明代。明末清初，山西帮商人傅山在"四柱清册"记账方法的基础上，设计出一种适合于民间商业的会计核算方法——"龙门账"，将全部账目划分为进、缴、存、该等四大类："进"指全部收入；"缴"指全部支出；"存"指资产并包括债权；"该"指负债并包括业主投资。它们之间的数量关系是：进-缴=存-该。"龙门账"的诞生标志着我国复式记账的开始。

（三）现代会计阶段

成本会计的出现和不断完善的同时，管理会计的形成并与财务会计相分离，是现代会计的开端。管理会计主要是为内部信息使用者提供服务；财务会计主要是为外部信息使用者提供服务。一般认为，现代会计从20世纪30年代开始，更确切地讲是从1939年第一份美国"公认会计原则"的"会计研究公报"的出现为起点。

会计就是这样产生于人们对经济活动进行管理的客观需要，并随着加强经济管理、提高经济效益的要求而发展。会计与经济发展密切相关，会计的每一步改革和发展，都是适应经济发展的要求而进行的。因此，会计是经济发展到一定阶段的产物，经济越发展，会计越重要。

二、会计的含义

（一）会计的含义

会计的含义可以表述为以货币为主要计量单位，以凭证为依据，借助于专门的技术方法，对特定主体的资金运动进行全面、综合、连续、系统的核算和监督，向有关方面提供信息、参与经营管理、旨在提高经济效益的一种经济管理活动。

（二）会计的特点

理解会计定义需要把握以下几个方面。

1．会计的计量单位

经济活动中通常使用三种计量单位：劳动计量单位、实物计量单位和货币计量单位。劳动计量单位以时间（如小时）为单位计算劳动消耗量；实物计量单位以财产物资的实物数量（如米、千克）作为计量单位；货币计量单位以元为计量单位。在商品经济条件下，很难将物化劳动换算为时间计量单位。因此，会计以货币作为主要计量单位，但不是唯一计量单位，会计在选择货币作为统一的计量尺度的同时，要以实物量度和劳动量度等作为辅助的计量尺度。

2．会计的方法

会计拥有一系列专门方法，包括会计核算方法、会计分析方法和会计检查方法三大类，其中会计核算方法是整个会计方法体系的基础。

（1）会计核算方法

会计核算方法是对特定主体已经发生的交易或事项进行全面、综合、连续、系统的核算和监督所应用的方法，具体包括以下内容。

① 设置账户。

② 复式记账。

③ 填制和审核会计凭证。

④ 登记会计账簿。

⑤ 成本计算。

⑥ 财产清查。

⑦ 编制会计报表。

（2）会计分析方法

会计分析方法主要是利用会计核算的资料，考核并说明特定主体经济活动的效果，在分析的基础上，提出指导未来经济活动的计划、预算和方案，并对报告结果进行分析和评价。

（3）会计检查方法

会计检查方法亦称审计，主要是根据会计核算资料，检查特定主体经济活动是否合理合法、会计资料是否真实正确，以及根据会计核算资料编制的计划、预算是否可行、有效等。

上述各种会计方法紧密联系、相互依存、相辅相成，形成一个完整的会计方法体系，其中，会计核算方法是基础，会计分析方法是会计核算方法的继续和发展，会计检查方法是会计核算方法和会计分析方法的保证。

3．会计的基本职能

会计的职能是指会计在经济管理活动中所具有的内在功能。

从会计的基本职能看，会计是对经济运行进行的一种管理活动。这主要表现在两个方面：对经济活动进行会计核算和实行会计监督。《中华人民共和国会计法》（以下简称《会计法》）第五条要求：会计机构、会计人员依照本法规定进行会计核算，实行会计监督。因此，会计具有核算和监督的基本职能。

（1）会计核算职能

会计核算职能是指会计以货币为主要计量单位，通过确认、计量、报告等环节，对特定主体的经济活动进行记账、算账、报账，为各方面提供会计信息的功能。它是会计最基本的职能，也称作会计反映职能。

会计确认是运用特定会计方法、以文字和金额同时描述某一交易或事项，使其金额反映在特定主体财务报表特定项目中的会计程序。会计确认分为初始确认和后续确认。

会计计量是用货币或其他量度单位计量各项经济业务及其结果的过程。

会计报告是指在确认、计量的基础上，对特定主体的财务状况、经营成果和现金流量情况的信息，以财务报表的形式向有关方面报告的会计程序。

会计确认、计量和报告是全面、连续、系统地进行的，这样报告的结果才能形成完整、综合的会计信息，以便客观公正地反映经济活动的过程和结果。

（2）会计监督职能

会计监督职能是指会计人员在进行会计核算的同时，对特定主体经济活动的合法性、合理性进行审查，即以一定的标准和要求利用会计所提供的信息对特定主体的经济活动进行有效的指导、控制和调节，以达到预期的目的。会计监督的内容包括：监督经济业务的真实性；监督财务收支的合法性；监督财产物资的完整性。

会计监督贯穿于经济活动的全过程，包括事前监督、事中监督和事后监督。事前监督主要是在参与编制各项计划和费用预算时，依据国家的法律、法规和制度，对未来经济活动的可行性和合法性进行审查；事中监督主要是在日常会计核算中，对于发现的问题提出建议，促使有关部门采取措施，调整经济活动；事后监督主要对已经发生和已完成的经济活动的合法性和合理性进行检查、分析、考核和评价。

会计的核算职能和监督职能是密切相连、相辅相成的关系。对经济活动进行会计核算的过程，也是实行会计监督的过程。会计核算是会计监督的前提，没有会计核算提供的数据资料，会计监督就没有客观依据；会计监督是会计核算的保障，如果只有会计核算而不进行会计监督，会计核算就不能正确有效地进行，就难以提供客观的会计信息，会计核算也就失去了存在的意义。

会计核算和会计监督职能是会计的两项基本职能。随着经济的发展和会计活动范围及内容的不断扩大，会计的职能也在不断发展，特别是会计参与经济决策的职能尤为突出。当然，从会计的基本特征看，目前会计所具有的参与经济决策的职能，是从核算和监督两项基本职能中派生出来的，不属于会计的基本职能。

4．会计的本质

会计的本质就是一项管理活动。

经济管理包括对人、财、物三大要素的管理。对人的管理是人力资源管理，主要是调动人的积极性，实行劳动最优组合。对物的管理是物资管理，主要是保护财产物资的安全完整，提高财产物资的利用效率。对财的管理是财务会计管理，主要是利用资金手段，对一个特定会计主体的经济活动进行价值管理，反映和监督经济活动。人力资源管理和物资管理往往要通过财务会计管理的手段来付诸实施。所以，会计工作也称为会计管理工作，是经济管理工作的重要组成部分。

三、税务会计的产生和发展

（一）税务会计的产生

在国家产生并开始征税后，作为税款的缴纳者，与关心自己的生产耗费一样，必然会关心自己的税收负担，自然也会有纳税计量和记录的要求。但在一个相当长的历史阶段，社会生产力水平低下，各国的税制也远未走向法制化。在这种纳税环境下，纳税人纳税的原始记录和计量不可能形成规范的体系。随着 19 世纪末 20 世纪初现代所得税的产生，各国税收逐步走上了法制化的轨道，社会也从自给自足的自然经济逐步走向市场经济，税务会计的产生也就逐步具备了经济、法律等环境。正如美国著名会计学家 E.S.亨德里克森在《会计理论》一书中所言，很多小型企业的会计目的主要是填制所得税申报表，而这些企业在报税以前都不记账。即使是大公司，收益的纳税问题也是会计师们面对的一个主要问题。因此，所得税法规对建立会计的通用程序具有一定的影响力就不足为怪了，而这些程序反过来也有助于会计理论的形成。

在税务会计的产生和发展过程中，现代所得税法的诞生和不断完善对其影响最大。主要表现在：首先，企业所得税涉及企业的经营、投资和筹资等各环节、各方面，涉及收入、收益、成本、费用等会计核算的全过程；其次，科学先进的增值税的产生和不断完善，也对税务会计的发展起了重要的促进作用，因为它对企业会计提出了更高的要求，迫使企业在会计凭证、会计账簿的设置、记载上分别反映收入的形成和物化劳动的转移价值及转移价值中所包括的已纳税金。这样才能正确核算增值额，从而正确计算企业应纳增值税额。为了适应纳税人的需要，或者说，纳税人为了适应纳税的需要，税务会计有必要从财务会计中独立出来，以充分发挥现代会计的多重功能。现在，国内外已经有越来越多的人承认，税务会计与财务会计、管理会计（成本会计可以与管理会计融合，也可以独立）构成会计学科三大分支。可以说，现代企业会计是以财务会计为核心，以税务会计和管理会计为两翼的企业会计体系。

（二）税务会计的概念

迄今为止，税务会计的概念众说不一。日本税务会计专家武田昌辅认为，税务会计是为计算法人税法中的应税所得而设立的会计，其不是制度会计，而是以企业会计为依据，按税法的要求，对既定的盈利进行加工、修正的会计。日本的富岗幸雄则认为，税务会计是根据会计的预测方法来掌握并计算出被确定的计税标准，从而起到传达和测定财务信息的租税目的与作用的会计。我国台湾税务会计专家卓敏枝、卢联生和庄傅成认为，税务会计是一门以法令规定为准绳，以会计技术为工具，平时负责汇集企业各项交易活动、股东可抵扣税额与未分配盈余计算之合法凭证，并加以整理、记录、分类、汇总，进而年度终了加以结算、编表、申报、纳税的社会（人文）科学。陈建昭等人认为，税务会计为一种国内性会计，非为国际共通性会计。税务会计在企业会计理论结构上，以重叠之形态，再注入其特有之计算方法或会计理论，以达成课税为目的之完整体系。

本书认为，税务会计是以所涉税境的现行税收法规为准绳，运用会计学的理论、方法和程序，对企业涉税会计事项进行确认、计量、记录和申报（报告），以实现企业最大税收利益的一门专业会计。税务会计是社会经济发展到一定阶段（社会成熟到能够把征税、纳税看作是社会自我施加的约束，财务会计已不能满足税务会计信息使用者的要求等）后，从财务会计中分离出来的，介于税收学与会计学之间的一门新兴的边缘学科，是融国家税收法令和会计处理于一体的一种特种专业会计。可以说，税务会计是税务中的会计、会计中的税务。

税务会计是企业会计的一个特殊领域，是以财务会计为基础，对财务会计中按会计准则、会计制度进行的会计处理与国家现行税收法规不一致的会计事项，或者出于纳税筹划的目的，对纳税进行调整或重新计算。因此，税务会计并不是要求企业在财务会计的凭证、账簿、报表之外再设一套会计账表（纳税报表及其附表除外）。各企业均应设置专职税务会计人员（办税员），大企业还应设置专门的税务会计机构和税务总监（Chief Tax Officer，CTO）或税务经理。

随着各国税制的逐步完善和会计的不断发展，以及税收的国际协调、会计的国际趋同，税务会计理论与实务也会不断发展、不断完善。

（三）税务会计的模式

税务会计模式既受各国税法立法背景、程序的影响，又受各国会计规范方式、历史传统的影响，但基本上可以分为立法与非立法两种模式。在法国、德国等实施立法会计模式的国家，其会计准则、会计制度从属于税法（特别是所得税法），即以税法为导向。因此，这些国家的企业的会计所得与应税所得基本一致，只需对个别永久性差异进行纳税调整，税务会计与财务会计可以不必分开。而在实施非立法会计模式的国家和部分实施立法会计模式的国家（包括英国、加拿大、澳大利亚、美国、荷兰等），会计准则、会计制度独立于税法的要求，其财务会计的账面所得不等于其应税所得，需要进行纳税调整，税务会计与财务会计应该分开。我国现行税法及会计准则、会计制度也遵循两者分离的原则。财务会计与税务会计属于不同的会计领域，两者分离有利于形成具有独立意义、目标明确、科学规范的会计理论和方法体系，应是会计发展的主流方向。

由于各国社会经济环境存在明显差异，财务会计与税务会计之间形成了不同的关系模式，一般可以分为以英美为代表的财税分离会计模式、以法德为代表的财税合一会计模式和以日荷为代表的财税混合会计模式三种。因各国的税制结构体系不同，税务会计一般可以划分为以下三种类型。

1. 以所得税会计为主体的税务会计

采用这种税制模式的国家（如美国、英国、加拿大、丹麦等），其所得税收入占税收总收入的 50% 以上。因此，这种税制模式必然要求构建以所得税会计为主体的税务会计模式。

2. 以流转税（商品劳务税）会计为主体的税务会计

在一些发展中国家，流转税（商品劳务税）收入是税收收入的主体，所得税所占比重很小。在这种情况下，这些国家应建立以流转税会计为主体的税务会计模式。

3. 流转税与所得税并重的税务会计

在采用这种税制模式的国家（如德国、荷兰、芬兰、意大利等），实行的是流转税与所得税并重的复合税制，两者比重相差不大，共同构成国家的税收收入主体。尽管我国的流转税，尤其是增值税、消费税所占的比重最大，但从税制体系看，我国也是复合税制体系。从社会发展看，所得税所占比重应越来越大，因此，未来我国应建立以流转税会计与所得税会计并重的税务会计模式。

（四）税务会计的特点

税务会计有别于财务会计的主要特点有以下几个方面。

1. 税法导向性（或法定性）

税务会计以国家现行税收法令为准绳。这是它区别于其他专业会计的一个最重要的特点。根据企业会计准则的规定，财务会计对某些会计事项可以根据其企业经营需要进行会计政策选择；税务会计则必须在国家现行税法的范围内进行会计政策选择。当财务会计制度规定与现行税法的计税方法、计税范围等产生差异时，税务会计必须以现行税收法规为准进行纳税调整。对某些按财务会计制度反映而不便按照税法规定反映的会计事项，必须单独设置账簿，单独核算其销售金额等，方能据以按应税税种的不同税率计税或减税、免税；否则，税率从高或对应纳税额不予减免。由此可见，严格接受税收法规导向是税务会计的一个最显著的特点。

2. 税务筹划性

企业通过税务会计履行纳税义务，同时还体现其作为纳税人应享有的权利。这具体体现在"应交税费"账户的作用上：它既可以反映企业上缴税金的数额，即实际履行的纳税义务，又可以反映企业应缴未缴的税金数额。税费是企业对国家的一笔负债，其金额大小、滞留时间长短，可以反映企业"无偿使用"该项资金的能力。减轻税负、提高盈利水平是每个企业不懈追求的目标，通过税务会计的筹划（谋划、对策），可以正确处理涉税会计事项，实现企业财务目标。

3. 协调性

对财务会计根据会计准则确认、计量、记录和报告的事项及其结果，只要与税法规定不悖，税务会计就可以直接采用；只有对与税法规定有差异或者不符合税法规定的事项，才进行纳税调整，即进行税务会计处理，使之符合税法的要求。因此，税务会计是对财务会计的调整，两者具有协调性。

4. 广泛性

按税法规定，所有法人和自然人都可能是纳税权利义务人。法定纳税人的广泛性，决定了税务会计的广泛性。小型企业虽然执行的是《小企业会计准则》，但对涉税事项的会计处理，则是体现以税法为导向的会计处理原则；其他企业执行《企业会计准则》，体现以会计主体为导向的财务会计处理原则，但为了纳税的需要，降低涉税风险，仍须设置税务会计。

四、税务会计与财务会计的联系与区别

（一）税务会计与财务会计的联系

要探讨税务会计与财务会计的关系，就必须明确会计与法律、会计与税收、会计与企业决策者的关系。法律对会计的影响是一个渐进的历史过程。在公元前 18 世纪的巴比伦时代，正式法典对记录企业的经济业务就起到了促进作用。沧海桑田，历史发展到今天，各国包括税法在内的法律、会计操作都发生了巨大变化。会计的法规制度对我国会计工作的影响是方向性的。税收对会计的影响往往与法律对会计的影响分不开。税收通过法律发挥作用，法律保障税收的执行，但它们对会计影响的着重点不同。法律规定会计"能做什么"和"不能做什么"；税收则引导企业及其会计"怎样做"，从而影响企业及其会计的具体行为。例如，当税务会计与财务会计在实务中允许存在合理差异时，会计计量模式的选择必须遵循分别反映的原则，否则，两者之间量的差异将无法揭示出来。因此，税收对会计的影响是调节性的。企业决策者则要求在国家法律、制度许可的范围内，进行某些会计政策选择，如选择会计原则、会计程序、会计方法等，但会计的规范、计量方法、处理方法等也会反作用于法律、税收和企业决策者。

税务会计作为一项实质性工作并不一定独立存在，而是企业会计的一个特殊领域，是以财务会计为基础的。税务会计资料大多来源于财务会计，其对财务会计处理中与现行税法不相符的会计事项，或出于税务筹划目的需要调整的事项，按税务会计的方法计算、调整，并做调整会计分录，再融入财务会计账簿或财务会计报告之中。对以税法为导向的小型企业会计，不对外提供会计报告，而是两者融为一体，其会计可以称为企业会计或税务会计。

（二）税务会计与财务会计的区别

1．目标不同

对于税务会计目标，美国会计学家查尔斯·T.亨格瑞直言："税务会计有两个目的：遵守税法和尽量合理避税。" 沃尔特·T.哈里森也曾说过："税务会计有两个目标：既要遵循税法规定，又要使公司纳税金额最小化。"

税务会计目标可以分为基本目标、最终目标和特定目标，以避免单一目标的局限性。基本目标是遵守或不违反税法，即达到税收遵从（正确计税、纳税、退税等），从而降低税法遵从成本。最终目标是向税务会计信息使用者提供有助于其进行税务决策、实现最大涉税利益的会计信息。特定目标则是根据税务会计信息使用者的不同，提供具有决策相关性的信息：首先是各级税务机关，可以据相关信息进行税款征收、监督、检查，并作为税收立法的主要依据；其次是企业的经营者、投资人、债权人等，可以据相关信息了解企业纳税义务的履行情况和税收负担，并为其进行经营决策、投融资决策等提供涉税因素的会计信息，最大限度地争取企业的税收利益；最后是社会公众，通过企业提供的税务会计报告，了解企业纳税义务的履行情况，对社会的贡献额、诚信度和社会责任感等。对纳税主体来说，税务会计更看重的是其自身的税收利益。

财务会计的目标也称财务报告目标或财务报表目标，是指在一定的会计环境中，人们期望通过会计活动达到的结果；或者说是财务会计系统要达到的目的和要求。在美国、英国、澳大利亚等国家将其作为制定或修订财务会计概念框架的逻辑起点。财务报告目标主要解决：第一，向谁提供会计信息，或者说谁是会计信息的使用者；第二，提供什么样的会计信息，即会计信息的使用者需要什么样的会计信息。

财务报告的目标最初是向资源所有者（股东）如实反映资源的受托者（经营者）对受托

资源的管理和使用情况，即反映企业管理层受托责任的履行情况，以有助于评价企业的经营管理状况和资源使用的有效性，人们将其称之为受托责任观。随着股份制经济的发展和资本市场的完善，会计信息的使用者及其对会计信息的需求也发生了极大的变化。因此，财务报告的目标主要强调向财务报告的使用者提供对决策有用的信息，即企业编制财务报告的目的主要是为了满足财务报告使用者的信息需要，有助于财务报告使用者作经济决策。人们将这种观点称之为决策有用观。受托责任观与决策有用观并非矛盾，财务报告既可以满足其使用者作经济决策的需要，也可以反映企业管理层受托责任的履行情况。各个国家财务报告目标的区别主要是两者的侧重点不同，因此，许多国家都提出了双重目标，我国就是其中之一。根据我国《企业会计准则——基本准则》第四条规定，财务会计报告的目标是向财务会计报告使用者提供与企业财务状况、经营成果和现金流量等有关的会计信息，反映企业管理层受托责任履行情况，有助于财务会计报告使用者作经济决策。财务会计报告使用者包括投资者、债权人、政府及其有关部门和社会公众等。根据这一目标的要求，财务报告所提供的会计信息应当如实反映企业拥有或者控制的经济资源，对经济资源的要求权，以及经济资源要求权的变化情况；如实反映企业各项收入、费用、利得和损失的金额及其变动情况；如实反映企业各项经营活动、投资活动和筹资活动所形成的现金流入和现金流出情况等。这有助于投资者、债权人以及其他使用者正确合理地评价企业的财务状况、作合理的经济决策，以及评价企业经营管理层受托责任的履行情况和资源的使用效率。

2．对象不同

税务会计的对象是独立于会计系统之外的客体，是运用会计的特定程序和方法对客体进行的分类和表述。在企业中凡是涉税事项都是税务会计的对象，因此纳税人因纳税而引起的税款的形成、计算、缴纳、补退、罚款等经济活动就是税务会计对象。

如前所述，会计是一种经济管理活动，在经济管理中具有核算和监督职能。会计在经济管理中核算和监督的内容，称为会计的对象，其是会计所要核算和监督的客体，具体指社会再生产过程中的交易或事项。交易是指双方以货币为媒介的价值交换，在会计上通常是指本会计主体与其他单位或个人的价值交换活动，如采购商品、销售商品等；会计事项是指会计主体内部发生的、导致单位内部各项资产和权益发生变化的经济事项，如固定资产折旧、产品加工完成等。会计主体所发生的交易或事项会引起会计要素的价值存在形态不断地变化，所以，财务会计的对象也可以表述为社会再生产过程中的价值运动（资金运动）。会计要素是对会计对象的基本分类，是会计对象的具体化。

3．核算基础、处理依据不同

税收法规与会计准则存在不少差别，其中最主要的差别在于收益实现的时间和费用的可扣减性。税收制度是收付实现制与权责发生制的结合，因为计算应税所得是要确定纳税人立即支付货币资金的能力、管理上的方便性和征收当期收入的必要性，与财务会计所依据的持续经营假定（假设）相矛盾。财务会计只是遵循财务会计准则、制度处理各种经济业务，会计人员对某些相同的经济业务可能有不同的表述，因而出现不同的会计结果，应该认为这是正常情况。税务会计既要遵循税务会计的一般原则，也要遵循与税收法规不相矛盾的那些财务会计的一般原则（质量要求）。

4．计算损益的程序不同

税收法规中包括了修正一般收益概念的社会福利、公共政策和权益条款，强调应税所得与会计所得的不同。各国所得税法都明确规定法定收入项目、税法允许扣除项目及其金额的确认原则和方法，企业按税法规定确定两者金额后，其差额即为应纳税所得额。税务会计以此为法定依据，但在实际计算时，要在会计所得的基础上调整为应税所得。当财务会计的核算结果与税务会计不一致时，财务会计的核算应服从于税务会计的核算，使之符合税法的要求。

　　税务会计坚持历史成本，不考虑货币时间价值的变动，更重视可以预见的事项，而财务会计却可以有某些不同。各国都在努力缩小财务会计与税务会计的差异，但两者的差异不可能消失，因为两者目标不同。此外，承认税务会计与财务会计的区别，实际上是承认政府有权对纳税人的非营业收益等进行确认和征税。抹杀两者的区别，可能对征纳双方都是无益的。因此，既不必要求对方适应自己，自己也不必削足适履去符合对方，应该各自遵循自身的规律和规范，在理论上不断发展自己，在方法上不断完善自己，更好地体现各自的具体目标，共同服务于企业的整体目标。

第二节　税收法规体系

一、税收概述

（一）税收的概念

　　税收是政府为了满足社会公共需要，凭借政治权力，强制、无偿地取得财政收入的一种形式。

　　税收的本质特征具体体现为税收制度，而税法则是税收制度的法律表现形式。

（二）税收制度和税法的概念

1．税收制度的概念

　　税收制度简称税制，是一个国家根据其税收政策、税收原则，结合本国的国情和财政政策的需要制定的各项税收法律、法规及征收管理办法的总称。税收制度是国家经济制度的重要组成部分，反映社会经济基本的要求。我国现行的税收制度是在 1994 年税制改革形成的税收制度的基础上，经过几十年的发展，特别是 2007 年以来的税制改革形成的以流转税和所得税为主体、其他税为辅助的税制结构体系。目前，在我国现行的税收制度中，除企业所得税法、个人所得税法、车船税法和税收征收管理法经过了立法程序，属于税收法律以外，其他各税种的税收制度尚未经过正式的立法程序。

2．税法的概念

　　税法是国家制定的用以调整国家与纳税人之间在征纳税方面的权利及义务关系的法律规范的总称。税法构建了国家及纳税人依法征税、依法纳税的行为准则体系，其目的是保障国家利益和纳税人的合法权益，维护正常的税收秩序，保证国家的财政收入。税法体现为法律这一规范形式，是税收制度的核心内容。

　　税法有广义和狭义之分，广义的税法就是现行的税收制度；狭义的税法是立法机关制定的税收法律，即严格意义上的税法。本书所提及的税收制度是指广义的税法。

二、税收制度构成要素

　　税收制度的构成要素是指各种单行税法具有的共同的基本要素的总称。首先，税法构成要素既包括实体性的，也包括程序性的；其次，税法构成要素是所有完善的单行税法都共同具备的，仅为某一税法所单独具有而非普遍性的内容，不构成税法要素，如扣缴义务人。税法的构成要素一般包括总则、纳税义务人、征税对象、税目、税率、纳税环节、纳税期限、纳税地点、减税免税、罚则、附则等项目。

（一）总则

总则主要包括立法依据、立法目的、适用原则等。

（二）纳税义务人

纳税人又叫作纳税主体，是税法规定的直接负有纳税义务的单位和个人。任何一个税种首先要解决的就是国家对谁征税的问题，如我国个人所得税法、增值税、消费税、资源税以及印花税等暂行条例第一条规定的都是该税种的纳税义务人。

税法中规定的纳税人有自然人和法人两种最基本的形式，按照不同的目的和标准，还可以对自然人和法人进行多种详细的分类。这些分类对国家制定区别对待的税收政策、发挥税收的经济调节作用，具有重要的意义。例如，自然人可划分为居民纳税人和非居民纳税人，个体经营者和其他个人等；法人可划分为居民企业和非居民企业，还可按企业的不同所有制性质来进行分类等。

与纳税人紧密联系的两个概念是代扣代缴义务人和代收代缴义务人。代扣代缴义务人是指虽不承担纳税义务，但依照有关规定，在向纳税人支付收入、结算货款、收取费用时有义务代扣代缴其应纳税款的单位和个人。代收代缴义务人是指虽不承担纳税义务，但依照有关规定，在向纳税人收取商品或劳务收入时，有义务代收代缴其应纳税款的单位和个人。

（三）征税对象

征税对象又叫作课税对象、征税客体，指税法规定对什么征税，是征纳税双方权利义务共同指向的客体或标的物，是区别一种税与另一种税的重要标志。

（四）税目

税目是在税法中对征税对象分类规定的具体的征税项目，反映具体的征税范围，是对课税对象质的界定。

（五）税率

税率是对征税对象的征收比例或征收额度。税率是计算税额的尺度，也是衡量税负轻重与否的重要标志。我国现行的税率主要有如下几种。

1．比例税率

在比例税率下，对同一征税对象，不分数额大小，规定相同的征收比例。我国的增值税、城市维护建设税、企业所得税等采用的是比例税率。

2．超额累进税率

超额累进税率是指把征税对象按数额的大小分成若干等级，每一等级规定一个税率，税率依次提高，但每一纳税人的征税对象则依所属等级同时适用几个税率分别计算，将计算结果相加后得出应纳税款。表1-1所示为某三级超额累进税率表。

表1-1　某三级超额累进税率表

级　数	全额应纳税所得额（元）	税率（%）	速算扣除数（元）
1	1 000 以下	10	0
2	1 000～5 000	20	100
3	5 000（含）以上	30	600

如某人某月应纳税所得额为4 000元，用上表所列税率，其应纳税额可作如下分步计算。

第一级的1 000元适用10%税率，应纳税为1 000×10%＝100（元）

第二级的3 000元（4 000-1 000）适用20%的税率，应纳税为3 000×20%＝600（元）

其该月应纳税额 = 100 + 600 = 700（元）

目前我国采用这种税率的税种有个人所得税。

在级数较多的情况下，分级计算、然后相加的方法比较烦琐。为了简化计算，也可采用速算法。用公式表示如下。

速算扣除数 = 按全额累进方法计算的税额-按超额累进方法计算的税额

上述公式移项得如下等式。

按超额方法计算的应纳税额 = 按全额累进方法计算的税额-速算扣除数

接上例某人某月应纳税所得额为 4 000 元，如果用简化的计算，则 4 000 元月应纳税所得额应纳所得税 = 4 000 × 20%-100 = 700（元）。

3．定额税率

定额税率即按征税对象确定的计算单位，直接规定一个固定的税额。目前采用定额税率的有城镇土地使用税、车船税等。

4．超率累进税率

超率累进税率以征税对象数额的相对率划分若干级距，分别规定相应的差别税率，相对率每超过一个级距的，对超过的部分就按高一级的税率计算征税。目前我国税收体系中采用这种税率的是土地增值税。

（六）纳税环节

纳税环节是指税法规定的征税对象在从生产到消费的流转过程中应当缴纳税款的环节。

（七）纳税期限

纳税期限是指税法规定的关于税款缴纳时间方面的限定。税法关于纳税期限的规定，有三个概念。一是纳税义务发生时间。纳税义务发生时间是指应税行为发生的时间。如增值税条例规定采取预收货款方式销售货物的，则相应纳税义务发生时间为货物发出的当天。二是计税期限。纳税人每次发生纳税义务后，不可能马上去缴纳税款。为此，税法规定了每种税的计税期限。即每隔固定时间汇总一次纳税义务的时间。如增值税条例规定，为此，增值税的具体计税期限分别为 1 日、3 日、5 日、10 日、15 日、1 个月或 1 个季度。纳税人的具体计税期限，由主管税务机关根据纳税人应纳税额的大小分别核定；不能按照固定期限纳税的，可以按次纳税。三是缴库期限，即税法规定的纳税期满后，纳税人将应纳税款缴入国库的期限。如增值税暂行条例规定，纳税人以 1 个月或 1 个季度为 1 个纳税期的，自期满之日起 15 日内申报纳税；以 1 日、3 日、5 日、10 日或 15 日为 1 个纳税期的，自期满之日起 5 日内预缴税款，于次月 1 日起 15 日内申报纳税并结清上月应纳税款。

（八）纳税地点

纳税地点主要是指根据各个税种纳税对象的纳税环节和有利于对税款的源泉控制而规定的纳税人（包括代征、代扣、代缴义务人）的具体纳税地点。

（九）减税免税

减税免税主要是对某些纳税人和征税对象采取减少征税或者免予征税的特殊规定。

（十）罚则

罚则主要是指对纳税人违反税法的行为采取的处罚措施。

（十一）附则

附则一般都规定与该法紧密相关的内容，如该法的解释权、生效时间等。

三、我国现行税法体系

国家税收制度的确立，建立在本国的具体政治经济的基础上。所以，各国的政治经济条件不同，税收制度也不尽相同，具体征税办法也各有千秋。就一个国家而言，在不同的时期，政治经济条件和政治经济目标不同，相应的税收制度也有着或大或小的差异。

（一）税收实体法体系

我国的现行税制就其实体法而言，是 1949 年中华人民共和国成立后经过几次较大的改革逐步演变而来的，按征税对象大致分为以下五类。

1．流转税

流转税包括增值税、消费税、关税，主要在生产、流通或者服务业中发挥调节作用。

2．所得税

所得税包括企业所得税、个人所得税，主要是在国民收入形成后，对生产经营者的利润和个人的纯收入发挥调节作用。

3．财产和行为税

财产和行为税包括房产税、车船税、印花税、契税，主要是对某些财产和行为发挥调节作用。

4．资源税

资源税包括资源税、土地增值税和城镇土地使用税，主要是对因开发和利用自然资源差异而形成的级差收入发挥调节作用。

5．特定目的税

特定目的税包括固定资产投资方向调节税（暂缓征收）、筵席税（已停征）、城市维护建设税、车辆购置税、耕地占用税和烟叶税，主要是为了达到特定目的，对特定对象和特定行为发挥调节作用。

上述税种中的关税由海关负责征收管理，其他税种由税务机关负责征收管理。耕地占用税和契税，1996 年以前由财政机关的农税部门征收管理，1996 年财政部农税管理机构划归国家税务总局领导，部分省市机构相应划转，这些税种就改由税务部门负责征收，但部分省市仍由财政机关负责征收。

上述税种，除企业所得税、个人所得税和车船税是以国家法律的形式发布实施外，其他各税种都是经全国人民代表大会授权立法，由国务院以暂行条例的形式发布实施的。

（二）税收程序法体系

除税收实体法外，我国对税收征收管理适用的法律制度，是按照税收管理机关的不同而分别规定的。

（1）由税务机关负责征收的税种的征收管理，按照全国人大常委会发布实施的《中华人民共和国税收征收管理法》执行。

（2）由海关机关负责征收的税种的征收管理，按照《中华人民共和国海关法》及《中华人民共和国进出口关税条例》等有关规定执行。

上述税收实体法和税收征收管理的程序法的法律制度构成了我国现行税法体系。

第三节　会计法规体系

人们习惯把会计称为一门商业语言。既是语言，就得有一定的规范，以使需要相互沟通和交流的人们能够理解对方意欲表达的内容。

语言是随着社会的需要而逐渐发展的，会计规范的发展也是如此。在西方国家，会计规范一般表现为会计原则，或称为会计标准、会计准则。所谓会计原则，其实是会计规则和惯例的统称，是指会计工作中采纳或认可的规范，它们构成了会计实务的基础。会计原则是指导会计工作的通用规则，而不是对各类会计主体发生的纷繁复杂的经济业务和会计事项应该如何确认、计量和报告所作的具体规定。这就意味着，会计主体有着在遵循"公认会计原则"的基础上选用具体会计处理方法的自由。

会计法规体系是指用来指导和约束会计工作的各种会计法律、会计行政法规和会计规章的总和。

我国会计发展经历了长期的统一会计制度模式。改革开放以来，统一会计制度逐步为会计准则等会计规范所取代，但这种替代是一个过程，至今尚未完成。就目前的情况而言，我国已形成了会计法律、会计行政法规、会计规章三位一体的具有中国特色的会计法规体系。

一、会计法律

会计法律是调整我国经济生活中会计关系的法律规范，其是由全国人民代表大会制定的。

《会计法》是会计法律制度中层次最高的法律规范，是制定其他会计法规的依据，也是指导会计工作的最高准则。中华人民共和国成立后，《会计法》于 1985 年首次颁布实施，分别在 1993 年 12 月、1999 年 10 月和 2017 年 11 月进行了三次修订。在我国，《会计法》是一切会计工作最重要的根本大法。国家机关、社会团体、企业、事业单位、个体工商户和其他组织都必须遵守《会计法》。其他会计法规、会计准则和会计制度的拟订，均应以《会计法》为依据。现行《会计法》主要规定了立法目的、适用范围、会计工作的管理权限划分等基本方面，以及在会计核算、会计监督、会计机构和会计人员、会计的法律责任等方面的一般要求。与修订前的《会计法》相比较，1999 年 10 月修订后的现行《会计法》具有以下几个特点：强调了会计信息的真实、完整，严格禁止虚假；突出了单位负责人对会计信息真实性的责任；特别关注公司、企业的会计核算；要求各单位强化会计监督。2017 年 11 月修订后的现行《会计法》对从事会计工作的人员不再要求取得会计从业资格证书，只要求具备从事会计工作所需要的专业能力。

除了《会计法》以外，《中华人民共和国证券法》《中华人民共和国公司法》《中华人民共和国税法》等相关法律，也涉及会计问题，主要是规定了对违反会计规定的行为的法律责任，包括对提供虚假财务报告、伪造和变造会计凭证和会计账簿等的处罚规定。这些法律从不同角度对会计工作进行了规范，对《会计法》起着补充作用，使《会计法》更好地发挥其在会计实践中的主体作用。

二、会计行政法规

会计行政法规是调整经济生活中某些方面会计关系的法律规范。会计行政法规由国务院制定发布或者国务院有关部门拟订经国务院批准发布，制定依据是《会计法》。会计行政法规包括国务院根据有关法律或全国人民代表大会及其常务委员会的授权制定的各种条例，诸如《企业财务会计报告条例》和《总会计师条例》等，以及各省、自治区、直辖市的人民代表大会及其常务委员会依据国家法律的规定，根据本行政区域具体情况和实际需要，在不与国家法律和行政法规相抵触的前提下所制定的地方性的会计法规。

三、会计规章

会计规章是指由主管全国会计工作的行政部门——财政部就会计工作中某些方面内容所

制定的规范性文件。国务院有关部门根据其职责制定的会计方面的规范性文件，如实施国家统一的会计制度的具体办法等，也属于会计规章，但必须报财政部审核批准。会计规章依据会计法律和会计行政法规制定，如财政部发布的《企业会计准则——基本准则》《企业会计准则——具体准则》《企业会计制度》和《会计基础工作规范》，财政部与国家档案局联合发布的《会计档案管理办法》等。

（一）企业会计准则

我国的会计准则由财政部根据有关会计法律、法规的规定制定。会计准则既是处理会计实务的标准、进行会计核算的规范，也是评价会计工作质量的依据。我国的会计准则由基本会计准则和具体会计准则组成。具体会计准则是对各会计要素和具体、特殊的经济业务或会计事项的会计处理所作的具体规定。基本会计准则是制定具体会计准则的理论依据和指导原则；具体会计准则是基本会计准则在处理具体会计业务中的应用。

会计准则制定模式有两种：一是具体规则导向，二是基本原则导向。规则是指用条文的形式来规范社会生活，什么情况怎样进行处理，条条框框，泾渭分明，对号入座；原则是指给出一些道理和逻辑，具体情况具体分析。很难找到一个国家的会计准则只是单纯的规则，或只是单纯的原则。现实的情况是：有些国家的会计准则中规则多一些，而另一些国家的会计准则中原则多一些。所以，我们只能说，某一国家的会计准则是以规则为导向，而另一些国家的会计准则是以原则为导向。美国财务会计准则委员会（Financial Accounting Standards Board，FASB）选择的是以具体规则为导向的准则制定模式，而国际会计准则委员会（International Accounting Standards Board，IASB）选择的是以基本原则为导向的准则制定模式。然而，以具体规则为导向的准则，容易给企业滥用准则的机会，使之逃避准则的约束。自2001年安然事件爆发以来，华尔街系列会计造假事件引发了对美国会计准则制定模式的争论，因此，美国会计准则制定模式开始向原则导向转变。

我国的《企业会计准则——基本准则》是1992年11月颁布的，自1993年7月1日起施行，适用于设在中国境内的所有企业。我国投资、设在境外的企业，向国内有关方面编报财务报告时，也应按照其规定办理。2006年2月15日发布的修订后的《企业会计准则——基本准则》，包括十章五十四条，内容涉及总则、会计信息质量要求、资产、负债、所有者权益、收入、费用、利润、财务报表和附则。会计基本准则解决的是会计核算中所必需遵守的基本要求以及会计工作中所涉及和运用到的基本概念，一般不具备直接指导实务的作用。基本会计准则是关于会计业务处理的基本要求，是对会计核算的基本前提、记账方法、一般原则和会计信息质量要求、会计要素以及财务报表的基本规定。虽然《企业会计准则——基本准则》不具备实务操作性，但它是制定和指导具体会计准则的前提条件，在会计准则体系中起着统驭作用。

1992年，我国颁布了企业会计基本准则，至2002年共计发布了16项企业会计具体准则。财政部在制定我国会计准则时，尽管参考了国际会计准则，但主要与美国会计准则趋同。在我国会计准则体系逐步建立和完善的过程中，借鉴了国际经验，特别是随着美国会计准则制定模式的转变，我国会计准则制定模式也由规则导向转为原则导向。2006年2月15日发布了一项基本会计准则和38项具体会计准则，建立了我国新的企业会计准则体系，实现了与国际财务报告准则趋同。

我国新的企业会计准则体系，包括原有16项具体会计准则的修订以及22项初次发布的具体准则，具体如下。

- 《企业会计准则第1号——存货》（修订）
- 《企业会计准则第2号——长期股权投资》（修订）
- 《企业会计准则第3号——投资性房地产》

- 《企业会计准则第 4 号——固定资产》（修订）
- 《企业会计准则第 5 号——生物资产》
- 《企业会计准则第 6 号——无形资产》（修订）
- 《企业会计准则第 7 号——非货币性资产交换》（修订）
- 《企业会计准则第 8 号——资产减值》
- 《企业会计准则第 9 号——职工薪酬》
- 《企业会计准则第 10 号——企业年金基金》
- 《企业会计准则第 11 号——股份支付》
- 《企业会计准则第 12 号——债务重组》（修订）
- 《企业会计准则第 13 号——或有事项》（修订）
- 《企业会计准则第 14 号——收入》（修订）
- 《企业会计准则第 15 号——建造合同》（修订）
- 《企业会计准则第 16 号——政府补助》
- 《企业会计准则第 17 号——借款费用》（修订）
- 《企业会计准则第 18 号——所得税》
- 《企业会计准则第 19 号——外币折算》
- 《企业会计准则第 20 号——企业合并》
- 《企业会计准则第 21 号——租赁》（修订）
- 《企业会计准则第 22 号——金融工具确认与计量》
- 《企业会计准则第 23 号——金融资产转移》
- 《企业会计准则第 24 号——套期保值》
- 《企业会计准则第 25 号——原保险合同》
- 《企业会计准则第 26 号——再保险合同》
- 《企业会计准则第 27 号——石油天然气开采》
- 《企业会计准则第 28 号——会计政策、会计估计变更和差错更正》（修订）
- 《企业会计准则第 29 号——资产负债表日后事项》（修订）
- 《企业会计准则第 30 号——财务报表列报》
- 《企业会计准则第 31 号——现金流量表》（修订）
- 《企业会计准则第 32 号——中期财务报告》（修订）
- 《企业会计准则第 33 号——合并财务报表》
- 《企业会计准则第 34 号——每股收益》
- 《企业会计准则第 35 号——分部报告》
- 《企业会计准则第 36 号——关联方披露》（修订）
- 《企业会计准则第 37 号——金融工具列报》
- 《企业会计准则第 38 号——首次执行企业会计准则》

上述 38 项具体会计准则包括三个大类，通用会计交易和事项的确认和计量准则（第 1 号～第 4 号，第 6 号～第 9 号，第 11 号～第 24 号，第 28 号，第 29 号，第 38 号），通用的财务报告和披露准则（第 30 号～第 37 号），以及特殊行业准则（第 5 号，第 7 号，第 25 号～第 27 号）。

近几年国际会计准则理事会为应对国际金融危机，对国际财务报告准则进行了全面改革和修订。2011 年，该理事会发布了四项新国际财务报告准则，即公允价值计量、合并财务报表、合营安排、在其他主体中权益的披露；修订了四项原国际财务报告准则，即财务报表列报、雇员福利、联营中的投资、单独财务报表。这些国际财务报告准则于 2013 年 1 月 1

日生效。

为与国际财务报告准则保持持续趋同，我国于 2014 年先后对企业会计具体准则进行了修改和完善，修订了 5 项原企业会计具体准则，并新增了 3 项新企业会计具体准则。这些企业会计具体准则于 2014 年 7 月 1 日生效。具体如下。

- 《企业会计准则第 2 号——长期股权投资》（修订）（财会〔2014〕14 号）
- 《企业会计准则第 9 号——职工薪酬》（修订）（财会〔2014〕8 号）
- 《企业会计准则第 30 号——财务报表列报》（修订）（财会〔2014〕7 号）
- 《企业会计准则第 33 号——合并财务报表》（修订）（财会〔2014〕10 号）
- 《企业会计准则第 37 号——金融工具列报》（修订）（财会〔2014〕23 号）
- 《企业会计准则第 39 号——公允价值计量》（新颁布）（财会〔2014〕6 号）
- 《企业会计准则第 40 号——合营安排》（新颁布）（财会〔2014〕11 号）
- 《企业会计准则第 41 号——在其他主体中权益的披露》（新颁布）（财会〔2014〕16 号）

这次我国企业会计准则改革的突出特点是与国际财务报告准则保持持续趋同，同时也使我国企业会计准则的体系、体例发生变化。

2017 年 3 月和 5 月，我国又对企业会计具体准则进行了修改和完善，修订了 4 项原企业会计具体准则。这些企业会计具体准则在境内外同时上市的企业以及在境外上市并采用国际财务报告准则或企业会计准则编制财务报告的企业，自 2018 年 1 月 1 日起施行；其他境内上市企业自 2019 年 1 月 1 日起施行；执行企业会计准则的非上市企业自 2021 年 1 月 1 日起施行。同时，鼓励企业提前执行。执行本准则的企业，不再执行财政部于 2006 年 2 月 15 日印发的《财政部关于印发〈企业会计准则第 1 号——存货〉等 38 项具体准则的通知》（财会〔2006〕3 号）中的《企业会计准则第 22 号——金融工具确认和计量》《企业会计准则第 23 号——金融资产转移》和《企业会计准则第 24 号——套期会计》，以及 2014 年 3 月 17 日印发的《金融负债与权益工具的区分及相关会计处理规定》（财会〔2014〕13 号）和 2014 年 6 月 20 日印发的《企业会计准则第 37 号——金融工具列报》（财会〔2014〕23 号）。修订的 4 项具体准则如下。

- 《企业会计准则第 22 号——金融工具确认和计量》（财会〔2017〕7 号）
- 《企业会计准则第 23 号——金融资产转移》（财会〔2017〕8 号）
- 《企业会计准则第 24 号——套期会计》（财会〔2017〕9 号）
- 《企业会计准则第 37 号——金融工具列报》（财会〔2017〕14 号）

2017 年 5 月 16 日财政部发布通知，新增一项企业会计具体准则，即《企业会计准则第 42 号——持有待售的非流动资产、处置组和终止经营》（财会〔2017〕13 号）。

此项准则自 2017 年 5 月 28 日起在所有执行企业会计准则的企业范围内施行。

2017 年 5 月 25 日财政部发布通知，对《企业会计准则第 16 号——政府补助》进行了修订（财会〔2017〕15 号），此项准则自 2017 年 6 月 12 日施行。

2017 年 7 月 5 日财政部发布通知，对《企业会计准则第 14 号——收入》进行了修订（财会〔2017〕22 号），此准则在境内外同时上市的企业以及在境外上市并采用国际财务报告准则或企业会计准则编制财务报表的企业，自 2018 年 1 月 1 日起施行；其他境内上市企业，自 2020 年 1 月 1 日起施行；执行企业会计准则的非上市企业，自 2021 年 1 月 1 日起施行。同时，允许企业提前执行。执行本准则的企业，不再执行财政部于 2006 年 2 月 15 日印发的《财政部关于印发〈企业会计准则第 1 号——存货〉等 38 项具体准则的通知》（财会〔2006〕3 号）中的《企业会计准则第 14 号——收入》和《企业会计准则第 15 号——建造合同》，以及财政部于 2006 年 10 月 30 日印发的《财政部关于印发〈企业会计准则——应用指南〉的通知》（财会〔2006〕18 号）中的《〈企业会计准则第 14 号——收入〉。

2018 年 12 月 7 日财政部发布通知，对《企业会计准则第 21 号——租赁》进行了修订（财会〔2018〕35 号），此准则在境内外同时上市的企业以及在境外上市并采用国际财务报告准则或企业会计准则编制财务报表的企业，自 2019 年 1 月 1 日起施行；其他执行企业会计准则的企业自 2021 年 1 月 1 日起施行。母公司或子公司在境外上市且按照国际财务报告准则或企业会计准则编制其境外财务报表的企业，可以提前执行本准则，但不应早于其同时执行我部 2017 年 3 月 31 日印发的《企业会计准则第 22 号——金融工具确认和计量》和 2017 年 7 月 5 日印发的《企业会计准则第 14 号——收入》的日期。执行本准则的企业，不再执行财政部于 2006 年 2 月 15 日印发的《财政部关于印发<企业会计准则第 1 号——存货>等 38 项具体准则的通知》（财会〔2006〕3 号）中的《企业会计准则第 21 号——租赁》，以及财政部于 2006 年 10 月 30 日印发的《财政部关于印发<企业会计准则——应用指南>的通知》（财会〔2006〕18 号）中的《〈企业会计准则第 21 号——租赁〉应用指南》。

此外，为了规范小企业会计确认、计量和报告行为，促进小企业可持续发展，发挥小企业在国民经济和社会发展中的重要作用，根据《中华人民共和国会计法》及其他有关法律和法规，财政部于 2011 年 10 月 18 日发布了《小企业会计准则》，并自 2013 年 1 月 1 日起在小企业范围内施行，鼓励小企业提前执行。

（二）企业会计制度

企业会计制度是指国家根据我国实际情况和会计人员整体素质制定的具体会计操作规定，主要包括三个层次。一是于 2001 年开始在股份有限公司实施的《企业会计制度》，即不分行业统一的企业会计制度。《企业会计制度》主要涉及会计要素和重要经济业务的确认、计量、报告等一般规定，会计科目的设置和使用说明，会计报表格式及编制说明，列举了主要会计事项的具体账务处理方法，《企业会计制度》具有很强的实务操作性。二是在 1993 年财政部根据企业会计基本准则、结合各行业特点和管理要求，将国民经济各部门划分 13 个行业，共制定了 13 个行业企业会计制度，从而形成了一个完整的会计核算制度体系。其中 5 个行业企业会计制度（包括工业企业、旅游饮食服务企业、商品企业、施工企业和房地产开发企业的会计制度）已于 2015 年 2 月全文废止或失效。三是各个企业根据企业会计准则和企业会计制度并结合自身特点制定和设立的本企业会计制度，直接指导自身企业会计工作和约束会计活动。

（三）其他会计规章

其他会计规章是根据《中华人民共和国立法法》规定的程序，由财政部制定，并由部门首长签署命令予以公布的、除企业会计准则和企业会计制度以外的各种会计规章。例如，2001 年 2 月 20 日以财政部第 10 号令形式发布的《财政部门实施会计监督办法》；2005 年 1 月 22 日以财政部第 27 号令发布并于同年 3 月 1 日起实施的《代理记账管理办法》等。

此外，各省、自治区、直辖市人民代表大会及其常委会在同宪法和会计法律、行政法规不相抵触的前提下制定发布的会计规范性文件，也是我国会计法规的重要组成部分。

除以上会计法律规范外，会计道德规范也是约束会计工作的重要方面。会计道德规范是指一般社会道德在会计工作中的具体体现，是引导、制约会计行为、调整会计人员与社会、不同利益集团以及会计人员之间关系的社会规范。它反映了整个国家社会道德要求，更反映了会计这个职业特殊的道德要求，其约束力来自于社会舆论、人类良知及传统习俗，而不是国家强制力。遵守会计道德规范对于会计工作人员来说尤其重要，特别是对在全社会形成诚信的良好社会风气更具有重大意义。目前，我国尚未制订全国统一的会计职业道德规范，只是在中国注册会计师协会成立后制定了规范注册会计师行为的《职业道德守则》和《职业道德准则》，但在我国有关的会计规章中包含了会计职业道德的有关内容。如《会计基础工作规范》中明确指出：会计人员在会计工作中应遵守职业道德，树立良好的职业品质，严谨的工作作风，严守工作纪律，努力提高工作效率和工作质量，同时还规定了六条道德标准：敬业爱岗、熟悉法规、依法办事、客观公正、搞好服务、保守秘密等。同时，我国传统道德文化中重视人的价值，追求精神境界，提倡修养践履、推崇诚信无欺、信誉至上、取财有道、公而忘私等职业道德准则，以及新时代下的社会公德规范，都是我国现阶段会计职业道德的精神内容。

思考题

1. 什么是税务会计？
2. 试述税务会计与财务会计有何联系与区别。
3. 什么是税制？
4. 纳税人办理税务登记时应提供的证件、资料有哪些？
5. 简述我国会计法规体系。
6. 简述我国企业会计准则的改革进程。

第二章 增值税会计

- 了解我国增值税的相关规定

- 熟悉我国增值税的计算方法

- 掌握增值税会计处理方法

关键词

增值税 专用发票 进项税额 销项税额

引例

某公司为一般纳税人，因公司业务需要到外地参加一商品展览会，支付主办方会展费 15 万元，取得一张收据。会后主办方寄来一张增值税普通发票，该公司收到后很不满意，与主办方协商后将发票退回，要求主办方重新开具增值税专用发票。

第一节 增值税现行税制

增值税是以商品和劳务为征税对象，按其在流转过程中产生的增值额计算征收的一种税。按目前增值税有关规定，增值税是对在我国境内销售货物或者加工、修理修配劳务(以下简称劳务)，销售服务、无形资产、不动产以及进口货物的单位和个人，就其增值额或进口金额征收的一种流转税。

我国从 1979 年起在部分城市试行增值税。1982 年，财政部制定了《增值税暂行办法》，并自 1983 年 1 月 1 日开始在全国试行。1984 年 9 月，在总结试行经验的基础上，国务院又制定了《中华人民共和国增值税条例（草案）》，并自 1984 年 10 月起施行。1993 年 12 月 13 日，国务院又发布了《中华人民共和国增值税暂行条例》，并自 1994 年 1 月 1 日起施行。为进一步完善税制，国务院决定全面实施增值税转型和营改增改革，并对《中华人民共和国增值税暂行条例》(以下简称《增值税暂行条例》)多次修订，最新的一次修订在 2017 年 10 月 30 日国务院第 191 次常务会议通过，11 月 19 日以国务院令第 691 号公布，自公布之日起施行。

为了全面理顺我国经济结构，促进第三产业的发展，实施行业性减税让利，自 2012 年 1 月 1 日开始，"营改增"由点到面铺开试点，率先启动的是交通运输业和现代服务业的"营改增"试点，先在上海，然后北京、广东等地试点，最终于 2013 年 8 月 1 日在全国全面试行。2014 年在铁路运输和邮政电信业推行，在取得成功经验的基础上，于 2016 年 5 月 1 日，建筑业、金融保险业、生活服务业、房地产企业等全面"营改增"。至此，营业税退出历史舞台，完成了历史使命。

一、征税范围

增值税的征税范围包括在我国境内销售货物或者加工修理修配劳务（以下简称劳务），销售服务、无形资产、不动产以及进口货物。

（一）销售货物

在我国境内销售货物是指有偿转让货物的所有权。货物是指有形动产，包括电力、热力、气体在内。凡是把货物的所有权交给购买方，并从购买方取得货币、货物或其他经济利益，都属于销售货物。"境内"是指销售货物的所在地或起运地在中国境内。

（二）提供加工、修理修配劳务

在我国境内提供加工、修理修配劳务是指有偿提供加工、修理修配劳务，其中，加工指受托加工货物，即委托方提供原料及主要材料，受托方按照委托方的要求制造货物并收取加工费，加工后货物的所有权仍归属委托方的业务；修理修配指受托对损伤和丧失功能的货物进行修复，使其恢复原状和功能的业务，但应注意，这不包括单位或个体经营者聘用的员工为本单位或雇主提供加工、修理修配劳务；有偿是指从购买方取得货币、货物或者其他经济利益；境内是指提供的应税劳务发生在境内。

（三）进口货物

进口货物是指在海关报关进口的货物，包括国外产制和我国已出口又转内销的货物、国外捐赠的货物，以及进口者自行采购的货物、用于贸易行为的货物、自用或用于其他方面的货物。国家在规定对进口货物征税的同时，对某些进口货物制定了减免税的特殊规定。对进口货物是否减免税由国务院统一规定，任何地方、部门都无权规定减免税项目。

（四）销售服务

销售服务是指提供交通运输服务、邮政服务、电信服务、建筑服务、金融服务、现代服务和生活服务。

1．交通运输服务

交通运输服务是指利用运输工具将货物或者旅客送达目的地，使其空间位置得到转移的业务活动，包括陆路运输服务、水路运输服务、航空运输服务和管道运输服务。

（1）陆路运输服务

陆路运输服务是指通过陆路（地上或者地下）运送货物或者旅客的运输业务活动，包括铁路运输服务和其他陆路运输服务。

① 铁路运输服务是指通过铁路运送货物或者旅客的运输业务活动。

② 其他陆路运输服务是指铁路运输以外的陆路运输业务活动，包括公路运输、缆车运输、索道运输、地铁运输、城市轻轨运输等。

出租车公司向使用本公司自有出租车的出租车司机收取的管理费用，按照陆路运输服务缴纳增值税。

（2）水路运输服务

水路运输服务是指通过江、河、湖、川等天然、人工水道或者海洋航道运送货物或者旅客的运输业务活动。

水路运输的程租、期租业务，属于水路运输服务。

程租业务是指运输企业为租船人完成某一特定航次的运输任务并收取租赁费的业务。

期租业务是指运输企业将配备有操作人员的船舶承租给他人使用一定期限，承租期内听候承租方调遣，不论是否经营，均按天向承租方收取租赁费，发生的固定费用均由船东负担的业务。

（3）航空运输服务

航空运输服务是指通过空中航线运送货物或者旅客的运输业务活动。

航空运输的湿租业务属于航空运输服务。

湿租业务是指航空运输企业将配备有机组人员的飞机承租给他人使用一定期限，承租期内听候承租方调遣，不论是否经营，均按一定标准向承租方收取租赁费，发生的固定费用均由承租方承担的业务。

航天运输服务按照航空运输服务缴纳增值税。

航天运输服务是指利用火箭等载体将卫星、空间探测器等空间飞行器发射到空间轨道的业务活动。

（4）管道运输服务

管道运输服务是指通过管道设施输送气体、液体、固体物质的运输业务活动。

无运输工具承运业务按照交通运输服务缴纳增值税。

无运输工具承运业务是指经营者以承运人身份与托运人签订运输服务合同，收取运费并承担承运人责任，然后委托实际承运人完成运输服务的经营活动。

2．邮政服务

邮政服务是指中国邮政集团公司及其所属邮政企业提供邮件寄递、邮政汇兑和机要通信等邮政基本服务的业务活动，包括邮政普遍服务、邮政特殊服务和其他邮政服务。

（1）邮政普遍服务

邮政普遍服务是指函件、包裹等邮件寄递，以及邮票发行、报刊发行和邮政汇兑等业务活动。

函件是指信函、印刷品、邮资封片卡、无名址函件和邮政小包等。

包裹是指按照封装上的名址递送给特定个人或者单位的独立封装的物品，其重量不超过50千克，任何一边的尺寸不超过150厘米，长、宽、高合计不超过300厘米。

（2）邮政特殊服务

邮政特殊服务是指义务兵平常信函、机要通信、盲人读物和革命烈士遗物的寄递等业务活动。

（3）其他邮政服务

其他邮政服务是指邮册等邮品销售、邮政代理等业务活动。

3．电信服务

电信服务是指利用有线、无线的电磁系统或者光电系统等各种通信网络资源，提供语音通话服务，传送、发射、接收或者应用图像、短信等电子数据和信息的业务活动。包括基础电信服务和增值电信服务。

（1）基础电信服务

基础电信服务是指利用固网、移动网、卫星、互联网，提供语音通话服务的业务活动，以及出租或者出售带宽、波长等网络元素的业务活动。

（2）增值电信服务

增值电信服务是指利用固网、移动网、卫星、互联网、有线电视网络，提供短信和彩信服务、电子数据和信息的传输及应用服务、互联网接入服务等业务活动。

卫星电视信号落地转接服务，按照增值电信服务缴纳增值税。

4．建筑服务

建筑服务是指各类建筑物、构筑物及其附属设施的建造、修缮、装饰，线路、管道、设备、设施等的安装以及其他工程作业的业务活动，包括工程服务、安装服务、修缮服务、装饰服务和其他建筑服务。

（1）工程服务

工程服务是指新建、改建各种建筑物、构筑物的工程作业，包括与建筑物相连的各种设备或者支柱、操作平台的安装或者装设工程作业，以及各种窑炉和金属结构工程作业。

（2）安装服务

安装服务是指生产设备、动力设备、起重设备、运输设备、传动设备、医疗实验设备以及其他各种设备、设施的装配、安置工程作业，包括与被安装设备相连的工作台、梯子、栏杆的装设工程作业，以及被安装设备的绝缘、防腐、保温、油漆等工程作业。

固定电话、有线电视、宽带、水、电、燃气、暖气等经营者向用户收取的安装费、初装费、开户费、扩容费以及类似收费，按照安装服务缴纳增值税。

（3）修缮服务

修缮服务是指对建筑物、构筑物进行修补、加固、养护、改善，使之恢复原来的使用价值或者延长其使用期限的工程作业。

（4）装饰服务

装饰服务是指对建筑物、构筑物进行修饰装修，使之美观或者具有特定用途的工程作业。

（5）其他建筑服务

其他建筑服务是指上列工程作业之外的各种工程作业服务，如钻井（打井）、拆除建筑物或者构筑物、平整土地、园林绿化、疏浚（不包括航道疏浚）、建筑物平移、搭脚手架、爆破、矿山穿孔、表面附着物（包括岩层、土层、沙层等）剥离和清理等工程作业。

5．金融服务

金融服务是指经营金融保险的业务活动，包括贷款服务、直接收费金融服务、保险服务和金融商品转让。

（1）贷款服务

贷款是指将资金贷与他人使用而取得利息收入的业务活动。

各种占用、拆借资金取得的收入，包括金融商品持有期间（含到期）利息（保本收益、报酬、资金占用费、补偿金等）收入、信用卡透支利息收入、买入返售金融商品利息收入、融资融券收取的利息收入，以及融资性售后回租、押汇、罚息、票据贴现、转贷等业务取得的利息及利息性质的收入，按照贷款服务缴纳增值税。

融资性售后回租是指承租方以融资为目的，将资产出售给从事融资性售后回租业务的企业后，从事融资性售后回租业务的企业将该资产出租给承租方的业务活动。

以货币资金投资收取的固定利润或者保底利润，按照贷款服务缴纳增值税。

（2）直接收费金融服务

直接收费金融服务是指为货币资金融通及其他金融业务提供相关服务并且收取费用的业务活动，包括提供货币兑换、账户管理、电子银行、信用卡、信用证、财务担保、资产管理、信托管理、基金管理、金融交易场所（平台）管理、资金结算、资金清算、金融支付等服务。

（3）保险服务

保险服务是指投保人根据合同约定，向保险人支付保险费，保险人对于合同约定的可能发生的事故因其发生所造成的财产损失承担赔偿保险金责任，或者当被保险人死亡、伤残、疾病或者达到合同约定的年龄、期限等条件时承担给付保险金责任的商业保险行为，包括人身保险服务和财产保险服务。

人身保险服务是指以人的寿命和身体为保险标的的保险业务活动。

财产保险服务是指以财产及其有关利益为保险标的的保险业务活动。

（4）金融商品转让

金融商品转让是指转让外汇、有价证券、非货物期货和其他金融商品所有权的业务活动。

其他金融商品转让包括基金、信托、理财产品等各类资产管理产品和各种金融衍生品的转让。

6．现代服务

现代服务是指围绕制造业、文化产业、现代物流产业等提供技术性、知识性服务的业务活动，包括研发和技术服务、信息技术服务、文化创意服务、物流辅助服务、租赁服务、鉴证咨询服务、广播影视服务、商务辅助服务和其他现代服务。

（1）研发和技术服务

研发和技术服务包括研发服务、合同能源管理服务、工程勘察勘探服务和专业技术服务。

① 研发服务也称技术开发服务，是指就新技术、新产品、新工艺或者新材料及其系统进行研究与试验开发的业务活动。

② 合同能源管理服务是指节能服务公司与用能单位以契约形式约定节能目标，节能服务公司提供必要的服务，用能单位以节能效果支付节能服务公司投入及其合理报酬的业务活动。

③ 工程勘察勘探服务是指在采矿、工程施工前后，对地形、地质构造、地下资源蕴藏情况进行实地调查的业务活动。

④ 专业技术服务是指气象服务、地震服务、海洋服务、测绘服务、城市规划、环境与生态监测服务等专项技术服务。

（2）信息技术服务

信息技术服务是指利用计算机、通信网络等技术对信息进行生产、收集、处理、加工、存储、运输、检索和利用，并提供信息服务的业务活动，包括软件服务、电路设计及测试服务、信息系统服务、业务流程管理服务和信息系统增值服务。

① 软件服务是指提供软件开发服务、软件维护服务、软件测试服务的业务活动。

② 电路设计及测试服务是指提供集成电路和电子电路产品设计、测试及相关技术支持服务的业务活动。

③ 信息系统服务是指提供信息系统集成、网络管理、网站内容维护、桌面管理与维护、信息系统应用、基础信息技术管理平台整合、信息技术基础设施管理、数据中心、托管中心、信息安全服务、在线杀毒、虚拟主机等业务活动，包括网站对非自有的网络游戏提供的网络运营服务。

④ 业务流程管理服务是指依托信息技术提供的人力资源管理、财务经济管理、审计管理、税务管理、物流信息管理、经营信息管理和呼叫中心等服务的活动。

⑤ 信息系统增值服务是指利用信息系统资源为用户附加提供的信息技术服务，包括数据处理、分析和整合、数据库管理、数据备份、数据存储、容灾服务、电子商务平台等。

（3）文化创意服务

文化创意服务包括设计服务、知识产权服务、广告服务和会议展览服务。

① 设计服务是指把计划、规划、设想通过文字、语言、图画、声音、视觉等形式传递出来的业务活动，包括工业设计、内部管理设计、业务运作设计、供应链设计、造型设计、服装设计、环境设计、平面设计、包装设计、动漫设计、网游设计、展示设计、网站设计、机

械设计、工程设计、广告设计、创意策划、文印晒图等。

② 知识产权服务是指处理知识产权事务的业务活动，包括对专利、商标、著作权、软件、集成电路布图设计的登记、鉴定、评估、认证、检索服务。

③ 广告服务是指利用图书、报纸、杂志、广播、电视、电影、幻灯、路牌、招贴、橱窗、霓虹灯、灯箱、互联网等各种形式为客户的商品、经营服务项目、文体节目或者通告、声明等委托事项进行宣传和提供相关服务的业务活动，包括广告代理和广告的发布、播映、宣传、展示等。

④ 会议展览服务是指为商品流通、促销、展示、经贸洽谈、民间交流、企业沟通、国际往来等举办或者组织安排的各类展览和会议的业务活动。

（4）物流辅助服务

物流辅助服务包括航空服务、港口码头服务、货运客运场站服务、打捞救助服务、装卸搬运服务、仓储服务和收派服务。

① 航空服务包括航空地面服务和通用航空服务。

航空地面服务是指航空公司、飞机场、民航管理局、航站等向在境内航行或者在境内机场停留的境内外飞机或者其他飞行器提供的导航等劳务性地面服务的业务活动，包括旅客安全检查服务、停机坪管理服务、机场候机厅管理服务、飞机清洗消毒服务、空中飞行管理服务、飞机起降服务、飞行通讯服务、地面信号服务、飞机安全服务、飞机跑道管理服务、空中交通管理服务等。

通用航空服务是指为专业工作提供飞行服务的业务活动，包括航空摄影、航空培训、航空测量、航空勘探、航空护林、航空吊挂播撒、航空降雨、航空气象探测、航空海洋监测、航空科学实验等。

② 港口码头服务是指港务船舶调度服务、船舶通讯服务、航道管理服务、航道疏浚服务、灯塔管理服务、航标管理服务、船舶引航服务、理货服务、系解缆服务、停泊和移泊服务、海上船舶溢油清除服务、水上交通管理服务、船只专业清洗消毒检测服务和防止船只漏油服务等为船只提供服务的业务活动。

港口设施经营人收取的港口设施保安费按照港口码头服务缴纳增值税。

③ 货运客运场站服务是指货运客运场站提供货物配载服务、运输组织服务、中转换乘服务、车辆调度服务、票务服务、货物打包整理、铁路线路使用服务、加挂铁路客车服务、铁路行包专列发送服务、铁路到达和中转服务、铁路车辆编解服务、车辆挂运服务、铁路接触网服务、铁路机车牵引服务等业务活动。

④ 打捞救助服务是指提供船舶人员救助、船舶财产救助、水上救助和沉船沉物打捞服务的业务活动。

⑤ 装卸搬运服务是指使用装卸搬运工具或者人力、畜力将货物在运输工具之间、装卸现场之间或者运输工具与装卸现场之间进行装卸和搬运的业务活动。

⑥ 仓储服务是指利用仓库、货场或者其他场所代客贮放、保管货物的业务活动。

⑦ 收派服务是指接受寄件人委托，在承诺的时限内完成函件和包裹的收件、分拣、派送服务的业务活动。

收件服务是指从寄件人收取函件和包裹，并运送到服务提供方同城的集散中心的业务活动。

分拣服务是指服务提供方在其集散中心对函件和包裹进行归类、分发的业务活动。

派送服务是指服务提供方从其集散中心将函件和包裹送达同城的收件人的业务活动。

（5）租赁服务

租赁服务包括融资租赁服务和经营租赁服务。

① 融资租赁服务是指具有融资性质和所有权转移特点的租赁活动，即出租人根据承租人

所要求的规格、型号、性能等条件购入有形动产或者不动产租赁给承租人，合同期内租赁物所有权属于出租人，承租人只拥有使用权，合同期满付清租金后，承租人有权按照残值购入租赁物，以拥有其所有权。不论出租人是否将租赁物销售给承租人，均属于融资租赁。

按照标的物的不同，融资租赁服务可分为有形动产融资租赁服务和不动产融资租赁服务。

融资性售后回租不按照本税目缴纳增值税。

② 经营租赁服务是指在约定时间内将有形动产或者不动产转让他人使用且租赁物所有权不变更的业务活动。

按照标的物的不同，经营租赁服务可分为有形动产经营租赁服务和不动产经营租赁服务。

将建筑物、构筑物等不动产或者飞机、车辆等有形动产的广告位出租给其他单位或者个人用于发布广告，按照经营租赁服务缴纳增值税。

车辆停放服务、道路通行服务（包括过路费、过桥费、过闸费等）等按照不动产经营租赁服务缴纳增值税。

水路运输的光租业务、航空运输的干租业务，属于经营租赁。

光租业务是指运输企业将船舶在约定的时间内出租给他人使用，不配备操作人员，不承担运输过程中发生的各项费用，只收取固定租赁费的业务活动。

干租业务是指航空运输企业将飞机在约定的时间内出租给他人使用，不配备机组人员，不承担运输过程中发生的各项费用，只收取固定租赁费的业务活动。

（6）鉴证咨询服务

鉴证咨询服务包括认证服务、鉴证服务和咨询服务。

① 认证服务是指具有专业资质的单位利用检测、检验、计量等技术，证明产品、服务、管理体系符合相关技术规范、相关技术规范的强制性要求或者标准的业务活动。

② 鉴证服务是指具有专业资质的单位受托对相关事项进行鉴证，发表具有证明力的意见的业务活动，包括会计鉴证、税务鉴证、法律鉴证、职业技能鉴定、工程造价鉴证、工程监理、资产评估、环境评估、房地产土地评估、建筑图纸审核、医疗事故鉴定等。

③ 咨询服务是指提供信息、建议、策划、顾问等服务的活动，包括金融、软件、技术、财务、税收、法律、内部管理、业务运作、流程管理、健康等方面的咨询。

翻译服务和市场调查服务按照咨询服务缴纳增值税。

（7）广播影视服务

广播影视服务包括广播影视节目（作品）的制作服务、发行服务和播映（含放映，下同）服务。

① 广播影视节目（作品）制作服务是指进行专题（特别节目）、专栏、综艺、体育、动画片、广播剧、电视剧、电影等广播影视节目和作品制作的服务。具体包括与广播影视节目和作品相关的策划、采编、拍摄、录音、音视频文字图片素材制作、场景布置、后期的剪辑、翻译（编译）、字幕制作、片头、片尾、片花制作、特效制作、影片修复、编目和确权等业务活动。

② 广播影视节目（作品）发行服务是指以分账、买断、委托等方式，向影院、电台、电视台、网站等单位和个人发行广播影视节目（作品）以及转让体育赛事等活动的报道及播映权的业务活动。

③ 广播影视节目（作品）播映服务是指在影院、剧院、录像厅及其他场所播映广播影视节目（作品），以及通过电台、电视台、卫星通信、互联网、有线电视等无线或者有线装置播映广播影视节目（作品）的业务活动。

（8）商务辅助服务

商务辅助服务包括企业管理服务、经纪代理服务、人力资源服务、安全保护服务。

　　① 企业管理服务是指提供总部管理、投资与资产管理、市场管理、物业管理、日常综合管理等服务的业务活动。

　　② 经纪代理服务是指各类经纪、中介、代理服务，包括金融代理、知识产权代理、货物运输代理、代理报关、法律代理、房地产中介、职业中介、婚姻中介、代理记账、拍卖等。

　　货物运输代理服务是指接受货物收货人、发货人、船舶所有人、船舶承租人或者船舶经营人的委托，以委托人的名义，为委托人办理货物运输、装卸、仓储和船舶进出港口、引航、靠泊等相关手续的业务活动。

　　代理报关服务是指接受进出口货物的收、发货人委托，代为办理报关手续的业务活动。

　　③ 人力资源服务是指提供公共就业、劳务派遣、人才委托招聘、劳动力外包等服务的业务活动。

　　④ 安全保护服务是指提供保护人身安全和财产安全，维护社会治安等的业务活动，包括场所住宅保安、特种保安、安全系统监控以及其他安保服务。

　　（9）其他现代服务

　　其他现代服务是指除研发和技术服务、信息技术服务、文化创意服务、物流辅助服务、租赁服务、鉴证咨询服务、广播影视服务和商务辅助服务以外的现代服务。

　　7．生活服务

　　生活服务是指为满足城乡居民日常生活需求提供的各类服务活动，包括文化体育服务、教育医疗服务、旅游娱乐服务、餐饮住宿服务、居民日常服务和其他生活服务。

　　（1）文化体育服务

　　文化体育服务包括文化服务和体育服务。

　　① 文化服务是指为满足社会公众文化生活需求提供的各种服务，包括文艺创作、文艺表演、文化比赛，图书馆的图书和资料借阅，档案馆的档案管理，文物及非物质遗产保护，组织举办宗教活动、科技活动、文化活动，提供游览场所。

　　② 体育服务是指组织举办体育比赛、体育表演、体育活动，以及提供体育训练、体育指导、体育管理的业务活动。

　　（2）教育医疗服务

　　教育医疗服务包括教育服务和医疗服务。

　　① 教育服务是指提供学历教育服务、非学历教育服务、教育辅助服务的业务活动。

　　学历教育服务是指根据教育行政管理部门确定或者认可的招生和教学计划组织教学，并颁发相应学历证书的业务活动，包括初等教育、初级中等教育、高级中等教育、高等教育等。

　　非学历教育服务包括学前教育、各类培训、演讲、讲座、报告会等。

　　教育辅助服务包括教育测评、考试、招生等服务。

　　② 医疗服务是指提供医学检查、诊断、治疗、康复、预防、保健、接生、计划生育、防疫服务等方面的服务，以及与这些服务有关的提供药品、医用材料器具、救护车、病房住宿和伙食的业务。

　　（3）旅游娱乐服务

　　旅游娱乐服务包括旅游服务和娱乐服务。

　　① 旅游服务是指根据旅游者的要求，组织安排交通、游览、住宿、餐饮、购物、文娱、商务等服务的业务活动。

　　② 娱乐服务是指为娱乐活动同时提供场所和服务的业务，包括歌厅、舞厅、夜总会、酒吧、台球、高尔夫球、保龄球、游艺（包括射击、狩猎、跑马、游戏机、蹦极、卡丁车、热气球、动力伞、射箭、飞镖）。

（4）餐饮住宿服务

餐饮住宿服务包括餐饮服务和住宿服务。

① 餐饮服务是指通过同时提供饮食和饮食场所的方式为消费者提供饮食消费服务的业务活动。

② 住宿服务是指提供住宿场所及配套服务等的活动，包括宾馆、旅馆、旅社、度假村和其他经营性住宿场所提供的住宿服务。

（5）居民日常服务

居民日常服务是指主要为满足居民个人及其家庭日常生活需求提供的服务，包括市容市政管理、家政、婚庆、养老、殡葬、照料和护理、救助救济、美容美发、按摩、桑拿、氧吧、足疗、沐浴、洗染、摄影扩印等服务。

（6）其他生活服务

其他生活服务是指除文化体育服务、教育医疗服务、旅游娱乐服务、餐饮住宿服务和居民日常服务之外的生活服务。

（五）销售无形资产

销售无形资产是指转让无形资产所有权或者使用权的业务活动。无形资产是指不具实物形态，但能带来经济利益的资产，包括技术、商标、著作权、商誉、自然资源使用权和其他权益性无形资产。

技术包括专利技术和非专利技术。

自然资源使用权包括土地使用权、海域使用权、探矿权、采矿权、取水权和其他自然资源使用权。

其他权益性无形资产包括基础设施资产经营权、公共事业特许权、配额、经营权（包括特许经营权、连锁经营权、其他经营权）、经销权、分销权、代理权、会员权、席位权、网络游戏虚拟道具、域名、名称权、肖像权、冠名权、转会费等。

（六）销售不动产

销售不动产是指转让不动产所有权的业务活动。不动产是指不能移动或者移动后会引起性质、形状改变的财产，包括建筑物、构筑物等。

建筑物包括住宅、商业营业用房、办公楼等可供居住、工作或者进行其他活动的建造物。

构筑物包括道路、桥梁、隧道、水坝等建造物。

转让建筑物有限产权或者永久使用权的，转让在建的建筑物或者构筑物所有权的，以及在转让建筑物或者构筑物时一并转让其所占土地的使用权的，按照销售不动产缴纳增值税。

（七）征税范围的特殊规定

1．视同销售货物行为

单位或者个体工商户的下列行为，视同销售货物。

（1）将货物交付其他单位或者个人代销。

（2）销售代销货物。

（3）设有两个以上机构并实行统一核算的纳税人，将货物从一个机构移送至其他机构用于销售，但相关机构设在同一县（市）的除外。

"用于销售"是指受货机构发生以下情形之一的经营行为。

① 向购货方开具发票。

② 向购货方收取货款。

受货机构的货物移送行为有上述两项情形之一的，应当向所在地税务机关缴纳增值税；

未发生上述两项情形的，则应由总机构统一缴纳增值税。

（4）将自产或者委托加工的货物用于非增值税应税项目。

（5）将自产、委托加工的货物用于集体福利或者个人消费。

（6）将自产、委托加工或者购进的货物作为投资，提供给其他单位或者个体工商户。

（7）将自产、委托加工或者购进的货物分配给股东或者投资者。

（8）将自产、委托加工或者购进的货物无偿赠送其他单位或者个人。

2．视同销售服务、无形资产、不动产行为

下列情形视同销售服务、无形资产或者不动产。

① 单位或者个体工商户向其他单位或者个人无偿提供服务，但用于公益事业或者以社会公众为对象的除外。

② 单位或者个人向其他单位或者个人无偿转让无形资产或者不动产，但用于公益事业或者以社会公众为对象的除外。

③ 财政部和国家税务总局规定的其他情形。

3．混合销售

一项销售行为如果既涉及货物又涉及服务，则为混合销售。从事货物的生产、批发或者零售的单位和个体工商户的混合销售行为，按照销售货物缴纳增值税；其他单位和个体工商户的混合销售行为，按照销售服务缴纳增值税。

上述从事货物的生产、批发或者零售的单位和个体工商户，包括以从事货物的生产、批发或者零售为主，并兼营销售服务的单位和个体工商户在内。

纳税人销售活动板房、机器设备、钢结构件等自产货物的同时提供建筑、安装服务，不属于《营业税改征增值税试点实施办法》（财税〔2016〕36号文件印发）第四十条所规定的混合销售，应分别核算货物和建筑服务的销售额，分别适用不同的税率或者征收率。

4．兼营

试点纳税人销售货物、加工修理修配劳务、服务、无形资产或者不动产适用不同税率或者征收率的，应当分别核算适用不同税率或者征收率的销售额，未分别核算销售额的，从高适用税率。

5．不征收增值税项目

（1）根据国家指令无偿提供的铁路运输服务、航空运输服务，属于规定的用于公益事业的服务。

（2）存款利息。

（3）被保险人获得的保险赔付。

（4）房地产主管部门或者其指定机构、公积金管理中心、开发企业以及物业管理单位代收的住宅专项维修资金。

（5）在资产重组过程中，通过合并、分立、出售、置换等方式，将全部或者部分实物资产以及与其相关联的债权、负债和劳动力一并转让给其他单位和个人，其中涉及的不动产、土地使用权转让行为。

6．非经营活动

下列非经营活动不属于有偿提供服务、有偿转让无形资产或者不动产的范围，不征收增值税。

（1）行政单位收取的同时满足以下条件的政府性基金或者行政事业性收费。

① 由国务院或者财政部批准设立的政府性基金，由国务院或者省级人民政府及其财政、价格主管部门批准设立的行政事业性收费。

② 收取时开具省级以上（含省级）财政部门监（印）制的财政票据。

③ 所收款项全额上缴财政。

（2）单位或者个体工商户聘用的员工为本单位或者雇主提供取得工资的服务。

（3）单位或者个体工商户为聘用的员工提供服务。

（4）财政部和国家税务总局规定的其他情形。

二、纳税义务人

在中华人民共和国境内（以下简称境内）销售货物或者加工修理修配劳务，销售服务、无形资产、不动产以及进口货物的单位和个人，为增值税的纳税人，应当缴纳增值税。

增值税纳税人的一般规定如下。

单位以承包、承租、挂靠方式经营的，承包人、承租人、挂靠人（以下统称承包人）以发包人、出租人、被挂靠人（以下统称发包人）名义对外经营并由发包人承担相关法律责任的，以该发包人为纳税人；否则，以承包人为纳税人。

（1）下列情形属于在境内销售服务、无形资产或者不动产。

① 服务（租赁不动产除外）或者无形资产（自然资源使用权除外）的销售方或者购买方在境内。

② 所销售或者租赁的不动产在境内。

③ 所销售自然资源使用权的自然资源在境内。

④ 财政部和国家税务总局规定的其他情形。

（2）下列情形不属于在境内销售服务或者无形资产。

① 境外单位或者个人向境内单位或者个人销售完全在境外发生的服务。

② 境外单位或者个人向境内单位或者个人销售完全在境外使用的无形资产。

③ 境外单位或者个人向境内单位或者个人出租完全在境外使用的有形动产。

④ 财政部和国家税务总局规定的其他情形。

增值税的纳税人分为一般纳税人和小规模纳税人。

三、一般纳税人和小规模纳税人的认定及管理

增值税实行凭专用发票抵扣税款的制度，客观上要求纳税人具备健全的会计核算制度和能力。在实际经济生活中我国增值税纳税人众多，会计核算水平差异较大，大量的小企业和个人还不具备用发票抵扣税款的条件。为了既简化增值税计算和征收，也有利于减少税收征管漏洞，依据 2010 年 3 月 20 日起施行的《增值税一般纳税人资格认定管理办法》，我国将增值税纳税人按会计核算水平和经营规模分为一般纳税人和小规模纳税人两类纳税人，分别采取不同的增值税计税方法。

（一）一般纳税人的认定及管理

1．一般纳税人的认定标准

一般纳税人是指年应征增值税销售额（以下简称年应税销售额），超过财政部、国家税务总局规定的小规模纳税人标准的企业和企业性单位。

2．申请一般纳税人资格的条件

年应税销售额已超过财政部、国家税务总局规定的小规模纳税人标准以及新开业的纳税人，可以向主管税务机关申请一般纳税人资格认定。对提出申请并且同时符合下列条件的纳税人，主管税务机关应当为其办理一般纳税人资格认定。

（1）有固定的生产经营场所。

（2）能够按照国家统一的会计制度规定设置账簿，根据合法、有效凭证核算，能够提供准确税务资料。

3．一般纳税人资格认定的所在地和权限

纳税人应当向其机构所在地主管税务机关申请一般纳税人资格认定。

一般纳税人资格认定的权限，在县（市、区）国家税务局或者同级别的税务分局。

（二）小规模纳税人的认定及管理

1．小规模纳税人的认定标准

小规模纳税人是指年销售额在规定标准以下，并且会计核算不健全，不能按规定报送有关税务资料的增值税纳税人。会计核算不健全是指不能正确核算增值税的销项税额、进项税额和应纳税额。

根据《增值税暂行条例》《增值税暂行条例实施细则》和财政部、国家税务总局联合印发的《财政部、国家税务总局关于全面推开营业税改征增值税试点的通知》的规定，小规模纳税人的认定标准如下。

（1）增值税小规模纳税人标准为年应征增值税销售额500万元及以下。

（2）年应征增值税销售额超过小规模纳税人标准的其他个人按小规模纳税人纳税。

（3）非企业性单位可选择按小规模纳税人纳税，属于营改增范围的个体工商户可选择按照小规模纳税人纳税。

2．小规模纳税人的管理

小规模纳税人会计核算健全，能够提供准确税务资料的，可以向主管税务机关申请资格认定，不作为小规模纳税人。

除国家税务总局另有规定外，纳税人一经认定为一般纳税人以后，不得转为小规模纳税人。

四、税率与征收率

我国增值税是采用比例税率，按照一定的比例征收。

（一）基本税率

增值税一般纳税人销售或者进口货物，提供加工、修理修配劳务，除低税率适用范围外，税率一律为16%。这就是通常所说的基本税率。

（二）低税率

增值税一般纳税人销售或者进口下列货物，按低税率计征增值税，低税率为10%：农产品(含粮食)、自来水、暖气、石油液化气、天然气、食用植物油、冷气、热水、煤气、居民用煤炭制品、食用盐、农机、饲料、农药、农膜、化肥、沼气、二甲醚、图书、报纸、杂志、音像制品、电子出版物，以及国务院规定的其他货物。

（1）农产品

农产品是指种植业、养殖业、林业、牧业、水产业生产的各种植物、动物的初级产品。农产品的具体征税范围暂继续按照《财政部、国家税务总局关于印发〈农业产品征税范围注释〉的通知》（财税字〔1995〕52号）及现行相关规定执行，并包括挂面、干姜、姜黄、玉米胚芽、动物骨粒、按照《食品安全国家标准——巴氏杀菌乳》（GB19645-2010）生产的巴氏杀菌乳、按照《食品安全国家标准——灭菌乳》（GB25190-2010）生产的灭菌乳。

（2）食用植物油、自来水、暖气、冷气、热水、煤气、石油液化气、天然气、沼气、居民用煤炭制品、图书、报纸、杂志、化肥、农药、农机、农膜上述货物的具体征税范围暂继续按照《国家税务总局关于印发〈增值税部分货物征税范围注释〉的通知》（国税发〔1993〕151 号）及现行相关规定执行，并包括棕榈油、棉籽油、茴油、毛椰子油、核桃油、橄榄油、花椒油、杏仁油、葡萄籽油、牡丹籽油、由石油伴生气加工压缩而成的石油液化气、西气东输项目上游中外合作开采天然气、中小学课本配套产品（包括各种纸制品或图片）、国内印刷企业承印的经新闻出版主管部门批准印刷且采用国际标准书号编序的境外图书、农用水泵、农用柴油机、不带动力的手扶拖拉机、三轮农用运输车、密集型烤房设备、频振式杀虫灯、自动虫情测报灯、粘虫板、卷帘机、农用挖掘机、养鸡设备系列、养猪设备系列产品、动物尸体降解处理机、蔬菜清洗机。

（3）饲料

饲料是指用于动物饲养的产品或其加工品。饲料的具体征税范围按照《国家税务总局关于修订"饲料"注释及加强饲料征免增值税管理问题的通知》（国税发〔1999〕39 号）执行，并包括豆粕、宠物饲料、饲用鱼油、矿物质微量元素舔砖、饲料级磷酸二氢钙产品。

（4）音像制品

音像制品是指正式出版的录有内容的录音带、录像带、唱片、激光唱盘和激光视盘。

（5）电子出版物

电子出版物是指以数字代码方式，使用计算机应用程序，将图文声像等内容信息编辑加工后存储在具有确定的物理形态的磁、光、电等介质上，通过内嵌在计算机、手机、电子阅读设备、电子显示设备、数字音／视频播放设备、电子游戏机、导航仪以及其他具有类似功能的设备上读取使用，具有交互功能，用以表达思想、普及知识和积累文化的大众传播媒体。载体形态和格式主要包括只读光盘（CD 只读光盘 CD-ROM、交互式光盘 CD-I、照片光盘 Photo-CD、高密度只读光盘 DVD-ROM、蓝光只读光盘 HD-DVD ROM 和 BD ROM）、一次写入式光盘（一次写入 CD 光盘 CD-R、一次写入高密度光盘 DVD-R、一次写入蓝光光盘 HD-DVD／R，BD-R）、可擦写光盘（可擦写 CD 光盘 CD-RW、可擦写高密度光盘 DVD-RW、可擦写蓝光光盘 HDDVD-RW 和 BD-RW、磁光盘 MO）、软磁盘（FD）、硬磁盘（HD）、集成电路卡（CF 卡、MD 卡、SM 卡、MMC 卡、RR-MMC 卡、MS 卡、SD 卡、XD 卡、T-Flash 卡、记忆棒）和各种存储芯片。

（6）二甲醚

二甲醚是指化学分子式为 CH3OCH3，常温常压下为具有轻微醚香味，易燃、无毒、无腐蚀性的气体。

（7）食用盐

食用盐是指符合《食用盐》（GB/T 5461-2016）和《食用盐卫生标准》（GB2721-2003）两项国家标准的食用盐。

纳税人兼营不同税率的货物或者劳务的，应当分别核算不同税率货物或者劳务的应税销售额。未分别核算销售额的，从高适用税率。

（三）零税率

纳税人出口货物，税率为零，国务院另有规定的除外。

税率为零不是简单地等同于免税。出口货物免税仅指在出口环节不征收增值税，而零税率是指对出口货物除了在出口环节不征增值税外还要对该产品在出口前已经缴纳的增值税进行退税使该出口产品在出口时完全不含增值税税款，从而以无税产品进入国际市场。

（四）"营改增"项目的税率

（1）纳税人的应税行为，除以下第（2）（3）（4）条规定外，税率为6%。

（2）提供交通运输、邮政、基础电信、建筑、不动产租赁服务，销售不动产，转让土地使用权，税率为10%。

（3）提供有形动产租赁服务，税率为16%。

（4）境内单位和个人发生的跨境销售国务院规定范围内的服务、无形资产，税率为零。

中华人民共和国境内的单位和个人提供的国际运输服务、向境外单位提供的研发服务和设计服务，适用增值税零税率。国际运输服务是指：在境内载运旅客或者货物出境；在境外载运旅客或者货物入境；在境外载运旅客或者货物。

（5）试点纳税人兼有不同税率或者征收率的销售货物、提供加工修理修配劳务或者应税服务的，应当分别核算适用不同税率或者征收率的销售额，未分别核算销售额的，按照以下方法适用税率或者征收率。

①兼有不同税率的销售货物、提供加工修理修配劳务或者应税服务的，从高适用税率。

②兼有不同征收率的销售货物、提供加工修理修配劳务或者应税服务的，从高适用征收率。

③兼有不同税率和征收率的销售货物、提供加工修理修配劳务或者应税服务的，从高适用税率。

（五）征收率

1．增值税简易办法征收率的一般规定

小规模纳税人销售货物或者应税劳务，实行按照销售额和征收率计算应纳税额的简易办法，并不得抵扣进项税额。小规模纳税人为3%的征收率。征收率的调整，由国务院决定。从2014年7月1日起，原来按6%和4%征收率征税的项目，按3%征税。

纳税人销售自己使用过的固定资产和经营旧货征收率的适用规定如下。

（1）纳税人销售自己使用过的固定资产的征收率

① 一般纳税人中的2008年12月31日以前未被纳入扩大增值税抵扣范围试点的纳税人，销售自己使用过的2008年12月31日以前购进或者自制的固定资产时，依照3%征收率减按2%缴纳增值税。一般纳税人销售自己使用过的2009年1月1日以后购进或者自制的固定资产，按照适用税率征收增值税。

一般纳税人销售自己使用过的2013年7月31日以前购进的征消费税的小轿车，依照3%征收率减按2%征收增值税。一般纳税人销售自己使用过的2013年8月1日以后购进征消费税的小轿车，按照适用税率缴纳增值税。

一般纳税人销售自己使用过的属于《增值税暂行条例》第十条规定不得抵扣且未抵扣进项税额的固定资产，按简易办法依照3%征收率减按2%缴纳增值税。

纳税人购进或者自制固定资产时为小规模纳税人，认定为一般纳税人后销售该固定资产，依照3%征收率减按2%缴纳增值税。

增值税一般纳税人发生按简易办法征收增值税应税行为，销售其按照规定不得抵扣且未抵扣进项税额的固定资产，依照3%征收率减按2%征收增值税。

"营改增"纳税人销售自己使用过的本地区试点实施之日后购进或者自制的固定资产，按照适用税率缴纳增值税；销售自己使用过的本地区试点实施之日前购进或者自制的固定资产，依照3%征收率减按2%缴纳增值税。

一般纳税人销售自己使用过的除固定资产以外的物品，应当按照适用税率缴纳增值税。

"已使用过的固定资产"是指纳税人根据财务会计制度已经计提折旧的固定资产。

② 小规模纳税人（除其他个人外，下同）销售自己使用过的固定资产，减按2%征收率缴纳增值税。

小规模纳税人销售自己使用过的除固定资产以外的物品，应按3%的征收率缴纳增值税。

（2）纳税人销售旧货的征收率

纳税人销售旧货，按照简易办法依照 3% 征收率减按 2% 缴纳增值税。旧货是指进入二次流通的具有部分使用价值的货物，但不包括自己使用过的物品。

上述纳税人销售自己使用过的物品和旧货，适用按简易办法依 3% 征收率减按 2% 征收增值税政策的，按下列公式确定销售额和应纳税额。

$$销售额 = \frac{含税销售额}{1+3\%}$$

$$应纳税额 = 销售额 \times 2\%$$

2. 销售应税行为的征收率

（1）与房地产有关的征收率

第一，房地产企业涉及的征收率

一般纳税人转让其 2016 年 4 月 30 日前自建的不动产，可以选择适用简易计税方法计税，以取得的全部价款和价外费用为销售额，按照 5% 的征收率计算应纳税额。

一般纳税人转让其 2016 年 4 月 30 日前取得（不含自建）的不动产，可以选择适用简易计税方法计税，以取得的全部价款和价外费用扣除不动产购置原价或者取得不动产时的作价后的余额为销售额，按照 5% 的征收率计算应纳税额。

纳税人转让 2016 年 4 月 30 日前取得的土地使用权，可以选择适用简易计税方法，以取得的全部价款和价外费用减去取得该土地使用权的原价后的余额为销售额，按照 5% 的征收率计算缴纳增值税。

第二，小规模纳税人和个人涉及的征收率

房地产开发企业中的小规模纳税人，销售自行开发的房地产项目，按照 5% 的征收率计税。

个人转让其购买的住房，按照有关规定全额缴纳增值税的，以取得的全部价款和价外费用为销售额，按照 5% 的征收率计算应纳税额。

个人转让其购买的住房，按照有关规定差额缴纳增值税的，以取得的全部价款和价外费用扣除购买住房价款后的余额为销售额，按照 5% 的征收率计算应纳税额。

（2）出租业务的征收率

① 一般纳税人的出租业务

一般纳税人出租以纳入营改增试点之日前取得的有形动产为标的物提供的经营租赁服务，可按 3% 征收率计征增值税。

一般纳税人出租其 2016 年 4 月 30 日前取得的不动产，可以选择适用简易计税方法，按照 5% 的征收率计算应纳税额。纳税人出租其 2016 年 4 月 30 日前取得的与机构所在地不在同一县（市）的不动产，应按照上述计税方法在不动产所在地预缴税款后，向机构所在地主管税务机关进行纳税申报。

② 小规模纳税人出租业务

小规模纳税人出租其取得的不动产（不含个人出租住房），应按照 5% 的征收率计算应纳税额。纳税人出租与机构所在地不在同一县（市）的不动产，应按照上述计税方法在不动产所在地预缴税款后，向机构所在地主管税务机关进行纳税申报。

其他个人出租其取得的不动产（不含住房），应按照 5% 的征收率计算应纳税额。

个人出租住房，应按照 5% 的征收率减按 1.5% 计算应纳税额。

（3）建筑业的征收率

下列建筑服务，可以选择适用简易计税方法按 3% 的征收率计税。

① 一般纳税人以清包工方式提供的建筑服务，可以选择适用简易计税方法计税。

以清包工方式提供建筑服务，是指施工方不采购建筑工程所需的材料或只采购辅助材料，并收取人工费、管理费或者其他费用的建筑服务。

② 一般纳税人为甲供工程提供的建筑服务，可以选择适用简易计税方法计税。

甲供工程是指全部或部分设备、材料、动力由工程发包方自行采购的建筑工程。

③ 一般纳税人为建筑工程老项目提供的建筑服务，可以选择适用简易计税方法计税。

建筑工程老项目是指《建筑工程施工许可证》注明的合同开工日期在 2016 年 4 月 30 日前的建筑工程项目；未取得《建筑工程施工许可证》的，建筑工程承包合同注明的开工日期在 2016 年 4 月 30 日前的建筑工程项目。

（4）金融企业的征收率

一般纳税人 2016 年 4 月 30 日前签订的不动产融资租赁合同，或以 2016 年 4 月 30 日前取得的不动产提供的融资租赁服务，可以选择适用简易计税方法，按照 5% 的征收率计算缴纳增值税。

农村信用社、村镇银行、农村资金互助社、由银行业机构全资发起设立的贷款公司、法人机构在县（县级市、区、旗）及县以下地区的农村合作银行和农村商业银行提供金融服务收入，可以选择适用简易计税方法按照 3% 的征收率计算缴纳增值税。

对中国农业银行纳入“三农金融事业部”改革试点的各省、自治区、直辖市、计划单列市分行下辖的县域支行和新疆生产建设兵团分行下辖的县域支行（也称县事业部），提供农户贷款、农村企业和农村各类组织贷款（具体贷款业务清单见附件）取得的利息收入，可以选择适用简易计税方法按照 3% 的征收率计算缴纳增值税。

（5）过路过桥费征收率

公路经营企业中的一般纳税人收取试点前开工的高速公路的车辆通行费，可以选择适用简易计税方法，减按 3% 的征收率计算应纳税额。

一般纳税人收取试点前开工的一级公路、二级公路、桥、闸通行费，可以选择适用简易计税方法，按照 5% 的征收率计算缴纳增值税。

试点前开工是指相关施工许可证注明的合同开工日期在 2016 年 4 月 30 日前。

（6）提供劳务派遣服务的征收率

一般纳税人提供劳务派遣服务，也可以选择差额纳税，以取得的全部价款和价外费用，扣除代用工单位支付给劳务派遣员工的工资、福利和为其办理社会保险及住房公积金后的余额为销售额，按照简易计税方法依 5% 的征收率计算缴纳增值税。

小规模纳税人提供劳务派遣服务，可以按照《财政部国家税务总局关于全面推开营业税改征增值税试点的通知》（财税〔2016〕36 号）的有关规定，以取得的全部价款和价外费用为销售额，按照简易计税方法依 3% 的征收率计算缴纳增值税；也可以选择差额纳税，以取得的全部价款和价外费用，扣除代用工单位支付给劳务派遣员工的工资、福利和为其办理社会保险及住房公积金后的余额为销售额，按照简易计税方法依 5% 的征收率计算缴纳增值税。

（7）其他征收率

一般纳税人提供人力资源外包服务，属于经纪代理服务业，可以选择适用简易计税方法，按照 5% 的征收率计算缴纳增值税。

（8）一般纳税人销售自产的下列货物，可选择按照简易办法依照 3% 征收率计算缴纳增值税。

① 县级及县级以下小型水力发电单位生产的电力。小型水力发电单位是指各类投资主体建设的装机容量为 5 万千瓦以下（含 5 万千瓦）的小型水力发电单位。

② 建筑用和生产建筑材料所用的沙、土、石料。

③ 以自己采掘的沙、土、石料或其他矿物连续生产的砖、瓦、石灰（不含黏土实心砖、瓦）。

④ 用微生物、微生物代谢产物、动物毒素、人或动物的血液或组织制成的生物制品。

⑤ 自来水。

⑥ 商品混凝土（仅限于以水泥为原料生产的水泥混凝土）。

⑦ 属于增值税一般纳税人的单采血浆站销售非临床用人体血液，可以按照简易办法依照 3% 征收率计算应纳税额，但不得对外开具增值税专用发票；也可以按照销项税额抵扣进项税额的办法依照增值税适用税率计算应纳税额。

一般纳税人选择简易办法计算缴纳增值税后，36 个月内不得变更。

（9）一般纳税人销售货物属于下列情形之一的，暂按简易办法依照 3% 征收率计算缴纳增值税。

① 寄售商店代销寄售物品（包括居民个人寄售的物品在内）。

② 典当业销售死当物品。

③ 经国务院或国务院授权机关批准的免税商店零售的免税品。

对属于一般纳税人的自来水公司销售自来水按简易办法依照 3% 征收率征收增值税，不得抵扣其购进自来水取得增值税扣税凭证上注明的增值税税款。

五、税收优惠

（一）增值税的基本减免优惠

1．增值税的一般优惠项目

（1）下列项目免征增值税：农业生产者销售的自产农产品；避孕药品和用具；古旧图书；直接用于科学研究、科学试验和教学的进口仪器、设备；外国政府、国际组织无偿援助的进口物资和设备；由残疾人的组织直接进口供残疾人专用的物品；销售的自己使用过的物品。自己使用过的物品是指其他个人自己使用过的物品。

（2）经国务院批准，自 2012 年 1 月 1 日起，免征蔬菜流通环节增值税；自 2012 年 10 月 1 日起，免征部分鲜活肉蛋产品流通环节增值税。

（3）国有粮食购销企业必须按顺价原则销售粮食，对承担粮食收储任务的国有粮食购销企业销售的粮食免征增值税。对承担粮食收储任务的国有粮食购销企业销售的粮食免征增值税。军队用粮、救灾救济粮和水库移民口粮也免征增值税。

（4）在国家规定产品范围内的饲料免税，如糠麸、酒糟、鱼粉、草饲料、饲料级磷酸氢钙及除豆粕以外的菜子粕、棉子粕、向日葵粕、花生粕等粕类产品。

（5）对属于增值税一般纳税人的动漫企业销售其自主开发生产的动漫软件，按 17% 的税率征收增值税后，对其增值税实际税负超过 3% 的部分，实行即征即退政策。动漫软件出口免征增值税。

纳税人兼营免税、减税项目的，应当分别核算免税、减税项目的销售额；未分别核算销售额的，不得免税、减税。纳税人销售货物或者应税劳务适用免税规定的，可以放弃免税，依照税法的规定缴纳增值税。放弃免税后，36 个月内不得再申请免税。

2．起征点的免征优惠

纳税人销售额未达到规定的增值税起征点的，免征增值税。自 2019 年 1 月 1 日起，增值税法的起征点幅度规定为：

（1）小规模纳税人发生增值税应税销售行为，合计月销售额未超过 10 万元(以 1 个季度为 1 个纳税期的，季度销售额未超过 30 万元，下同)的，免征增值税。

小规模纳税人发生增值税应税销售行为，合计月销售额超过 10 万元，但扣除本期发生的销售不动产的销售额后未超过 10 万元的，其销售货物、劳务、服务、无形资产取得的销售额免征增值税。

（2）适用增值税差额征税政策的小规模纳税人，以差额后的销售额确定是否可以享受本公告规定的免征增值税政策。

（二）营改增试点过渡政策的税收优惠

1．免征增值税项目

（1）托儿所、幼儿园等机构提供的保育和教育服务。

托儿所、幼儿园等机构是指经县级以上教育部门审批成立、取得办园许可证的实施 0～6 岁学前教育的机构，包括公办和民办的托儿所、幼儿园、学前班、幼儿班、保育院。

（2）养老机构提供的养老服务。

（3）残疾人福利机构提供的育养服务。

（4）婚姻介绍服务。

（5）殡葬服务。

（6）残疾人员本人为社会提供的服务。

（7）医疗机构提供的医疗服务。

（8）从事学历教育的学校提供的教育服务。

（9）学生勤工俭学提供的服务。

（10）农业机耕、排灌、病虫害防治、植物保护、农牧保险及相关技术培训业务，家禽、牲畜、水生动物的配种和疾病防治。

（11）纪念馆、博物馆、文化馆、文物保护单位管理机构、美术馆、展览馆、书画院、图书馆在自己的场所提供文化体育服务取得的第一道门票收入。

（12）寺院、宫观和教堂举办文化、宗教活动的门票收入。

（13）行政单位之外的其他单位收取的符合《试点实施办法》第十条规定条件的政府性基金和行政事业性收费。

（14）个人转让著作权。

（15）个人销售自建自用住房。

（16）2018 年 12 月 31 日前，公共租赁住房经营管理单位出租公共租赁住房。

（17）台湾航运公司、航空公司从事海峡两岸海上直航、空中直航业务在大陆取得的运输收入。

（18）纳税人提供的直接或者间接国际货物运输代理服务。

（19）以下利息收入。

① 国家助学贷款。

② 国债、地方政府债。

③ 人民银行对金融机构的贷款。

④ 住房公积金管理中心用住房公积金在指定的委托银行发放的个人住房贷款。

⑤ 外汇管理部门在从事国家外汇储备经营过程中，委托金融机构发放的外汇贷款。

⑥ 统借统还业务中，企业集团或企业集团中的核心企业以及集团所属财务公司按不高于支付给金融机构的借款利率水平或者支付的债券票面利率水平，向企业集团或者集团内下属单位收取的利息。

（20）被撤销金融机构以货物、不动产、无形资产、有价证券、票据等财产清偿债务。

（21）保险公司开办的一年期以上人身保险产品取得的保费收入。

（22）下列金融商品转让收入。

① 合格境外投资者委托境内公司在我国从事证券买卖业务。

② 香港市场投资者（包括单位和个人）通过沪港通买卖上海证券交易所上市 A 股。

③ 香港市场投资者（包括单位和个人）通过基金互认买卖内地基金份额。

④ 证券投资基金（封闭式证券投资基金，开放式证券投资基金）管理人运用基金买卖股票、债券。

⑤ 个人从事金融商品转让业务。

（23）金融同业往来利息收入。

① 金融机构与人民银行所发生的资金往来业务。包括人民银行对一般金融机构贷款，以及人民银行对商业银行的再贴现等。

② 银行联行往来业务。同一银行系统内部不同行、处之间所发生的资金账务往来业务。

③ 金融机构间的资金往来业务。是指经人民银行批准，进入全国银行间同业拆借市场的金融机构之间通过全国统一的同业拆借网络进行的短期（1 年以下含 1 年）无担保资金融通行为。

④ 金融机构之间开展的转贴现业务。

金融机构是指银行（包括人民银行、商业银行、政策性银行）、信用合作社、证券公司、金融租赁公司、证券基金管理公司、财务公司、信托投资公司、证券投资基金、保险公司、其他经人民银行、银监会、证监会、保监会批准成立且经营金融保险业务的机构等。

（24）同时符合下列条件的担保机构从事中小企业信用担保或者再担保业务取得的收入（不含信用评级、咨询、培训等收入）3 年内免征增值税。

① 已取得监管部门颁发的融资性担保机构经营许可证，依法登记注册为企(事)业法人，实收资本超过 2000 万元。

② 平均年担保费率不超过银行同期贷款基准利率的 50%。

$$平均年担保费率 = \frac{本期担保费收入}{期初担保余额 + 本期增加担保金额} \times 100\%$$

③ 连续合规经营 2 年以上，资金主要用于担保业务，具备健全的内部管理制度和为中小企业提供担保的能力，经营业绩突出，对受保项目具有完善的事前评估、事中监控、事后追偿与处置机制。

④ 为中小企业提供的累计担保贷款额占其两年累计担保业务总额的 80%以上，单笔 800 万元以下的累计担保贷款额占其累计担保业务总额的 50%以上。

⑤ 对单个受保企业提供的担保余额不超过担保机构实收资本总额的 10%，且平均单笔担保责任金额最多不超过 3000 万元人民币。

⑥ 担保责任余额不低于其净资产的 3 倍，且代偿率不超过 2%。

（25）国家商品储备管理单位及其直属企业承担商品储备任务，从中央或者地方财政取得的利息补贴收入和价差补贴收入。

（26）纳税人提供技术转让、技术开发和与之相关的技术咨询、技术服务。

① 技术转让、技术开发是指《销售服务、无形资产、不动产注释》中"转让技术"、"研发服务"范围内的业务活动。技术咨询是指就特定技术项目提供可行性论证、技术预测、专题技术调查、分析评价报告等业务活动。

与技术转让、技术开发相关的技术咨询、技术服务是指转让方（或者受托方）根据技术转让或者开发合同的规定，为帮助受让方（或者委托方）掌握所转让（或者委托开发）的技术，而提供的技术咨询、技术服务业务，且这部分技术咨询、技术服务的价款与技术转让或者技术开发的价款应当在同一张发票上开具。

② 备案程序。试点纳税人申请免征增值税时，须持技术转让、开发的书面合同，到纳税人所在地省级科技主管部门进行认定，并持有关的书面合同和科技主管部门审核意见证明文

件报主管税务机关备查。

（27）同时符合下列条件的合同能源管理服务。

① 节能服务公司实施合同能源管理项目相关技术，应当符合国家质量监督检验检疫总局和国家标准化管理委员会发布的《合同能源管理技术通则》（GB/T24915-2010）规定的技术要求。

② 节能服务公司与用能企业签订节能效益分享型合同，其合同格式和内容，符合《中华人民共和国合同法》和《合同能源管理技术通则》（GB/T24915-2010）等规定。

（28）2017年12月31日前，科普单位的门票收入，以及县级及以上党政部门和科协开展科普活动的门票收入。

（29）政府举办的从事学历教育的高等、中等和初等学校（不含下属单位），举办进修班、培训班取得的全部归该学校所有的收入。

（30）政府举办的职业学校设立的主要为在校学生提供实习场所、并由学校出资自办、由学校负责经营管理、经营收入归学校所有的企业，从事《销售服务、无形资产或者不动产注释》中"现代服务"（不含融资租赁服务、广告服务和其他现代服务）、"生活服务"（不含文化体育服务、其他生活服务和桑拿、氧吧）业务活动取得的收入。

（31）家政服务企业由员工制家政服务员提供家政服务取得的收入。

家政服务企业是指在企业营业执照的规定经营范围中包括家政服务内容的企业。

员工制家政服务员，是指同时符合下列3个条件的家政服务员：

① 依法与家政服务企业签订半年及半年以上的劳动合同或者服务协议，且在该企业实际上岗工作。

② 家政服务企业为其按月足额缴纳了企业所在地人民政府根据国家政策规定的基本养老保险、基本医疗保险、工伤保险、失业保险等社会保险。对已享受新型农村养老保险和新型农村合作医疗等社会保险或者下岗职工原单位继续为其缴纳社会保险的家政服务员，如果本人书面提出不再缴纳企业所在地人民政府根据国家政策规定的相应的社会保险，并出具其所在乡镇或者原单位开具的已缴纳相关保险的证明，可视同家政服务企业已为其按月足额缴纳了相应的社会保险。

③ 家政服务企业通过金融机构向其实际支付不低于企业所在地适用的经省级人民政府批准的最低工资标准的工资。

（32）福利彩票、体育彩票的发行收入。

（33）军队空余房产租赁收入。

（34）为了配合国家住房制度改革，企业、行政事业单位按房改成本价、标准价出售住房取得的收入。

（35）将土地使用权转让给农业生产者用于农业生产。

（36）涉及家庭财产分割的个人无偿转让不动产、土地使用权。

家庭财产分割，包括下列情形：离婚财产分割；无偿赠与配偶、父母、子女、祖父母、外祖父母、孙子女、外孙子女、兄弟姐妹；无偿赠与对其承担直接抚养或者赡养义务的抚养人或者赡养人；房屋产权所有人死亡，法定继承人、遗嘱继承人或者受遗赠人依法取得房屋产权。

（37）土地所有者出让土地使用权和土地使用者将土地使用权归还给土地所有者。

（38）县级以上地方人民政府或自然资源行政主管部门出让、转让或收回自然资源使用权（不含土地使用权）。

（39）随军家属就业。

为安置随军家属就业而新开办的企业，自领取税务登记证之日起，其提供的应税服务 3

年内免征增值税。

（40）军队转业干部就业。

从事个体经营的军队转业干部，自领取税务登记证之日起，其提供的应税服务 3 年内免征增值税。

2．增值税即征即退

（1）一般纳税人提供管道运输服务，对其增值税实际税负超过 3%的部分实行增值税即征即退政策。

（2）对安置残疾人的单位和个体工商户（以下简称纳税人），实行由税务机关按纳税人安置残疾人的人数，限额即征即退增值税的办法。

安置的每位残疾人每月可退还的增值税具体限额，由县级以上税务机关根据纳税人所在区县（含县级市、旗，下同）适用的经省（含自治区、直辖市、计划单列市，下同）人民政府批准的月最低工资标准的 4 倍确定。

3．自结息日起 90 天内发生的应收未收利息按现行规定缴纳增值税

金融企业发放贷款后，自结息日起 90 天内发生的应收未收利息按现行规定缴纳增值税，自结息日起 90 天后发生的应收未收利息暂不缴纳增值税，待实际收到利息时按规定缴纳增值税。上述所称金融企业，是指银行（包括国有、集体、股份制、合资、外资银行以及其他所有制形式的银行）、城市信用社、农村信用社、信托投资公司、财务公司。

4．住房对外销售按规定缴纳增值税

个人将购买不足 2 年的住房对外销售的，按照 5%的征收率全额缴纳增值税；个人将购买 2 年以上（含 2 年）的非普通住房对外销售的，以销售收入减去购买住房价款后的差额按照 5%的征收率缴纳增值税；个人将购买 2 年以上（含 2 年）的普通住房对外销售的，免征增值税。上述政策仅适用于北京市、上海市、广州市和深圳市。

六、一般纳税人应纳税额的计算

我国目前对一般纳税人采用的计税方法是国际上通行的购进扣税法，即先按当期销售额和适用税率计算出销项税额，然后对当期购进项目已经缴纳的税款进行抵扣，从而间接计算出对当期增值额部分的应纳税额。

增值税一般纳税人销售货物、劳务、服务、无形资产、不动产（以下统称为应税销售行为）的应纳税额，应该等于当期销项税额抵扣当期进项税额后的余额。相关计算公式如下。

当期应纳税额＝当期销项税额－当期进项税额
＝当期销售额×适用税率－当期进项税额

（一）销项税额的计算

销项税额是指纳税人按照销售额和规定的税率计算并向购买方收取的增值税税额。销项税额的计算公式如下。

销项税额＝销售额×适用税率

从销项税额的定义和公式中我们可以知道，它是由购买方在购进货物、劳务、服务、无形资产、不动产时支付价款时，一并向销售方支付的税额。对于属于一般纳税人的销售方来说，在没有抵扣其进项税额前，销售方收取的销项税额还不是其应纳增值税税额。销项税额的计算取决于销售额和适用税率两个因素。在适用税率既定的前提下，销项税额的大小主要取决于销售额的大小。增值税适用税率是比较简单的，因而销项税额计算的关键是如何准确确定作为增值税计税依据的销售额。

1．一般销售方式下的销售额

销售额是指纳税人发生应税销售行为时向购买方收取的全部价款和价外费用。特别需要强调的是尽管销项税额也是销售方向购买方收取的，但是增值税采用价外计税方式，用不含税价作为计税依据，因而销售额中不包括向购买方收取的销项税额。

价外费用包括价外向购买方收取的手续费、补贴、基金、集资费、返还利润、奖励费、违约金、滞纳金、延期付款利息、赔偿金、代收款项、代垫款项、包装费、包装物租金、储备费、优质费、运输装卸费以及其他各种性质的价外收费，但下列项目不包括在内。

（1）受托加工应征消费税的消费品所代收代缴的消费税。

（2）同时符合以下条件的代垫运输费用。

① 承运部门的运输费用发票开具给购买方。

② 纳税人将该项发票转交给购买方。

（3）同时符合以下条件代为收取的政府性基金或者行政事业性收费。

① 由国务院或者财政部批准设立的政府性基金，由国务院或者省级人民政府及其财政、价格主管部门批准设立的行政事业性收费。

② 收取时开具省级以上财政部门印制的财政票据。

③ 所收款项全额上缴财政。

（4）销售货物的同时代办保险等而向购买方收取的保险费，以及向购买方收取的代购买方缴纳的车辆购置税、车辆牌照费。

凡随同销售货物或提供应税劳务向购买方收取的价外费用，无论其会计制度如何核算，均应并入销售额计算应纳税额。税法规定各种性质的价外收费都要并入销售额计算征税，目的是防止以各种名目的收费减少销售额逃避纳税的现象。上述 4 项允许不计入价外费用是因为在满足了上述相关条件后可以确认，而销售方在其中仅仅是代为收取了有关费用。这些价外费用确实没有形成销售方的收入。

应当注意，根据国家税务总局规定，对增值税一般纳税人（包括纳税人自己或代其他部门）向购买方收取的价外费用和逾期包装物押金，应视为含税收入，在征税时换算成不含税收入再并入销售额。

销售额以人民币计算。纳税人以人民币以外的货币结算销售额的，应当折合成人民币计算。

2．特殊销售方式下的销售额

在销售活动中，为了达到促销的目的，有多种销售方式。不同销售方式下，销售者取得的销售额会有所不同。对不同销售方式如何确定其计征增值税的销售额，既是纳税人关心的问题，也是税法必须分别予以明确规定的事情。税法对以下几种销售方式分别作了规定。

（1）采取折扣方式销售

折扣销售是指销货方在销售货物或应税劳务时，因购货方购货数量较大等原因而给予购货方的价格优惠（如购买 5 件，销售价格折扣 10%；购买 10 件，折扣 20% 等）。税法规定，纳税人销售货物并向购买方开具增值税专用发票后，由于购货方在一定时期内累计购买货物达到一定数量，或者由于市场价格下降等原因，销货方给予购货方相应的价格优惠或补偿等折扣、折让行为，销货方可按现行《增值税专用发票使用规定》的有关规定开具红字增值税专用发票。这里需要做以下几点解释。

① 折扣销售不同于销售折扣。销售折扣是指销货方在销售货物或应税劳务后，为了鼓励购货方及早偿还货款而协议许诺给予购货方的一种折扣优待（如 10 天内付款，货款折扣 2%；20 天内付款，折扣 1%；30 天内全价付款）。销售折扣发生在销货之后，是一种融资性质的理财费用，因此，销售折扣不得从销售额中减除。企业在确定销售额时应把折扣销售与

销售折扣严格区分开。另外，销售折扣又不同于销售折让。销售折让是指货物销售后，由于其品种的质量等原因购货方未予退货，但销货方需给予购货方的一种价格折让。销售折让与销售折扣虽然都是在货物销售后发生的，但因为销售折让是由于货物的品种和质量引起销售额的减少，所以发生销售折让的企业可以将折让后的货款作为销售额。

② 折扣销售仅限于货物价格的折扣。如果销售者将自产、委托加工和购买的货物用于实物折扣，则该实物款额不能从货物销售额中减除，且该实物应按增值税条例"视同销售货物"中的"赠送他人"计算征收增值税。

《国家税务总局关于印发〈增值税若干具体问题的规定〉的通知》（国税发〔1993〕154号）第二条第（二）项和"营改增"文件规定，纳税人采取折扣方式销售货物或提供应税服务时，如果价款和折扣额在同一张发票上分别注明，则可按折扣后的销售额缴纳增值税。纳税人采取折扣方式销售货物，价款和折扣额在同一张发票上分别注明是指价款和折扣额在同一张发票上的"金额"栏分别注明的，可按折扣后的销售额缴纳增值税。未在同一张发票"金额"栏注明折扣额，而仅在发票的"备注"栏注明折扣额的，折扣额不得从价款中减除。

（2）采取以旧换新方式销售

以旧换新是指纳税人在销售自己的货物时，有偿收回旧货物的行为。税法规定，采取以旧换新方式销售货物的企业，应按新货物的同期销售价格确定销售额，不得扣减旧货物的收购价格。之所以这样规定，既是因为销售货物与收购货物是两个不同的业务活动，销售额与收购额不能相互抵减，也是为了严格增值税的计算征收，防止出现销售额不实、减少纳税的现象。考虑到金银首饰以旧换新业务的特殊情况，税务部门对金银首饰以旧换新业务，可以按销售方实际收取的不含增值税的全部价款征收增值税。

（3）采取还本销售方式销售

还本销售是指纳税人在销售货物后，到一定期限由销售方一次或分次退还给购货方全部或部分价款。这种方式实际上是一种筹资，是以货物换取资金的使用价值，到期还本不付息的方法。税法规定，采取还本销售方式销售货物，其销售额就是货物的销售价格，不得从销售额中减除还本支出。

（4）采取以物易物方式销售

以物易物是一种较为特殊的购销活动，是指购销双方不是以货币结算，而是以同等价款的货物相互结算，实现货物购销的一种方式。以物易物双方都应作购销处理，以各自发出的货物核算销售额并计算销项税额，以各自收到的货物按规定核算购货额并计算进项税额。

（5）包装物押金是否计入销售额

包装物是指纳税人包装本单位货物的各种物品。纳税人销售货物时另收取包装物押金，目的是促使购货方及早退回包装物以便周转使用。对包装物的押金是否计入货物销售额呢？

税法规定，纳税人为销售货物而出租出借包装物收取的押金，单独记账核算的，时间在1年以内，又未过期的，不并入销售额征税，但对因逾期未收回包装物不再退还的押金，应按所包装货物的适用税率计算销项税额。

上述规定中，"逾期"是指按合同约定实际逾期或以1年为期限，对收取1年以上的押金，无论是否退还均并入销售额征税。当然，在将包装物押金并入销售额征税时，需要先将该押金换算为不含税价，再并入销售额征税。纳税人为销售货物出租出借包装物而收取的押金，无论包装物周转使用期限长短，超过1年（含1年）以上仍不退还的均并入销售额征税。

另外，包装物押金不应混同于包装物租金，包装物租金在销货时作为价外费用并入销售额计算销项税额。国家税务总局1995年192号文件规定，自1995年6月1日起，对销售除啤酒、黄酒外的其他酒类产品而收取的包装物押金，无论是否返还以及会计上如何核算，均应并入当期销售额征税。对销售啤酒、黄酒所收取的押金，按上述一般押金的规定处理。

（6）对视同销售货物行为的销售额的确定

税法规定，对价格明显偏低并无正当理由或视同销售征税而无销售额的，按下列顺序确定其销售额。

① 按纳税人最近时期同类货物的平均销售价格确定。

② 按其他纳税人最近时期同类货物的平均销售价格确定。

③ 按组成计税价格确定。组成计税价格的公式如下。

$$组成计税价格 = 成本 \times （1+成本利润率）$$

征收增值税的货物，同时又征收消费税的，其组成计税价格中应加上消费税税额。组成计税价格的公式如下。

$$组成计税价格 = 成本 \times （1+成本利润率）+消费税税额$$

或

$$组成计税价格 = \frac{成本 \times （1+成本利润率）}{1-消费税税率}$$

公式中的成本是指销售自产货物的为实际生产成本，销售外购货物的为实际采购成本。公式中的成本利润率由国家税务总局确定。但属于从价定率征收消费税的货物，其组成计税价格公式中的成本利润率，为国家税务总局确定的成本利润率，目前规定为 10%。

对于纳税人发生的固定资产视同销售行为，对已使用过的固定资产无法确定销售额的，以固定资产净值为销售额。

3．含税销售额的换算

一般纳税人发生应税销售行为取得的含税销售额在计算销项税额时，必须将其换算为不含税的销售额。对于一般纳税人销售货物或者应税劳务，采用销售额和销项税额合并定价方法的，销售额的计算公式如下。

$$销售额 = \frac{含税销售额}{1+税率}$$

（二）进项税额的计算

纳税人购进货物、劳务、服务、无形资产、不动产支付或负担的增值税额为进项税额。

1．准予从销项税额中抵扣进项税额的一般规定

根据《增值税暂行条例》的规定，准予从销项税额中抵扣的进项税额，限于下列增值税扣税凭证上注明的增值税税额和按规定的扣除率计算的进项税额。

（1）从销售方取得的增值税专用发票上注明的增值税额。

（2）从海关取得的海关进口增值税专用缴款书上注明的增值税额。

（3）纳税人购进农产品，取得一般纳税人开具的增值税专用发票或海关进口增值税专用缴款书的，以增值税专用发票或海关进口增值税专用缴款书上注明的增值税额为进项税额；从按照简易计税方法依照 3%征收率计算缴纳增值税的小规模纳税人取得增值税专用发票的，以增值税专用发票上注明的金额和 10%的扣除率计算进项税额；取得（开具）农产品销售发票或收购发票的，以农产品销售发票或收购发票上注明的农产品买价和 10%的扣除率计算进项税额。但是，纳税人购进用于生产销售或委托加工 16%税率货物的农产品，按照 12%的扣除率计算进项税额。

进项税额计算公式如下。

进项税额 = 买价 × 扣除率

对这项规定需要作如下解释。

① 所谓"农业产品"是指直接从事植物的种植、收割和动物的饲养、捕捞的单位和个人销售的自产而且免征增值税的农业产品，农业产品所包括的具体品目按照 1995 年 6 月财政部、国家税务总局印发的《农业产品征税范围注释》执行。

② 购买农业产品的买价，包括纳税人购进农产品在农产品收购发票或者销售发票上注明的价款和按规定缴纳的烟叶税。

③ 纳税人从批发、零售环节购进适用免征增值税政策的蔬菜、部分鲜活肉蛋而取得的普通发票，不得作为计算抵扣进项税额的凭证。

④ 纳税人购进农产品既用于生产销售或委托受托加工 16%税率货物又用于生产销售其他货物服务的，应当分别核算用于生产销售或委托受托加工 16%税率货物和其他货物服务的农产品进项税额。未分别核算的，统一以增值税专用发票或海关进口增值税专用缴款书上注明的增值税额为进项税额，或以农产品收购发票或销售发票上注明的农产品买价和 10%的扣除率计算进项税额。

⑤ 销售发票是指农业生产者销售自产农产品适用免征增值税政策而开具的普通发票。

⑥ 餐饮行业增值税一般纳税人购进农业生产者自产农产品，可以使用国税机关监制的农产品收购发票，按照现行规定计算抵扣进项税额。

有条件的地区，应积极在餐饮行业推行农产品进项税额核定扣除办法，按照《财政部国家税务总局关于在部分行业试行农产品增值税进项税额核定扣除办法的通知》（财税〔2012〕38 号）的有关规定计算抵扣进项税额。

⑦ 购进农产品，按照《农产品增值税进项税额核定扣除试点实施办法》抵扣进项税额的除外。

（4）接受境外单位或者个人购进劳务、服务、无形资产或境内的不动产，从税务机关或者境内代理人取得的解缴税款的中华人民共和国税收缴款凭证（以下称税收缴款凭证）上注明的增值税额。

纳税人凭税收缴款凭证抵扣进项税额的，应当具备书面合同、付款证明和境外单位的对账单或者发票。资料不全的，其进项税额不得从销项税额中抵扣。

纳税人取得的增值税扣税凭证不符合法律、行政法规或者国家税务总局有关规定的，其进项税额不得从销项税额中抵扣。

（5）其他进项税额的确定。混合销售行为和兼营的非应税劳务，按规定应当征收增值税的，该混合销售行为所涉及的非应税劳务和兼营的非应税劳务所用购进货物的进项税额，凡符合规定的，准予从销项税额中抵扣。

2．准予从销项税额中抵扣进项税额的特殊规定

（1）企业取得不动产和发生在建工程的分期抵扣

增值税一般纳税人（以下简称纳税人）2016 年 5 月 1 日后取得并在会计制度上按固定资产核算的不动产，以及 2016 年 5 月 1 日后发生的不动产在建工程，其进项税额应按照有关规定分两年从销项税额中抵扣。该进项税额中，60% 的部分于取得扣税凭证的当期从销项税额中抵扣；40% 的部分为待抵扣进项税额，于取得扣税凭证的当月起第 13 个月从销项税额中抵扣。例如，甲公司 2016 年 7 月取得一处写字楼，在会计上作为固定资产核算，当期取得的增值税专用发票上注明的税额为 150 万元，2016 年 7 月可抵扣 150×60% =90 万元；2017 年 7 月可抵扣 150×40% =60 万元。

取得的不动产包括以直接购买、接受捐赠、接受投资入股以及抵债等各种形式取得的不动产。

纳税人新建、改建、扩建、修缮、装饰不动产，属于不动产在建工程。

房地产开发企业自行开发的房地产项目，融资租入的不动产，以及在施工现场修建的临时建筑物、构筑物，其进项税额不适用上述分两年抵扣的规定。

（2）与不动产分期抵扣有关的规定

纳税人 2016 年 5 月 1 日后购进货物和设计服务、建筑服务，用于新建不动产，或者用于改建、扩建、修缮、装饰不动产并增加不动产原值超过 50% 的，其进项税额依照有关规定分两年从销项税额中抵扣。

不动产原值是指取得不动产时的购置原价或作价。

上述分两年从销项税额中抵扣的购进货物，是指构成不动产实体的材料和设备，包括建筑装饰材料和给排水、采暖、卫生、通风、照明、通讯、煤气、消防、中央空调、电梯、电气、智能化楼宇设备及配套设施。

（3）过路过桥费可抵进项税

2016 年 5 月 1 日至 7 月 31 日，一般纳税人支付的道路、桥、闸通行费，暂凭取得的通行费发票（不含财政票据，下同）上注明的收费金额按照下列公式计算可抵扣的进项税额。

$$\text{高速公路通行费可抵扣进项税额} = \frac{\text{高速公路通行费发票上注明的金额}}{1+3\%} \times 3\%$$

$$\text{一级公路、二级公路、桥、闸通行费可抵扣进项税额} = \frac{\text{一级公路、二级公路、桥、闸通行费发票上注明的金额}}{1+5\%} \times 5\%$$

通行费是指有关单位依法或者依规设立并收取的过路、过桥和过闸费用。

（4）特殊项目抵扣时限

纳税人按照本办法规定从销项税额中抵扣进项税额，应取得 2016 年 5 月 1 日后开具的合法有效的增值税扣税凭证。

购进时已全额抵扣进项税额的货物和服务，转用于不动产在建工程的，其已抵扣进项税额的 40% 部分，应于转用的当期从进项税额中扣减，计入待抵扣进项税额，并于转用的当月起第 13 个月从销项税额中抵扣。例如，乙公司 2015 年 12 月购进一批钢材，取得增值税专用发票上注明的税额 120 万元，当月申报抵扣。2016 年 7 月，乙公司将钢材转用于新建办公大楼。2016 年 7 月应作"进项税额转出"120×40% =48 万元，计入"待抵扣进项税额"，2017 年 7 月，48 万元可从销项税额中抵扣。

纳税人销售其取得的不动产或者不动产在建工程时，尚未抵扣完毕的待抵扣进项税额，允许于销售的当期从销项税额中抵扣。

纳税人注销税务登记时，其尚未抵扣完毕的待抵扣进项税额于注销清算的当期从销项税额中抵扣。

（5）待抵扣项目的核算

待抵扣进项税额计入"应交税金——待抵扣进项税额"科目核算，并于可抵扣当期转入"应交税金——应交增值税（进项税额）"科目。

对不同的不动产和不动产在建工程，纳税人应分别核算其待抵扣进项税额。

纳税人应建立不动产和不动产在建工程台账，分别记录并归集不动产和不动产在建工程的成本、费用、扣税凭证及进项税额抵扣情况，留存备查。

3．部分行业试行农产品增值税进项税额核定扣除办法

为调整和完善农产品增值税抵扣机制，经国务院批准，决定在部分行业开展增值税进项税额核定扣除试点。

自 2012 年 7 月 1 日起，以购进农产品为原料生产销售液体乳及乳制品、酒及酒精、植物油的增值税一般纳税人，纳入农产品增值税进项税额核定扣除试点范围，其购进农产品无论是否用于生产上述产品，增值税进项税额均按照《农产品增值税进项税额核定扣除试点实施办法》的规定抵扣。

自 2013 年 9 月 1 日起，各省、自治区、直辖市、计划单列市税务部门可商同级财政部门，根据《农产品增值税进项税额核定扣除试点实施办法》（财税〔2012〕38 号）的有关规定，结合本省（自治区、直辖市、计划单列市）特点，选择部分行业开展核定扣除试点工作。

试点纳税人购进农产品不再凭增值税扣税凭证抵扣增值税进项税额，购进除农产品以外的货物、应税劳务和应税服务，增值税进项税额仍按现行有关规定抵扣。

农产品增值税进项税额核定方法如下。

（1）试点纳税人以购进农产品为原料生产货物的，农产品增值税进项税额可按照以下方法核定。

① 投入产出法

投入产出法是参照国家标准、行业标准（包括行业公认标准和行业平均耗用值）确定销售单位数量货物耗用外购农产品的数量（以下称农产品单耗数量）。

当期允许抵扣农产品增值税进项税额依据农产品单耗数量、当期销售货物数量、农产品平均购买单价（含税，下同）和农产品增值税进项税额扣除率（以下简称扣除率）计算。公式如下。

$$当期允许抵扣农产品增值税进项税额 = 当期农产品耗用数量 \times 农产品平均购买单价 \times \frac{扣除率}{1+扣除率}$$

$$当期农产品耗用数量 = 当期销售货物数量（不含采购除农产品以外的半成品生产的货物数量） \times 农产品单耗数量$$

对以单一农产品原料生产多种货物或者多种农产品原料生产多种货物的，在核算当期农产品耗用数量和平均购买单价时，应依据合理的方法归集和分配。

平均购买单价是指购买农产品期末平均买价，不包括买价之外单独支付的运费和入库前的整理费用。期末平均买价计算公式如下。

$$期末平均买价 = \frac{期初库存农产品数量 \times 期初平均买价 + 当期购进农产品数量 \times 当期买价}{期初库存农产品数量 + 当期购进农产品数量}$$

注意：农产品核定扣除的扣除率与购进扣除率不同，分别是 11% 或 17%，与所生产的产品适用税率相同。

② 成本法

成本法是依据试点纳税人年度会计核算资料，计算确定耗用农产品的外购金额占生产成本的比例（以下称农产品耗用率）。当期允许抵扣农产品增值税进项税额依据当期主营业务成本、农产品耗用率以及扣除率计算。公式如下。

$$当期允许抵扣农产品增值税进项额 = 当期主营业务成本 \times 农产品耗用率 \times \frac{扣除率}{1+扣除率}$$

$$农产品耗用率 = \frac{上年投入生产的农产品外购金额}{上年生产成本}$$

农产品外购金额（含税）不包括不构成货物实体的农产品（包括包装物、辅助材料、燃料、低值易耗品等）和在购进农产品之外单独支付的运费、入库前的整理费用。

对以单一农产品原料生产多种货物或者多种农产品原料生产多种货物的，在核算当期主营业务成本以及核定农产品耗用率时，试点纳税人应依据合理的方法进行归集和分配。

农产品耗用率由试点纳税人向主管税务机关申请核定。

年度终了，主管税务机关应根据试点纳税人本年实际对当年已抵扣的农产品增值税进项税额进行纳税调整，重新核定当年的农产品耗用率，并作为下一年度的农产品耗用率。

③ 参照法

新办的试点纳税人或者试点纳税人新增产品的，试点纳税人可参照所属行业或者生产结构相近的其他试点纳税人确定农产品单耗数量或者农产品耗用率。次年，试点纳税人向主管税务机关申请核定当期的农产品单耗数量或者农产品耗用率，并据此计算确定当年允许抵扣的农产品增值税进项税额，同时对上一年增值税进项税额进行调整。核定的进项税额超过实际抵扣增值税进项税额的，其差额部分可以结转下期继续抵扣；核定的进项税额低于实际抵扣增值税进项税额的，其差额部分应按现行增值税的有关规定将进项税额作转出处理。

（2）试点纳税人购进农产品直接销售的，农产品增值税进项税额按照以下方法核定扣除。

$$当期允许抵扣农产品增值税进项税额=\frac{当期销售农产品数量}{1-损耗率}\times 农产品平均购买单价\times\frac{10\%}{1+10\%}$$

$$损耗率=\frac{损耗数量}{购进数量}$$

（3）试点纳税人购进农产品用于生产经营且不构成货物实体的（包括包装物、辅助材料、燃料、低值易耗品等），增值税进项税额按照以下方法核定扣除。

$$当期允许抵扣农产品增值税进项税额=当期农产品耗用数量\times 农产品平均购买单价\times\frac{扣除率}{1+扣除率}$$

农产品单耗数量、农产品耗用率和损耗率统称为农产品增值税进项税额扣除标准（以下简称扣除标准）。

上述公式中的扣除率是 10%，但是，纳税人购进用于生产销售或委托加工 16%税率货物的农产品，按照12%的扣除率计算进项税额。

试点纳税人销售货物，应合并计算当期允许抵扣农产品增值税进项税额。

【例2-1】某公司 2017 年 12 月 1 日～12 月 31 日销售 10 000 吨巴氏杀菌牛乳，主营业务成本为 6 000 万元，农产品耗用率为 70%，原乳单耗数量为 1.06 吨，原乳平均购买单价为 4 000 元／吨。要求计算当期允许抵扣农产品增值税进项税额。

（1）投入产出法

当期农产品耗用数量=当期销售货物数量×农产品单耗数量

当期农产品耗用数量=10 000×1.06=10 600（吨）

$$当期允许抵扣农产品的进项税额=\frac{10\ 600\times 0.4\times 10\%}{1+10\%}=385.45（万元）$$

（2）成本法

$$当期允许抵扣农产品的进项税额=\frac{6\ 000\times 70\%\times 10\%}{1+10\%}=381.82（万元）$$

这里的农产品耗用率是按照上年指标计算出来的，年末应该根据当年实际情况，对已抵扣的进项税额进行调整。

试点纳税人执行核定扣除前，期初存货所含进项税必须转出，否则会造成双重抵扣。

4．不得从销项税额中抵扣的进项税额

纳税人购进货物或者应税劳务，取得的增值税扣税凭证不符合法律、行政法规或者国务院税务主管部门有关规定的，其进项税额不得从销项税额中抵扣。所称增值税扣税凭证，是指增值税专用发票、海关进口增值税专用缴款书、机动车销售统一发票、农产品收购发票和农产品销售发票、税收缴款凭证。

（1）下列项目的进项税额不得从销项税额中抵扣

① 用于简易计税方法计税项目、免征增值税项目、集体福利或者个人消费的购进货物、劳务、服务、无形资产和不动产，其中涉及的固定资产、无形资产、不动产，仅指专用于上述项目的固定资产、无形资产（不包括其他权益性无形资产）、不动产。

纳税人的交际应酬消费属于个人消费。

固定资产是指使用期限超过 12 个月的机器、机械、运输工具以及其他与生产经营有关的设备、工具、器具等有形动产。

② 非正常损失的购进货物，以及相关的劳务和交通运输服务。

③ 非正常损失的在产品、产成品所耗用的购进货物（不包括固定资产）、劳务和交通运输服务。

④ 非正常损失的不动产，以及该不动产所耗用的购进货物、设计服务和建筑服务。

⑤ 非正常损失的不动产在建工程所耗用的购进货物、设计服务和建筑服务。

非正常损失是指因管理不善造成货物被盗、丢失、霉烂变质，以及因违反法律法规造成货物或者不动产被依法没收、销毁、拆除的情形。

纳税人新建、改建、扩建、修缮、装饰不动产，均属于不动产在建工程。

⑥ 购进的旅客运输服务、贷款服务、餐饮服务、居民日常服务和娱乐服务。

⑦ 财政部和国家税务总局规定的其他情形。

上述第④项、第⑤项所称货物是指构成不动产实体的材料和设备，包括建筑装饰材料和给排水、采暖、卫生、通风、照明、通信、煤气、消防、中央空调、电梯、电气、智能化楼宇设备及配套设施。

（2）不得抵扣进项税的注意事项

① 按照规定不得抵扣进项税额的不动产，发生用途改变，用于允许抵扣进项税额项目的，按照下列公式在改变用途的次月计算可抵扣进项税额。按照规定计算的可抵扣进项税额，60% 的部分于改变用途的次月从销项税额中抵扣；40% 的部分为待抵扣进项税额，于改变用途的次月起第 13 个月从销项税额中抵扣。

可抵扣进项税额 = 增值税扣税凭证注明或计算的进项税额 × 不动产净值率

$$不动产净值率 = \left(\frac{不动产净值}{不动产原值}\right) \times 100\%$$

例如，丁公司 2016 年 7 月购入一座大楼专用于职工宿舍，取得的增值税专用发票上注明的税额 130 万元，当期未申报抵扣进项税额；2017 年 1 月，该公司将大楼用于办公经营。2017 年 2 月，按照不动产净值率，丁公司计算的可抵扣进项税额 100 万元，则 2017 年 2 月可申报抵扣 60 万元，并确认待抵扣进项税额 40 万元，于 2018 年 2 月申报抵扣。

② 建立台账。用于简易计税方法计税项目、免征增值税项目、集体福利或者个人消费的不动产和不动产在建工程，也应在纳税人建立的台账中记录。

5. 进项税额转出的规定

（1）已经抵扣进项税额的购进货物（不含固定资产，下同）、劳务、服务的进项税转出

已经抵扣进项税额的购进货物、劳务和服务，用于免税项目、集体福利、个人消费或管理不善损坏，要把已抵扣的进项税转出。具体情况如下。

① 已经抵扣进项税额的购进货物、劳务、服务进项税转出。

已经抵扣进项税额的购进货物、劳务、服务发生上述情形的，应当将该进项税额从当期进项税额中扣减，直接按购进价计算进项税转出。无法确定该进项税额的，按照当期实际成

本计算应扣减的进项税额，如非正常损失的在产品和产成品。

② 对于收购农产品的进项税转出。

对于收购农产品涉及的进项税转出，不能直接按成本价计算，要进行还原计算。如收购农产品一批，成本 8 700 元，由于管理不善损坏，进项税转出额 $=\dfrac{8\,700}{1-10\%}\times 10\%=1\,000$（元）。对于取得专用发票的农产品，直接按购进成本价计算进项税转出。

（2）已抵扣进项税额的固定资产、无形资产的进项税转出

① 已抵扣进项税额的固定资产、无形资产直接用于简易计税方法计税项目、免征增值税项目、集体福利或者个人消费的，按照下列公式计算不得抵扣的进项税额。

不得抵扣的进项税额＝固定资产、无形资产×适用税率

② 已抵扣进项税额的固定资产、无形资产中间改变用途用于简易计税方法计税项目、免征增值税项目、集体福利或者个人消费的，按照下列公式计算不得抵扣的进项税额。

不得抵扣的进项税额＝固定资产、无形资产净值×适用税率

（3）已抵扣进项税额的不动产的进项税转出

① 已抵扣进项税额的不动产，直接专用于简易计税方法计税项目、免征增值税项目、集体福利或者个人消费的，按照下列公式计算不得抵扣的进项税额。

不得抵扣的进项税额 = 已抵扣进项税额 + 待抵扣进项税额

② 已抵扣进项税额的不动产，中间改变用途专用于简易计税方法计税项目、免征增值税项目、集体福利或者个人消费的，按照下列公式计算不得抵扣的进项税额。

不得抵扣的进项税额 = （已抵扣进项税额 + 待抵扣进项税额）×不动产净值率

③ 已抵扣进项税额的不动产的进项税转出的注意事项如下。

第一，不得抵扣的进项税额小于或等于该不动产已抵扣进项税额的，应于该不动产改变用途的当期，将不得抵扣的进项税额从进项税额中扣减。例如，丙公司 2016 年 7 月购入办公大楼，取得增值税专用发票上注明的税额 100 万元；2016 年 7 月抵扣进项税额 60 万元，计入待抵扣进项税额 40 万元；2017 年 1 月，该大楼专用于职工宿舍（集体福利），按照不动产净值率计算的不得抵扣进项税额 30 万元，则当期应作进项税额转出 30 万元。

第二，不得抵扣的进项税额大于该不动产已抵扣进项税额的，应于该不动产改变用途的当期，将已抵扣进项税额从进项税额中扣减，并从该不动产待抵扣进项税额中扣减不得抵扣进项税额与已抵扣进项税额的差额。例如，丙公司 2016 年 7 月购入办公大楼，取得增值税专用发票上注明的税额 100 万元。2016 年 7 月抵扣进项税额 60 万元，计入待抵扣进项税额 40 万元；2017 年 1 月，专用于职工宿舍（集体福利），按照不动产净值率计算的不得抵扣进项税额 90 万元，则当期应作进项税额转出 60 万元，同时在待抵扣进项税额中扣减 30 万元。待抵扣进项税额中剩余的 10 万元，仍可在 2017 年 7 月抵扣。

第三，不动产在建工程发生非正常损失的，其所耗用的购进货物、设计服务和建筑服务已抵扣的进项税额应于当期全部转出；其待抵扣进项税额不得抵扣。

6. 取得返还收入的税务处理

对商业企业向供货方收取的与商品销售量、销售额挂钩（如以一定比例、金额、数量计算）的各种返还收入，均按照平销返利行为的有关规定冲减当期增值税进项税金。应冲减进项税金的计算公式如下。

$$当期应冲减进项税金=\frac{当期取得的返还资金}{1+所购货物适用增值税税率}\times 所购货物适用增值税税率$$

7. 兼营简易计税、免税项目进项税额转出的税务处理

适用一般计税方法的纳税人，兼营简易计税方法计税项目、免征增值税项目而无法划分

不得抵扣的进项税额，按照下列公式计算不得抵扣的进项税额。

$$不得抵扣的进项税额 = \frac{当期无法划分的全部进项税额 \times (当期简易计税方法计税项目销售额 + 免征增值税项目销售额)}{当期全部销售额}$$

一般纳税人销售自行开发的房地产项目，兼有一般计税方法计税、简易计税方法计税、免征增值税的房地产项目而无法划分不得抵扣的进项税额的，应以《建筑工程施工许可证》注明的"建设规模"为依据进行划分。

$$不得抵扣的进项税额 = 当期无法划分的全部进项税额 \times \frac{简易计税、免税房地产项目建设规模}{房地产项目总建设规模}$$

主管税务机关可以按照上述公式依据年度数据对不得抵扣的进项税额进行清算。

8．进项税额不足抵扣的税务处理

增值税实行购进扣税法，有时企业当期购进的货物很多，在计算应纳税额时会出现当期销项税额小于当期进项税额不足抵扣的情况。对此，税法规定，当期进项税额不足抵扣的部分可以结转下期继续抵扣，不能采取退税方式。

（三）应纳税额的计算

一般纳税人在计算出销项税额和进项税额后就可以得出实际应纳税额。为了正确计算增值税的应纳税额，在实际操作中还需要掌握以下几个重要规定。

1．计算应纳税额的时间限定

为了保证计算应纳税额的合理、准确性，纳税人必须严格把握当期进项税额从当期销项税额中抵扣这个要点。"当期"是个重要的时间限定，具体是指税务机关依照税法规定对纳税人确定的纳税期限；只有在纳税期限内实际发生的销项税额、进项税额，才是法定的当期销项税额或当期进项税额。目前，有些纳税人为了达到逃避纳税的目的，把当期实现的销售额隐瞒不记账或滞后记账，以减少当期销项税额，或者把不是当期实际发生的进项税额（上期结转的进项税额除外）也充作当期进项税额，以加大进项税额，少纳税甚至不纳税。这是违反税法规定的行为。为了制止这种违法行为，税法首先对销售货物或应税劳务应计入当期销项税额以及抵扣的进项税额的时间作了限定，具体如下。

（1）计算销项税额的时间限定

销项税额是增值税一般纳税人销售货物或提供应税劳务按照实现的销售额计算的金额。

纳税人在什么时间计算销项税额，《增值税暂行条例》及其《增值税暂行条例实施细则》都做了严格的规定：如采取直接收款方式销售货物，不论货物是否发出，均为收到销售款或者取得索取销售款凭据的当天；采取托收承付和委托银行收款方式销售货物，为发出货物并办妥托收手续的当天；纳税人发生视同销售货物行为中的下述第（3）至第（8）项的，为货物移送的当天等严格的时间规定保证了准时、准确记录和核算当期销项税额。

（2）防伪税控专用发票进项税额抵扣的时间限定

国家税务总局在 2017 年第 11 号《关于进一步明确营改增有关征管问题的公告》中规定，增值税一般纳税人取得的 2017 年 7 月 1 日及以后开具的增值税专用发票和机动车销售统一发票，应自开具之日起 360 日内认证或登录增值税发票选择确认平台进行确认，并在规定的纳税申报期内，向主管国税机关申报抵扣进项税额。

2．稽核比对

增值税一般纳税人取得的 2017 年 7 月 1 日及以后开具的海关进口增值税专用缴款书，应自开具之日起 360 日内向主管国税机关报送《海关完税凭证抵扣清单》，申请稽核比对。

3. 扣减发生期进项税额的规定

由于增值税实行以当期销项税额抵扣当期进项税额的"购进扣税法"，所以当期购进的货物或应税劳务如果事先并未确定将用于非生产经营项目，则其进项税额会在当期销项税额中予以抵扣。但已抵扣进项税额的购进货物或应税劳务（含"营改增"应税行为）如果事后改变用途，发生税法规定不得抵扣所列情况的，根据《增值税暂行条例》及其实施细则的规定，应当将该项购进物或者应税劳务的进项税额从当期的进项税额中扣减；无法确定该项进项税额的，按当期实际成本计算应扣减的进项税额。

这里需要注意的是，所称"从当期发生的进项税额中扣减"，是指已抵扣进项税额的购进货物或应税劳务是在哪一个时期发生税法规定不得抵扣所列情况的，就从这个发生期内纳税人的进项税额中扣减，而无需追溯这些购进货物或应税劳务抵扣进项税额的那个时期。另外，对无法准确确定该项进项税额的，"按当期实际成本计算应扣减的进项税额"是指扣减进项税额的计算依据不是按该货物或应税劳务的原进价，而是按发生上述情况的当期该货物或应税劳务的"实际成本"在征税时适用的税率计算应扣减的进项税额，公式如下。

$$实际成本 = 进价 + 运费 + 保险费 + 其他有关费用$$

前述实际成本的计算公式，如果属于进口货物是完全适用的；如果是国内购进的货物，主要包括进价和运费两大部分。

4. 销货退回或折让涉及销项税额和进项税额的税务处理

一般纳税人销售货物或者应税劳务（含"营改增"应税行为），开具增值税专用发票后，发生销售货物退回或者折让、开票有误等情形，应按国家税务总局的规定开具红字增值税专用发票。未按规定开具红字增值税专用发票的，增值税额不得从销项税额中扣减。

纳税人在货物购销活动中，因货物质量、规格等原因常会发生销货退回或销售折让的情况。由于销货退回或折让不仅涉及销货价款或折让价款的退回，还涉及增值税的退回，所以，销货方和购货方都应对当期的销项税额或进项税额进行相应调整。为此，《增值税暂行条例》及其实施细则规定，增值税一般纳税人因销售货物退回或者折让而退还给购买方的增值税额，应从发生销售货物退回或者折让当期的销项税额中扣减；因购进货物退出或者折让而收回的增值税额，应从发生购进货物退出或者折让当期的进项税额中扣减。

同理，"营改增"纳税人提供的适用一般计税方法计税的应税行为，因服务中止或者折让而退还给购买方的增值税额，应当从当期的销项税额中扣减；发生服务中止、购进货物退出、折让而收回的增值税额，应当从当期的进项税额中扣减。

一些企业在发生上述行为时，没有相应减少当期进项税额，造成进项税额虚增，减少纳税的现象，是税法所不能允许的，都将被认定为是偷税行为，并按偷税予以处罚。

5. 其他

有下列情形之一者，应当按照销售额和增值税税率计算应纳税额，不得抵扣进项税额，也不得使用增值税专用发票。

（1）一般纳税人会计核算不健全，或者不能够提供准确税务资料的。

（2）应当申请办理一般纳税人资格认定而未申请的。

【例2-2】某工业企业（增值税一般纳税人16%税率），某年2月购销业务情况如下。

（1）购进A生产原料一批，重量10吨，已验收入库，取得防伪税控增值税专用发票上注明的销售额23万元、增值税额为3.68万元，另支付运费，取得专用发票，价款3万元、增值税额0.33万元；专用发票均已认证。该批原料因管理不善丢失1吨。

（2）购进钢材20吨，已验收入库，取得防伪税控增值税专用发票上注明销售额8万元、增值税款为1.28万元，已得到认证，本月该外购20吨钢材用于企业新建产品仓库。

（3）直接向农民收购用于生产加工的农产品一批，经税务机关批准的收购凭证上注明价款为 40 万元。

（4）销售甲产品一批，货已发出并收到货款，向买方开具的专用发票注明销售额 50 万元。销售乙产品一批，货已发出并收到货款，向买方开具的普通发票销售额 58 万元。

（5）期初留抵进项税额 0.5 万元。

要求：计算该企业当期应纳增值税额。

解析：①购进 A 原料，因管理不善丢失，丢失材料的进项税额和与之相关的运费的进项税额不得抵扣；②不动产所用货物的进项税额需分 2 年抵扣，第一年是 60%；③纳税人购进用于生产销售 16%税率货物的农产品，按照 12%的扣除率计算进项税额。

计算如下：

（1）销项税额 $=50\times16\%+\dfrac{58}{1+16\%}\times16\%=16$（万元）

（2）进项税额 $=(3.68+0.33)\times\left(1-\dfrac{1}{10}\right)+1.28\times60\%+40\times12\%+0.5=9.677$（万元）

（3）应纳税额 $=16-9.677=6.323$（万元）

七、小规模纳税人应纳税额的计算

（一）应纳税额的计算

小规模纳税人发生应税销售行为，实行按照销售额和征收率计算应纳税额的简易办法，并不得抵扣进项税额，其应纳税额计算公式如下。

应纳税额 = 销售额 × 征收率

这里需要注意以下两点。

（1）小规模纳税人取得的销售额与本节第五点讲述的销售额所包含的内容是一致的，都是销售货物、提供加工修理修配或销售应税行为向购买方收取的全部价款和价外费用，但是不包括按 3% 的征收率收取的增值税税额。

（2）小规模纳税人不得抵扣进项税额。

（二）含税销售额的换算

小规模纳税人在发生应税销售行为时，目前，除住宿业、签证—咨询业、建筑业、工业以及信息传输业、软件和信息技术服务业可申请自行开具增值税专用发票外，一般只能开具普通发票，取得的销售收入均为含税销售额。而根据《增值税暂行条例》及其实施细则的规定，小规模纳税人的销售额不包括其应纳税额。为了符合增值税作为价外税的要求，小规模纳税人在计算应纳税额时，必须将含税销售额换算为不含税的销售额后才能计算应纳税额。

当小规模纳税人销售货物或者应税劳务采用销售额和应纳税额合并定价方法的，按下列公式计算销售额。

销售额 $=\dfrac{\text{含税销售额}}{1+\text{征收率}}$

【例 2-3】某零售商店为增值税小规模纳税人，2014 年 10 月取得零售收入总额 51 500 元。计算该商店 10 月应缴纳的增值税税额。

2014 年 10 月取得的不含税销售额 $=\dfrac{51\,500}{1+3\%}=50\,000$（元）

10 月应缴纳增值税税额 $=50\,000\times3\%=1\,500$（元）

小规模纳税人因销售货物退回或者折让退还给购买方的销售额，应从发生销售货物退回或者折让当期的销售额中扣减。

八、进口货物应纳税额的计算

纳税人进口货物，按照组成计税价格和《增值税暂行条例》规定的税率计算应纳税额。我们在计算增值税销项税额时直接用销售额作为计税依据或计税价格，但在进口产品计算增值税时不能直接得到类似销售额这样一个计税依据，需要通过计算而得，即要计算组成计税价格。组成计税价格是指在没有实际销售价格时，按照税法规定计算出作为计税依据的价格。进口货物增值税组成计税价格和应纳税额的计算公式如下。

组成计税价格 = 关税完税价格+关税+消费税

应纳税额 = 组成计税价格×税率

纳税人在计算进口货物的增值税时应该注意以下问题。

（1）进口货物增值税的组成计税价格中包括已纳关税税额，如果进口货物属于消费税应税消费品，则其组成计税价格中还要包括进口环节已纳消费税税额。

（2）在计算进口环节的应纳增值税税额时不得抵扣任何税额，即在计算进口环节的应纳增值税税额时，不得抵扣发生在我国境外的各种税金。

由于货物出口时出口国并没有征收过流转税，因此在进口时我们计算增值税时就不用进行进项税额抵扣。

【例 2-4】某商场 10 月进口货物一批。该批货物在国外的买价 50 万元，另该批货物运抵我国海关前发生的包装费、运输费、保险费等共计 20 万元。货物报关后，商场按规定缴纳了进口环节的增值税并取得了海关开具的海关进口增值税专用缴款书。假定该批进口货物在国内全部销售，取得不含税销售额 90 万元。

货物进口关税税率 15%，增值税税率 16%。请按下列顺序回答问题。

① 计算关税的组成计税价格。

② 计算进口环节应纳的进口关税。

③ 计算进口环节应纳增值税的组成计税价格。

④ 计算进口环节应缴纳增值税的税额。

⑤ 计算国内销售环节的销项税额。

⑥ 计算国内销售环节应缴纳增值税税额。

答案如下。

① 关税的组成计税价格＝50+20＝70（万元）

② 应缴纳进口关税＝70×15%＝10.5（万元）

③ 进口环节应纳增值税的组成计税价格＝70+10.5＝80.5（万元）

④ 进口环节应缴纳增值税的税额＝80.5×16%＝12.88（万元）

⑤ 国内销售环节的销项税额＝90×16%＝14.4（万元）

⑥ 国内销售环节应缴纳增值税税额＝14.4-12.88＝1.52（万元）

九、出口货物退（免）税

（一）出口货物退（免）税基本政策

世界各国为了鼓励本国货物出口，在遵循 WTO（World Trade Organization，世界贸易组织）基本规则的前提下，一般都采取优惠的税收政策。有的国家采取对该货物出口前所包含的税金在出口后予以退还的政策（即出口退税），而有的国家采取对出口的货物在出口前即予以免税的政策。我国则根据本国的实际，采取出口退税与免税相结合的政策。目前，我国的出口货物税收政策分为以下三种形式。

1. 出口免税并退税

出口免税是指对货物在出口销售环节不征增值税、消费税。这是把货物出口环节与出口前的销售环节都同样视为一个征税环节。出口退税是指对货物在出口前实际承担的税收负担，按规定的退税率计算后予以退还。

2. 出口免税不退税

出口免税与上述第 1 项含义相同。出口不退税是指适用这个政策的出口货物因在前一道生产、销售环节或进口环节是免税的，所以出口时该货物的价格中本身就不含税，也无须退税。

3. 出口不免税也不退税

出口不免税是指对国家限制或禁止出口的某些货物的出口环节视同内销环节，照常征税。出口不退税是指对这些货物出口不退还出口前其所负担的税款。

（二）出口货物和劳务及应税服务增值税退（免）税政策

1. 适用增值税退（免）税政策的范围

对下列出口货物劳务及应税服务，除适用《财政部、国家税务总局关于出口货物劳务增值税和消费税政策的通知》（以下简称《通知》）中第六条和第七条规定的外，实行免征和退还增值税（以下称增值税退（免）税）政策。

（1）出口企业出口货物的相关含义。

①《通知》所称出口企业，是指依法办理工商登记、税务登记、对外贸易经营者备案登记，自营或委托出口货物的单位或个体工商户，以及依法办理工商登记、税务登记但未办理对外贸易经营者备案登记，委托出口货物的生产企业。

②《通知》所称出口货物，是指向海关报关后实际离境并销售给境外单位或个人的货物，分为自营出口货物和委托出口货物两类。

③《通知》所称生产企业，是指具有生产能力（包括加工修理修配能力）的单位或个体工商户。

（2）视同出口货物的范围。

① 持续经营以来从未发生骗取出口退税、虚开增值税专用发票或农产品收购发票、接受虚开增值税专用发票（善意取得虚开增值税专用发票除外）行为且同时符合下列条件的生产企业出口的外购货物，可视同自产货物适用增值税退（免）税政策。

A. 已取得增值税一般纳税人资格。

B. 已持续经营两年及两年以上。

C. 纳税信用等级 A 级。

D. 上一年度销售额 5 亿元以上。

E. 外购出口的货物与本企业自产货物同类型或具有相关性。

② 持续经营以来从未发生骗取出口退税、虚开增值税专用发票或农产品收购发票、接受虚开增值税专用发票（善意取得虚开增值税专用发票除外）行为但不能同时符合本附件第一条规定的条件的生产企业，出口的外购货物符合下列条件之一的，可视同自产货物申报适用增值税退（免）税政策。

A. 同时符合下列条件的外购货物。

一是与本企业生产的货物名称、性能相同。

二是使用本企业注册商标或境外单位、个人提供给本企业使用的商标。

三是出口给进口本企业自产货物的境外单位或个人。

B．与本企业所生产的货物属于配套出口，且出口给进口本企业自产货物的境外单位或个人的外购货物，符合下列条件之一的。

一是用于维修本企业出口的自产货物的工具、零部件、配件。

二是不经过本企业加工或组装，出口后能直接与本企业自产货物组合成成套设备的货物。

C．经集团公司总部所在地的地级以上国家税务局认定的集团公司，其控股（按照《公司法》第二百一十七条规定的口径执行）的生产企业之间收购的自产货物以及集团公司与其控股的生产企业之间收购的自产货物。

D．同时符合下列条件的委托加工货物。

一是与本企业生产的货物名称、性能相同，或者是用本企业生产的货物再委托深加工的货物。

二是委托方与受托方必须签订委托加工协议，且主要原材料必须由委托方提供，受托方不垫付资金，只收取加工费，开具加工费（含代垫的辅助材料）的增值税专用发票。

E．用于本企业中标项目下的机电产品。

F．用于对外承包工程项目下的货物。

G．用于境外投资的货物。

H．用于对外援助的货物。

I．生产自产货物的外购设备和原材料（农产品除外）。

（3）出口企业对外提供加工修理修配劳务。

对外提供加工修理修配劳务，是指对进境复出口货物或从事国际运输的运输工具进行的加工修理修配。

（4）境内的单位和个人提供适用增值税零税率的应税服务，如果属于适用简易计税方法的，实行免征增值税办法；如果属于适用增值税一般计税方法的，生产企业实行免抵退税办法。外贸企业外购研发服务和设计服务出口实行免退税办法；外贸企业自己开发的研发服务和设计服务出口，视同生产企业连同其出口货物统一实行免抵退税办法。应税服务退税率为其按照《试点实施办法》（财税〔2013〕106 号）第十二条第（一）至（三）项规定适用的增值税税率。实行退（免）税办法的研发服务和设计服务，如果主管税务机关认定出口价格偏高的，有权按照核定的出口价格计算退（免）税；核定的出口价格低于外贸企业购进价格的，低于部分对应的进项税额不予退税，转入成本。

境内的单位和个人提供适用增值税零税率应税服务的，可以放弃适用增值税零税率，选择免税或按规定缴纳增值税。放弃适用增值税零税率后，36 个月内不得再申请适用增值税零税率。

境内的单位和个人提供适用增值税零税率的应税服务，按月向主管退税的税务机关申报办理增值税免抵退税或免税手续。具体管理办法由国家税务总局商财政部另行制定。

2．增值税退（免）税办法

适用增值税退（免）税政策的出口货物、劳务及服务，按照下列规定实行增值税"免、抵、退"税或免退税办法。

（1）"免、抵、退"税办法。生产企业出口自产货物和视同出口自产货物及对外提供加工修理修配劳务，以及列出名单的 74 家生产企业出口非自产货物，免征增值税，相应的进项税额抵减应纳增值税额（不包括适用增值税即征即退、先征后退政策的应纳增值税额），未抵减完的部分予以退还。

零税率的应税服务提供者提供零税率应税服务，如果属于适用增值税一般计税方法的，免征增值税，相应的进项税额抵减应纳增值税额（不包括适用增值税即征即退、先征后退政策的应纳增值税额），未抵减完的部分予以退还。

（2）免退税办法。不具有生产能力的出口企业（以下简称外贸企业）或其他企业出口货物劳务，免征增值税，相应的进项税额予以退还。

外贸企业外购研发服务和设计服务，免征增值税，其对应的外购应税服务的进项税额予以退还。

（三）出口货物的退税率

根据《增值税暂行条例》规定，企业产品出口后，税务部门应按照出口商品的进项税额为企业办理退税，由于税收减免及其国家经济政策等原因，商品的进项税额往往不等于实际负担的税额，如果按出口商品的进项税额退税，就会产生少征多退的问题，于是就有了计算出口商品应退税款的比率——出口退税率。

（1）除财政部和国家税务局总局根据国务院决定而明确的增值税出口退税率（以下称退税率）外，出口货物的退税率为其适用税率。

应税服务退税率为其按照"营改增"规定适用的增值税率。

（2）出口货物的退税率是出口货物的实际退税额与退税计税依据的比例。现行出口货物的增值税退税率有16%、15%、14%、13%、11%、9%、8%、6%和5%等。

（四）出口货物应退税额的计算

出口货物只有在适用既免税又退税的政策时，才会涉及如何计算退税的问题。由于各类出口企业对出口货物的会计核算办法不同，有对出口货物单独核算的，有对出口和内销的货物统一核算成本的。为了与出口企业的会计核算办法相一致，我国《出口货物退（免）税管理办法》规定了两种退税计算办法：第一种办法是"免、抵、退"办法，主要适用于自营和委托出口自产货物的生产企业；第二种办法是"先征后退"办法，目前主要用于收购货物出口的外（工）贸企业。

1. "免、抵、退"税的计算方法

实行免、抵、退税管理办法中，"免"税是指对生产企业出口的自产货物，在出口时免征本企业生产销售环节增值税；"抵"税是指生产企业出口自产货物所耗用的原材料、零部件、燃料、动力等所含应予退还的进项税额，抵顶内销货物的应纳税额；"退"税是指生产企业出口的自产货物在当月内应抵顶的进项税额大于应纳税额时，对未抵顶完的部分予以退税。由于出口货物增值税实行零税率，除了出口环节免征增值税即没有销项税额外，还需要对为生产出口产品所购进的项目已经缴纳的税款，即进项税额退还给出口企业等纳税人。因此出口退税并不是退还"销项税额"，而是退还进项税额。如果一个企业完全是出口企业，商品没有内销，则完全采用"免"和"退"的方式，就不存在"抵"税的问题。采用"抵"税的方式其实是为了简化征管手续，即用本来要退还给纳税人的退税额抵顶内销货物应该按规定缴纳的增值税款。

（1）具体计算方法与计算公式

① 当期应纳税额的计算

$$\begin{array}{l}\text{当期} \\ \text{应纳税额}\end{array} = \begin{array}{l}\text{当期内销货物的} \\ \text{销项税额}\end{array} - \left(\begin{array}{l}\text{当期} \\ \text{进项税额}\end{array} - \begin{array}{l}\text{当期免抵退税不得} \\ \text{免征和抵扣税额}\end{array}\right) - \begin{array}{l}\text{上期} \\ \text{留抵税额}\end{array}$$

其中：

$$\begin{array}{l}\text{当期免抵退税不得} \\ \text{免征和抵扣税额}\end{array} = \begin{array}{l}\text{出口货物} \\ \text{离岸价}\end{array} \times \begin{array}{l}\text{外汇人民} \\ \text{币牌价}\end{array} \times \left(\begin{array}{l}\text{出口货物} \\ \text{征税率}\end{array} - \begin{array}{l}\text{出口货物} \\ \text{退税率}\end{array}\right) - \begin{array}{l}\text{免抵退税不得免征} \\ \text{和抵扣税额抵减额}\end{array}$$

$$\begin{array}{l}\text{免抵退税不得免征} \\ \text{和抵扣税额抵减额}\end{array} = \begin{array}{l}\text{免税购进} \\ \text{原材料价格}\end{array} \times \left(\begin{array}{l}\text{出口货物} \\ \text{征税率}\end{array} - \begin{array}{l}\text{出口货物} \\ \text{退税率}\end{array}\right)$$

免税购进原材料包括从国内购进免税原材料和进料加工免税进口料件，其中进料加工免税进口料件的价格为组成计税价格，相关公式如下。

进料加工免税进口料件的组成计税价格 = 货物到岸价+海关实征关税+消费税

如果当期没有免税购进原材料价格，前述公式中的免抵退税不得免征和抵扣税额抵减额，以及后面公式中的免抵退税额抵减额，就不用计算。

出口货物离岸价（Free On Board，FOB）以出口发票计算的离岸价为准。出口发票不能如实反映实际离岸价的，企业必须按照实际离岸价向主管国税机关申报，同时主管税务机关有权依照《中华人民共和国税收征收管理法》《中华人民共和国增值税暂行条例》等有关规定予以核定。

从上述计算公式看，出口退税在"销项税额"方面并非执行真正的零税率而是一种"超低税率"即征税率与退税率（各货物不同）之差，即税法规定的出口退税"不得免征和抵扣税额"的计算比率。

而出口货物实际执行的"超低税率"计算的"销项税额"被计入了"进项税额转出"贷方专栏。如果将该部分数额与"出口退税"贷方专栏数额相加，其实也就是内销情况下，应当缴纳的销项税额。所以，"出口退税"贷方专栏反映的并非真正的退税，而是出口货物较内销货物因执行税率的不同而少交的增值税"销项税额"。

② 免抵退税额的计算

$$免抵退税额 = 出口货物离岸价 × 外汇人民币牌价 × 出口货物退税率 - 免抵退税额抵减额$$

其中：

免抵退税额抵减额 = 免税购进原材料价格 × 出口货物退税率

这个公式中的"免抵退税额"就是名义应退税额或者免抵退制度下的可抵顶进项税额。公式最后一个减项"免抵退税额抵减额"的实质含义是，免税购进的原材料本身是不含进项税额的，所以在计算免抵退税额时就不应该退还这部分原本不存在的税额，因此要通过计算予以剔除。

③ 当期应退税额和免抵税额的计算

A. 如当期期末留抵税额 ≤ 当期免抵退税额，则有如下等式成立。

当期应退税额 = 当期期末留抵税额

当期免抵税额 = 当期免抵退税额 - 当期应退税额

B. 如当期期末留抵税额 > 当期免抵退税额，则有如下等式成立。

当期应退税额 = 当期免抵退税额

当期免抵税额 = 0

当期期末留抵税额根据当期《增值税纳税申报表》中的"期末留抵税额"确定。

（2）企业免、抵、退税计算实例

【例 2-5】某自营出口的生产企业为增值税一般纳税人，出口货物的征税税率为 16%，退税税率为 13%。某年 4 月的有关经营业务为：购进原材料一批，取得的增值税专用发票注明的价款 400 万元，外购货物准予抵扣的进项税额 64 万元通过认证。上月末留抵税款 3 万元，本月内销货物不含税销售额 200 万元，收款 232 万元存入银行，本月出口货物的销售额折合人民币 350 万元。试计算该企业当期的"免、抵、退"税额。

① 当期免抵退税不得免征和抵扣税额 = 350 × （16%-13%）= 10.5（万元）

② 当期应纳税额 = 200 × 16% - （64-10.5）-3 = -24.5（万元）

③ 出口货物"免、抵、退"税额 = 350 × 13% = 45.5（万元）

④ 按规定，如当期期末留抵税额 ≤ 当期免抵退税额时，即 24.5（万元）≤ 45.5（万元）时，有如下等式成立。

当期应退税额 = 当期期末留抵税额

即该企业当期应退税额 = 24.5 万元

⑤ 当期免抵税额 = 当期免抵退税额 - 当期应退税额 = 45.5-24.5 = 21（万元）

【例 2-6】某自营出口的生产企业为增值税一般纳税人，出口货物的征税税率为 16%，退税税率为 13%。某年 6 月有关经营业务为：购原材料一批，取得的增值税专用发票注明的价款 300 万元，外购货物准予抵扣的进项税额 48 万元通过认证。上期末留抵税款 5 万元。本月内销货物不含税销售额 120 万元，收款 139.2 万元存入银行。本月出口货物的销售额折合人民币 200 万元。试计算该企业当期的"免、抵、退"税额。

① 当期免抵退税不得免征和抵扣税额=200×（16%-13%）=6（万元）

② 当期应纳税额=120×16%-（48-6）-5=-27.8（万元）

③ 出口货物"免、抵、退"税额=200×13%=26（万元）

④ 按规定，如当期期末留抵税额＞当期免抵退税额时，即 27.8（万元）＞26（万元）时，有如下等式成立。

　　　当期应退税额=当期免抵退税额

　　　即该企业当期应退税额=26 万元

⑤ 当期免抵税额=当期免抵退税额-当期应退税额=26-26=0（万元）

⑥ 6 月期末留抵结转下期继续抵扣税额=27.8-26=1.8（万元）

【例 2-7】 某自营出口生产企业是增值税一般纳税人，出口货物的征税税率为 16%，退税税率为 13%。某年 8 月有关经营业务为：购原材料一批，取得的增值税专用发票注明的价款 200 万元，外购货物准予抵扣的进项税额 32 万元通过认证；当月进料加工免税进口料件的组成计税价格 100 万元。上期末留抵税款 6 万元。本月内销货物不含税销售额 100 万元。收款 116 万元存入银行。本月出口货物销售额折合人民币 200 万元。试计算该企业当期的"免、抵、退"税额。

① $\begin{array}{l}免抵退税不得免征\\和抵扣税额抵减额\end{array}$ = 免税进口料件的组成计税价格 × （出口货物征税税率 - 出口货物退税税率）

　　　=100×（16%-13%）=3（万元）

② $\begin{array}{l}免抵退税不得免征\\和抵扣税额\end{array}$ = 当期出口货物离岸价 × 外汇人民币牌价 × （出口货物征税税率 - 出口货物退税税率）- 免抵退税不得免征和抵扣税额抵减额

　　　= 200×（16%-13%）-3=6-3=3（万元）

③ 当期应纳税额=100×16%-（32-3）-6=16-29-6=-19（万元）

④ 免抵退税额抵减额=免税购进原材料×材料出口货物退税税率

　　　=100×13%=13（万元）

⑤ 出口货物"免、抵、退"税额=200×13%-13=13（万元）

⑥ 按规定，如当期期末留抵税额＞当期免抵退税额时，即 19（万元）＞13（万元）时，有如下等式成立。

　　　当期应退税额=当期免抵退税额

　　　即该企业当期应退税额=13（万元）

⑦ 当期免抵税额=当期免抵退税额-当期应退税额=13-13=0（万元）

⑧ 本月期末留抵结转下期继续抵扣税额为 19-13=6（万元）。

（3）零税率应税服务增值税免抵退税额的计算

① 当期零税率应税服务免抵退税额 = $\begin{array}{l}当期零税率应税服务\\免抵退税计税价格\end{array}$ × 外汇人民币牌价 × $\begin{array}{l}零税率应税\\服务退税率\end{array}$

② 当期应退税额和当期免抵税额的计算如下。

A. 当期期末留抵税额≤当期免抵退税额时

　　当期应退税额=当期期末留抵税额

　　当期免抵税额=当期免抵退税额-当期应退税额

B. 当期期末留抵税额>当期免抵退税额时

当期应退税额 = 当期免抵退税额

当期免抵税额 = 0

"当期期末留抵税额"为当期《增值税纳税申报表》的"期末留抵税额"。

2．外贸企业出口货物增值税退（免）税的计算方法

（1）外贸企业"先征后退"的计算办法

① 外贸企业出口货物（委托加工修理修配货物除外）增值税退（免）税的计算公式如下。

应退税额 = 增值税退（免）税的计税依据 × 退税税率

外贸企业出口货物（委托加工修理修配货物除外）增值税退（免）税的计税依据，为购进出口货物的增值税专用发票注明的金额或海关进口增值税专用缴款书注明的完税价格。

【例2-8】某进出口公司 2013 年 3 月出口美国牛仔布 2 000 米，进货增值税专用发票列明单价 10 元/平方米，计税金额 20 000 元，退税税率 13%，其应退税额如下。

20 000 × 13% = 2 600（元）

② 外贸企业出口委托加工修理修配货物增值税退（免）税的计算公式如下。

应退税额 = 委托加工修理修配货物增值税退（免）税的计税依据 × 退税税率

（2）委托加工修理修配货物增值税退（免）税的计税依据，为加工修理修配费用增值税专用发票注明的金额。外贸企业应将加工修理修配使用的原材料（进料加工海关保税进口料件除外）作价销售给受托加工修理修配的生产企业，受托加工修理修配的生产企业应将原材料成本并入加工修理修配费用开具发票。

【例2-9】某进出口公司 2013 年 6 月购进牛仔布委托加工成服装出口，取得牛仔布增值税发票一张，注明计税金额 10 000 元（退税税率 13%）；取得服装加工费计税金额 2 000 元（退税税率 17%），该企业的应退税额如下。

10 000 × 13% + 2 000 × 17% = 1 640（元）

十、征收管理

（一）纳税义务发生的时间

《增值税暂行条例》明确规定了增值税纳税义务的发生时间。纳税义务发生时间是纳税人发生应税行为应当承担纳税义务的起始时间。税法明确规定纳税义务发生时间的作用在于：正式确认纳税人已经发生属于税法规定的应税行为，应承担纳税义务；有利于税务机关实施税务管理，合理规定申报期限和纳税期限，监督纳税人切实履行纳税义务。

发生应税销售行为的纳税义务发生时间可以分为一般规定和具体规定。

1．一般规定

（1）纳税人发生应税销售行为的，其纳税义务发生时间为收讫销售款项或者取得索取销售款项凭据的当天；先开具发票的，为开具发票的当天。

（2）纳税人进口货物，其纳税义务发生时间为报关进口的当天。

（3）增值税扣缴义务发生时间为纳税人增值税纳税义务发生的当天。

2．具体规定

纳税人收讫销售款项或者取得索取销售款项凭据的当天，按销售结算方式的不同，具体征税时间如下。

（1）采取直接收款方式销售货物，不论货物是否发出，均为收到销售款或者取得索取销售款凭据的当天；对于纳税人生产经营活动中采取直接收款方式销售货物，已将货物移送对方并暂估销售收入入账，但既未取得销售款或取得索取销售款凭据也未开具销售发票的，其

增值税纳税义务发生时间为取得销售款或取得索取销售款凭据的当天；先开具发票的，为开具发票的当天。

（2）收讫销售款项是指纳税人销售服务、无形资产、不动产过程中或完成后收到款项。取得索取销售款项凭据的当天，是指书面合同确定的付款日期；未签订书面合同或者书面合同未确定付款日期的，为服务、无形资产转让完成的当天或不动产权变更的当天。

（3）采取托收承付和委托银行收款方式销售货物，为发出货物并办妥托收手续的当天。

（4）采取赊销和分期收款方式销售货物，为书面合同约定的收款日期的当天，无书面合同的或者书面合同没有约定收款日期的，为货物发出的当天。

（5）采取预收货款方式销售货物，为货物发出的当天，但销售生产工期超过 12 个月的大型机械设备、船舶、飞机等货物，为收到预收款或者书面合同约定的收款日期的当天。

（6）委托其他纳税人代销货物，为收到代销单位的代销清单或者收到全部或者部分货款的当天。未收到代销清单及货款的，为发出代销货物满 180 天的当天。

（7）销售应税劳务，为提供劳务同时收讫销售款或者取得索取销售款的凭据的当天。

（8）纳税人发生《增值税暂行条例实施细则》第四条第（三）项至第（八）项所列视同销售货物行为，为货物移送的当天。

上述发行应税销售行为纳税义务发生时间的确定，明确了企业在计算应纳税额时，对"当期销项税额"时间的限定，是增值税计税和征收管理中重要的规定。目前，一些企业没有按照上述规定的纳税义务发生时间将实现的销售收入及时入账并计算纳税，而是采取延迟入账或不计销售收入等做法，以拖延纳税或逃避纳税。这些做法都是错误的。企业必须按上述规定的时限及时、准确地记录销售额和计算当期销项税额。

（二）纳税期限

在明确了增值税纳税义务发生时间后，还需要掌握具体纳税期限，以保证按期缴纳税款。根据《增值税暂行条例》的规定，增值税的纳税期限分别为 1 日、3 日、5 日、10 日、15 日、1 个月或 1 个季度。

纳税人的具体纳税期限，由主管税务机关根据纳税人应纳税额的大小分别核定；不能按照固定期限纳税的，可以按次纳税。以 1 个季度为纳税期限的规定仅适用于小规模纳税人。小规模纳税人的具体纳税期限，由主管税务机关根据其应纳税额的大小分别核定。

纳税人以 1 个月或者 1 个季度为 1 个纳税期的，自期满之日起 15 日内申报纳税；以 1 日、3 日、5 日、10 日或者 15 日为 1 个纳税期的，自期满之日起 5 日内预缴税款，于次月 1 日起 15 日内申报纳税并结清上月应纳税款。

扣缴义务人解缴税款的期限，依照前述规定执行。

纳税人进口货物应当自海关填发进口增值税专用缴纳书之日起 15 日内缴纳税款。

纳税人出口货物适用退（免）税规定的，应当向海关办理出口手续，凭出口报关单等有关凭证，在规定的出口退（免）税申报期内按月向主管税务机关申报办理该项出口货物的退（免）税。具体办法由国务院财政、税务主管部门制定。

出口货物办理退税后发生退货或者退关的，纳税人应当依法补缴已退的税款。

（三）纳税地点

为了保证纳税人按期申报纳税，根据企业跨地区经营和搞活商品流通的特点及不同情况，税法还具体规定了增值税的纳税地点。

（1）固定业户应当向其机构所在地的主管税务机关申报纳税。总机构和分支机构不在同一县（市）的，应当分别向各自所在地的主管税务机关申报纳税；经国务院财政、税务主管部门或者其授权的财政、税务机关批准，可以由总机构汇总向总机构所在地的主管税务机关申报纳税。

（2）固定业户到外县（市）销售货物或者应税劳务，应当向其机构所在地的主管税务机关申请开具外出经营活动税收管理证明、并向其机构所在地的主管税务机关申报纳税；未开具证明的，应当向销售地或者劳务发生地的主管税务机关申报纳税；未向销售地或者劳务发生地的主管税务机关申报纳税的，由其机构所在地的主管税务机关补征税款。

（3）非固定业户销售货物或者应税劳务，应当向销售地或者劳务发生地的主管税务机关申报纳税；未向销售地或者劳务发生地的主管税务机关申报纳税的，由其机构所在地或者居住地的主管税务机关补征税款。

（4）进口货物，应当向报关地海关申报纳税。

（5）扣缴义务人应当向其机构所在地或者居住地的主管税务机关申报缴纳其扣缴的税款。

（四）增值税纳税申报表

《增值税纳税申报表（一般纳税人适用）》及其附列资料，见表 2-1；《增值税纳税申报表（小规模纳税人适用）》及其附列资料，见表 2-2；《增值税预缴税款表》，见表 2-3。

表 2-1　增值税纳税申报表
（一般纳税人适用）

根据国家税收法律法规及增值税相关规定制定本表。纳税人不论有无销售额，均应按税务机关核定的纳税期限填写本表，并向当地税务机关申报。

税款所属时间：自　年　月　日至　年　月　日　　填表日期：　年　月　日　金额单位：元至角分
纳税人识别号：□□□□□□□□□□□□□□□□□□□□　　　所属行业：

纳税人名称	（公章）	法定代表人姓名		注册地址		生产经营地址	
开户银行及账号		登记注册类型				电话号码	

项　目		栏　次	一般项目		即征即退项目	
			本月数	本年累计	本月数	本年累计
销售额	（一）按适用税率计税销售额	1				
	其中：应税货物销售额	2				
	应税劳务销售额	3				
	纳税检查调整的销售额	4				
	（二）按简易办法计税销售额	5				
	其中：纳税检查调整的销售额	6				
销售额	（三）免、抵、退办法出口销售额	7			—	—
	（四）免税销售额	8			—	—
	其中：免税货物销售额	9			—	—
	免税劳务销售额	10			—	—
税款计算	销项税额	11				
	进项税额	12				
	上期留抵税额	13				
	进项税额转出	14				

项　目	栏　次	一般货物、劳务和应税服务		即征即退货物、劳务和应税服务	
		本月数	本年累计	本月数	本年累计
税款计算 免、抵、退应退税额	15			—	—
按适用税率计算的纳税检查应补缴税额	16				
应抵扣税额合计	17=12+13-14-15+16			—	—
实际抵扣税额	18（如 17<11，则为 17，否则为 11）				
应纳税额	19=11-18				
期末留抵税额	20=17-18			—	
简易计税办法计算的应纳税额	21				
按简易计税办法计算的纳税检查应补缴税额	22			—	—
应纳税额减征额	23				
应纳税额合计	24=19+21-23				
税款缴纳 期初未缴税额（多缴为负数）	25				
实收出口开具专用缴款书退税额	26				
本期已缴税额	27=28+29+30+31				
①分次预缴税额	28			—	—
②出口开具专用缴款书预缴税额	29				
③本期缴纳上期应纳税额	30				
④本期缴纳欠缴税额	31				
期末未缴税额（多缴为负数）	32=24+25+26-27				
其中：欠缴税额（≥0）	33=25+26-27				
本期应补（退）税额	34 = 24-28-29				
即征即退实际退税额	35	—			
期初未缴查补税额	36			—	—
本期入库查补税额	37				
期末未缴查补税额	38=16+22+36-37				

授权声明	如果你已委托代理人申报，请填写下列资料： 　　为代理一切税务事宜，现授权 （地址）　　　　　　　　　为本纳税人的代理申报人，任何与本申报表有关的往来文件，都可寄予此人。 　　授权人签字：	申报人声明	本纳税申报表是根据国家税收法律法规及相关规定填报的，我确定它是真实的、可靠的、完整的。 　　声明人签字：

主管税务机关：　　　　　　　　接收人：　　　　　　　　接收日期：

增值税纳税申报表附列资料（一）

（本期销售情况明细）

纳税人名称：（公章）

税款所属时间： 年 月 日至 年 月 日

项目及栏次		开具增值税专用发票		开具其他发票		未开具发票		纳税检查调整		合计		价税合计	服务、不动产和无形资产扣除项目本期实际扣除金额	扣除后	
		销售额	销项(应纳)税额	销售额	销项(应纳)税额	销售额	销项(应纳)税额	销售额	销项(应纳)税额	销售额	销项(应纳)税额			含税(免税)销售额	销项(应纳)税额
		1	2	3	4	5	6	7	8	9=1+3+5+7	10=2+4+6+8	11=9+10	12	13=11-12	$14=13\div(100\%+税率)$ 或征收率×税率或征收率
一、一般计税方法计税	全部征税项目	16%税率的货物及加工修理修配劳务	1												—	—
		16%税率的服务、不动产和无形资产	2													
		10%税率的货物	3												—	—
		10%税率的服务、不动产和无形资产	4													
		6%税率	5													
	其中：即征即退项目	即征即退货物及加工修理修配劳务	6	—	—										—	—
		即征即退服务、不动产和无形资产	7	—	—											
		6%征收率	8													
二、简易计税方法计税	全部征税项目	5%征收率的货物及加工修理修配劳务	9a												—	—
		5%征收率的服务、不动产和无形资产	9b													
		4%征收率	10												—	—

续表

项目及栏次	栏次	开具增值税专用发票 销售额	开具增值税专用发票 销项(应纳)税额	开具其他发票 销售额	开具其他发票 销项(应纳)税额	未开具发票 销售额	未开具发票 销项(应纳)税额	纳税检查调整 销售额	纳税检查调整 销项(应纳)税额	合计 销售额	合计 销项(应纳)税额	合计 价税合计	服务、不动产和无形资产扣除项目本期实际扣除金额	扣除后 含税(免税)销售额	扣除后 销项(应纳)税额
		1	2	3	4	5	6	7	8	9=1+3+5+7	10=2+4+6+8	11=9+10	12	13=11-12	14=13÷(100%+税率)×税率或征收率或征收率
二、简易计税方法计税 全部征税项目 3%征收率的货物及加工修理修配劳务	11														
3%征收率的服务、不动产和无形资产	12												12	13=11-12	—
预征率 %	13a												—	—	—
预征率 %	13b												—	—	—
预征率 %	13c												—	—	—
其中:即征即退项目 即征即退货物及加工修理修配劳务	14	—	—	—	—	—	—	—	—	—	—	—	—	—	—
即征即退服务、不动产和无形资产	15	—	—	—	—	—	—	—	—	—	—	—	—	—	—
三、免抵退税 货物及加工修理修配劳务	16	—	—	—	—	—	—	—	—	—	—	—	—	—	—
服务、不动产和无形资产	17	—	—	—	—	—	—	—	—	—	—	—	—	—	—
四、免税 货物及加工修理修配劳务	18	—	—	—	—	—	—	—	—	—	—	—	—	—	—
服务、不动产和无形资产	19	—	—	—	—	—	—	—	—	—	—	—	—	—	—

63

增值税纳税申报表附列资料（二）

（本期进项税额明细）

税款所属时间：　　年　月　日至　　年　月　日

纳税人名称：（公章）　　　　　　　　　　　　　　　　　　　　　　金额单位：元至角分

一、申报抵扣的进项税额				
项　目	栏　次	份　数	金　额	税　额
（一）认证相符的增值税专用发票	1=2+3			
其中：本期认证相符且本期申报抵扣	2			
前期认证相符且本期申报抵扣	3			
（二）其他扣税凭证	4=5+6+7+8			
其中：海关进口增值税专用缴款书	5			
农产品收购发票或者销售发票	6			
代扣代缴税收缴款凭证	7		—	
其他	8			
（三）本期用于购建不动产的扣税凭证	9	—	—	—
（四）本期不动产允许抵扣进项税额	10	—	—	—
（五）外贸企业进项税额抵扣证明	11			
当期申报抵扣进项税额合计	12=1+4-9+10+11			
二、进项税额转出额				
项　目	栏　次	税　额		
本期进项税转出额	13=14 至 23 之和			
其中：免税项目用	14			
集体福利、个人消费	15			
非正常损失	16			
简易计税方法征税项目用	17			
免抵退税办法不得抵扣的进项税额	18			
纳税检查调减进项税额	19			
红字专用发票通知单注明的进项税额	20			
上期留抵税额抵减欠税	21			
上期留抵税额退税	22			
其他应作进项税额转出的情形	23			
三、待抵扣进项税额				
项　目	栏　次	份　数	金　额	税　额
（一）认证相符的税控增值税专用发票	24	—	—	—
期初已认证相符但未申报抵扣	25			
本期认证相符且本期未申报抵扣	26			
期末已认证相符但未申报抵扣	27			
其中：按照税法规定不允许抵扣	28			
（二）其他扣税凭证	29=30 至 33 之和			
其中：海关进口增值税专用缴款书	30			

续表

项　　目	栏　次	份　数	金　额	税　额
农产品收购发票或者销售发票	31			
代扣代缴税收缴款凭证	32		—	
其他	33			
	34			

四、其他

项　　目	栏　次	份　数	金　额	税　额
本期认证相符的税控增值税专用发票	35			
代扣代缴税额	36		—	—

增值税纳税申报表附列资料（三）

（服务、不动产和无形资产扣除项目明细）

税款所属时间：　　年　月　日至　　年　月　日

纳税人名称：（公章）　　　　　　　　　　　　　　　　　　　金额单位：元至角分

项目及栏次		本期应税服务价税合计额（免税销售额）	服务、不动产和无形资产扣除项目				
			期初余额	本期发生额	本期应扣除金额	本期实际扣除金额	期末余额
		1	2	3	4=2+3	5（5≤1且5≤4）	6=4-5
16%税率的项目	1						
10%税率的项目	2						
6%税率的项目（不含金融商品转让）	3						
6%税率的金融商品转让项目	4						
5%征收率的项目	5						
3%征收率的项目	6						
免抵退税的项目	7						
免税的项目	8						

增值税纳税申报表附列资料（四）

（税额抵减情况表）

税款所属时间：　　年　月　日至　　年　月　日

纳税人名称：（公章）　　　　　　　　　　　　　　　　　　　金额单位：元至角分

一、税额抵减情况						
序号	抵减项目	期初余额	本期发生额	本期应抵减税额	本期实际抵减税额	期末余额
		1	2	3=1+2	4≤3	5=3-4
1	增值税税控系统专用设备费及技术维护费					
2	分支机构预征缴纳税款					
3	建筑服务预征缴纳税款					
4	销售不动产预征缴纳税款					
5	出租不动产预征缴纳税款					

二、加计抵减情况						
序号	加计抵减项目	期初余额	本期发生额	本期调减额	本期可抵减额	本期实际抵减额	期末余额
		1	2	3	4=1+2-3	5	6=4-5
6	一般项目加计抵减额计算						
7	即征即退项目加计抵减额计算						
8	合计						

增值税减免税申报明细表

税款所属时间：　年　月　日至　年　月　日

纳税人名称（公章）：　　　　　　　　　　　　　　　　　　　　　　　　　金额单位：元至角分

一、减税项目						
减税性质代码及名称	栏次	期初余额	本期发生额	本期应抵减税额	本期实际抵减税额	期末余额
		1	2	3=1+2	4≤3	5=3-4
合计	1					
	2					
	3					
	4					
	5					
	6					

二、免税项目						
免税性质代码及名称	栏次	免征增值税项目销售额	免税销售额扣除项目本期实际扣除金额	扣除后免税销售额	免税销售额对应的进项税额	免税额
		1	2	3=1-2	4	5
合　计	7					
出口免税	8		—	—	—	—
其中：跨境服务	9		—	—	—	—
	10					
	11					
	12					
	13					
	14					
	15					
	16					

表2-2　增值税纳税申报表

（小规模纳税人适用）

纳税人识别号：□□□□□□□□□□□□□□□□□□□□

纳税人名称（公章）：　　　　　　　　　　　　　　　　　　　　　　　金额单位：元至角分

税款所属期：　年　月　日至　年　月　日　　　　　填表日期：　年　月　日

	项　目	栏次	本期数		本年累计	
			货物及劳务	服务、不动产和无形资产	货物及劳务	服务、不动产和无形资产
一、计税依据	（一）应征增值税不含税销售额	1				
	税务机关代开的增值税专用发票不含税销售额	2				
	税控器具开具的普通发票不含税销售额	3				
	（二）销售、出租不动产不含税销售额	4	—		—	

项　目	栏次	本期数		本年累计	
		货物及劳务	服务、不动产和无形资产	货物及劳务	服务、不动产和无形资产
税务机关代开的增值税专用发票不含税销售额	5	—		—	
税控器具开具的普通发票不含税销售额	6	—		—	
（三）销售使用过的固定资产不含税销售额	7(7≥8)		—		—
其中：税控器具开具的普通发票不含税销售额	8		—		—
（四）免税销售额	9=10+11+12				
其中：小微企业免税销售额	10				
未达起征点销售额	11				
其他免税销售额	12				
（五）出口免税销售额	13(13≥14)				
其中：税控器具开具的普通发票销售额	14				
本期应纳税额	15				
本期应纳税额减征额	16				
本期免税额	17				
其中：小微企业免税额	18				
未达起征点免税额	19				
应纳税额合计	20=15-16				
本期预缴税额	21			—	—
本期应补（退）税额	22=20-21			—	—

其中第一大栏为"一、计税依据"（栏次5至14），第二大栏为"二、税款计算"（栏次15至22）。

纳税人或代理人声明： 　　本纳税申报表是根据国家税收法律法规及相关规定填报的，我确定它是真实的、可靠的、完整的。	如纳税人填报，由纳税人填写以下各栏：
	办税人员：　　　　　　财务负责人：
	法定代表人：　　　　　联系电话：
	如委托代理人填报，由代理人填写以下各栏：
	代理人名称（公章）：　　　经办人：
	联系电话：

主管税务机关：　　　　　接收人：　　　　　　接收日期：

表 2-3　增值税预缴税款表

税款所属期：　　年　月　日至　　年　月　日

纳税人识别号：□□□□□□□□□□□□□□□□□□□□　　是否适用一般计税方法　　是 □　否 □

纳税人名称（公章）：　　　　　　　　　　　　　　　　　　　　　　金额单位：元至角分

项目编号			项目名称	
项目地址				
预征项目和栏次		销售额	扣除金额	预征率	预征税额
		1	2	3	4
建筑服务	1				
销售不动产	2				
出租不动产	3				
	4				
	5				
合计	6				

授权声明	如果你已委托代理人填报，请填写下列资料： 为代理一切税务事宜，现授权　　　　　（地址）　　　为本次纳税人的代理填报人，任何与本表有关的往来文件，都可寄予此人。 授权人签字：	填表人申明	以上内容是真实的、可靠的、完整的。 纳税人签字：

第二节　增值税会计核算

一般纳税人和小规模纳税人的增值税会计核算方法不同：一般纳税人采用价税分离的方法，而小规模纳税人则采用价税合一的方法。

一、一般纳税人会计处理方法

（一）增值税会计科目设置

我国增值税实行"价外计税"的办法，即以不含增值税税额的价格为计税依据。同时，根据增值税专用发票注明税额实行税款抵扣制度，按购进扣税法的原理计算应纳税额。因此，价款与税款采用分别核算反映的方法，即价税分离的方法。

2016 年 5 月 1 日实行全面"营改增"后，为进一步规范增值税会计处理，财政部制定了《增值税会计处理规定》（财会〔2016〕22 号），并于 2016 年 12 月 3 日发布实施。

根据《增值税会计处理规定》，增值税一般纳税人应当在"应交税费"科目下设置"应交增值税""未交增值税""预交增值税""待抵扣进项税额""待认证进项税额""待转销项税额""增值税留抵税额""简易计税""转让金融商品应交增值税""代扣代交增值税"等明细科目。

（1）增值税一般纳税人应在"应交增值税"明细账内设置"进项税额""销项税额抵

减”“已交税金”“转出未交增值税”“减免税款”“出口抵减内销产品应纳税额”“销项税额”“出口退税”“进项税额转出”“转出多交增值税”等专栏。

① “进项税额”专栏记录一般纳税人购进货物、加工修理修配劳务、服务、无形资产或不动产而支付或负担的、准予从当期销项税额中抵扣的增值税额。

② “销项税额抵减”专栏记录一般纳税人按照现行增值税制度规定因扣减销售额而减少的销项税额。

③ “已交税金”专栏记录一般纳税人当月已交纳的应交增值税额。

④ “转出未交增值税”和“转出多交增值税”专栏分别记录一般纳税人月度终了转出当月应交未交或多交的增值税额。

⑤ “减免税款”专栏记录一般纳税人按现行增值税制度规定准予减免的增值税额。

⑥ “出口抵减内销产品应纳税额”专栏记录实行“免、抵、退”办法的一般纳税人按规定计算的出口货物的进项税抵减内销产品的应纳税额。

⑦ “销项税额”专栏记录一般纳税人销售货物、加工修理修配劳务、服务、无形资产或不动产应收取的增值税额。

⑧ “出口退税”专栏记录一般纳税人出口货物、加工修理修配劳务、服务、无形资产按规定退回的增值税额。

⑨ “进项税额转出”专栏记录一般纳税人购进货物、加工修理修配劳务、服务、无形资产或不动产等发生非正常损失以及其他原因而不应从销项税额中抵扣、按规定转出的进项税额。

“应交税费——应交增值税”科目借方项目包括“进项税额”“销项税额抵减”“已交税金”“减免税款”“出口抵减内销产品应纳税额”和“转出未交增值税”6个项目，贷方项目包括“销项税额”“出口退税”“进项税额转出”和“转出多交增值税”4个项目。经过月末结转后，“应交税费——应交增值税”科目的月末借方余额，反映尚未抵扣、留待以后抵扣的增值税额。“应交税费——应交增值税”科目月末一般无贷方余额。

（2）“未交增值税”明细科目，核算一般纳税人月度终了从“应交增值税”或“预交增值税”明细科目转入当月应交未交、多交或预缴的增值税额，以及当月交纳以前期间未交的增值税额。

“应交税费——未交增值税”科目经过月末结转后，月末借方余额反映多缴的增值税额，月末贷方余额反映尚未上缴的增值税额。

（3）“预交增值税”明细科目，核算一般纳税人转让不动产、提供不动产经营租赁服务、提供建筑服务、采用预收款方式销售自行开发的房地产项目等，以及其他按现行增值税制度规定应预缴的增值税额。

（4）“待抵扣进项税额”明细科目，核算一般纳税人已取得增值税扣税凭证并经税务机关认证，按照现行增值税制度规定准予以后期间从销项税额中抵扣的进项税额，包括：一般纳税人自2016年5月1日后取得并按固定资产核算的不动产或者2016年5月1日后取得的不动产在建工程，按现行增值税制度规定准予以后期间从销项税额中抵扣的进项税额；实行纳税辅导期管理的一般纳税人取得的尚未交叉稽核比对的增值税扣税凭证上注明或计算的进项税额。

（5）“待认证进项税额”明细科目，核算一般纳税人由于未经税务机关认证而不得从当期销项税额中抵扣的进项税额，包括：一般纳税人已取得增值税扣税凭证、按照现行增值税制度规定准予从销项税额中抵扣，但尚未经税务机关认证的进项税额；一般纳税人已申请稽核但尚未取得稽核相符结果的海关缴款书进项税额。

（6）“待转销项税额”明细科目，核算一般纳税人销售货物、加工修理修配劳务、服务、无形资产或不动产，已确认相关收入（或利得）但尚未发生增值税纳税义务而需于以后期间确认为销项税额的增值税额。

（7）"增值税留抵税额"明细科目，核算兼有销售服务、无形资产或者不动产的原增值税一般纳税人，截止到纳入"营改增"试点之日前的增值税期末留抵税额按照现行增值税制度规定不得从销售服务、无形资产或不动产的销项税额中抵扣的增值税留抵税额。

（8）"简易计税"明细科目，核算一般纳税人采用简易计税方法发生的增值税计提、扣减、预缴、缴纳等业务。

（9）"转让金融商品应交增值税"明细科目，核算增值税纳税人转让金融商品发生的增值税额。

（10）"代扣代交增值税"明细科目，核算纳税人购进在境内未设经营机构的境外单位或个人在境内的应税行为代扣代缴的增值税。

此外，根据国税发〔1998〕44号，国家税务总局关于印发《增值税日常稽查办法》的通知，应在"应交税费"账户下设置"增值税检查调整"二级账户。

（二）增值税账务处理

1. 取得资产或接受劳务等业务的账务处理

（1）采购等业务进项税额允许抵扣的账务处理

一般纳税人购进货物、加工修理修配劳务、服务、无形资产或不动产，按应计入相关成本费用或资产的金额，借记"在途物资"或"原材料""库存商品""生产成本""无形资产""固定资产""管理费用"等科目；按当月已认证的可抵扣增值税额，借记"应交税费——应交增值税（进项税额）"科目；按当月未认证的可抵扣增值税额，借记"应交税费——待认证进项税额"科目；按应付或实际支付的金额，贷记"应付账款""应付票据""银行存款"等科目。发生退货的，如原增值税专用发票已做认证，应根据税务机关开具的红字增值税专用发票做相反的会计分录；如原增值税专用发票未做认证，应将发票退回并做相反的会计分录。

① 国内采购货物进项税额的会计处理

企业外购货物时，根据取得的增值税专用发票、银行结算凭证和货物验收凭证，做会计处理如下。

借：材料采购（或原材料、库存商品）（货物的实际采购成本）
　　应交税费——应交增值税（进项税额）（可抵扣的增值税额）
　　贷：银行存款等（支付的价税款合计）

A. 工业企业（制造业）的会计处理

工业企业采购货物主要是生产使用的材料，可按材料的实际成本计价或计划成本计价进行会计处理。

【例2-10】某公司为增值税一般纳税人，材料按实际成本计价核算。2018年5月购入甲材料4000千克，单价为6元/千克，取得增值税专用发票，其中，价款24 000元，增值税3 840元；供货方代垫运费也取得增值税专用发票，其中，价款2000元，增值税200元。已开出银行承兑汇票，材料验收入库，增值税专用发票均已认证。

会计处理如下。

借：原材料　　　　　　　　　　　　　　　　　　　26 000
　　应交税费——应交增值税（进项税额）　　　　　4 300
　　贷：应付票据　　　　　　　　　　　　　　　　　　30 300

该业务记账凭证后附：货物和运费增值税专用发票各一张、收料单一张、银行承兑汇票复印件一张。

【例 2-10】资料中，如果该公司材料按计划成本计价核算，购入甲材料计划单价为 7 元/千克，其余资料相同。

会计处理如下。

（1）货款结算时

借：材料采购——原材料 　　　　　　　　　　　　　　　　　26 000

　　应交税费——应交增值税（进项税额）　　　　　　　　　　4 040

　　　贷：应付票据 　　　　　　　　　　　　　　　　　　　　　　30 040

该业务记账凭证后附：货物和运费增值税专用发票各 1 张、银行承兑汇票复印件 1 张。

（2）材料入库时

借：原材料——甲材料 　　　　　　　　　　　　　　　　　　28 000

　　　贷：材料采购——原材料 　　　　　　　　　　　　　　　　　28 000

该业务记账凭证后附：收料单 1 张。

同时，结转材料成本差异。

借：材料采购——原材料 　　　　　　　　　　　　　　　　　2 000

　　　贷：材料成本差异——原材料 　　　　　　　　　　　　　　　2 000

该业务记账凭证摘要注明：见结转入库材料计划成本记账凭证附件。

上述业务分别编制两张记账凭证结转入库材料计划成本和材料成本差异，便于登记"材料采购明细账"。

【例 2-11】接【例 2-10】资料，如果该项业务取得的增值税专用发票均未认证，其余资料相同。

会计处理如下。

借：原材料 　　　　　　　　　　　　　　　　　　　　　　26 000

　　应交税费——待认证进项税额 　　　　　　　　　　　　　4 040

　　　贷：应付票据 　　　　　　　　　　　　　　　　　　　　　　30 040

该业务记账凭证后附：货物和运费增值税专用发票各 1 张、收料单 1 张、银行承兑汇票复印件 1 张。

该项业务增值税专用发票于次月认证时的处理如下。

借：应交税费——应交增值税(进项税额) 　　　　　　　　　4 040

　　　贷：应交税费——待认证进项税额 　　　　　　　　　　　　4 040

该业务记账凭证后附："待认证进项税额认证说明"1 份。

B. 商业企业（商品流通业）的会计处理

商业企业包括商品批发业和商品零售业，会计处理方法有所不同，其中，批发商业企业采购商品的会计处理方法与工业企业基本相同，零售商业企业则采用售价（含税）金额核算法进行会计处理。

【例 2-12】某零售商业企业为增值税一般纳税人，库存商品采用售价金额核算法，2018 年 6 月向本市炉具公司购入 150 台燃气炉具，取得增值税专用发票并认证，其中，单价为 1 000 元/台，注明价款为 150 000 元，增值税额为 24 000 元。货款以支票形式付清，商品验收入库，该燃气炉具零售价为 1 480 元/台。

会计处理如下。

（1）支付商品货款时

借：材料采购 　　　　　　　　　　　　　　　　　　　　　150 000

| 应交税费——应交增值税(进项税额) | 24 000 | |
| 　贷：银行存款 | | 174 000 |

该业务记账凭证后附：货物增值税专用发票1张、支票存根1张、收据1张。

（2）商品验收入库时

借：库存商品——××燃气炉具	222 000	
贷：材料采购		150 000
商品进销差价		72 000

该业务记账凭证后附：商品入库单1张。

C. 收购免税农产品进项税额的会计处理

根据增值税原理，纳税人购进免税货物不能予以抵扣，这是国际通行的做法，但各国都将购进免税农产品作为特例处理。这是因为对农民征收增值税是个很困难的问题，大多数国家对农民都不征收增值税，而且农民本身虽不纳税，但生产农产品的投入物都是征税的，因此，农产品价格中含有增值税。如果购进免税农产品的价格中所含增值税不予抵扣，农产品的流通和以农产品为原料的轻工产品的生产，必然存在重复征税因素。因此，大多数国家在农产品免税的同时，都允许扣除购进农产品价格中所含的税额。

【例2-13】某酒业公司为增值税一般纳税人，材料按实际成本计价核算。2018年10月为生产白酒向农民收购粮食，取得"农副产品收购发票"，其中标明买价200 000元，以现金付清粮食款，粮食验收入库。

会计处理如下。

可抵扣进项税额=200 000×12%=24 000(元)

借：原材料	176 000	
应交税费——应交增值税(进项税额)	24 000	
贷：库存现金		200 000

该业务记账凭证后附：酒业公司开具的农副产品收购发票1张、收料单1张。

【例2-14】接【例2-13】，上述购进农产品，按照《农产品增值税进项税额核定扣除试点实施办法》抵扣进项税额，采用投入产出法确定进项税额，其他资料不变。

收购粮食并验收入库时的会计处理如下。

| 借：原材料 | 200 000 | |
| 　贷：库存现金 | | 200 000 |

该业务记账凭证后附：酒业公司开具的农副产品收购发票1张、收料单1张。

月末采用投入产出法确定进项税额25 000元，会计处理如下。

| 借：应交税费——应交增值税(进项税额) | 25 000 | |
| 　贷：原材料 | | 25 000 |

该业务记账凭证后附："投入产出法进项税额计算表"1份。

② 国外进口货物进项税额的会计处理

国外进口货物一般用外币结算，除支付增值税或消费税外，还应支付进口商品关税。

【例2-15】某商业批发企业为增值税一般纳税人，记账本位币为人民币。2019年1月10日由国外进口某商品一批，取得海关开具的完税凭证并认证，完税价格100 000美元。该商品关税税率为20%，增值税税率为17%，货款以美元结算，关税、增值税以人民币上缴。进口当日美元汇率为1∶7。2月1日进口商品验收入库。另外，该企业支付国内运费3 300元，取得增值税专用发票并认证，其中，价款为3 000元，增值税为300元。

会计处理如下。

应纳关税税额=100 000×7×20% =140 000（元）

增值税组成计税价格=100 000×7+140 000=840 000（元）

增值税进项税额=840 000×16% =134 400（元）

（1）1 月 20 日支付货款、关税和增值税时

借：材料采购		840 000
应交税费——应交增值税（进项税额）		134 400
贷：银行存款——美元户	（100 000×7）	700 000
——人民币户		274 400

该业务记账凭证后附：海关完税凭证 1 张、银行付款凭证 2 张。

（2）2 月 1 日支付国内运费时

借：材料采购	3 000
应交税费——应交增值税（进项税额）	300
贷：银行存款——人民币户	3 300

该业务记账凭证后附：运费专用发票 1 张、银行付款凭证 1 张。

（3）2 月 1 日进口商品验收入库时

| 借：库存商品 | 843 000 |
| 贷：材料采购 | 843 000 |

该业务记账凭证后附：商品入库单 1 张。

（2）采购等业务进项税额不得抵扣的账务处理

一般纳税人购进货物、加工修理修配劳务、服务、无形资产或不动产，用于简易计税方法计税项目、免征增值税项目、集体福利或个人消费等，其进项税额按照现行增值税制度规定不得从销项税额中抵扣的，取得增值税专用发票并认证时，应借记相关成本费用或资产科目，借记"应交税费——应交增值税（进项税额）"科目，贷记"银行存款""应付账款"等科目；同时，应借记相关成本费用或资产科目，贷记"应交税费——应交增值税（进项税额转出）"科目。

当企业购进的货物发生非正常损失，其进项税额不得从销项税额中扣除。但这些货物的增值税额在其购进时已作为进项税额从当期的销项税额中做了扣除，故应将其从进项税额中转出，从本期的进项税额中抵减，会计处理如下。

借：有关成本、费用、损失或资产等科目

贷：应交税费——应交增值税（进项税额转出）

按我国现行出口退税政策规定，对已经抵扣的出口产品进项税额与出口退税额的差额，也应做进项税额转出的会计处理。

① 购进货物进项税额不得抵扣的会计处理

若企业购进的货物购入时不能明确具体用途，日后被用于简易计税方法计税项目、免征增值税项目、集体福利或个人消费等，购入时根据认证后的增值税专用发票确认进项税额；在改变其用途时，应将其相应的已经抵扣的增值税额从进项税额中转出，随同货物成本记入有关账户。

这类业务与在购入时就能明确用于简易计税方法计税项目、免征增值税项目、集体福利或个人消费业务不同，应将专用发票上注明的增值税额认证后借记"应交税费——应交增值税（进项税额）"科目；再借记相关成本费用或资产科目，贷记"应交税费——应交增值税（进项税额转出）"科目。

【例 2-16】某公司为增值税一般纳税人，2019 年 2 月取得电费增值税专用发票，发票注明电费价款为 150 000 元，增值税额为 24 000 元，电费已通过银行预付，增值税专用发票已认证。当月电费生产用 100 000 元、企业管理部门用 45 000 元、职工食堂用 5 000 元。

会计处理如下。

（1）取得电费增值税专用发票并认证时

借：生产成本   100 000

  管理费用   45 000

  应付职工薪酬——职工福利   5 000

  应交税费——应交增值税（进项税额）   24 000

   贷：预付账款——供电公司   174 000

该业务记账凭证后附：增值税专用发票 1 张、"电费分配表" 1 张。

（2）结转不得抵扣的进项税额时

   不得抵扣的进项税额= 5 000×16%=800（元）

借：应付职工薪酬——职工福利   800

   贷：应交税费——应交增值税（进项税额转出） 800

该业务记账凭证后附："进项税额转出说明" 1 份。

② 用于免税项目的进项税额不得抵扣的会计处理

如果企业生产的产品全部是免税项目，其购进货物的进项税额不得抵扣，应计入货物的采购成本，不存在进项税额转出的问题。

如果企业购进的货物既用于应税项目，又用于免税项目，而进项税额又不能单独核算时，月末应按免税项目销售额与全部销售总额之比计算免税项目不予抵扣的进项税额，然后做进项税额转出的会计处理。

【例 2-17】某面粉厂为增值税一般纳税人，收购小麦生产面粉和糠麸。购入当月收购小麦可抵扣的增值税进项税额共计 18 000 元，但无法在面粉与糠麸之间进行划分。该面粉厂当期销售面粉 140 000 元、糠麸 6 000 元。

会计处理如下。

$$销售糠麸不予抵扣的进项税额=\frac{18\,000}{140\,000+6\,000}×6\,000=739.73（元）$$

借：主营业务成本——糠麸   739.73

   贷：应交税费——应交增值税（进项税额转出） 739.73

该业务记账凭证后附：销售糠麸不予抵扣的进项税额计算表 1 张。

③ 非正常损失货物进项税额不得抵扣的会计处理

原增值税暂行条例实施细则第二十一条所称的非正常损失包括自然灾害损失，因管理不善造成货物被盗窃、发生霉烂变质等损失，其他非正常损失。

2016 年 3 月发布的《营业税改征增值税试点实施办法》第二十八条第三款规定，非正常损失，是指因管理不善造成被盗、丢失、霉烂变质，以及因违反法律法规造成货物或者不动产被依法没收、销毁、拆除的情形。

可见，现增值税办法去掉了自然灾害损失，因为自然灾害损失不属于人为控制的；同时，去掉了可以引发人们浮想联翩的其他非正常损失。另外，加进了因管理不善造成丢失及因违法造成的没收、销毁、拆除的情形。

【例 2-18】某化工公司为增值税一般纳税人，2019 年 3 月购进 10 吨化工原料，取得货物及运费专用发票并认证抵扣，其中不含税价值为 200 000 元（其中含运费 5 000 元）。该化工原料保质期较短，而且需要妥善保管。由于一次性购买过多、未及时使用、保管设施落后，2017 年 5 月该批化工原料中的 3 吨过期失效，不能再使用。

会计处理如下。

（1）发现损失时

该批材料进项税额=（200 000-5 000）×17%+5 000×11%=31 700（元）

$$该项报废材料应转出进项税额=\frac{31\,700}{10}×3=9\,510（元）$$

借：待处理财产损溢——待处理流动资产损溢　　　　　　69 510

　　贷：原材料　　　　　　　　　　　　　　　　　　　　60 000

　　　　应交税费——应交增值税（进项税额转出）　　　　9 510

该业务记账凭证后附：材料盘点报告表1张。

（2）转销损失时

【例2-18】中损失如无其他赔偿或残值收入，经公司批准后作为营业外支出。

借：营业外支出——非常损失　　　　　　　　　　　　　69 510

　　贷：待处理财产损溢——待处理流动资产损溢　　　　　69 510

该业务记账凭证后附：材料损失核销意见书1份。

该损失经向主管税务机关办理财产报损后，才能于企业所得税税前扣除，否则，不能税前扣除，应于企业所得税汇算清缴时做纳税调增。

如果该化工原材料属于正常损失，则其进项税额不必转出，其损失只包括价款部分，不包括进项税额。

【例2-19】某煤炭公司为增值税一般纳税人，2019年从外地购进煤炭1 000吨，取得增值税专用发票并认证，发票列明：价款为450 000元，增值税额为72 000元。接到银行转来的托收承付结算凭证及有关凭证，经审核无误，如数以银行存款支付，商品尚未运到。

会计处理如下。

（1）支付货款时

借：在途物资　　　　　　　　　　　　　　　　　　　450 000

　　应交税费——应交增值税（进项税额）　　　　　　　72 000

　　贷：银行存款　　　　　　　　　　　　　　　　　　522 000

该业务记账凭证后附：货物增值税专用发票1张、银行付款凭证1张。

（2）煤炭验收入库时

煤炭实收990吨，短缺10吨，原因待查。

借：库存商品　　　　　　　　　　　　　　　　　　　445 500

　　待处理财产损溢——待处理流动资产损溢　　　　　　4 500

　　贷：在途物资　　　　　　　　　　　　　　　　　　450 000

该业务记账凭证后附：收料单1张、材料盘点报告表1张。

（3）索赔损失时

购进货物短缺10吨，经查系运输公司责任，经双方协商运输公司同意赔偿短缺煤炭价值。

应赔偿金额=10×450×（1+16%）=5 220（元）

会计处理如下。

借：其他应收款——运输公司　　　　　　　　　　　　　5 220

　　贷：待处理财产损溢——待处理流动资产损溢　　　　　4 500

　　　　应交税费——应交增值税（进项税额转出）　　　　720

该业务记账凭证后附：货物短缺责任认定协议1份。

（3）购进不动产或不动产在建工程按规定进项税额分年抵扣的账务处理

一般纳税人自2016年5月1日后取得并按固定资产核算的不动产或者2016年5月1日后取得的不动产在建工程，其进项税额按现行增值税制度规定自取得之日起分两年从销项税额中抵扣的，应当按取得成本，借记"固定资产""在建工程"等科目；按当期可抵扣的增值税额，借记"应交税费——应交增值税（进项税额）"科目；按以后期间可抵扣的增值税额，借记"应交税费——待抵扣进项税额"科目；按应付或实际支付的金额，贷记"应付账款""应付票据""银行存款"等科目。尚未抵扣的进项税额待以后期间允许抵扣时，按允许抵扣的金额，借记"应交税费——应交增值税（进项税额）"科目，贷记"应交税费——待抵扣进项税额"科目。

【例 2-20】某公司为增值税一般纳税人，2016 年 8 月购进一批钢材 100 吨，进价为 2 500 元/吨，取得增值税专用发票并认证，发票上注明钢材进价为 250 000 元，增值税额为 40 000 元，款已通过银行支付、货物已验收入库。9 月因厂房改建扩建工程需要，该公司从仓库中领用上月购入生产用钢材 20 吨。

会计处理如下。

（1）8 月购进钢材时

借：原材料　　　　　　　　　　　　　　　　　　　　　　　250 000
　　应交税费——应交增值税（进项税额）　　　　　　　　　　40 000
　　贷：银行存款　　　　　　　　　　　　　　　　　　　　　　　290 000

该业务记账凭证后附：增值税专用发票 1 张、收料单 1 张、银行付款凭证 1 张。

（2）9 月厂房领用钢材时

借：在建工程　　　　　　　　　　　　　　　　　　　　　　　50 000
　　贷：原材料——钢材　　　　　　　　　　　　　　　　　　　　50 000

该业务记账凭证后附：领料单 1 张。

待抵扣进项税额=50 000×16%×40%=3 200（元）

借：应交税费——待抵扣进项税额　　　　　　　　　　　　　　3 200
　　贷：应交税费——应交增值税（进项税额转出）　　　　　　　　3 200

该业务记账凭证后附：待抵扣进项税额计算表 1 张。

（3）次年 9 月抵扣进项税额时

借：应交税费——应交增值税（进项税额）　　　　　　　　　　3 200
　　贷：应交税费——待抵扣进项税额　　　　　　　　　　　　　　3 200

该业务记账凭证后附："待抵扣进项税额抵扣说明"1 张。

【例 2-21】某公司为增值税一般纳税人，2018 年 8 月份为厂房改建扩建工程购进钢材 100 吨，进价为 2 500 元/吨，取得增值税专用发票并未认证，发票上注明钢材进价 250 000 元，增值税额 40 000 元，款已通过银行支付、货物已验收入库。

会计处理如下。

（1）8 月购进钢材时

借：工程物资　　　　　　　　　　　　　250 000
　　应交税费——待认证进项税额　　　　　40 000
　　贷：银行存款　　　　　　　　　　　　　　　290 000

该业务记账凭证后附：增值税专用发票 1 张、工程物资入库单 1 张、银行付款凭证 1 张。

假设本例 2018 年 9 月份从仓库中领用上月购入全部钢材 100 吨，并认证该批钢材的增值税专用发票。

借：在建工程　　　　　　　　　　　　　250 000
　　贷：工程物资　　　　　　　　　　　　　　　250 000

该业务记账凭证后附：工程物资出库单 1 张。

借：应交税费——应交增值税（进项税额）　　24 000
　　　　　　——待抵扣进项税额　　　　　　16 000
　　贷：应交税费——待认证进项税额　　　　　　40 000

该业务记账凭证后附："待认证进项税额认证说明"1张。

（2）2017年9月份抵扣进项税额时

借：应交税费——应交增值税（进项税额）　　　　　　　　　　16 000

　　贷：应交税费——待抵扣进项税额　　　　　　　　　　　　　　16 000

该业务记账凭证后附："待抵扣进项税额抵扣说明"1张。

（4）货物等已验收入库但尚未取得增值税扣税凭证的账务处理

一般纳税人购进的货物等已到达并验收入库，但尚未收到增值税扣税凭证并未付款的，应在月末按货物清单或相关合同协议上的价格暂估入账，不需要将增值税的进项税额暂估入账。下月初，用红字冲销原暂估入账金额，待取得相关增值税扣税凭证并经认证后，按应计入相关成本费用或资产的金额，借记"原材料""库存商品""固定资产""无形资产"等科目；按可抵扣的增值税额，借记"应交税费——应交增值税（进项税额）"科目；按应付金额，贷记"应付账款"等科目。

【例2-22】某公司为增值税一般纳税人，材料按实际成本计价核算。2019年3月20日，该公司收到3吨甲材料验收入库，货款未付。该批材料合同价格260 000元，月末仍未收到发票。4月10日该批材料专用发票收到并认证，发票上注明材料进价250 000元，增值税额40 000元，款已通过银行支付。

会计处理如下。

（1）3月20日收到材料时

填写"收料单"，登记材料明细账，暂不进行账务处理。

（2）3月31日材料暂估入账时

借：原材料——甲材料　　　　　　　　　　　　　　　　　　　260 000

　　贷：应付账款——暂估应付账款　　　　　　　　　　　　　　260 000

该业务记账凭证后附：收料单1张。

（3）4月1日用红字冲销暂估价分录时

借：原材料——甲材料　　　　　　　　　　　　　　　　　　　260 000

　　贷：应付账款——暂估应付账款　　　　　　　　　　　　　　260 000

该业务记账凭证后附：红字收料单1张。

（4）4月10日收到专用发票认证并付款时

借：原材料——甲材料　　　　　　　　　　　　　　　　　　　250 000

　　应交税费——应交增值税（进项税额）　　　　　　　　　　40 000

　　贷：银行存款　　　　　　　　　　　　　　　　　　　　　290 000

该业务记账凭证后附：增值税专用发票1张、收料单1张、银行付款凭证1张。

（5）购买方作为扣缴义务人的账务处理

按照现行增值税制度规定，境外单位或个人在境内发生应税行为，在境内未设有经营机构的，以购买方为增值税扣缴义务人。境内一般纳税人购进服务、无形资产或不动产，按应计入相关成本费用或资产的金额，借记"生产成本""无形资产""固定资产""管理费用"等科目；按可抵扣的增值税额，借记"应交税费——应交增值税（进项税额）"科目（小规模纳税人应借记相关成本、费用或资产科目）；按应付或实际支付的金额，贷记"应付账款"等科目；按应代扣代缴的增值税额，贷记"应交税费——代扣代交增值税"科目。实际缴纳代扣代缴增值税时，按代扣代缴的增值税额，借记"应交税费——代扣代交增值税"科目，贷记"银行存款"科目。

【例2-23】某公司为增值税一般纳税人，接受在境内未设有经营机构的境外单位在境内提供的技术咨询服务，自税务机关取得的解缴税款的完税凭证上注明咨询费50 000元、增值税额 3 000 元。该业务完税凭证已认证，通过银行付款并代扣代缴了增值税额。

会计处理如下。

（1）取得解缴税款的完税凭证并认证时

借：管理费用——咨询费   50 000
   应交税费——应交增值税（进项税额） 3 000
  贷：银行存款   50 000
    应交税费——代扣代交增值税   3 000

该业务记账凭证后附：解缴税款的完税凭证 1 份。

（2）实际缴纳代扣代缴增值税时

借：应交税费——代扣代交增值税   3 000
  贷：银行存款   3 000

该业务记账凭证后附：税收缴款书 1 张。

2．销售等业务的账务处理

（1）销售收入或利得和增值税纳税义务同时发生

企业销售货物、加工修理修配劳务、服务、无形资产或不动产，应当按应收或已收的金额，借记"应收账款""应收票据""银行存款"等科目；按取得的收入金额，贷记"主营业务收入""其他业务收入""固定资产清理""工程结算"等科目；按现行增值税制度规定计算的销项税额（或采用简易计税方法计算的应纳增值税额），贷记"应交税费——应交增值税（销项税额）"或"应交税费——简易计税"科目（小规模纳税人应贷记"应交税费——应交增值税"科目）。发生销售退回的，应根据按规定开具的红字增值税专用发票做相反的会计分录。

【例 2-24】某机械制造公司为增值税一般纳税人，2019 年 1 月 20 日向 A 公司销售甲产品 360 件，售价为 600 元/件，成本为 500 元/件，已开出增值税专用发票，发票列明：销售价款为 216 000 元，增值税额为 34 560 元。此外开出转账支票支付代垫运杂费 1 000 元。3 月 5 日通过银行收到货款。

会计处理如下。

（1）1 月 20 日销售产品时

借：应收账款——A 公司   251 560
  贷：主营业务收入——甲产品   216 000
    应交税费——应交增值税（销项税额） 34 560
    银行存款   1 000

该业务记账凭证后附：货物增值税专用发票 1 张、转账支票存根 1 张、运费发票复印件 1 张。

（2）1 月 31 日汇总结转当月销售成本时

借：主营业务成本   180 000
  贷：库存商品   180 000

该业务记账凭证后附：商品出库单 1 张（或商品出库汇总表 1 份）、销售成本计算表 1 张。

（3）3 月 5 日收到货款时

借：银行存款   251 560
  贷：应收账款——A 公司   251 560

该业务记账凭证后附：银行收款凭证 1 张。

【例 2-25】接【例 2-24】资料，2 月因部分产品质量问题 A 公司退回甲产品 10 件，当月开出红字增值税专用发票并通过银行退款，其余资料相同。

会计处理如下。

（1）冲减产品销售收入时

借：主营业务收入——甲产品　　　　　　　　　6 000
　　应交税费——应交增值税（销项税额）　　　960
　　　贷：银行存款　　　　　　　　　　　　　　　6 960

该业务记账凭证后附：红字增值税专用发票1张。

（2）冲减产品销售成本时

借：库存商品　　　　　　　　　　　　　　　　5 000
　　　贷：主营业务成本　　　　　　　　　　　　　5 000

该业务记账凭证后附：产品入库单1张。

商业零售企业销售价格一般为含税价格，通常逐日按照商品含税价格确认为收入，于月末再汇总计算并结转增值税销项税额。

【例2-26】某商品零售企业为增值税一般纳税人，1月9日各营业柜组交来销货款现金87 750元，货款已由财会部门集中送存银行。1月全月营业额为234 000元，月末经计算当月销售商品负担的商品进销差价为84 000元。

会计处理如下。

（1）1月9日收到营业款时

借：银行存款　　　　　　　　　　　　　　　　　　　　87 750
　　　贷：主营业务收入　　　　　　　　　　　　　　　　　87 750

该业务记账凭证后附：现金缴款单1张、营业柜组缴款单据1宗。

（2）1月31日计算结转销项税时

$$1月份销售商品增值税额 = \frac{234\ 000}{1+16\%} \times 16\% = 32\ 275.86（元）$$

借：主营业务收入　　　　　　　　　　　　　　　　　　32 275.86
　　　贷：应交税费——应交增值税（销项税额）　　　　　32 275.86

该业务记账凭证后附：销项税额计算表1张。

（3）1月31日结转销售成本时

借：主营业务成本　　　　　　　　　　　　　　　　　　234 000
　　　贷：库存商品　　　　　　　　　　　　　　　　　　　234 000

该业务记账凭证后附：商品出库单1宗（或销售商品汇总表1份），商品销售成本计算表1张。

（4）1月31日结转商品进销差价时

借：商品进销差价　　　　　　　　　　　　　　　　　　84 000
　　　贷：主营业务成本　　　　　　　　　　　　　　　　　84 000

该业务记账凭证后附：商品进销差价计算表1张。

企业销售已使用过的、可抵扣增值税的固定资产，如该项固定资产在原取得时其增值税进项税额已计入"应交税费——应交增值税（进项税额）"，那么销售时计算确定的增值税销项税额，应借记"银行存款"等，贷记"应交税费——应交增值税（销项税额）"；如果销售的对象是在增值税转型之前购入的设备，那么当初购入时，增值税进项税额已计入设备成本，即进项税额未计入"应交税费——应交增值税（进项税额）"，则应按3%的增值税税率换算不含税销售额，并按照2%简易计算办法计算上交增值税。

【例2-27】某企业为增值税一般纳税人，出售一台使用过的生产设备，含税价为1 170 000元，已提折旧100 000元，但未计提资产减值准备。该固定资产取得时，其进项税额为170 000元已记入"应交税费——应交增值税（进项税额）"，出售时收到价款800 000元，存入银行。

会计处理如下。

（1）转入清理时

借：固定资产清理 900 000

累计折旧 100 000

贷：固定资产 1 000 000

该业务记账凭证后附：出售设备申请1份。

（2）出售时

$$不含税销售额=\frac{800\ 000}{1+16\%}\approx689\ 655.17（元）$$

应纳增值税税额=689 655.17×16%=110 344.83（元）

借：银行存款 800 000

贷：固定资产清理 689 655.17

应交税费——应交增值税（销项税额） 110 344.83

该业务记账凭证后附：银行收款凭证1张、增值税发票1张。

（3）结转固定资产清理损益时

固定资产清理损益=689 655.17-900 000=-210 344.83（元）

借：营业外支出——非流动资产处置损失 210 344.83

贷：固定资产清理 210 344.83

该业务记账凭证后附：固定资产清理损益计算表1张。

如果销售的对象是在增值税转型之前购入的设备，则其出售视为旧货销售，企业应采用简易计税方法按照3%征收率计算不含税销售额，并按照2%计算缴纳增值税。

【例2-28】某企业为增值税一般纳税人，现销售2009年前购置的使用过的设备一台。该设备未抵扣过增值税，其原值10 000元，已提折旧8 000元，通过银行收取价款3 000元（含增值税）。

会计处理如下。

（1）转入清理时

借：固定资产清理 2 000

累计折旧 8 000

贷：固定资产 10 000

该业务记账凭证后附：出售设备申请1份。

（2）收取价款时

$$不含税销售额=\frac{3\ 000}{1+3\%}=2\ 912.62（元）$$

应纳增值税税额=2 912.62×2%=58.25（元）

借：银行存款 3 000

贷：固定资产清理 2 941.75

应交税费——简易计税 58.25

该业务记账凭证后附：银行收款凭证1张、增值税发票1张。

（3）转销固定资产清理损益时

固定资产清理损益=2 941.75-2 000=941.75（元）

借：固定资产清理 941.75

贷：营业外收入——非流动资产处置利得 941.75

该业务记账凭证后附：固定资产清理损益计算表1张。

（4）实际上缴增值税时

借：应交税费——简易计税　　　　　　　　　　　　　　　　　58.25
　　贷：银行存款　　　　　　　　　　　　　　　　　　　　　　　　58.25

该业务记账凭证后附：税收缴款书1张。

（2）先实现收入或利得，后发生增值税纳税义务

按照国家统一的会计制度确认收入或利得的时点早于按照增值税制度确认增值税纳税义务发生时点的，应将相关销项税额计入"应交税费——待转销项税额"科目，待实际发生纳税义务时再转入"应交税费——应交增值税（销项税额）"或"应交税费——简易计税"科目。

【例2-29】某施工公司为增值税一般纳税人，2018年度与建设单位签订合同，合同总价款1 500万元（不含税），带资进场，工期18个月，2018年7月1日开工，分3次每6个月结算一次工程款，于工程完工时一次性收款并开具增值税发票。该项工程预算造价1 200万元，开工当年年末完工进度为40%，当年累计发生工程成本500万元，其中材料费400万元、人工费65万元、施工机械费35万元。

会计处理如下（单位：万元）。

（1）2018年发生施工成本时

借：工程施工——成本　　　　　　　　　　　　　　　　　　　500
　　贷：原材料　　　　　　　　　　　　　　　　　　　　　　　　400
　　　　应付职工薪酬——工资　　　　　　　　　　　　　　　　　65
　　　　机械作业　　　　　　　　　　　　　　　　　　　　　　　35

该业务记账凭证后附：领料单1宗、工资分配表1宗、机械作业成本分配表1宗。

（2）2018年12月31日

① 按完工百分比法确认收入时

当年应确认收入=1 500×40%=600（万元）

当年应确认成本=1 200×40%=480（万元）

借：主营业务成本　　　　　　　　　　　　　　　　　　　　　480
　　工程施工——毛利　　　　　　　　　　　　　　　　　　　　120
　　贷：主营业务收入　　　　　　　　　　　　　　　　　　　　600

该业务记账凭证后附：完工百分比法计算表1张。

② 结算工程价款时

借：应收账款——某建设单位　　　　　　　　　　　　　　　　550
　　贷：工程结算　　　　　　　　　　　　　　　　　　　　　　500
　　　　应交税费——待转销项税额　　　　　　　　　　　　　　　50

该业务记账凭证后附：工程结算表1张。

（3）2019年6月30日

结算工程价款时的会计分录如下。

借：应收账款——某建设单位　　　　　　　　　　　　　　　　550
　　贷：工程结算　　　　　　　　　　　　　　　　　　　　　　500
　　　　应交税费——待转销项税额　　　　　　　　　　　　　　　50

该业务记账凭证后附：工程结算表1张。

（4）2019年12月31日完工时

① 按完工百分比法确认收入

当年应确认收入=1 500×100%-600=900（万元）

当年应确认成本=1 200×100%-480=720（万元）

借：主营业务成本　　　　　　　　　　　　　　　　　　　　　720

```
          工程施工——毛利                                    180
     贷：主营业务收入                                        900
```
该业务记账凭证后附：完工百分比法计算表1张。

② 结算工程价款时
```
借：应收账款——某建设单位                             550
     贷：工程结算                                         500
         应交税费——待转销项税额                          50
```
该业务记账凭证后附：工程结算表1张。

③ 对冲工程项目
```
借：工程结算                                         1 500
     贷：工程施工——成本                                1 200
               ——毛利                                 300
```
该业务记账凭证后附：工程完工说明1张。

④ 收回工程价款
```
借：银行存款                                        1 650
     贷：应收账款——某建设单位                          1 650
```
该业务记账凭证后附：银行收款凭证1张。

⑤ 结转销项税额
```
借：应交税费——待转销项税额                           150
     贷：应交税费——应交增值税（销项税额）               150
```
该业务记账凭证后附：增值税发票1张。

（3）先发生增值税纳税义务，后实现收入或利得

按照增值税制度确认增值税纳税义务发生时点早于按照国家统一的会计制度确认收入或利得的时点的，应将应纳增值税额，借记"应收账款"科目，贷记"应交税费——应交增值税（销项税额）"或"应交税费——简易计税"科目。按照国家统一的会计制度确认收入或利得时，应按扣除增值税销项税额后的金额确认收入。

【例 2-30】某公司为增值税一般纳税人，2018 年 12 月 20 日预收 A 客户甲产品货款58 000 元。2018 年年末，A 客户要求提前开具增值税专用发票，其中价款为 50 000 元、增值税为 8 000 元。2019 年 4 月 5 日该批商品已发出，成本为 42 000 元。

会计处理如下。

（1）2018 年 12 月 20 日收到货款时
```
借：银行存款                                       58 000
     贷：预收账款——A 客户                            58 000
```
该业务记账凭证后附：银行收款凭证1张。

（2）2018 年末开具发票时
```
借：预收账款——A 客户                               8 000
     贷：应交税费——应交增值税（销项税额）             8 000
```
该业务记账凭证后附：增值税专用发票记账联1张。

（3）2019 年 4 月 5 日发出商品时
```
借：预收账款——A 客户                              50 000
     贷：主营业务收入                                50 000
```
该业务记账凭证后附：提前开具发票说明1张。

（4）2019 年 4 月 30 日结转销售成本时

| 借：主营业务成本 | 42 000 | |
| 贷：库存商品——甲产品 | | 42 000 |

该业务记账凭证后附：商品出库单 1 张、产品销售成本计算表 1 张。

（4）特殊销售业务的账务处理

① 平销方式

平销方式就是生产企业以商业企业经销价或高于商业企业经销价将货物销售给商业企业后，商业企业再以进货成本或低于进货成本的价格进行销售，生产企业则以返还资金方式（如返还利润、赠送实物或以实物方式投资等）弥补商业企业的进销差价损失。

对商业企业向供货方收取的与商品销售量、销售额无必然联系，且商业企业向供货方提供一定劳务的收入，如进场费、广告促销费、上架费、展示费、管理费等，不属于平销返利，不冲减当期增值税进项税额，应按增值税的适用税目税率缴纳增值税。

对商业企业向供货方收取的与商品销售量、销售额挂钩（如以一定比例、金额、数量计算）的各种返还收入，均应按照平销返利行为的有关规定冲减当期增值税进项税额。商业企业向供货方收取的各种收入，一律不得开具增值税专用发票，对于当期取得的返还资金为含税收入，应按下列公式换算并计算其应冲减的进项税额。

$$\text{当期应冲减的进项税额} = \left(\frac{\text{当期取得的返还资金}}{1+\text{所购货物适用的增值税税率}} \right) \times \text{所购货物适用的增值税税率}$$

【例 2-31】 某生产企业和某商业企业均为增值税一般纳税人，2018 年 12 月月初生产企业向某商业企业销售家电产品 800 000 元，开出专用发票，增值税额为 128 000 元，货款通过银行已收取；月末，生产企业给予该商业企业 40 000 元的现金返利，取得增值税普通发票。

生产企业会计处理如下。

A. 销售产品时

借：银行存款等	928 000	
贷：主营业务收入		800 000
应交税费——应交增值税（销项税额）		128 000

该业务记账凭证后附：货物增值税专用发票 1 张、银行收款凭证 1 张。

B. 生产企业支付现金返利时

| 借：销售费用 | 40 000 | |
| 贷：银行存款 | | 40 000 |

该业务记账凭证后附：普通发票 1 张、银行付款凭证 1 张。

商业企业会计处理如下。

A. 收到现金返利时

$$\text{应冲减的进项税额} = \frac{40\,000}{1+16\%} \times 16\% \approx 5\,517.24 \text{（元）}$$

借：银行存款	40 000	
贷：主营业务成本		34 428.76
应交税费——应交增值税（进项税额）		5 517.24

该业务记账凭证后附：增值税普通发票 1 张、银行收款凭证 1 张。

B. 收到实物返利并取得厂家开具的普通发票时

借：库存商品	40 000	
贷：主营业务成本		34 482.76
应交税费——应交增值税（进项税额）		5 517.24

该业务记账凭证后附：购进货物普通发票 1 张、商品入库单 1 张。

② 混合销售方式

混合销售方式是指从事货物生产、批发或零售的企业，在一项销售行为中，发生既涉及销售货物又涉及提供劳务的。对于混合销售行为，企业应按照不同的税率计算缴纳增值税。

【例 2-32】某企业为增值税一般纳税人，2018 年 12 月份销售中央空调 10 台，共计价款为 500 000 元（含税），另外收取安装费 20 000 元（含税），货款及安装费通过银行收取。

会计处理如下。

$$不含税销售额 = \frac{500\ 000}{1+16\%} + \frac{20\ 000}{1+10\%}$$

$$= 431\ 034.48 + 18\ 181.82$$

$$= 449\ 216.30（元）$$

$$混合销售行为销项税额 = \frac{500\ 000}{1+16\%} \times 16\% + \frac{20\ 000}{1+10\%} \times 10\%$$

$$= 68\ 965.52 + 1\ 818.18$$

$$= 70\ 783.70（元）$$

借：银行存款　　　　　　　　　　　　　　　　　　　　520 000
　　贷：主营业务收入——中央空调收入　　　　　　　　431 034.48
　　　　其他业务收入——安装收入　　　　　　　　　　18 181.82
　　　　应交税费——应交增值税（销项税额）　　　　　70 783.70

该业务记账凭证后附：销售货物增值税发票 1 张、安装费增值税发票 1 张、银行收款凭证 1 张。

③ 分期收款方式

企业采用赊销、分期收款方式销售货物，其纳税义务的发生时间为"按合同约定的收款日期的当天"。不论在合同约定的收款日是否收到或如数收到货款，均应确认纳税义务发生，并在规定时间内缴纳增值税。

发出商品时的会计分录如下。

借：发出商品
　　贷：库存商品

按合同约定的收款日期开具发票时的会计分录如下。

借：银行存款（或应收账款）
　　贷：主营业务收入
　　　　应交税费——应交增值税（销项税额）

借：主营业务成本
　　贷：发出商品

根据企业会计准则规定，如果收款期较短（通常在 3 年以下），以合同约定的收款日期确认收入，并确认销项税额，其会计处理与税法规定基本相同。如果收款期较长（通常在 3 年以上），实质上是具有融资性质的商品销售，发出商品时，按应收合同或协议价款的公允价值确认收入，同时确认销项税额。会计处理方法如下。

（1）发出商品时

借：长期应收款　　　　　　　　　　　　　　　　（按应收合同或协议价款）
　　贷：主营业务收入

[按应收合同或协议价款的公允价值（未来现金流量现值）]

　　　　应交税费——应交增值税（销项税额）

（按专用发票上注明的增值税额）

　　　　未实现融资收益　　　　　　　　　　　　　　（倒挤出来的数据）

借：主营业务成本
　　贷：库存商品
（2）期末按实际利率法摊销时
借：未实现融资收益
　　贷：财务费用
④ 销货退回及折让、折扣
　　增值税一般纳税人因销售货物退回或者折让而退还给购买方的增值税额，应从发生销售货物退回或者折让当期的销项税额中扣减；因购进货物退出或者折让而收回的增值税额，应从发生购进货物退出或者折让当期的进项税额中扣减。
　　一般纳税人销售货物或者提供应税劳务，开具增值税专用发票后，发生销售货物退回或者折让、开票有误等情形，应按国家税务总局的规定开具红字增值税专用发票。未按规定开具红字增值税专用发票的，增值税额不得从销项税额中扣减。
　　第一，销货退回销项税额的会计处理。
　　A. 已开发票未入账销售退货的会计处理。
　　当销货方收到退回发票时，可对原蓝字发票作废处理，收入、成本等相关账务一般不做账务处理。当产品召回时，发生的相关费用（如公告费、包装费、运输费等），需做如下会计分录。
借：销售费用
　　贷：银行存款（或其他应付款）
　　《企业会计准则》规定，企业已经确认销售商品收入的售出商品发生销售退回，应当在发生时，冲减当期销售商品收入；销货退回属于资产负债表日后事项的，按照《企业会计准则第29号——资产负债表日后事项》进行会计处理。
　　B. 无退货条件已入账且退货非资产负债表日后事项的会计处理。
　　如果未确认收入，企业应按已计入发出商品科目的商品成本金额做如下会计处理。
借：库存商品
　　贷：发出商品
　　采用计划成本或售价核算的，应按计划成本或售价计入库存商品，同时计算产品成本差异或商品进销差价。
　　C. 退回销货如果已确认收入。
　　销货方在购货方提供《开具红字专用发票通知单》后，开具负数（红字）专用发票，并做如下会计分录。
借：主营业务收入
　　应交税费——应交增值税（销项税额）
　　贷：应收账款（或银行存款）
同时，结转退回商品成本。
借：库存商品
　　贷：主营业务成本
　　D. 附退货条件已入账且退货非资产负债表日后事项的会计处理。
　　附退货条件的商品销售方式，企业根据以往经验能够合理估计退货可能性且确认与退货相关负债的，通常应在发出商品时确认收入；企业不能合理估计退货可能性的，通常应在售出商品退货期满后确认收入，其退货的会计处理也有差别。
　　【例2-33】某公司为增值税一般纳税人，2018年6月10日销售A产品100件，单价2 000元（不含税），单位成本1 600元，款未收，约定3个月内可退货，经验退货率为25%；商品发出时纳税义务已发生，实际发生退货30件开出红字增值税专用发票，增值税允许冲减。

会计处理如下。

（1）6月10日确认收入时

借：应收账款 232 000

　　贷：主营业务收入 20 0000

　　　　应交税费——应交增值税（销项税额） 32 000

该业务记账凭证后附：增值税专用发票1张。

（2）月末结转销售成本时

借：主营业务成本 160 000

　　贷：库存商品 160 000

该业务记账凭证后附：商品出库单（或商品出库汇总表）1张。

（3）月末估计退货时

借：主营业务收入 50 000

　　贷：主营业务成本 40 000

　　　　预计负债 10 000

该业务记账凭证后附：估计商品退货说明1份。

（4）实际发生退货时

借：库存商品 48 000

　　应交税费——应交增值税（销项税额） 9 600

　　主营业务收入 10 000

　　预计负债 10 000

　　贷：主营业务成本 8 000

　　　　应收账款 69 600

该业务记账凭证后附：红字增值税专用发票1张、商品入库单1张、商品销售退回说明1份。

假设无法确认退货率，会计处理如下。

（1）6月10日发出商品时

借：应收账款 32 000

　　贷：应交税费——应交增值税（销项税额） 32 000

该业务记账凭证后附：增值税专用发票1张。

（2）月末结转发出商品成本时

借：发出商品 160 000

　　贷：库存商品 160 000

该业务记账凭证后附：商品出库单（或汇总表）1张。

（3）8月8日发生实际退货30件时

借：应收账款 130 400

　　应交税费——应交增值税（销项税额） 9 600

　　贷：主营业务收入 140 000

该业务记账凭证后附：红字增值税专用发票1张、商品销售退回说明1份。

（4）月末结转发出商品成本时

借：主营业务成本 112 000

　　库存商品 48 000

　　贷：发出商品 160 000

该业务记账凭证后附：商品入库单1张、销售商品成本计算表1张。

如果销售退回属于资产负债表日后事项，即报告年度销售的商品于次年 1 月 1 日至会计报告批准报出日之间发生退回，应通过"以前年度损益调整"科目核算，并调整报告年度会计报表。

【例 2-34】某公司为增值税一般纳税人，2018 年 11 月 18 日销售一批商品给乙公司，取得收入 1 020 000 元（不含税，增值税税率 16%）。该公司发出商品后，按照正常情况已确认收入，并结转成本 850 000 元。12 月，该笔货款已经如数收到。2019 年 2 月 19 日，由于产品质量问题，本批货物被退回。公司已于 2019 年 1 月 28 日完成上年度企业所得税的汇算清缴（适用税率 25%）。

会计处理如下。

（1）冲减收入时

借：以前年度损益调整 1 020 000

应交税费——应交增值税（销项税额） 163 200

贷：银行存款 1 183 200

该业务记账凭证后附：红字增值税专用发票 1 张、商品销售退回说明 1 份。

（2）冲减成本时

借：库存商品 850 000

贷：以前年度损益调整 850 000

该业务记账凭证后附：商品入库单 1 张。

（3）冲减企业所得税时

借：应交税费——应交所得税 42 500

贷：以前年度损益调整 42 500

该业务记账凭证后附：冲减企业所得税计算表 1 张。

（4）结转未分配利润时

借：利润分配——未分配利润 127 500

贷：以前年度损益调整 127 500

（5）冲转多计提的法定盈余公积时

借：盈余公积——法定盈余公积 12 750

贷：利润分配——未分配利润 12 750

如果该公司执行《小企业会计准则》，则根据该准则第六十一条的规定，小企业已经确认销售商品收入的售出商品发生的销售退回，不论是否属于本年度，均应在发生时冲减当期销售商品收入。

第二，销售折让销项税额的会计处理。

销售折让指货物销售后，因品种、规格、质量等原因购货方未予退货，而由销货方给予购货方的一种价格上的减让。

对销售折让，企业可在实际发生时直接从当期实现的销售收入中抵减，即将折让后的货款作为销售额，并计算缴纳增值税。具体处理应分以下不同情况。

购货方尚未进行账务处理、也未付款的，销货方应在收到购货方转来的原开增值税专用发票的发票联和抵扣联上注明"作废"字样。如属当月销售，销货方尚未进行账务处理，则不需要进行冲销当月产品销售收入和销项税额的账务处理，只需根据双方协商扣除折让后的价款和增值税额重新开具增值税专用发票，并进行账务处理。

购货方已进行账务处理、发票联和抵扣联已无法退还的，这时，销货方一般也已进行了账务处理，销货方应根据购货方税务机关开具的"销售退回和折让证明"，将折让金额（价款和税额）开具红字增值税专用发票，作为冲销当期主营业务收入和销项税额的凭证。

【例 2-35】某公司为增值税一般纳税人，2018 年 7 月 20 日采用托收承付结算方式（验货付款）销售乙产品 40 000 元，增值税税额 6 400 元。由于质量原因，双方协商折让 30%。2018 年 8 月 18 日开出红字增值税专用发票。

会计处理如下。

（1）7 月 20 日办妥托收手续时

借：应收账款 46 400

　　贷：主营业务收入——乙产品 40 000

　　　　应交税费——应交增值税（销项税额） 6 400

该业务记账凭证后附：增值税专用发票 1 张、托收承付凭证记账联 1 张。

（2）8 月 18 日开出红字增值税专用发票时

开具红字专用发票，价款 12 000 元、增值税税额 1 920 元，会计处理如下。

借：主营业务收入——乙产品 12 000

　　应交税费——应交增值税（销项税额） 1 920

　　贷：应收账款 13 920

该业务记账凭证后附：红字增值税专用发票 1 张、销售折让说明 1 份。

第三，折扣销售方式销项税额的会计处理。

在财务会计中，销售折扣分为商业折扣和现金折扣两种形式，而在税务会计（税法）中，折扣销售方式分为折扣销售和销售折让两种方式。

A. 折扣销售销项税额的会计处理

折扣销售即财务会计中的商业折扣，是指销货方在销售货物时，因购货方购货数量较大或与销售方有特殊关系等原因而给予对方的价格优惠（打折）。

纳税人采取折扣方式销售货物，如果销售额和折扣额在同一张发票上的"金额"栏分别注明，可按折扣后的销售额征收增值税；未在同一张发票"金额"栏注明折扣额，而仅在发票的"备注"栏注明折扣额的，折扣额不得从销售额中扣除。如果将折扣额另开发票，不论其在财务会计上如何处理，均不得从销售额中扣除折扣额，即要按折扣前的销售额全额作为计算销项税额的依据。

【例 2-36】某企业为增值税一般纳税人，2018 年 9 月 8 日销售给某商场一批货物。该货物的正常销售价格为 250 000 元（不含税），鉴于商场购货额较大，厂家给予商场 6% 的价格折扣优惠。在货物发出时开具增值税专用发票，将销售额和折扣额在同一张发票上分别注明，货款于当月 15 日由当地银行转来。

会计处理如下。

（1）9 月 8 日销售商品时

折扣后的销售额=250 000×（1-6%）=235 000（元）

销项税额=235 000×16%=37 600（元）

借：应收账款 272 600

　　贷：主营业务收入 235 000

　　　　应交税费——应交增值税（销项税额） 37 600

该业务记账凭证后附：增值税专用发票 1 张。

（2）9 月 15 日银行收款时

借：银行存款 272 600

　　贷：应收账款 272 600

该业务记账凭证后附：银行收款凭证 1 张。

折扣销售仅限于对货物价格的折扣，如果销售方将自产、委托加工和购买的货物用于实物折扣，则该实物价款不能从货物销售额中减除，且该实物应按"视同销售货物"中的"将自产、委托加工或者购进的货物无偿赠送其他单位或者个人"的行为计算缴纳增值税。

　　税法中对纳税人采取折扣方式销售货物销售额的核定，之所以强调销售额与折扣额必须在同一张发票上注明，主要是出于保证增值税征管的需要（征税、扣税相一致）。如果允许对销售额开一张销货发票，对折扣额再开一张退款的增值税负数（红字）发票，就可能造成销售方按减去折扣额后的销售额计算销项税额，而购货方按未减去折扣额的销售额及其进项税额进行抵扣的问题，导致增值税逃税现象的发生。

　　"随货赠送"是组合销售本企业商品，不属于捐赠，应将总的销售金额按各项商品公允价值的比例进行分摊，以确认各项销售收入。它是指企业采用的一种促销行为：在销售主要货物的同时赠送从次货物。这种赠送是出于利润动机的正常交易，属于捆绑销售或降价销售。赠送的目的是吸引消费者购买，其实赠品的价值已经包含在销售商品的售价之中。从增值税的链条来说，企业生产（销售）的商品有对应的进项税额和销项税额，但生产（销售）的赠品只有进项税额而没有销项税额，表面上不合理，但其实赠品的销项税额隐含在销售品的销项税额当中，只是没有剥离出来而已。因此，赠品的进项税额应被允许申报抵扣，赠送赠品时也不应该单独再次计算其销项税额。

　　折扣销售是在销售实现时发生的，在会计处理上与一般销售和购进货物相同，购销双方均不反映折扣额，双方均按减折扣额后的余额计价入账，并各自反映其销项税额与进项税额。

　　【例 2-37】某公司（系增值税一般纳税人）是厨房用品生产企业，主要产品是微波炉，副产品是电磁炉。微波炉成本为每台 800 元，售价为每台 1 000 元；电磁炉成本为每台 140 元，售价为每台 180 元。2018 年 10 月份为了减少库存、增加销售额，公司决定每售出 1 台微波炉赠购买者 1 台电磁炉，向某商城售出 500 台微波炉，货款已通过银行收取。

　　会计处理如下。

　　（1）销售商品时

　　借：银行存款　　　　　　　　　　　　　　　　　　　　　　580 000

　　　　贷：主营业务收入——微波炉　　　　　　　　　　　　　　　　500 000

　　　　　　应交税费——应交增值税（销项税额）　　　　　　　　　　 80 000

　　该业务记账凭证后附：增值税专用发票 1 张、银行收款凭证 1 张。

　　（2）结转成本时

　　借：主营业务成本——微波炉　　　　　　　　　　　　　　　400 000

　　　　销售费用　　　　　　　　　　　　　　　　　　　　　　 70 000

　　　　贷：库存商品——微波炉　　　　　　　　　　　　　　　　　400 000

　　　　　　　　　　——电磁炉　　　　　　　　　　　　　　　　 70 000

　　该业务记账凭证后附：销售商品成本计算表 1 张。

　　B. 销售折扣销项税额的会计处理

　　销售折扣即财务会计中的现金折扣，是指销货方在销售货物或提供应税劳务后，为了鼓励购货方及早偿还货款而协议许诺给予购货方的一种折扣优待，即对在折扣期内付款的客户，按销售货款给予一定比率的价款减让。

　　销售折扣发生在销货之后，是企业的一种融资性质的理财费用，在纳税人销售货物发生纳税义务时，购货方能否获得此项折扣尚未得知。因此，销售折扣不得从销售额中减除，要按折扣前的销售额全额作为计算销项税额的依据。现金折扣的会计处理方法有全价（总价）法和净价法两种，而我国企业会计准则规定，现金折扣采用总价法核算。

　　【例 2-38】某企业为增值税一般纳税人，2018 年 5 月份销售一批产品，价款 200 000 元，税额 32 000 元，规定现金折扣条件为"2/10，1/20，n/30"。按照不含税价格计算现金折扣，按全价法进行会计处理。

（1）销货方会计处理如下。

① 产品发出并办理完托收手续时

借：应收账款   232 000

  贷：主营业务收入   200 000

    应交税费——应交增值税（销项税额）   32 000

该业务记账凭证后附：增值税专用发票 1 张，销售现金折扣协议 1 份。

② 在 10 日内付款时

借：银行存款   228 000

  财务费用   4 000

  贷：应收账款   232 000

该业务记账凭证后附：银行收款凭证 1 张。

③ 货款超过 20 日付款时

借：银行存款   232 000

  贷：应收账款   232 000

该业务记账凭证后附：银行收款凭证 1 张。

（2）购货方会计处理如下。

① 购货方收到货物及结算凭证时。

借：原材料   200 000

  应交税费——应交增值税（进项税额）   32 000

  贷：应付账款   232 000

该业务记账凭证后附：增值税专用发票 1 张，销售现金折扣协议 1 份。

② 在 10 日内付款时

借：应付账款   232 000

  贷：银行存款   228 000

    财务费用   4 000

该业务记账凭证后附：银行付款凭证 1 张。

③ 货款超过 20 日付款时

借：应付账款   232 000

  贷：银行存款   232 000

该业务记账凭证后附：银行付款凭证 1 张。

⑤ 包装物销售及没收押金销项税额的会计处理

A. 销售包装物销项税额的会计处理

随同产品销售不单独计价的包装物，并入产品销售收入，其成本作为销售费用处理。

随同产品销售并单独计价的包装物，作为其他业务收入，其成本作为其他业务成本处理。会计处理如下。

借：应收账款

  贷：其他业务收入

    应交税费——应交增值税（销项税额）

借：其他业务成本

  贷：周转材料——包装物

【例 2-39】某公司为增值税一般纳税人，2018 年 8 月份销售给本市甲公司带包装物的 A 产品 600 件，包装物单独计价，开出增值税专用发票上列明产品销售价款 96 000 元、包装物销售价款 10 000 元、增值税额 18 020 元，款未收到。

会计处理如下。

借：应收账款	122 960
贷：主营业务收入——A 产品	96 000
其他业务收入——销售包装物	10 000
应交税费——应交增值税（销项税额）	16 960

该业务记账凭证后附：增值税专用发票 1 张。

【例 2-40】某公司为增值税一般纳税人，2018 年 6 月份采用支票结算方式销售甲产品 400 件，售价为 400 元/件，增值税额 25 600 元，同时出租包装物 400 个，承租期为 2 个月，共计租金 4 680 元（含税价），一次收取包装物押金 23 400 元，总计结算金额 213 680 元。

会计处理如下。

$$包装物租金应计销项税额=\frac{4\ 680}{1+16\%}×16\%=645.52（元）$$

销项税额合计=25 600+645.52=26 245.52（元）

借：银行存款	213 680.00
贷：主营业务收入——甲产品	160 000.00
其他业务收入——包装物出租	4 034.48
应交税费——应交增值税（销项税额）	26 245.52
其他应付款——存入保证金	23 400.00

该业务记账凭证后附：增值税专用发票 1 张、进账单 1 张、租售协议 1 份。

B. 包装物押金销项税额的会计处理

销售酒类产品之外的货物而收取的押金，当包装物逾期未收回时，没收押金按适用税率计算销项税额。逾期以 1 年为限，收取押金超过 1 年时，无论是否退还，均应并入销售额计税。对个别周转使用期较长的包装物，经税务机关批准后，可适当放宽逾期期限。

销售酒类产品而收取的押金分两种情况：一是啤酒、黄酒，其计税要求、会计处理方法同上；二是其他酒类，对这类货物销售时收取的包装物押金，无论将来押金是否返回、是否按时返还以及财务会计如何核算，均应并入当期销售额计税。

【例 2-41】某企业为增值税一般纳税人，2018 年 7 月份销售 A 产品 100 件，成本 350 元/件，售价 500 元/件，包装物押金 9 360 元，包装物成本价为 70 元/件。货款及押金通过银行收取。该产品是征收消费税产品，税率为 10%。

会计处理如下。

（1）销售产品时

借：银行存款	67 360
贷：主营业务收入——A 产品	50 000
应交税费——应交增值税（销项税额）	8 000
其他应付款——存入保证金	9 360

该业务记账凭证后附：增值税专用发票 1 张、银行收款凭证 1 张。

（2）月末计提消费税时

借：税金及附加	5 000
贷：应交税费——应交消费税	5 000

该业务记账凭证后附：应交消费税计算表 1 张。

（3）没收逾期未退包装物押金时

借：其他应付款——存入保证金	9 360.00
贷：应交税费——应交增值税（销项税额）	1 291.03
其他业务收入	8 068.97

该业务记账凭证后附：没收押金说明 1 份。

（4）没收逾期未退包装物押金月末计提消费税时

借：税金及附加 806.90

贷：应交税费——应交消费税 806.90

该业务记账凭证后附：应交消费税计算表 1 张。

如果当初收取的是加收的押金，则在没收逾期未退包装物押金时，作为营业外收入处理，相关会计分录如下。

借：其他应付款——存入保证金 9 360.00

贷：营业外收入——没收押金 7 262.07

应交税费——应交增值税（销项税额） 1 291.03

——应交消费税 806.90

该业务记账凭证后附：没收押金说明 1 份。

⑥ 以旧换新、以物抵债销项税额的会计处理

A. 以旧换新销项税额的会计处理

采取以旧换新方式销售货物的，应按新货物的同期销售价格作为销售额计税，不得冲减旧货物的收购价格。销售货物与有偿收购旧货是两项不同的业务活动，销售额与收购额不能相互抵减。

【例 2-42】某百货商场为增值税一般纳税人，2018 年 8 月份销售 A 牌电冰箱含税零售价 3 480 元/台。若顾客交还同品牌旧冰箱，则旧冰箱作价 500 元，交差价 2 980 元就可换回全新冰箱。当月采用此种方式销售 A 牌电冰箱 100 台。

会计处理如下。

借：银行存款 298 000

库存商品——旧冰箱 50 000

贷：主营业务收入——A 牌冰箱 300 000

应交税费——应交增值税（销项税额） 48 000

该业务记账凭证后附：银行收款凭证 1 张、商品入库单 1 张、销售发票 1 张。

商业企业收回的旧冰箱不能计算进项税额，也不应以实际收到的价款 301 000 元作为零售价格入账，那样会少计销售收入，逃避增值税、城建税、所得税等。

金银首饰以旧换新，鉴于金银首饰以旧换新业务的特殊情况，税法规定，对金银首饰以旧换新业务，可以按销售方实际收取的不含增值税的全部价款计缴增值税。

【例 2-43】某金银首饰零售商店为增值税一般纳税人，2018 年 10 月取得含税销售收入 60 000 元，以旧换新业务收入 30 000 元（含税），其中收回旧金银首饰折价 21 000 元，实收现金 9 000 元。

会计处理如下。

$$应纳增值税税额 = \frac{60\,000 + 9\,000}{1+16\%} \times 16\% = 9\,517.24（元）$$

借：银行存款 69 000.00

库存商品——旧金银首饰 21 000.00

贷：主营业务收入——金银首饰 809 482.76

应交税费——应交增值税 9 517.24

该业务记账凭证后附：银行收款凭证 1 张、商品入库单 1 张、销售发票 1 张。

B. 以货抵债销项税额的会计处理

债务人以货物清偿债务时，如果不涉及补价，应按抵债货物的公允价值确认销售收入，按计税价格计算抵债货物的销项税额。债权人按收到货物的公允价值作为入账价值，若支付

了相关税费，则应作为加项。

【例2-44】甲、乙公司均为增值税一般纳税人，2019年2月10日甲公司销售给乙公司产品一批，价款200 000元，增值税额32 000元；乙公司为甲公司开出为期4个月的商业承兑汇票。10个月后，乙公司仍未付款。经协商，甲公司同意乙公司以其产品抵债。该批产品成本150 000元，公允价值180 000元，未计提存货跌价准备，也未发生相关费用，乙公司开具增值税专用发票。甲公司已计提坏账准备20 000元、取得增值税专用发票已认证。

乙公司（债务人）会计处理如下。

应付债务账面价值=200 000+32 000=232 000（元）

借：应付账款——甲公司   232 000
    贷：主营业务收入   180 000
        应交税费——应交增值税（销项税额）   28 600
        营业外收入——债务重组利得   23 200

该业务记账凭证后附：债务重组协议1份、增值税专用发票1张、甲公司开具收据1张。

同时，结转抵债产品成本。

借：主营业务成本   150 000
    贷：库存商品   150 000

该业务记账凭证后附：商品出库单1张。

甲公司（债权人）会计处理如下。

借：原材料   180 000
    应交税费——应交增值税（进项税额）   28 600
    坏账准备   20 000
    营业外支出——债务重组损失   3 200
    贷：应收账款——乙公司   232 000

该业务记账凭证后附：债务重组协议1份、增值税专用发票1张、收料单1张。

（5）视同销售的账务处理

企业发生税法上视同销售的行为，应当按照企业会计准则相关规定进行相应的会计处理，并按照现行增值税制度规定计算的销项税额（或采用简易计税方法计算的应纳增值税额），借记"应付职工薪酬""利润分配"等科目，贷记"应交税费——应交增值税（销项税额）"或"应交税费——简易计税"科目。

视同销售是指没有直接现金流入的"销售"。根据税法的要求，所有视同销售行为都应正常计税。在财务会计中，对视同销售行为的会计处理，难点主要是该行为是否通过收入账户进行核算，有两种观点（两种做法）：一种是与正常的、真正的销售核算相同，即按售价记销售收入并相应计提销项税金，再按成本结转销售成本。另一种是不通过收入账户核算，直接按成本结转，同时按市价或公允价值计提销项税金。年末，还应进行所得税纳税调整。前者是财务会计与税务会计不分离，即会计准则与税法规定一致或财务会计服从税法；后者是两种会计分离的做法。

对视同销售行为的会计处理原则如下。

第一，视同销售行为是否会使企业获得收益。如果能获得收益，就应按销售收入处理；否则，按其成本进行结转。

第二，对视同销售计算应交增值税额。与一般的"进项税额转出"意义不同，税务会计应将其作为"销项税额"处理。

第三，视同销售行为的价格（计税依据）应按税法规定确定（税务部门认定）。

根据以上原则，不确认收入的视同销售业务包括：企业将自产货物用于捐赠、赞助、广告等，不属于两个会计主体之间的利益交换。这类会计事项不符合会计准则收入确认标准（条件），因为不产生经济利益流入，因此，不作收入处理，直接结转产品成本，但按税法规定，应按公允价值确认其销项税额。

确认收入的视同销售业务包括：企业将自产或外购货物用于债务重组、奖励、职工福利、利润分配等，税务会计与财务会计均视同销售处理，即企业应交流转税、所得税要视同销售进行处理，财务会计也同步确认收入。这类会计事项，符合会计准则的收入确认条件。它虽然没有直接的现金流入，但减少了企业的负债或减少了企业的现金流出。

① 委托代销商品销项税额的会计处理

纳税人以代销方式销售货物，在收到代销清单前已收到全部或部分货款的，其纳税义务发生时间为收到全部或部分货款的当天。对于发出代销商品超过 180 天仍未收到代销清单及货款的，视同销售实现，其纳税义务发生时间为发出代销商品满 180 天的当天。

委托代销是委托其他单位代为销售商品的一种销售方式，这是一种为了扩大企业产品销售范围和销售量的经营措施，对应的涉税会计处理方法视委托代销方式不同而有所区别。

A. 以支付手续费方式的委托代销

以支付手续费方式的委托代销，委托单位应按商品售价（不含税）反映销售收入，所支付的手续费以"销售费用"列支。

【例 2-45】某企业为增值税一般纳税人，2019 年 1 月份委托一商店代销甲商品 400 件，合同规定含税代销价为 232 元/件，手续费按不含税销售额的 5%支付。该商品成本为 150 元/件。

会计处理如下。

（1）拨付委托代销商品（按成本）时

借：发出商品——委托代销商品　　　　　　　　　　　　　　　60 000
　　贷：库存商品——甲商品　　　　　　　　　　　　　　　　　　60 000

该业务记账凭证后附：委托代销协议 1 份、商品出库单 1 张。

（2）在 180 天内收到商店报来的代销清单时：代销清单列明销售数量 150 件，金额 34 800 元，倒算销售额并开具增值税专用发票，列明价款 30 000 元、增值税额 4 800 元。

借：应收账款——某商店　　　　　　　　　　　　　　　　　　34 800
　　贷：主营业务收入　　　　　　　　　　　　　　　　　　　　　30 000
　　　　应交税费——应交增值税（销项税额）　　　　　　　　　　4 800

该业务记账凭证后附：增值税专用发票 1 张、代销清单 1 份。

（3）如果委托代销商品已满 180 天而未收到代销清单，应在当期确认销项税额，但不确认收入，待收到代销清单时再确认收入。

借：应收账款　　　　　　　　　　　　　　　　　　　　　　　4 800
　　贷：应交税费——应交增值税（销项税额）　　　　　　　　　　4 800

该业务记账凭证后附：增值税专用发票 1 份。

（4）收到商店汇来的款项和手续费普通发票时，普通发票列明：扣除手续费 1 500 元（30 000×5%），实收金额 33 300 元。

借：银行存款　　　　　　　　　　　　　　　　　　　　　　　33 300
　　销售费用　　　　　　　　　　　　　　　　　　　　　　　　1 500
　　贷：应收账款——某商店　　　　　　　　　　　　　　　　　34 800

该业务记账凭证后附：银行收款凭证 1 张、发票 1 张。

（5）结转委托代销商品成本时

借：主营业务成本　　　　　　　　　　　　　　　　　　　　　22 500

　　　　贷：发出商品——委托代销商品　　　　　　　　　　　　　　　22 500
　　该业务记账凭证后附：商品销售成本计算表1张。
　　B. 受托单位作为自购自销的委托代销
　　委托单位不采用支付手续费方式的委托代销商品，一般是通过商品售价调整，作为对代销单位的报酬。这种方式实质上是一种赊销，受托单位按什么价格销售，既可以约定，也可以由受托方自定。委托单位在收到受托单位的代销清单后，按商品代销价反映销售收入，其涉税会计处理基本同前，只是不支付手续费而已。

　　【例2-46】某商业零售企业为增值税一般纳税人，2019年2月份委托另一商店代销乙商品300件，双方协商含税代销价116元/件，原账面价128.90元/件，代销价小于原账面价的差额，冲销商品进销差价。
　　会计处理如下。
　　（1）拨付委托代销商品时
　　借：发出商品——委托代销商品　　　　　　　　　　　　　　　　348 00
　　　　商品进销差价　　　　　　　　　　　　　　　　　　　　　　3 870
　　　　贷：库存商品——乙商品　　　　　　　　　　　　　　　　　38 670
　　该业务记账凭证后附：委托代销协议1份、商品出库单1张。
　　（2）收到代销款存入银行时
　　商店报来代销清单，按代销商品全部销售金额34 800元倒算销售额并开具增值税专用发票给受托单位（如为小规模纳税人应开具普通发票），发票注明：销售额为30 000元，增值税额为4 800元。
　　借：银行存款　　　　　　　　　　　　　　　　　　　　　　　　34 800
　　　　贷：主营业务收入　　　　　　　　　　　　　　　　　　　　30 000
　　　　　　应交税费——应交增值税（销项税额）　　　　　　　　　4 800
　　该业务记账凭证后附：增值税专用发票1张、代销清单1份、银行收款凭证1张。
　　（3）结转委托代销商品成本时
　　借：主营业务成本　　　　　　　　　　　　　　　　　　　　　　34 800
　　　　贷：发出商品——委托代销商品　　　　　　　　　　　　　　34 800
　　该业务记账凭证后附：商品销售成本计算表1张。
　　② 受托代销商品销项税额的会计处理
　　受托代销商品包括收取手续费方式和视同自购自销方式。
　　收取手续费方式，受托方收取的手续费实际上是一种劳务收入。按照税法的有关规定，受托方代销商品应作为应税商品销售，计算增值税销项税额；收取的与销售商品挂钩的手续费，视同平销返利，应冲减进项税额。
　　视同自购自销方式，委托方与受托方签订协议，委托方按协议价格收取代销商品货款，商品实际售价与协议价之间的差额归受托方所有，受托方不收取手续费。这种销售方式本质上仍是代销，委托方将商品交付给受托方时，商品所有权上的风险和报酬并未转移给受托方。因此，委托方在交付商品时不能确认收入，受托方也不作购进商品处理。但受托方在销售商品时，应向购货方开具增值税专用发票，作销售处理，计算缴纳增值税。
　　企业代销商品行为无论财务会计是否作为销售处理，均应正确进行涉税会计处理。受托单位在代销商品入库时，应填制代销商品入库单并登记代销商品明细账；代销商品销售后，应定期填制代销商品清单，并将其提供给委托单位。
　　由于受托代销商品的所有权不属于本企业，因此，应当在表外账户核算并登记受托代销商品登记簿。
　　若企业受托代销商品业务规模较大，与本企业自有商品在实物形态上难以划分，企业也可以设置"受托代销商品"和"代销商品款"账户进行核算，并按不同代销方式分别进行涉税会计处理。

A. 收取手续费方式的受托代销

如果受托方只收取手续费、不加价销售，只需将代销手续费通过"其他业务收入"账户核算，但税法规定，代销商品应作为应税销售计算销项税额，如果购货方为一般纳税人，则销货方应为购货方开具增值税专用发票。

【例2-47】某零售企业为增值税一般纳税人，2019年1月份接受委托方代销甲商品600件，委托方规定代销价为60元/件（含税），代销手续费为2 000元，增值税税率为16%，代销手续费收入的增值税税率为6%。

会计处理如下。

（1）收到代销商品时（按含税代销价）

借：受托代销商品——甲商品　　　　　　　　　　　　　　　　36 000
　　贷：代销商品款　　　　　　　　　　　　　　　　　　　　　　36 000

该业务记账凭证后附：委托代销协议1份、商品入库单1张。

（2）代销商品全部售出时

$$代销商品销项税额=\frac{600×60}{1+16\%}×16\%=4\ 965.52（元）$$

借：银行存款　　　　　　　　　　　　　　　　　　　　　　　36 000
　　贷：应付账款——××企业　　　　　　　　　　　　　　　　31 034.48
　　　　应交税费——应交增值税（销项税额）　　　　　　　　　4 965.52

该业务记账凭证后附：银行收款凭证1张、增值税发票1张。

（3）转销代销商品时

借：代销商品款　　　　　　　　　　　　　　　　　　　　　　36 000
　　贷：受托代销商品——甲商品　　　　　　　　　　　　　　　　36 000

该业务记账凭证后附：代销清单1份。

（4）收到委托单位的增值税专用发票时

借：应交税费——应交增值税（进项税额）　　　　　　　　　　4 965.52
　　贷：应付账款——××企业　　　　　　　　　　　　　　　　4 965.52

该业务记账凭证后附：增值税专用发票1张。

（5）开具代销手续费普通发票时

$$不含税手续费收入=\frac{2\ 000}{1+6\%}=1\ 886.79（元）$$

应纳增值税税额=1 886.79×6%=113.21（元）

借：应付账款——××企业　　　　　　　　　　　　　　　　　2 000
　　贷：其他业务收入——代销收入　　　　　　　　　　　　　　1 886.79
　　　　应交税费——应交增值税（销项税额）　　　　　　　　　113.21

该业务记账凭证后附：代销手续费发票1张。

（6）支付扣除代销手续费后的代销款时

借：应付账款——××企业　　　　　　　　　　　　　　　　　34 000
　　贷：银行存款　　　　　　　　　　　　　　　　　　　　　　34 000

该业务记账凭证后附：银行付款凭证1张。

B. 作为自购自销的受托代销

　　这种方式实属赊购商品销售，不收取手续费，委托方和受托方规定一个交接价（含税），受托方则按高于接收价的价格对外销售（批发或零售）。受托代销商品的收益不表现为代销手续费收入，而是表现为售价（批发价或零售价）与接收价之间的差额（毛利）。

　　批发企业代销商品，按不含税价反映接受和销售商品，其涉税会计处理与基本销售业务相同。

　　零售企业受托代销商品，根据代销商品收货单，按本企业规定的该商品含税零售价，借记"受托代销商品"；按不含税接收价，贷记"代销商品款"；按借贷方的差额，贷记"商品进销差价"。

　　【例 2-48】 某零售企业为增值税一般纳税人，2019 年 4 月接收代销甲商品 400 件，含税接收价为 23.2 元/件，不含税接收价为 20 元/件。本企业规定该商品的含税零售价为 29.25 元/件。

　　会计处理如下。

　　（1）接收代销商品时

　　借：受托代销商品——甲商品　　　　　　　　　　　　　　11 700

　　　　贷：代销商品款　　　　　　　　　　　　　　　　　　　　8 000

　　　　　　商品进销差价　　　　　　　　　　　　　　　　　　　3 700

　　该业务记账凭证后附：委托代销协议 1 份、商品入库单 1 张。

　　（2）商品销售时

　　假设销售代销商品和自营商品共计货款 6 500 元。

　　借：银行存款　　　　　　　　　　　　　　　　　　　　　6 500

　　　　贷：主营业务收入　　　　　　　　　　　　　　　　　　　6 500

　　该业务记账凭证后附：银行收款凭证 1 张、销售发票 1 宗。

　　（3）月末结转本月代销商品成本时

　　代销商品销售 240 件，结转代销商品销售成本。

　　借：主营业务成本　　　　　　　　　　　　　　　　　　　7 020

　　　　贷：受托代销商品——甲商品　　　　　　　　　　　　　　7 020

　　该业务记账凭证后附：商品销售成本计算表 1 张。

　　（4）给委托单位开出代销清单时

　　待收到委托单位开来的增值税专用发票（专用发票列明销售货款 4 800 元，增值税额 768 元）。

　　借：代销商品款　　　　　　　　　　　　　　　　　　　　4 800

　　　　应交税费——应交增值税（进项税额）　　　　　　　　　768

　　　　贷：应付账款　　　　　　　　　　　　　　　　　　　　　5 568

　　该业务记账凭证后附：增值税专用发票 1 张、代销清单 1 份。

　　（5）支付代销商品款时

　　借：应付账款　　　　　　　　　　　　　　　　　　　　　5 568

　　　　贷：银行存款　　　　　　　　　　　　　　　　　　　　　5 568

　　该业务记账凭证后附：银行付款凭证 1 张。

　　（6）月末计算并结转代销商品销项税额时

　　假设当月包括代销商品销售在内的收入额为 440 000 元。

$$应计销项税额=\frac{440\,000}{1+16\%}\times16\%=60\,689.66（元）$$

　　借：主营业务收入　　　　　　　　　　　　　　　　　　60 689.66

　　　　贷：应交税费——应交增值税（销项税额）　　　　　　　60 689.66

　　该业务记账凭证后附：销项税额计算表 1 张。

（7）月末计算分摊代销商品进销差价时

由于商品进销差价不分自营商品和代销商品，因此，已销代销商品与自营商品应一并分摊进销差价，经计算，本月综合差价率30.45%。

应分摊的进销差价=440 000×30.45%=133 980（元）

借：商品进销差价 133 980
　　贷：主营业务成本 133 980

该业务记账凭证后附：商品进销差价计算表1张。

③ 货物在两个机构之间转移销项税额的会计处理

设有两个以上机构并实行独立核算的纳税人，将货物从一个机构移送其他机构，若这两个机构不在同一县（市），应视同销售行为。货物移送时，调出方计算销项税额，调入方计算进项税额。

【例2-49】某制造企业为增值税一般纳税人，总公司设在甲市，有一个独立核算的生产分厂设在乙县，乙县生产完成的产品要调拨到甲市销售。总公司、生产分厂为了适应纳税环节，实行独立核算制度，单独设立会计账套。2019年2月份销售发生时，乙县生产分厂开出增值税专用发票，销售额为100 000元，增值税额16 000元。该批产品生产成本为100 000元。

（1）生产分厂会计处理如下。

借：其他应收款——总公司 116 000
　　贷：库存商品 100 000
　　　　应交税费——应交增值税（销项税额） 16 000

该业务记账凭证后附：增值税专用发票1张、商品出库单1张。

（2）总公司则凭上述增值税专用发票计入"进项税额"明细项目。

借：库存商品 100 000
　　应交税费——应交增值税（进项税额） 16 000
　　贷：其他应付款——乙县生产分厂 116 000

该业务记账凭证后附：增值税专用发票1张、商品入库单1张。

④ 货物用于招待业务销项税额的会计处理

在企业视同销售行为中，如果属于外购的资产，可按购入时的价格确定销售收入；如果属于企业自制的产品，应按企业同类资产同期对外销售价格确定销售收入，具体按下列顺序确定销售额。

A. 按纳税人最近时期同类货物的平均销售价格确定。

B. 按其他纳税人最近时期同类货物的平均销售价格确定。

C. 按组成计税价格确定。

组成计税价格的公式如下。

组成计税价格=成本×（1+成本利润率）

属于应征消费税的货物，其组成计税价格中应加计消费税税额。上述公式中的成本是指销售自产货物的实际生产成本，或销售外购货物的实际采购成本。上述公式中的成本利润率由国家税务总局确定，增值税应按市价计算。

外购货物用于招待业务，属于个人消费，其增值税不允许抵扣，不确认进项税额，直接按其价税合计确认为费用，也不计算销项税额。

【例2-50】某企业为增值税一般纳税人，2019年1月份购买了11 600元的礼品，取得增值税发票，标明价款10 000元，增值税额1 600元，准备赠送有关客户，货款通过银行已付，货物已经赠送完毕。

会计处理如下。

借：管理费用——业务招待费 11 600
　　贷：银行存款 11 600

该业务记账凭证后附：增值税发票 1 张、银行付款凭证 1 张。

自制货物用于招待业务，如果企业是将自制的产品作为礼品赠送，企业视同销售收入要按公允价值计算。假定企业赠送的礼品市价是 12 000 元，自产产品成本为 10 000 元。

会计处理如下。

销项税额=12 000×16%=1 920（元）

借：管理费用——业务招待费 11 920
　　贷：库存商品 10 000
　　　　应交税费——应交增值税（销项税额） 1 920

该业务记账凭证后附：商品出库单 1 张。

根据以上会计处理，进行纳税调整如下。

第一，企业需要对视同销售收入纳税调增 12 000 元，同时按配比原则，将"视同销售成本"纳税调增 10 000 元。

第二，管理费用中，"业务招待费"调增 2 000（12 000-10 000）元。

第三，比较业务招待费支出发生额调增应纳税所得额 5 568（13 920×40%）元。

若采用确认收入的方法，则会计处理如下。

借：管理费用——业务招待费 13 920
　　贷：主营业务收入 12 000
　　　　应交税费——应交增值税（销项税额） 1 920

该业务记账凭证后附：领用产品使用说明 1 份。

借：主营业务成本 10 000
　　贷：库存商品 10 000

该业务记账凭证后附：商品出库单 1 张。

这种方法企业视同销售利润 2 000 元，不需要纳税调整，只需要业务招待费实际调增应纳税所得额 5 568（13 920×40%）元。

可见，以上两种会计处理结果一致。

⑤ 货物用于集体福利、个人消费的销项税额会计处理

企业将自产、委托加工的货物用于集体福利，财务会计可以不确认收入，若用于个人消费，财务会计按经济利益流入确认计量收入，但根据税法规定，用于集体福利和个人消费的，均应视同销售确认销项税额。

如果发放的是外购货物，不得抵扣进项税额，而可按购进价格结转成本。

【例 2-51】某面粉厂为增值税一般纳税人，主营面粉、挂面加工等，共有职工 90 人，其中，生产工人 80 人，厂部管理人员 10 人。1 月份，2019 年 1 月份公司决定以其生产的特制面粉作为春节福利发放给职工，每人 2 袋面粉。每袋面粉单位生产成本 40 元，当月平均销售价格 67.80 元/袋（含增值税）。

会计处理如下。

（1）按实际发放的自产面粉计提非货币性福利时

计入生产成本的金额=67.8×2×80=10 848（元）
计入管理费用的金额=67.8×2×10=1 356（元）

借：生产成本 10 848
　　管理费用 1 356
　　贷：应付职工薪酬——非货币性福利 12 204

该业务记账凭证后附：计提非货币性福利计算表 1 张。

（2）实际发放自产面粉时

$$应计提的销项税额=\frac{67.8}{1+10\%}\times90\times2\times10\%=1\ 109.45（元）$$

借：应付职工薪酬——非货币性福利	12 204
贷：主营业务收入——面粉	11 094.55
应交税费——应交增值税（销项税额）	1 109.45

该业务记账凭证后附：面粉发放表 1 张。

（3）结转发放的自产面粉成本时

借：主营业务成本	7 200
贷：库存商品——面粉	7 200

该业务记账凭证后附：商品出库单 1 张。

⑥ 企业将自产、委托加工或购买的货物无偿赠送他人的销项税额会计处理

这类业务并非销售活动，不确认收入，因为企业并未获得经济利益，但按税法规定，要视同销售货物计算缴纳增值税。自产、委托加工货物本身所耗原材料和支付的加工费等的进项税额、购买货物中的进项税额已从销项税额抵扣，因此，这类业务要视同销售计税。

【例 2-52】某企业为增值税一般纳税人，2018 年 7 月份将所生产的乙产品无偿赠送给他人，生产成本 9 000 元，计税价 11 000 元。

会计处理如下。

乙产品应计销项税额=11 000×16% = 1 760（元）

借：营业外支出——捐赠支出	10 760
贷：库存商品	9 000
应交税费——应交增值税（销项税额）	1 760

该业务记账凭证后附：商品出库单 1 张。

（6）全面试行营业税改征增值税前已确认收入，此后产生增值税纳税义务的账务处理

企业营业税改征增值税前已确认收入，但因未产生营业税纳税义务而未计提营业税的，在达到增值税纳税义务时点时，企业应在确认应交增值税销项税额的同时冲减当期收入；已经计提营业税且未缴纳的，在未达到增值税纳税义务时点时，应借记"应交税费——应交营业税""应交税费——应交城市维护建设税""应交税费——应交教育费附加"等科目，贷记"主营业务收入"科目，并根据调整后的收入计算确定计入"应交税费——待转销项税额"科目的金额，同时冲减收入。

全面试行营业税改征增值税后，"营业税金及附加"科目名称调整为"税金及附加"科目。该科目核算企业经营活动发生的消费税、城市维护建设税、资源税、教育费附加及房产税、土地使用税、车船使用税、印花税等相关税费；利润表中的"营业税金及附加"项目调整为"税金及附加"项目。

3．差额征税的账务处理

（1）企业发生相关成本费用允许扣减销售额的账务处理

按现行增值税制度规定，企业发生相关成本费用允许扣减销售额的，发生成本费用时，按应付或实际支付的金额，借记"主营业务成本""原材料""工程施工"等科目，贷记"应付账款""应付票据""银行存款"等科目。待取得合规增值税扣税凭证且纳税义务发生时，按照允许抵扣的税额，借记"应交税费——应交增值税（销项税额抵减）"或"应交税费——简易计税"科目（小规模纳税人应借记"应交税费——应交增值税"科目），贷记"主营业务

成本""原材料""工程施工"等科目。

【例 2-53】某房地产公司为增值税一般纳税人，2018 年 5 月销售自行开发的新建项目房产收入 220 万元（含增值税），开出增值税发票 2 张，房款已通过银行收妥。当月销售房产建筑面积 200 平方米，采用一般计税方法计算应交增值税。该项目可供销售建筑面积为 20 000 平方米，支付土地价款 10 000 万元，已取得财政部门出具的土地出让金票据。该项目开发产品总成本 18 000 万元。

会计处理如下。

（1）确认收入时

$$当期不含税销售=\frac{2\,200\,000}{1+10\%}=2\,000\,000.00（元）$$

销项税额=2 000 000.00×10%=2 00 000.00（元）

借：银行存款 　　　　　　　　　　　　　　　　　　　　　2 200 000.00
　　贷：主营业务收入 　　　　　　　　　　　　　　　　　　　2 000 000.00
　　　　应交税费——应交增值税（销项税额） 　　　　　　　　2 00 000.00

该业务记账凭证后附：银行收款凭证 2 张、增值税发票 2 张。

（2）月末结转成本时

$$当期应结转成本=180\,000\,000×\left(\frac{200}{20\,000}\right)=1\,800\,000（元）$$

借：主营业务成本 　　　　　　　　　　　　　　　　　　　　1 800 000
　　贷：开发产品 　　　　　　　　　　　　　　　　　　　　　1 800 000

该业务记账凭证后附：商品销售成本计算表 1 张

（3）月末扣除土地价款时

$$当期允许扣除的土地价款=100\,000\,000×\left(\frac{200}{20\,000}\right)=1\,000\,000（元）$$

$$销项税额抵减=\frac{1\,000\,000}{1+10\%}×10\%=90\,909.09（元）$$

借：应交税费——应交增值税（销项税额抵减） 　　　　　　　90 909.09
　　贷：主营业务成本 　　　　　　　　　　　　　　　　　　　90 909.09

该业务记账凭证后附：销项税额抵减计算表 1 张

（2）金融商品转让按规定以盈亏相抵后的余额作为销售额的账务处理

金融商品实际转让月末，如产生转让收益，则按应纳税额借记"投资收益"等科目，贷记"应交税费——转让金融商品应交增值税"科目；如产生转让损失，则按可结转下月抵扣税额，借记"应交税费——转让金融商品应交增值税"科目，贷记"投资收益"等科目。交纳增值税时，应借记"应交税费——转让金融商品应交增值税"科目，贷记"银行存款"科目。年末，本科目如有借方余额，则借记"投资收益"等科目，贷记"应交税费——转让金融商品应交增值税"科目。

【例 2-54】某公司为增值税一般纳税人，2018 年 5 月通过证券公司账户将上月 250 000 元购入的 A 股票以 300 000 元卖出。

会计处理如下。

（1）购入 A 股票时

借：交易性金融资产——A 股票 　　　　　　　　　　　　　　250 000
　　贷：其他货币资金——存出投资款 　　　　　　　　　　　　250 000

该业务记账凭证后附：股票交易单 1 张。

（2）卖出 A 股票时

借：其他货币资金——存出投资款　　　　　　　　　　　　　　　300 000

　　贷：交易性金融资产——A 股票　　　　　　　　　　　　　　　　　250 000

　　　　投资收益　　　　　　　　　　　　　　　　　　　　　　　　　50 000

该业务记账凭证后附：股票交易单 1 张。

（3）月末计算应交增值税时

$$应纳增值税税额=\frac{50\,000}{1+6\%}\times 6\%=2\,830.19（元）$$

借：投资收益　　　　　　　　　　　　　　　　　　　　　　　　2 830.19

　　贷：应交税费——转让金融商品应交增值税　　　　　　　　　　　　2 830.19

该业务记账凭证后附：转让金融商品应交增值税计算表 1 张。

（4）实际交纳增值税时

借：应交税费——转让金融商品应交增值税　　　　　　　　　　　　2 830.19

　　贷：银行存款　　　　　　　　　　　　　　　　　　　　　　　　2 830.19

该业务记账凭证后附：增值税缴款书 1 张。

【例 2-55】 某公司为增值税一般纳税人，2016 年 11 月通过证券公司账户将当月以 100 000 元购入的 B 股票以 95 000 元卖出。至年末无其他金融商品转让业务。

会计处理如下。

（1）购入 B 股票时

借：交易性金融资产——B 股票　　　　　　　　　　　　　　　　100 000

　　贷：其他货币资金——存出投资款　　　　　　　　　　　　　　　100 000

该业务记账凭证后附：股票交易单 1 张。

（2）卖出 B 股票时

借：其他货币资金——存出投资款　　　　　　　　　　　　　　　　95 000

　　投资收益　　　　　　　　　　　　　　　　　　　　　　　　　5 000

　　贷：交易性金融资产——B 股票　　　　　　　　　　　　　　　　100 000

该业务记账凭证后附：股票交易单 1 张。

（3）月末计算应抵扣增值税时

$$应纳增值税税额=\frac{5\,000}{1+6\%}\times 6\%=283.02（元）$$

借：应交税费——转让金融商品应交增值税　　　　　　　　　　　　283.02

　　贷：投资收益　　　　　　　　　　　　　　　　　　　　　　　283.02

该业务记账凭证后附：转让金融商品应交增值税计算表 1 张。

（4）年末结转时

借：投资收益　　　　　　　　　　　　　　　　　　　　　　　　283.02

　　贷：应交税费——转让金融商品应交增值税　　　　　　　　　　　283.02

该业务记账凭证后附：结转转让金融商品应交增值税说明 1 张。

4．出口退税的账务处理

为核算纳税人出口货物应收取的出口退税款，设置"应收出口退税款"科目。该科目借方反映销售出口货物按规定向税务机关申报应退回的增值税、消费税等，贷方反映实际收到的出口货物应退回的增值税、消费税等。期末借方余额，反映尚未收到的应退税额。

（1）未实行"免、抵、退"办法的一般纳税人出口货物按规定退税的，按规定计算的应收出口退税额，借记"应收出口退税款"科目，贷记"应交税费——应交增值税（出口退税）"科目；收到出口退税时，借记"银行存款"科目，贷记"应收出口退税款"科目；退税额低于购进时取得的增值税专用发票上的增值税额的差额，借记"主营业务成本"科目，贷记"应交税费——应交增值税（进项税额转出）"科目。

未实行"免、抵、退"办法的一般纳税人通常为不具有生产能力的出口企业，即外贸企业，出口产品免征增值税，相应的进项税额予以退还。

【例 2-56】某外贸公司为增值税一般纳税人，2018 年 8 月从国内购进某种货物一批，价款 250 万元，增值税税率 16%，计增值税 40 万元，取得增值税专用发票并通过认证，货款通过银行支付，商品验收入库。当月该批货物出口美国某外商，应收货款 40 万美元。该货物退税税率为 10%，当月月初汇率 1 美元兑换 7 元人民币。

会计处理如下（单位：万元）。

（1）购入货物时

借：库存商品 250

　　应交税费——应交增值税（进项税额） 40

　　贷：银行存款 290

该业务记账凭证后附：增值税专用发票 1 张、商品入库单 1 张、银行付款凭证 1 张。

（2）出口确认收入时

借：应收账款——某外商 （$40×7） 280

　　贷：主营业务收入 280

该业务记账凭证后附：产品出口发票 1 张。

（3）期末结转销售成本时

借：主营业务成本 250

　　贷：库存商品 250

该业务记账凭证后附：商品出库单 1 张。

（4）应收出口退税额时

应收出口退税额=250×10%=25（万元）

借：应收出口退税款 25

　　贷：应交税费——应交增值税（出口退税） 25

该业务记账凭证后附：应收出口退税额计算表 1 张。

（5）收到出口退税时

借：银行存款 25

　　贷：应收出口退税款 25

该业务记账凭证后附：银行收款凭证 1 张。

（6）结转进项税额差额时

退税额低于购进时取得的增值税专用发票上的增值税额的差额

=40-25=15（万元）

借：主营业务成本 15

　　贷：应交税费——应交增值税（进项税额转出） 15

该业务记账凭证后附：进项税额转出计算表 1 张。

（2）实行"免、抵、退"办法的一般纳税人出口货物，在货物出口销售后结转产品销售成本时，按规定计算的退税额低于购进时取得的增值税专用发票上的增值税额的差额，借记"主营业务成本"科目，贷记"应交税费——应交增值税（进项税额转出）"科目；按规定计算的当期出口货物的进项税额抵减内销产品的应纳税额，借记"应交税费——应交增值税（出口抵减内销产品应纳税额"科目，贷记"应交税费——应交增值税（出口退税）"科目。在规定期限内，内销产品的应纳税额不足以抵减出口货物的进项税额，不足部分按有关税法规定给予退税的，应在实际收到退税款时，借记"银行存款"科目，贷记"应交税费——应交增值税（出口退税）"科目。

实行"免、抵、退"办法的一般纳税人通常为生产企业。生产企业出口货物免抵退增值税，企业若按申报的退税额进行会计处理，可分别按以下三种情况计算申报应退税额、免抵税额及留抵税额，并进行相应的会计处理。

① 期末留抵税额为 0。

这时，当期应退税额=0，当期免抵税额=当期免抵退税额。

【例 2-57】某企业为增值税一般纳税人，2019 年 1 月共销售生产 A 产品 7 吨，其中，4 吨出口给 N 客户，出口额为到岸价，即 117 000 美元，货款未收到，预计出口运费 1 000 美元，保险费 500 美元，美元记账汇率为 1（USD）=6（CNY）；内销量为 3 吨，内销金额 600 000 元，销项税额 96 000 元。当月取得增值税进项税额合计 80 000 元，上月期末留抵税额为 0 元。该公司无免税购进原材料的情况。增值税税率为 16%，退税率为 15%。

会计处理如下。

（1）出口货物免抵退税额的计算

出口货物离岸价价格=到岸价-运费-保险费

$$=117\ 000-1\ 000-500=115\ 500（美元）$$

免税出口销售额=115 500×6=693 000（元）

当期免抵退税不得免缴和抵扣税额=115 500×6×（16%-15%）=6 930（元）

当期应纳税额=96 000-（80 000-6 930）-0=22 930（元）

期末留抵税额=0

当期应退税额=0

当期免抵税额=当期免抵退税额=115 500×6×15%=103 950（元）

（2）货物出口时

借：应收账款——N 客户	（$117 000×6）	702 000
贷：主营业务收入——出口（A 产品）		693 000
其他应付款——出口从属费用	（$1 500×6）	9 000

该业务记账凭证后附：出口产品报关单 1 张、产品出口合同 1 份。

（3）结转不得免抵的进项税额时

借：主营业务成本——出口退税差额（A 产品）	6 930
贷：应交税费——应交增值税（进项税额转出）	6 930

该业务记账凭证后附：不得免抵额计算表 1 张。

（4）内销产品时

借：应收账款或银行存款	696 000
贷：主营业务收入——内销（A 产品）	600 000
应交税费——应交增值税（销项税额）	96 000

该业务记账凭证后附：增值税发票 1 宗、银行收款凭证 1 宗。

（5）计算应纳增值税时

借：应交税费——应交增值税（转出未交增值税）	22 930
贷：应交税费——未交增值税	22 930

该业务记账凭证后附：应交增值税计算表 1 张。

（6）申报出口免抵退税时

借：应交税费——应交增值税（出口抵减内销产品应纳税额）　　　103 950

　　贷：应交税费——应交增值税（出口退税）　　　103 950

该业务记账凭证后附：出口产品免抵退税计算表1张。

② 当期免抵退税额≥当期期末留抵税额＞0

这种情况下，有如下等式成立。

当期应退税额=当期期末留抵税额

当期应免抵税额=当期免抵退税额-当期应退税额

沿用【例2-57】资料，假设内销量为1吨，内销金额200 000元，销项税额32 000元。其他条件不变。

出口货物免抵退税额的计算如下。

当期免抵退税不得免缴和抵扣税额=115 500×6×（16%－15%）=6 930（元）

当期应纳税额=32 000-（80 000-6 930）=-41 070（元）

即当期期末留抵税额41 070元

因为当期期末留抵税额41 070元＜当期免抵退税额103 950元，所以：

当期应退税额=当期期末留抵税额=41 070（元）

当期免抵税额=103 950-41 070=62 880（元）

免抵退增值税会计处理如下。

（1）货物出口时

会计分录同前例。

（2）内销产品时

借：应收账款（或银行存款）　　　232 000

　　贷：主营业务收入——内销（A产品）　　　200 000

　　　　应交税费——应交增值税（销项税额）　　　32 000

该业务记账凭证后附：增值税发票1宗、银行收款凭证1宗。

（3）申报出口免抵退时

借：应收出口退税款　　　41 070

　　应交税费——应交增值税（出口抵减内销产品应纳税额）　　　62 880

　　贷：应交税费——应交增值税（出口退税）　　　103 950

该业务记账凭证后附：出口产品免抵退税计算表1张。

③ 当期期末留抵税额＞当期免抵退税额

这种情况下有如下等式成立。

当期应退税额=当期免抵退税额

当期应免抵税额=0

沿用【例2-57】资料，假设当期取得进项税额合计180 000元。

出口免抵退税的计算如下。

当期免抵退税不得免缴和抵扣税额=115 500×6×（16%－15%）=6 930（元）

当期应纳税额=32 000-（180 000-6 930）=-141 070（元）

即当期期末留抵税额141 070（元）

当期免抵退税额=115 500×6×15%=103 950（元）

因为当期期末留抵税额141 070元＞当期免抵退税额103 950元，所以：

当期应退税额=当期免抵退税额=103 950（元）

当期应免抵税额=0

免抵退增值税会计处理如下。

（1）货物出口时

会计分录同前例。

（2）内销产品时

分计分录同前例。

（3）申报出口免抵退时

借：应收出口退税款　　　　　　　　　　　　　　　　　　　　　　103 950

　　贷：应交税费——应交增值税（出口退税）　　　　　　　　　　103 950

该业务记账凭证后附：出口产品免抵退税计算表1张。

5．进项税额抵扣情况发生改变的账务处理

因发生非正常损失或改变用途等，原已计入进项税额、待抵扣进项税额或待认证进项税额，但按现行增值税制度规定不得从销项税额中抵扣的，借记"待处理财产损溢""应付职工薪酬""固定资产""无形资产"等科目，贷记"应交税费——应交增值税（进项税额转出）""应交税费——待抵扣进项税额"或"应交税费——待认证进项税额"科目；原不得抵扣且未抵扣进项税额的固定资产、无形资产等，因改变用途等用于允许抵扣进项税额的应税项目的，应按允许抵扣的进项税额，借记"应交税费——应交增值税（进项税额）"科目，贷记"固定资产""无形资产"等科目。固定资产、无形资产等经上述调整后，应按调整后的账面价值在剩余尚可使用寿命内计提折旧或摊销。

一般纳税人购进时已全额计提进项税额的货物或服务等转用于不动产在建工程的，对于结转以后期间的进项税额，应借记"应交税费——待抵扣进项税额"科目，贷记"应交税费——应交增值税（进项税额转出）"科目。

【例2-58】某生产企业为增值税一般纳税人，2019年投资新建厂房采用"甲供料"方式，与施工单位签订的建造合同中明确工程劳务费用1 800万元、辅助材料费用420万元（均含增值税），工程款一次性通过银行支付，取得工程款增值税专用发票并通过认证；购进工程所需钢材和水泥2 400万元，增值税408万元，分别取得增值税专用发票但未认证，货款未付，材料验收入库；新建厂房工程领用生产用原材料一批，成本200万元，其全部进项税额已申报抵扣。生产企业将外购钢材和水泥交给施工方用于在建工程并且增值税专用发票通过认证。

会计处理如下。

（1）一次性支付工程款时

$$当期可以抵扣的进项税额 = \frac{(18\ 000\ 000 + 4\ 200\ 000)}{1+10\%} \times 10\% \times 60\% = 1\ 210\ 909.09（元）$$

$$待抵扣进项税额 = \frac{(18\ 000\ 000 + 4\ 200\ 000)}{1+10\%} \times 10\% \times 40\% = 807\ 272.73（元）$$

借：在建工程——新建厂房　　　　　　　　　　　　　　　　20 181 818.18

　　应交税费——应交增值税（进项税额）　　　　　　　　　 1 210 909.09

　　　　　　——待抵扣进项税额　　　　　　　　　　　　　　 807 272.73

　　贷：银行存款　　　　　　　　　　　　　　　　　　　　 22 000 000

该业务记账凭证后附：增值税专用发票1张、银行付款凭证1张。

（2）购入钢材和水泥时

借：工程物资　　　　　　　　　　　　　　　　　　　　　　 24 000 000

　　应交税费——待认证进项税额　　　　　　　　　　　　　　 3 840 000

　　贷：应付账款　　　　　　　　　　　　　　　　　　　　 27 840 000

该业务记账凭证后附：工程物资入库单2张、增值税专用发票2张。

（3）将外购钢材和水泥交给施工方用于在建工程时

借：在建工程——新建厂房 24 000 000

　　贷：工程物资 24 000 000

该业务记账凭证后附：工程物资出库单 1 张。

（4）增值税专用发票认证时

当期可以抵扣的进项税额=3 840 000×60%=2 304 000（元）

待抵扣进项税额=3 840 000×40%=1 536 000（元）

借：应交税费——应交增值税（进项税额） 2 304 000

　　　　——待抵扣进项税额 1 536 000

　　贷：应交税费——待认证进项税额 3 840 000

该业务记账凭证后附：增值税专用发票认证说明 1 份。

（5）结转工程领用原材料时

借：在建工程——新建厂房 2 000 000

　　贷：原材料 2 000 000

该业务记账凭证后附：领料单 1 张。

进项税额转出=2 000 000×16%×40%=128 000（元）

借：应交税费——待抵扣进项税额 128 000

　　贷：应交税费——应交增值税（进项税额转出） 128 000

该业务记账凭证后附：进项税额转出说明 1 张。

6. 月末转出多交增值税和未交增值税的账务处理

月度终了，企业应当将当月应交未交或多交的增值税自"应交增值税"明细科目转入"未交增值税"明细科目。对于当月应交未交的增值税，借记"应交税费——应交增值税（转出未交增值税）"科目，贷记"应交税费——未交增值税"科目；对于当月多交的增值税，借记"应交税费——未交增值税"科目，贷记"应交税费——应交增值税（转出多交增值税）"科目。

月末结出"应交税费——应交增值税"明细账借、贷方发生额和余额。"应交税费——应交增值税"账户为贷方余额，表示本月应交未交的增值税额，应结转如下。

借：应交税费——应交增值税（转出未交增值税）

　　贷：应交税费——未交增值税

若"应交税费——应交增值税"账户为借方余额，由于月中有预缴税款的情况，故该借方余额不仅可能是尚未抵扣完的进项税额，还可能包含了多缴的部分，对于多缴的部分应结转如下。

借：应交税费——未交增值税

　　贷：应交税费——应交增值税（转出多交增值税）

月末结转后"应交税费——应交增值税"账户如果出现借方余额，则反映企业尚未抵扣、留待以后抵扣的进项税额，即留抵的进项税额。

7. 交纳增值税的账务处理

（1）交纳当月应交增值税的账务处理

企业交纳当月应交的增值税，借记"应交税费——应交增值税（已交税金）"科目，贷记"银行存款"科目。

若主管税务机关核定纳税人按日缴纳增值税，企业平时按核定纳税期纳税时，属预缴性质，下月初，在核实上月应交增值税额后，应于 15 日前清缴。

平时，企业在"应交税费——应交增值税"明细账中核算增值税涉税业务。当月上缴当月应交增值税额时的会计处理如下。

借：应交税费——应交增值税（已交税金）
　　贷：银行存款

（2）交纳以前期间未交增值税的账务处理

若主管税务机关核定纳税人按月缴纳增值税，企业于次月 15 日前交纳以前期间未交的增值税，借记"应交税费——未交增值税"科目，贷记"银行存款"科目。

上缴以前月份的未缴增值税时的会计分录如下。

借：应交税费——未交增值税
　　贷：银行存款

"应交税费——未交增值税"账户贷方余额，表示应交未交的增值税额；若"应交税费——未交增值税"账户为借方余额，表示多缴的增值税。

（3）预缴增值税的账务处理

企业预缴增值税时，借记"应交税费——预交增值税"科目，贷记"银行存款"科目。月末，企业应将"预交增值税"明细科目余额转入"未交增值税"明细科目，借记"应交税费——未交增值税"科目，贷记"应交税费——预交增值税"科目。房地产开发企业等在预缴增值税后，应直至纳税义务发生时方可从"应交税费——预交增值税"科目结转至"应交税费——未交增值税"科目。

【例 2-59】某房地产公司为增值税一般纳税人，2018 年 5 月，采用预收款方式销售 A 项目商品房通过银行收取房款 5 500 万元（含增值税）。A 项目商品房为 2016 年 4 月 30 日以后开发的新项目。合同约定于 2018 年 12 月交房。新项目采用一般计税方法，适用税率为 10%，税法规定按照 3% 的预征率预缴增值税。假定 2018 年 12 月可以抵扣的增值税进项税额为 300 万元。该公司采用现销方式销售 B 项目商品房通过银行收取房款 3 150 万元（含增值税），B 项目商品房为 2016 年 4 月 30 日以前开发的老项目并且已经交房。对此，公司选择简易计税方法按 5% 计算上交增值税，并开出增值税发票。

会计处理如下（单位：万元）。

（1）预收房款时

借：银行存款　　　　　　　　　　　　　　　　　　　　　　　　　　5 500
　　贷：预收账款　　　　　　　　　　　　　　　　　　　　　　　　　　5 500

该业务记账凭证后附：银行收款凭证 1 张、房屋销售专用收据记账联 1 张。

（2）预缴增值税时

$$预缴增值税税额 = \frac{5\,500}{1+10\%} \times 3\% = 150（万元）$$

借：应交税费——预交增值税　　　　　　　　　　　　　　　　　　　150
　　贷：银行存款　　　　　　　　　　　　　　　　　　　　　　　　　　150

该业务记账凭证后附：税收缴款书 1 张。

$$简易计税方法不含税销售额 = \frac{3\,150}{1+5\%} = 3\,000（万元）$$

简易计税方法应纳增值税税额 = 3 000 × 5% = 150（万元）

借：银行存款　　　　　　　　　　　　　　　　　　　　　　　　　　3 150
　　贷：主营业务收入　　　　　　　　　　　　　　　　　　　　　　　　3 000
　　　　应交税费——简易计税　　　　　　　　　　　　　　　　　　　　150

该业务记账凭证后附：银行收款凭证 1 张、增值税发票记账联 1 张。

（3）次月上交增值税时

借：应交税费——简易计税 150

 贷：银行存款 150

该业务记账凭证后附：税收缴款书 1 张。

（4）2017 年 12 月交房时

一般计税方法不含税销售额 $=\dfrac{5\,500}{1+10\%}=5\,000$（万元）

一般计税方法应纳增值税税额 $=5\,000\times10\%=500$（万元）

借：预收账款 5 500

 贷：主营业务收入——A 项目 5 000

  应交税费——应交增值税（销项税额） 500

该业务记账凭证后附：增值税发票记账联 1 张。

同时需结转预缴增值税，会计分录如下。

借：应交税费——未交增值税 150

 贷：应交税费——预交增值税 150

该业务记账凭证后附：结转预缴增值税说明 1 份。

（5）结转当月应交增值税时

当月应纳增值税税额 $=550-300=250$（万元）

借：应交税费——应交增值税（转出未交增值税） 200

 贷：应交税费——未交增值税 200

该业务记账凭证后附：应交增值税计算表 1 张。

（6）次月实际上交增值税时

借：应交税费——未交增值税 50

 贷：银行存款 50

该业务记账凭证后附：税收缴款书 1 张。

（4）减免增值税的账务处理

① 直接减免增值税的会计处理

对于当期直接减免的增值税，企业应借记"应交税金——应交增值税(减免税款)"科目，贷记损益类相关科目。

【例 2-60】某药店为增值税一般纳税人，2018 年 7 月份销售计划生育用品一批，含税价款 140 400 元，以现金结算货款。

会计处理如下。

（1）销售商品时

销项税额 $=\dfrac{140\,400}{1+16\%}\times16\%=19\,365.52$（元）

借：库存现金 140 400

 贷：主营业务收入——某免税产品 121 034.48

  应交税费——应交增值税（销项税额） 19 365.52

该业务记账凭证后附：增值税普通发票 1 张、销售清单 1 张。

（2）结转减免税款时

借：应交税费——应交增值税（减免税款） 19 365.52

 贷：其他收益 19 365.52

该业务记账凭证后附：减免税款说明 1 张。

② 即征即退增值税的会计处理

税法规定，对符合条件的应税事项（如软件企业上交的超过 3% 的增值税部分、残疾人每人每年 3.5 万元增值税优惠），采用增值税即征即退的办法，即企业在向主管税务机关办理增值税纳税的同时，办理增值税的退税手续。

上缴增值税时的会计分录如下。

借：应交税费——应交增值税（已交税金）

　　或应交税费——未交增值税

　　贷：银行存款

退税时的会计分录如下。

借：银行存款

　　贷：其他收益

③ 先征收后返还增值税的会计处理

企业销售货物时正常计税，并按规定纳税期限正常交税。日后按有关规定收到财政部门的退税款时，计入"营业外收入——政府补助"账户，再按所得税规定，计入应税所得额或免交所得税。

【例 2-61】根据有关规定，财政部门应返还某公司 6 月使用生物柴油增值税款 30 600 元。7 月 15 日，该公司实际收到该笔退税款。

会计处理如下。

（1）6 月末应收财政返还时

借：其他应收款——增值税返还　　　　　　　　　　　　　　　　　30 600

　　贷：其他收益　　　　　　　　　　　　　　　　　　　　　　　　　30 600

该业务记账凭证后附：应收增值税返还计算表 1 张。

（2）7 月 15 日实际收到退税款时

借：银行存款　　　　　　　　　　　　　　　　　　　　　　　　　30 600

　　贷：其他应收款——增值税返还　　　　　　　　　　　　　　　　　30 600

该业务记账凭证后附：银行收款凭证 1 张。

8．增值税期末留抵税额的账务处理

纳入营改增试点当月月初，原增值税一般纳税人应按不得从销售服务、无形资产或不动产的销项税额中抵扣的增值税留抵税额，借记"应交税费——增值税留抵税额"科目，贷记"应交税费——应交增值税（进项税额转出）"科目。待以后期间允许抵扣时，按允许抵扣的金额，借记"应交税费——应交增值税（进项税额）"科目，贷记"应交税费——增值税留抵税额"科目。

9．增值税税控系统专用设备和技术维护费用抵减增值税额的账务处理。

按现行增值税制度规定，企业初次购买增值税税控系统专用设备支付的费用以及缴纳的技术维护费允许在增值税应纳税额中全额抵减的，按规定抵减的增值税应纳税额，借记"应交税费——应交增值税（减免税款）"科目，贷记"管理费用"等科目。

【例 2-62】某企业 2016 年 5 月实行全面营改增后核定为增值税一般纳税人，于当月首次购入价款为 820 元的增值税税控系统专用设备，通过银行转账付款。以后年度每年支付技术维护费 330 元。

支付增值税税控系统专用设备购置费，会计处理如下

借：管理费用——办公费　　　　　　　　　　　　　　　　　　　820

　　贷：银行存款　　　　　　　　　　　　　　　　　　　　　　　　820

该业务记账凭证后附：增值税发票 1 张、银行付款凭证 1 张。

同时，抵减应纳税额。

借：应交税费——应交增值税（减免税款）　　　　　　　　　　　820

　　　　贷：管理费用——办公费　　　　　　　　　　　　　　　820

该业务记账凭证后附：减免税款说明 1 份。

以后年度每年支付技术维护费 330 元时，会计处理同上。

10. 增值税纳税调整的会计处理

增值税一般纳税人在税务机关对其增值税纳税情况进行检查后，凡涉及增值税账务调整的，根据国税发〔1998〕44 号国家税务总局关于印发《增值税日常稽查办法》的通知，应设立"应交税费——增值税检查调整"专门账户。

凡检查后应调减账面进项税额或调增销项税额和进项税额转出的数额，相关会计处理如下。

　　借：有关账户

　　　　贷：应交税费——增值税检查调整

凡检查后应调增账面进项税额或调减销项税额和进项税额转出的数额，相关会计处理如下。

　　借：应交税费——增值税检查调整

　　　　贷：有关账户

全部调账事项入账后，应结出本账户的余额，并对该余额进行处理。若余额在借方，则全部视同留抵进项税额，按借方余额数，则借记"应交税费——应交增值税（进项税额）"账户，贷记本账户；若余额在贷方，借记本账户，贷记"应交税费——未交增值税"账户。

上述账务调整应按纳税期逐期进行。根据检查核实后一般纳税人当期全部的销项税额与进项税额（包括当期留抵税额），重新计算当期全部应纳税额，若应纳税额为正数，应当作补税处理；若应纳税额为负数，应当核减期末留抵税额。

【例 2-63】2017 年 6 月，某市国税稽查局对某公司（增值税一般纳税人）2016 年度增值税进行检查时发现：2016 年 12 月，该公司存货由于管理不善发生霉烂变质损失，该损失被全部计入"营业外支出"账户，其中增值税进项税额 3 400 元未转出；将自产产品作为福利发放给职工，未按视同销售进行税务处理，少计算增值税销项税额 4 250 元；公司上年 12 月底"应交税费——应交增值税"账户为借方余额 1 550 元。据此，稽查局做出补缴增值税 6 100 元、加收滞纳金和罚款 9 300 元的决定。公司当即缴纳了上述税款、滞纳金和罚款。假定该公司企业所得税税率为 25%，2016 年度企业所得税汇算清缴后应交企业所得税 50 万元，当年未计提法定盈余公积金，经专项申报后冲减多交企业所得税。

会计处理如下。

（1）转出非正常损失存货的增值税进项税额时

　　借：以前年度损益调整　　　　　　　　　　　　　　　　3 400

　　　　贷：应交税费——增值税检查调整　　　　　　　　　　　　3 400

该业务记账凭证后附：增值税检查说明 1 份。

（2）补提视同销售的增值税销项税额时

　　借：应付职工薪酬——非货币性福利　　　　　　　　　　4 250

　　　　贷：应交税费——增值税检查调整　　　　　　　　　　　　4 250

该业务记账凭证后附：增值税检查说明 1 份。

（3）补提非货币性福利时

　　借：以前年度损益调整　　　　　　　　　　　　　　　　4 250

　　　　贷：应付职工薪酬——非货币性福利　　　　　　　　　　4 250

该业务记账凭证后附：补提非货币性福利说明 1 份。

（4）冲减多交企业所得税时

应冲减多交企业所得税=（3 400+4 250）×25%=1 912.50（元）

借：应交税费——应交所得税　　　　　　　　　　　　　　　1 912.50

　　贷：以前年度损益调整　　　　　　　　　　　　　　　　　　　1 912.50

该业务记账凭证后附：企业所得税计算表 1 张。

（5）结转净利润时

借：利润分配——未分配利润　　　　　　　　　　　　　　　5 737.50

　　贷：以前年度损益调整　　　　　　　　　　　　　　　　　　　5 737.50

该业务记账凭证后附：净利润计算表 1 张。

（6）结转"应交税费——增值税检查调整"明细账户的贷方余额为 7 650 元时

借：应交税费——增值税检查调整　　　　　　　　　　　　　7 650

　　贷：应交税费——未交增值税　　　　　　　　　　　　　　　　7 650

该业务记账凭证后附：转账说明 1 份。

（7）实际缴纳查补的增值税、滞纳金和罚款时

借：应交税费——未交增值税　　　　　　　　　　　　　　　6 100

　　营业外支出——罚款支出　　　　　　　　　　　　　　　9 300

　　贷：银行存款　　　　　　　　　　　　　　　　　　　　　　15 400

该业务记账凭证后附：银行电子缴税付款凭证 2 张。

公司在 2017 年度企业所得税汇算清缴时，因税款的滞纳金和罚款不得在税前扣除，所以企业所得税年度汇算清缴时应调增应纳税所得额 9 300 元。

（三）财务报表相关项目列示

"应交税费"科目下的"应交增值税""未交增值税""待抵扣进项税额""待认证进项税额""增值税留抵税额"等明细科目期末借方余额应根据情况，在资产负债表中的"其他流动资产"或"其他非流动资产"项目列示；"应交税费——待转销项税额"等科目期末贷方余额应根据情况，在资产负债表中的"其他流动负债"或"其他非流动负债"项目列示；"应交税费"科目下的"未交增值税""简易计税""转让金融商品应交增值税""代扣代交增值税"等科目期末贷方余额应在资产负债表中的"应交税费"项目列示。

二、小规模纳税人会计处理方法

小规模纳税人采用增值税简易计税方法，不实行税款抵扣，应以不含税销售额乘以征收率，计算应缴增值税。

（一）增值税会计科目设置

由于小规模纳税人不实行税款抵扣办法，所以，只需通过"应交税费——应交增值税"科目反映增值税的应缴、上缴和欠缴情况，无须再设明细项目。该科目的贷方反映企业应缴的增值税额，借方反映企业实际上缴的增值税额，期末贷方余额反映企业尚未上缴或欠缴的增值税额，期末借方余额则反映多缴的增值税额。

根据财会〔2016〕22 号《增值税会计处理规定》，小规模纳税人只需在"应交税费"科目下设置"应交增值税"明细科目，不需要设置专栏及除"转让金融商品应交增值税""代扣代交增值税"外的明细科目。

（二）增值税业务的会计处理方法

1．小规模纳税人购进货物的会计处理

由于小规模纳税人不实行税款抵扣制，所以，不论收到普通发票还是增值税专用发票，其所付税款均不应单独反映，应直接计入采购成本，会计处理如下。

借：材料采购（或原材料、管理费用）

贷：应付账款（或银行存款、库存现金）

【例 2-64】 某公司为增值税小规模纳税人，材料按实际成本计价核算。2018 年 5 月购入原材料一批，取得普通发票列明价款 8 800 元，增值税 1 408 元，货款通过银行付清、材料验收入库。

会计处理如下。

借：原材料   10 208

  贷：银行存款   10 208

该业务记账凭证后附：货物增值税普通发票 1 张、收料单 1 张、银行付款凭证 1 张。

2．小规模纳税人销售产品的会计处理

小规模纳税人应按不含税价款确认收入，并根据不含税价款、按照 3% 的征收率计算应交增值税。

【例 2-65】 某制造企业为增值税小规模纳税人，销售一批产品含税销售收入 10 000 元，货款尚未收到。

会计处理如下。

$$不含税销售额=\frac{10\,000}{1+3\%}=9\,708.74（元）$$

应纳增值税税额=9 708.74×3%=291.26（元）

借：应收账款   10 000

  贷：主营业务收入   9 708.74

    应交税费——应交增值税   291.26

该业务记账凭证后附：销售商品增值税普通发票 1 张。

3．小规模纳税人上缴增值税的会计处理

【例 2-66】 某小规模纳税人缴纳增值税 5 300 元。

会计处理如下。

借：应交税费——应交增值税   5 300

  贷：银行存款   5 300

该业务记账凭证后附：增值税缴款书 1 张。

4．小规模纳税人免征增值税的会计处理

小微企业在取得销售收入时，应当按照税法的规定计算应交增值税，并确认为应交税费，在达到增值税制度规定的免征增值税条件时，将有关应交增值税转入当期损益。

【例 2-67】 某小规模纳税人 2017 年 5 月取得销售收入 30 000 元，开出增值税普通发票，货款收存银行。

会计处理如下。

$$5 月不含税销售额=\frac{30\,000}{1+3\%}=29\,126.21（元）$$

5 月应纳增值税税额=29 126.21×3%=873.79（元）

借：银行存款   30 000

  贷：主营业务收入   29 126.21

    应交税费——应交增值税   873.79

该业务记账凭证后附：增值税普通发票 1 张、银行收款凭证 1 张。

由于当月不含税销售额不满 100 000，故予以免征，会计处理如下。

借：应交税费——应交增值税   873.79

　　　　贷：其他收益　　　　　　　　　　　　　　　　　873.79

该业务记账凭证后附：增值税减免说明 1 张。

思考题

1. 增值税视同销售行为有哪些？
2. 试述一般纳税人与小规模纳税人增值税会计核算的区别。
3. 如何进行进项税额和销项税额的会计处理？
4. 不得抵扣的进项税额有哪些？
5. 简述出口产品免抵退税的计算方法。
6. 简述一般纳税人应交增值税的科目设置方法。

第三章 消费税会计

学习目标

- 了解我国消费税的相关规定
- 熟悉我国消费税的计算方法
- 掌握消费税会计处理方法

关键词

消费税 应税产品 会计处理

引例

卷烟既缴纳增值税，又缴纳消费税；卷烟消费税既在生产环节缴纳，又在批发环节缴纳；卷烟应缴消费税既从价计征，又从量计征。因此，在我国所有产品中卷烟税负最重。

第一节 消费税现行税制

现行消费税制的基本规范，是 2008 年 11 月 5 日经国务院第 34 次常务会议修订通过并颁布，自 2009 年 1 月 1 日起施行修订后的《消费税暂行条例》，以及 2008 年 12 月 15 日财政部、国家税务总局第 51 号令颁布的《消费税暂行条例实施细则》。

消费税是对特定的消费品和消费行为在特定的环节征收的一种税。目前，消费税是对在我国境内生产、委托加工和进口消费税暂行条例规定的消费品的单位和个人，以及国务院确定的销售消费税暂行条例规定的消费品的其他单位和个人，就其销售额或销售数量征收的一种税。

一、纳税义务人与纳税环节

（一）纳税义务人

在中华人民共和国境内生产、委托加工和进口消费税暂行条例规定的消费品的单位和个人，以及国务院确定的销售消费税暂行条例规定的消费品的其他单位和个人，为消费税的纳税人，应当依照消费税暂行条例缴纳消费税。

单位是指企业、行政单位、事业单位、军事单位、社会团体及其他单位。

个人是指个体工商户及其他个人。

在中华人民共和国境内是指生产、委托加工和进口属于应当缴纳消费税的消费品的起运地或者所在地在境内。

（二）纳税环节

消费税的纳税环节分布于以下六个环节。

1．生产销售环节

生产应税消费品用于销售是消费税征收的主要环节。消费税除少数应税消费品外，具有单一环节征税的特点，即在生产销售环节征税以后，货物在流通环节无论再流转多少次，不用再缴纳消费税。生产应税消费品除直接对外销售应征收消费税外，纳税人将生产的应税消费品换取生产资料、消费资料、投资入股、偿还债务，以及用于继续生产应税消费品以外的其他方面都应缴纳消费税。

2．委托加工环节

委托加工的应税消费品，除受托方为个人外，由受托方在向委托方交货时代收代缴税款。委托加工应税消费品是指委托方提供原料和主要材料，受托方只收取加工费和代垫部分辅助材料加工的应税消费品。由受托方提供原材料或其他情形的一律不能视同加工应税消费品；委托加工的应税消费品收回后，再继续用于生产应税消费品销售的，其加工环节缴纳的消费税款可以扣除。

3．进口环节

单位和个人进口货物属于消费税征税范围的，在进口环节也要缴纳消费税。为了减少征税成本，进口环节缴纳的消费税由海关代征。

4．零售环节

经国务院批准自1995年1月1日起，金银首饰消费税由生产销售环节征收改为零售环节征收。改在零售环节征收消费税的金银首饰仅限于金基、银基合金首饰以及金、银和金基、银基合金的镶嵌首饰。零售环节适用税率为5%，在纳税人销售金银首饰时征收。计税依据是不含增值税的销售额。

2001年11月1日对钻石及钻石饰品消费税的纳税环节由现在的生产环节、进口环节后移至零售环节；2003年5月1日对铂金首饰消费税的征收环节由现行在生产环节和进口环节征收改为在零售环节征收，零售环节适用税率为5%。

自2016年12月1日起，增设超级豪华小汽车子目，零售价格在130万元（不含增值税）及以上的乘用车和中轻型商用客车，在零售环节加征一道消费税。

5．移送使用环节

纳税人自产自用的应税消费品，用于连续生产应税消费品的，不纳税；用于其他方向的，于移送使用时纳税。

6．批发环节

对于卷烟，除在生产环节销售征收消费税外，还在商业批发环节征收一道消费税。

二、税目与税率

（一）税目

按照《消费税暂行条例》规定，2006年、2014年和2015年三次调整后，确定征收消费税的有烟、酒、化妆品等15个税目，有的税目还进一步划分若干子目。消费税属于价内税。并实行单一环节征收（卷烟除外），一般在应税消费品的生产、委托加工和进口环节缴纳，在以后的批发、零售等环节中，由于价款中已包含消费税，所以不必再缴纳消费税。

1．烟

凡是以烟叶为原料加工生产的产品，不论使用何种辅料，均属于本税目的征收范围，包括卷烟（进口卷烟、白包卷烟、手工卷烟和未经国务院批准纳入计划的企业及个人生产的卷烟）、雪茄烟和烟丝。

在"烟"税目下分"卷烟"等子目，"卷烟"又分"甲类卷烟"和"乙类卷烟"。

甲类卷烟是指每标准条（200 支，下同）调拨价格在 70 元（含 70 元，不含增值税）以上的卷烟；乙类卷烟是指每标准条调拨价格在 70 元（不含 70 元，不含增值税）以下的卷烟。

自 2009 年 5 月 1 日起，在卷烟批发环节加征一道从价税，自 2015 年 5 月 10 日起，将卷烟批发环节的消费税改为从价加从量税。在中华人民共和国境内从事卷烟批发业务的单位和个人，批发销售的所有牌号规格的卷烟，从价税税率由 5% 提高至 11%，并按 0.005 元/支加征从量税。

纳税人兼营卷烟批发和零售业务的，应当分别核算批发和零售环节的销售额、销售数量；未分别核算批发和零售环节销售额、销售数量的，按照全部销售额、销售数量计征批发环节消费税。

2．酒

酒是酒精度在 1 度以上的各种酒类饮料。酒类包括粮食白酒、薯类白酒、黄酒、啤酒和其他酒。

每吨啤酒出厂价格（含包装物及包装物押金）在 3 000 元（含 3 000 元，不含增值税）以上的，按单位税额 250 元/吨征收消费税；每吨啤酒出厂价格在 3 000 元（不含 3 000 元，不含增值税）以下的，按单位税额 220 元/吨征收消费税。对饮食业、商业、娱乐业举办的啤酒屋（啤酒坊）利用啤酒生产设备生产的啤酒，应当按单位税额 250 元/吨征收消费税。果啤均属于啤酒，应按规定征收消费税。

配制酒（露酒）是指以发酵酒、蒸馏酒或食用酒精为酒基，加入可食用或药食两用的辅料或食品添加剂，进行调配、混合或再加工制成的、并改变了其原酒基风格的饮料酒。具体规定如下。

（1）以蒸馏酒或食用酒精为酒基，具有国家相关部门批准的国食健字或卫食健字文号并且酒精度低于 38 度（含）的配制酒，按消费税税目税率表"其他酒"10% 适用税率征收消费税。

（2）以发酵酒为酒基，酒精度低于 20 度（含 20 度）的配制酒，按消费税税目税率表"其他酒"10% 适用税率征收消费税。

（3）其他配制酒，按消费税税目税率表"白酒"适用税率征收消费税。

3．高档化妆品

高档化妆品是指单位价值超过一定标准的化妆品，其征收范围包括高档美容、修饰类化妆品、高档护肤类化妆品和成套化妆品。

高档美容、修饰类化妆品和高档护肤类化妆品是指生产（进口）环节销售（完税）价格（不含增值税）在 10 元/毫升（克）或 15 元/片（张）及以上的美容、修饰类化妆品和护肤类化妆品。

4．贵重首饰及珠宝玉石

本税目包括：凡以金、银、白金、宝石、珍珠、钻石、翡翠、珊瑚、玛瑙等高贵稀有物质以及其他金属、人造宝石等制作的各种纯金银首饰及镶嵌首饰和经采掘、打磨、加工的各种珠宝玉石。对出国人员免税商店销售的金银首饰征收消费税。

5．鞭炮、焰火

本税目包括各种鞭炮和焰火。体育上用的发令纸、鞭炮药引线，不按本税目征收。

6．成品油

本税目包括汽油、柴油、石脑油、溶剂油、航空煤油、润滑油、燃料油等 7 个子目。航空煤油暂缓征收。

（1）汽油

汽油是指用原油或其他原料加工生产的辛烷值不小于 66 的可用作汽油发动机燃料的各种轻质油。取消车用含铅汽油消费税，汽油税目不再划分二级子目，统一按照无铅汽油税率征收消费税。

以汽油、汽油组分调和生产的甲醇汽油、乙醇汽油也属于本税目征收范围。

（2）柴油

柴油是指用原油或其他原料加工生产的倾点或凝点在 -50 号至 30 号的可用作柴油发动机燃料的各种轻质油和以柴油组分为主、经调和精制可用作柴油发动机燃料的非标油。

以柴油、柴油组分调和生产的生物柴油也属于本税目征收范围。

（3）石脑油

石脑油又叫化工轻油，是以原油或其他原料加工生产的用于化工原料的轻质油。

石脑油的征收范围包括除汽油、柴油、航空煤油、溶剂油以外的各种轻质油。非标汽油、重整生成油、拔头油、戊烷原料油、轻裂解料（减压柴油 VGO 和常压柴油 AGO）、重裂解料、加氢裂化尾油、芳烃抽余油均属轻质油，属于石脑油征收范围。

（4）溶剂油

溶剂油是用原油或其他原料加工生产的用于涂料、油漆、食用油、印刷油墨、皮革、农药、橡胶、化妆品生产和机械清洗、胶粘行业的轻质油。

橡胶填充油、溶剂油原料，属于溶剂油征收范围。

（5）航空煤油

航空煤油也叫喷气燃料，是用原油或其他原料加工生产的用作喷气发动机和喷气推进系统燃料的各种轻质油。

（6）润滑油

润滑油是用原油或其他原料加工生产的用于内燃机、机械加工过程的润滑产品。润滑油分为矿物性润滑油、植物性润滑油、动物性润滑油和化工原料合成润滑油。

（7）燃料油

燃料油也称重油、渣油，是用原油或其他原料加工生产，主要用作电厂发电、锅炉用燃料、加热炉燃料、冶金和其他工业炉燃料。蜡油、船用重油、常压重油、减压重油、180CTS 燃料油、7 号燃料油、糠醛油、工业燃料、4-6 号燃料油等油品的主要用途是作为燃料燃烧，属于燃料油征收范围。

7．小汽车

小汽车是指由动力驱动，具有 4 个或 4 个以上车轮的非轨道承载的车辆。

本税目征收范围包括含驾驶员座位在内最多不超过 9 个座位（含 9 座）的、在设计和技术特性上用于载运乘客和货物的各类乘用车和含驾驶员座位在内的座位数在 10 座~23 座（含 23 座）的、在设计和技术特性上用于载运乘客和货物的各类中轻型商用客车。

用排气量小于 1.5 升（含 1.5 升）的乘用车底盘（车架）改装、改制的车辆属于乘用车征收范围。用排气量大于 1.5 升的乘用车底盘（车架）或用中轻型商用客车底盘（车架）改装、改制的车辆属于中轻型商用客车征收范围。

含驾驶员人数（额定载客）为区间值的（如 8 人~10 人；17 人~26 人）小汽车，按其区间值下限人数确定征收范围。

本税目包含"超豪华小汽车"子税目。征收范围为每辆零售价格 130 万元（不含增值税）及以上的乘用车和中轻型商用客车。

电动汽车不属于本税目征收范围。车身长度大于 7 米（含 7 米），并且座位在 10 座~23 座（含 23 座）的商用客车，不属于中轻型商用客车征税范围，不征收消费税。沙滩车、雪地车、卡丁车、高尔夫车不属于消费税征收范围，不征收消费税。

8. 摩托车

摩托车是指气缸容量为 250 毫升和 250 毫升（不含 250 毫升）以上的摩托车。

9. 高尔夫球及球具

高尔夫球及球具是指从事高尔夫球运动所需的各种专用装备，包括高尔夫球、高尔夫球杆及高尔夫球包（袋）等。

高尔夫球是指重量不超过 45.93 克、直径不超过 42.67 毫米的高尔夫球运动比赛、练习用球；高尔夫球杆是指被设计用来打高尔夫球的工具，由杆头、杆身和握把三部分组成；高尔夫球包（袋）是指专用于盛装高尔夫球及球杆的包（袋）。

本税目征收范围包括高尔夫球、高尔夫球杆、高尔夫球包（袋）。高尔夫球杆的杆头、杆身和握把属于本税目的征收范围。

10. 高档手表

高档手表是指销售价格（不含增值税）每只在 10 000 元（含 10 000 元）以上的各类手表。

本税目征收范围包括符合以上标准的各类手表。

11. 游艇

游艇是指长度大于 8 米小于 90 米，船体由玻璃钢、钢、铝合金、塑料等多种材料制作，可以在水上移动的水上浮载体。按照动力划分，游艇分为无动力艇、帆艇和机动艇。

本税目征收范围包括艇身长度大于 8 米（含 8 米）小于 90 米（含 90 米），内置发动机，可以在水上移动，一般为私人或团体购置，主要用于水上运动和休闲娱乐等非牟利活动的各类机动艇。

12. 木制一次性筷子

木制一次性筷子又称为卫生筷子，是指以木材为原料经过锯段、浸泡、旋切、刨切、烘干、筛选、打磨、倒角、包装等环节加工而成的各类供一次性使用的筷子。

本税目征收范围包括各种规格的木制一次性筷子。未经打磨、倒角的木制一次性筷子属于本税目征税范围。

13. 实木地板

实木地板是指以木材为原料，经锯割、干燥、刨光、截断、开榫、涂漆等工序加工而成的块状或条状的地面装饰材料。实木地板按生产工艺不同，可分为独板（块）实木地板、实木指接地板、实木复合地板三类；按表面处理状态不同，可分为未涂饰地板（白坯板、素板）和漆饰地板两类。

本税目征收范围包括各类规格的实木地板、实木指接地板、实木复合地板及用于装饰墙壁、天棚的侧端面为榫、槽的实木装饰板。未经涂饰的素板也属于本税目征税范围。

14. 电池

电池是一种将化学能、光能等直接转换为电能的装置，一般由电极、电解质、容器、极端，通常还有隔离层组成的基本功能单元，以及用一个或多个基本功能单元装配成的电池组。范围包括原电池、蓄电池、燃料电池、太阳能电池和其他电池。

15. 涂料

涂料是指涂于物体表面能形成具有保护、装饰或特殊性能的固态涂膜的一类液体或固体材料之总称。

（二）税率

消费税采用比例税率和定额税率两种形式，以适应不同应税消费品的实际情况。

消费税根据不同的税目或子目确定相应的税率或单位税额。例如，白酒税率为 20%，摩托车税率为 3% 等；黄酒、啤酒、汽油、柴油等分别按单位重量或单位体积确定单位税额。经整理汇总的消费税税目、税率（税额）如表 3-1 所示。

表 3-1 消费税税目、税率表

税 目	税 率
一、烟	
1.卷烟	
（1）甲类卷烟	56% 加 0.003 元/支（生产销售环节）
（2）乙类卷烟	36% 加 0.003 元/支（生产销售环节）
（3）批发环节	11% 加 0.005 元/支
2.雪茄烟	36%
3.烟丝	30%
二、酒	
1.白酒	20% 加 0.5 元/500 克（或 500 毫升）
2.黄酒	240 元/吨
3.啤酒	
（1）甲类啤酒	250 元/吨
（2）乙类啤酒	220 元/吨
4.其他酒	10%
三、高档化妆品	15%
四、贵重首饰及珠宝玉石	
1.金银首饰、铂金首饰和钻石及钻石饰品（零售环节）	5%
2.其他贵重首饰和珠宝玉石	10%
五、鞭炮、焰火	15%
六、成品油	
1.汽油	1.52 元/升
2.柴油	1.20 元/升
3.航空煤油	1.20 元/升
4.石脑油	1.52 元/升
5.溶剂油	1.52 元/升
6.润滑油	1.52 元/升
7.燃料油	1.20 元/升
七、摩托车	
1.气缸容量（排气量，下同）为 250 毫升的	3%
2.气缸容量在 250 毫升以上的	10%
八、小汽车	
1.乘用车	
（1）气缸容量（排气量，下同）在 1.0 升（含 1.0 升）以下的	1%
（2）气缸容量在 1.0 升以上至 1.5 升（含 1.5 升）的	3%
（3）气缸容量在 1.5 升以上至 2.0 升（含 2.0 升）的	5%
（4）气缸容量在 2.0 升以上至 2.5 升（含 2.5 升）的	9%

续表

税　目	税　率
（5）气缸容量在 2.5 升以上至 3.0 升（含 3.0 升）的	12%
（6）气缸容量在 3.0 升以上至 4.0 升（含 4.0 升）的	25%
（7）气缸容量在 4.0 升以上的	40%
2.中轻型商用客车	5%
3.超级豪华小汽车（零售环节）	10%
九、高尔夫球及球具	10%
十、高档手表	20%
十一、游艇	10%
十二、木制一次性筷子	5%
十三、实木地板	5%
十四、电池	4%
十五、涂料	4%

三、计税依据

按照现行消费税法的基本规定，消费税应纳税额的计算主要分为从价计征、从量计征和从价从量复合计征三种方法。

（一）从价计征

在从价定率计算方法下，应纳税额等于应税消费品的销售额乘以适用税率，应纳税额的多少取决于应税消费品的销售额和适用税率两个因素。

1．销售额的确定

销售额为纳税人销售应税消费品向购买方收取的全部价款和价外费用，但不包括应向购买方收取的增值税税款。价外费用是指价外向购买方收取的手续费、补贴、基金、集资费、返还利润、奖励费、违约金、滞纳金、延期付款利息、赔偿金、代收款项、代垫款项、包装费、包装物租金、储备费、优质费、运输装卸费以及其他各种性质的价外收费，但下列项目不包括在内。

（1）同时符合以下条件的代垫运输费用。

① 承运部门的运输费用发票开具给购买方的。

② 纳税人将该项发票转交给购买方的。

（2）同时符合以下条件代为收取的政府性基金或者行政事业性收费。

① 由国务院或者财政部批准设立的政府性基金，由国务院或者省级人民政府及其财政、价格主管部门批准设立的行政事业性收费。

② 收取时开具省级以上财政部门印制的财政票据。

③ 所收款项全额上缴财政。

其他价外费用，无论是否属于纳税人的收入，均应并入销售额计算征税。

实行从价定率办法计算应纳税额的应税消费品连同包装物销售的，无论包装物是否单独计价，也不论在会计上如何核算，均应并入应税消费品的销售额中征收消费税。如果包装物不作价随同产品销售，而是收取押金，此项押金则不应并入应税消费品的销售额中征税。但对因逾期未收回的包装物不再退还的或者已收取的时间超过 12 个月的押金，应并入应税消费品的销售额，按照应税消费品的适用税率缴纳消费税。

对既作价随同应税消费品销售，又另外收取押金的包装物的押金，凡纳税人在规定的期限内没有退还的，均应并入应税消费品的销售额，按照应税消费品的适用税率缴纳消费税。

纳税人销售的应税消费品，以外汇结算销售额的，其销售额的人民币折合率可以选择结算的当天或者当月 1 日的国家外汇牌价（原则上为中间价）。纳税人应在事先确定采取何种折合率，确定后 1 年内不得变更。

2．含增值税销售额的换算

应税消费品在缴纳消费税的同时，与一般货物一样，还应缴纳增值税。按照《消费税暂行条例实施细则》的规定，应税消费品的销售额，不包括应向购货方收取的增值税税款。如果纳税人应税消费品的销售额中未扣除增值税税款或者因不得开具增值税专用发票而发生价款和增值税税款合并收取的，在计算消费税时，应将含增值税的销售额换算为不含增值税税款的销售额。相关换算公式如下。

$$应税消费品的销售额 = \frac{含增值税的销售额}{1 + 增值税税率或征收率}$$

在使用换算公式时，应根据纳税人的具体情况分别使用增值税税率或征收率。如果消费税的纳税人是增值税一般纳税人的，应适用增值税税率；如果消费税的纳税人是增值税小规模纳税人的，应适用 3% 的征收率。

3．超级豪华小汽车零售环节消费税的计算公式

$$应纳税额 = 零售环节销售额（不含增值税，下同）\times 零售环节税率$$

国内汽车生产企业直接销售给消费者的超级豪华小汽车，消费税税率按照生产环节税率和零售环节税率加总计算，对应的消费税应纳税额计算公式如下。

$$应纳税额 = 销售额 \times（生产环节税率 + 零售环节税率）$$

（二）从量计征

在从量定额计算方法下，应纳税额等于应税消费品的销售数量乘以单位税额，应纳税额的多少取决于应税消费品的销售数量和单位税额两个因素。

1．销售数量的确定

销售数量是指纳税人生产、加工和进口应税消费品的数量。具体规定如下。

① 销售应税消费品的，为应税消费品的销售数量。

② 自产自用应税消费品的，为应税消费品的移送使用数量。

③ 委托加工应税消费品的，为纳税人收回的应税消费品数量。

④ 进口的应税消费品，为海关核定的应税消费品进口征税数量。

2．计量单位的换算标准

《消费税暂行条例》规定，黄酒、啤酒是以吨为税额单位；汽油、柴油是以升为税额单位。但是，考虑到在实际销售过程中，一些纳税人会把吨或升这两个计量单位混用，故规范了不同产品的计量单位；以准确计算应纳税额，吨与升两个计量单位的换算标准如表 3-2 所示。

表 3-2　吨、升换算表

序　号	名　　称	计量单位的换算标准
1	黄酒	1 吨 = 962 升
2	啤酒	1 吨 = 988 升
3	汽油	1 吨 = 1 388 升
4	柴油	1 吨 = 1 176 升

序　号	名　称	计量单位的换算标准
5	航空煤油	1 吨 = 1 246 升
6	石脑油	1 吨 = 1 385 升
7	溶剂油	1 吨 = 1 282 升
8	润滑油	1 吨 = 1 126 升
9	燃料油	1 吨 = 1 015 升

（三）从价从量复合计征

现行消费税的征税范围中，只有卷烟、白酒采用复合计征方法。应纳税额等于应税销售数量乘以定额税率再加上应税销售额乘以比例税率。

生产销售卷烟、白酒从量定额计税依据为实际销售数量。进口、委托加工、自产自用的卷烟和白酒从量定额计税依据分别为海关核定的进口征税数量、委托方收回数量、移送使用数量。

（四）计税依据的特殊规定

计税依据的特殊规定如下。

（1）纳税人通过自设非独立核算门市部销售的自产应税消费品，应当按照门市部对外销售额或者销售数量征收消费税。

（2）纳税人用于换取生产资料和消费资料、投资入股和抵偿债务等方面的应税消费品，应当以纳税人同类应税消费品的最高销售价格作为计税依据计算消费税。

（3）纳税人兼营不同税率的应税消费品，应当分别核算不同税率应税消费品的销售额、销售数量。未分别核算销售额、销售数量，或者将不同税率的应税消费品组成成套消费品销售的，从高适用税率。

四、应纳税额的计算

（一）生产销售环节应纳消费税的计算

纳税人在生产销售环节应缴纳的消费税，包括直接对外销售应税消费品应缴纳的消费税和自产自用应税消费品应缴纳的消费税。

1．直接对外销售应纳消费税的计算

直接对外销售应税消费品可能涉及三种计算方法。

（1）从价定率计算

在从价定率计算方法下，消费税应纳税额等于销售额乘以适用税率。基本计算公式如下。

$$应纳税额 = 应税消费品的销售额 \times 比例税率$$

【例3-1】某葡萄酒生产企业为增值税一般纳税人。2019 年 3 月 2 日，该企业向某大型商场销售葡萄酒一批，开具增值税专用发票，取得不含增值税销售额 10 万元，增值税税额为 1.7 万元；3 月 20 日向某单位销售葡萄酒一批，开具普通发票，取得含增值税销售额 5.85 万元，计算该葡萄酒生产企业上述业务应缴纳的消费税税额。葡萄酒适用消费税税率 10%。

$$葡萄酒的应税销售额 = 10 + \frac{5.85}{1+16\%} = 15.0431（万元）$$

$$应纳税额 = 15.0431 \times 10\% = 1.5043（万元）$$

（2）从量定额计算

在从量定额计算方法下，应纳税额等于应税消费品的销售数量乘以单位税额。基本计算

公式如下。

$$应纳税额 = 应税消费品的销售数量 \times 定额税率$$

【例3-2】 某黄酒厂某年4月销售黄酒1 000吨，每吨出厂价格6 000元。计算4月该黄酒厂应纳消费税税额。销售黄酒，适用定额税率240元。

$$应纳税额 = 1\ 000 \times 240 = 240\ 000（元）$$

（3）从价定率和从量定额复合计算

现行消费税的征税范围中，只有卷烟、白酒采用复合计算方法。基本计算公式如下。

$$应纳税额 = 应税消费品的销售数量 \times 定额税率 + 应税销售额 \times 比例税率$$

【例3-3】 某白酒生产企业为增值税一般纳税人，某年4月销售粮食白酒100吨，取得不含增值税的销售额400万元。计算白酒企业4月应缴纳的消费税税额。白酒适用比例税率20%，定额税率每500克0.5元。

$$应纳税额 = 100 \times 2\ 000 \times 0.00005 + 400 \times 20\% = 90（万元）$$

2. 自产自用应纳消费税的计算

自产自用，就是纳税人生产应税消费品后，不是用于直接对外销售，而是用于自己连续生产应税消费品或用于其他方面。

（1）用于连续生产应税消费品

纳税人自产自用的应税消费品，用于连续生产应税消费品的，不纳税。所谓"纳税人自产自用的应税消费品，用于连续生产应税消费品的"，是指作为生产最终应税消费品的直接材料、并构成最终产品实体的应税消费品。

（2）用于其他方面的应税消费品

纳税人自产自用的应税消费品，除用于连续生产应税消费品外，凡用于其他方面的，于移送使用时纳税。用于其他方面的是指纳税人用于生产非应税消费品、在建工程、管理部门、非生产机构，提供劳务，以及用于馈赠、赞助、集资、广告、样品、职工福利、奖励等方面。所谓"用于生产非应税消费品"，是指把自产的应税消费品用于生产消费税条例税目税率表所列15类产品以外的产品。

3. 组成计税价格及税额的计算

纳税人自产自用的应税消费品，凡用于其他方面，应当纳税的，按照纳税人生产的同类消费品的销售价格计算纳税。同类消费品的销售价格是指纳税人当月销售的同类消费品的销售价格，如果当月同类消费品各期销售价格高低不同，应按销售数量加权平均计算。但销售的应税消费品有下列情况之一的，不得列入加权平均计算。

（1）销售价格明显偏低又无正当理由的。

（2）无销售价格的。

如果当月无销售或当月未完结，应按照同类消费品上月或者最近月份的销售价格计算纳税。

没有同类消费品销售价格的，按照组成计税价格计算纳税。组成计税价格的计算公式如下。

① 实行从价定率办法计算纳税的组成计税价格的计算公式

$$组成计税价格 = \frac{成本 + 利润}{1 - 消费税比例税率}$$

$$应纳税额 = 组成计税价格 \times 消费税比例税率$$

② 实行复合计税办法计算纳税的组成计税价格的计算公式

$$组成计税价格 = \frac{成本 + 利润 + 自产自用数量 \times 定额税率}{1 - 消费税比例税率}$$

应纳税额 = 组成计税价格×消费税比例税率 + 自产自用数量×定额税率

上述公式中所说的"成本"，是指应税消费品的产品生产成本。

上述公式中所说的"利润"，是指根据应税消费品的全国平均成本利润率计算的利润。应税消费品全国平均成本利润率由国家税务总局确定。故上述公式中的"成本+利润"等于"成本×（1+成本利润率）"。

4．应税消费品全国平均成本利润率

目前，应税消费品全国平均成本利润率如表3-3所示。

表 3-3　平均成本利润率　　　　　　　　　　　　　　　　　　单位：%

序号	货物名称	利润率	序号	货物名称	利润率
1	甲类卷烟	10	11	摩托车	6
2	乙类卷烟	5	12	高尔夫球及球具	10
3	雪茄烟	5	13	高档手表	20
4	烟丝	5	14	游艇	10
5	粮食白酒	10	15	木制一次性筷子	5
6	薯类白酒	5	16	实木地板	5
7	其他酒	5	17	乘用车	8
8	化妆品	5	18	中轻型商务客车	5
9	鞭炮、焰火	5	19	电池	4
10	贵重首饰及珠宝宝石	6	20	涂料	7

【例3-4】某葡萄酒厂将一批自产的葡萄酒用作职工福利，葡萄酒的成本15 000元。该批葡萄酒无同类产品市场销售价格，但已知其成本利润率为5%，消费税税率为10%。计算该批葡萄酒应缴纳的消费税税额。

$$组成计税价格 = \frac{成本×（1+成本利润率）}{1-消费税比例税率}$$

$$= \frac{15\,000×（1+5\%）}{1-10\%}$$

$$= \frac{15\,750}{0.9} = 17\,500（元）$$

应纳税额 = 17 500×10% = 1 750（元）

（二）委托加工环节应税消费品应纳消费税的计算

1．委托加工应税消费品的确定

委托加工的应税消费品是指由委托方提供原料和主要材料，受托方只收取加工费和代垫部分辅助材料加工的应税消费品。对于由受托方提供原材料生产的应税消费品，或者受托方先将原材料卖给委托方，然后再接受加工的应税消费品，以及由受托方以委托方名义购进原材料生产的应税消费品，不论纳税人在财务上是否作销售处理，都不得作为委托加工应税消费品，而应当按照销售自制应税消费品缴纳消费税。

2．代收代缴税款的规定

对于确实属于委托方提供原料和主要材料，受托方只收取加工费和代垫部分辅助材料加工的应税消费品，税法规定，由受托方在向委托方交货时代收代缴消费税。这样，受托方就

是法定的代扣代缴义务人。如果受托方对委托加工的应税消费品没有代收代缴或少扣代缴消费税，应按照税收征收管理法的规定，承担代收代缴的法律责任。因此，受托方必须严格履行代收代缴义务，正确计算和按时代缴税款。但纳税人委托个体经营者加工应税消费品，一律于委托方收回后在委托方所在地缴纳消费税。

委托方将收回的应税消费品，以不高于受托方的计税价格出售的，为直接出售，不再缴纳消费税；委托方以高于受托方的计税价格出售的，不属于直接出售，需按照规定申报缴纳消费税，在计税时准予扣除受托方已代收代缴的消费税。

3．组成计税价格及应纳税额的计算

委托加工的应税消费品，按照受托方的同类消费品的销售价格计算纳税。同类消费品的销售价格是指受托方（即代收代缴义务人）当月销售的同类消费品的销售价格。如果当月同类消费品各期销售价格高低不同，应按销售数量加权平均计算。但销售的应税消费品有下列情况之一的，不得列入加权平均计算。

（1）销售价格明显偏低又无正当理由的。

（2）无销售价格的。

如果当月无销售或者当月未完结，应按照同类消费品上月或最近月份的销售价格计算纳税。没有同类消费品销售价格的，按照组成计税价格计算纳税。组成计税价格的计算公式如下。

① 实行从价定率办法计算纳税的组成计税价格的计算公式

$$组成计税价格 = \frac{材料成本 + 加工费}{1 - 消费税比例税率}$$

② 实行复合计税办法计算纳税的组成计税价格的计算公式

$$组成计税价格 = \frac{材料成本 + 加工费 + 委托加工数量 \times 定额税率}{1 - 消费税比例税率}$$

上述组成计税价格公式中有两个重要的专用名词需要解释。

（1）材料成本

按照《消费税暂行条例实施细则》的解释，"材料成本"是指委托方所提供加工材料的实际成本。

委托加工应税消费品的纳税人必须在委托加工合同上如实注明（或以其他方式提供）材料成本，凡未提供材料成本的，受托方所在地主管税务机关有权核定其材料成本。从这一条规定可以看出，税法对委托方提供原料和主要材料，并要以明确的方式如实提供材料成本，要求是很严格的，其目的就是防止假冒委托加工应税消费品或少报材料成本，逃避纳税的现象。

（2）加工费

《消费税暂行条例实施细则》规定，"加工费"是指受托方加工应税消费品向委托方所收取的全部费用（包括代垫辅助材料的实际成本，不包括增值税税金）。

【例3-5】某鞭炮企业某年4月受托为某单位加工一批鞭炮，委托单位提供的原材料金额为120万元，收取委托单位不含增值税的加工费16万元，鞭炮企业当地无加工鞭炮的同类产品市场价格。计算鞭炮企业应代收代缴的消费税。鞭炮的适用税率15%。

$$组成计税价格 = \frac{120 + 16}{1 - 15\%} = 160（万元）$$

应代收代缴消费税 $= 160 \times 15\% = 24$（万元）

（三）进口环节应纳消费税的计算

进口的应税消费品于报关进口时缴纳消费税；进口的应税消费品的消费税由海关代征；进口的应税消费品，由进口人或者其代理人向报关地海关申报纳税；纳税人进口应税消费品，应当自海关填发海关进口消费税专用缴款书之日起 15 日内缴纳税款。

纳税人进口应税消费品，按照组成计税价格和规定的税率计算应纳税额。计算方法如下。

1．从价定率计征应纳税额

实行从价定率办法计算纳税的组成计税价格计算公式如下。

$$组成计税价格 = \frac{关税完税价格 + 关税}{1-消费税比例税率}$$

$$应纳税额 = 组成计税价格 \times 消费税比例税率$$

公式中所称"关税完税价格"，是指海关核定的关税计税价格。

【例3-6】某商贸公司，某年 5 月从国外进口一批应税消费品。已知该批应税消费品的关税完税价格为 180 万元，按规定应缴纳关税 36 万元。假定进口的应税消费品的消费税税率为 10%。请计算该批消费品进口环节应纳的消费税税额。

$$组成计税价格 = \frac{180+36}{1-10\%} = 240 （万元）$$

$$应纳税额 = 240 \times 10\% = 24 （万元）$$

2．实行从量定额计征应纳税额

相关公式如下。

$$应纳税额 = 应税消费品数量 \times 消费税定额税率$$

3．实行从价定率和从量定额复合计税办法计征应纳税额

相关公式如下。

$$组成计税价格 = \frac{关税完税价格 + 关税 + 进口数量 \times 消费税定额税率}{1-消费税比例税率}$$

$$应纳税额 = 组成计税价格 \times 消费税税率 + 应税消费品进口数量 \times 消费税定额税率$$

进口环节消费税除国务院另有规定者外，一律不得给予减税、免税。

（四）已纳消费税扣除的计算

为了避免重复征税，现行消费税规定，将外购应税消费品和委托加工收回的应税消费品继续生产应税消费品销售的，可以将外购应税消费品和委托加工收回应税消费品已缴纳的消费税给予扣除。

1．外购应税消费品已纳税款的扣除

由于某些应税消费品是用外购已缴纳消费税的应税消费品连续生产出来的，所以在对这些连续生产出来的应税消费品计算征税时，税法规定应按当期生产领用数量计算准予扣除外购的应税消费品已缴纳的消费税税款。扣除范围包括以下几类。

（1）外购已税烟丝生产的卷烟。

（2）外购已税高档化妆品生产的高档化妆品。

（3）外购已税珠宝玉石生产的贵重首饰及珠宝玉石。

（4）外购已税鞭炮焰火生产的鞭炮焰火。

（5）外购已税杆头、杆身和握把为原料生产的高尔夫球杆。

（6）外购已税木制一次性筷子为原料生产的木制一次性筷子。

（7）外购已税实木地板为原料生产的实木地板。

（8）以外购已税石脑油为原料生产的应税消费品。

（9）以外购已税润滑油为原料生产的润滑油。

上述当期准予扣除外购应税消费品已缴纳消费税税款的计算公式如下。

$$当期准予扣除的外购应税消费品已缴纳税款 = 当期准予扣除的外购应税消费品买价 \times 外购应税消费品适用税率$$

$$当期准予扣除的外购应税消费品买价 = 期初库存的外购应税消费品的买价 + 当期购进的应税消费品的买价 - 期末库存的外购应税消费品的买价$$

【例 3-7】 某卷烟生产企业，某月初库存外购应税烟丝金额 100 万元，当月又外购应税烟丝金额 1 000 万元（不含增值税），月末库存烟丝金额 60 万元，其余被当月生产卷烟领用。请计算卷烟厂当月准许扣除的外购烟丝已缴纳的消费税税额。烟丝适用的消费税税率为 30%。

当期准许扣除的外购烟丝买价 = 100 + 1 000-60 = 1 040（万元）

当月准许扣除的外购烟丝已缴纳的消费税税额 = 1 040×30% = 312（万元）

允许扣除已缴纳税款的应税消费品只限于从工业企业购进的应税消费品和进口环节已缴纳消费税的应税消费品，对从境内商业企业购进应税消费品的已缴纳税款一律不得扣除。

2．委托加工收回的应税消费品已纳税款的扣除

委托加工的应税消费品因为已由受托方代收代缴消费税，所以，委托方收回货物后用于连续生产应税消费品的，其已缴纳税款准予按照规定从连续生产的应税消费品应纳消费税税额中抵扣。按照国家税务总局的规定，从 1995 年 6 月 1 日起，下列连续生产的应税消费品，准予从应纳消费税税额中，按当期生产领用数量计算，扣除委托加工收回的应税消费品已缴纳消费税税款。

（1）以委托加工收回的已税烟丝为原料生产的卷烟。

（2）以委托加工收回的已税高档级化妆品为原料生产的高档化妆品。

（3）以委托加工收回的已税珠宝玉石为原料生产的贵重首饰及珠宝玉石。

（4）以委托加工收回的已税鞭炮、焰火为原料生产的鞭炮、焰火。

（5）以委托加工收回的已税杆头、杆身和握把为原料生产的高尔夫球杆。

（6）以委托加工收回的已税木制一次性筷子为原料生产的木制一次性筷子。

（7）以委托加工收回的已税实木地板为原料生产的实木地板。

（8）以委托加工收回的已税石脑油为原料生产的应税消费品。

（9）以委托加工收回的已税润滑油为原料生产的润滑油。

上述当期准予扣除委托加工收回的应税消费品已纳消费税税款的计算公式如下。

$$当期准予扣除的委托加工应税消费品已纳税款 = 期初库存的委托加工应税消费品已纳税款 + 当期收回的委托加工应税消费品已纳税款 - 期末库存的委托加工应税消费品已纳税款$$

（五）消费税出口退税的计算

对纳税人出口应税消费品免征消费税；国务院另有规定的除外。

1．出口免税并退税

有出口经营权的外贸企业购进应税消费品直接出口，以及外贸企业受其他外贸企业委托代理出口应税消费品。外贸企业只有受其他外贸企业委托，代理出口应税消费品才可办理退税，外贸企业受其他企业（主要是非生产性的商贸企业）委托，代理出口应税消费品是不予退（免）税的。

属于从价定率计征消费税的，为已征且未在内销应税消费品应纳税额中抵扣的购进出口货物金额；属于从量定额计征消费税的，为已征且未在内销应税消费品应纳税额中抵扣的购进出口货物数量；属于复合计征消费税的，按从价定率和从量定额的计税依据分别确定。

2．出口免税但不退税

有出口经营权的生产性企业自营出口或生产企业委托外贸企业代理出口自产的应税消

费品，依据其实际出口数量免征消费税，不予办理退还消费税。免征消费税是指对生产性企业按其实际出口数量免征生产环节的消费税。不予办理退还消费税，是指因已免征生产环节的消费税，该应税消费品出口时，已不含有消费税，所以也无须再办理退还消费税。

3．出口不免税也不退税

除生产企业、外贸企业外的其他企业，具体是指一般商贸企业。这类企业委托外贸企业代理出口应税消费品一律不予退（免）税。

出口货物的消费税应退税额的计税依据，按购进出口货物的消费税专用缴款书和海关进口消费税专用缴款书确定。

五、征收管理

（一）纳税义务发生时间

纳税人生产的应税消费品于销售时纳税，进口消费品应当于应税消费品报关进口环节纳税，但金银首饰、铂金首饰和钻石及钻石饰品在零售环节纳税。消费税纳税义务发生的时间，以货款结算方式或行为发生时间分别确定。

（1）纳税人销售的应税消费品，其纳税义务的发生时间如下。

① 纳税人采取赊销和分期收款结算方式的，其纳税义务的发生时间为销售合同规定的收款日期的当天。

② 纳税人采取预收货款结算方式的，其纳税义务的发生时间，为发出应税消费品的当天。

③ 纳税人采取托收承付和委托银行收款方式销售的应税消费品，其纳税义务的发生时间，为发出应税消费品并办妥托收手续的当天。

④ 纳税人采取其他结算方式的，其纳税义务的发生时间为收讫销售款或者取得索取销售款的凭据的当天。

（2）纳税人自产自用的应税消费品，其纳税义务的发生时间，为移送使用的当天。

（3）纳税人委托加工的应税消费品，其纳税义务的发生时间，为纳税人提货的当天。

（4）纳税人进口的应税消费品，其纳税义务的发生时间，为报关进口的当天。

（二）纳税期限

按照《消费税暂行条例》规定，消费税的纳税期限分别为 1 日、3 日、5 日、10 日、15 日、1 个月或者 1 个季度。纳税人的具体纳税期限，由主管税务机关根据纳税人应纳税额的大小分别核定；不能按照固定期限纳税的，可以按次纳税。

纳税人以 1 个月或以 1 个季度为一期纳税的，自期满之日起 15 日内申报纳税；以 1 日、3 日、5 日、10 日或者 15 日为一期纳税的，自期满之日起 5 日内预缴税款，于次月 1 日起至 15 日内申报纳税并结清上月应纳税款。

纳税人进口应税消费品，应当自海关填发海关进口消费税专用缴款书之日起 15 日内缴纳税款。

如果纳税人不能按照规定的纳税期限依法纳税，将按《税收征收管理法》的有关规定处理。

（三）纳税地点

消费税有关纳税地点的规定如下。

（1）纳税人销售的应税消费品，以及自产自用的应税消费品，除国务院财政、税务主管部门另有规定外，应当向纳税人机构所在地或者居往地的主管税务机关申报纳税。

（2）委托个人加工的应税消费品，除受委托方为个人外，由受托方向机构所在地或者居往地的主管税务机关解缴消费税税款。

（3）进口的应税消费品，由进口人或者其代理人向报关地海关申报纳税。

（4）纳税人到外县（市）销售或者委托外县（市）代销自产应税消费品的，于应税消费品销售后，向机构所在地或者居住地主管税务机关申报纳税。

纳税人的总机构与分支机构不在同一县（市）的，应当分别向各自机构所在地的主管税务机关申报纳税；经财政部、国家税务总局或者其授权的财政、税务机关批准，可以由总机构汇总向总机构所在地的主管税务机关申报纳税。

（5）纳税人销售的应税消费品，如因质量等原因由购买者退回时，经所在地主管税务机关审核批准后，可退还已征收的消费税税款，但不能自行直接抵减应纳税款。

（四）纳税申报

消费税纳税人应按有关规定及时办理纳税申报，并应如实填写《消费税纳税申报表》分别如表 3-4 和表 3-5 所示。

表 3-4　酒类应税消费品消费税纳税申报表

税款所属期：　年　月　日　至　年　月　日

纳税人名称（公章）：

纳税人识别号：

填表日期：　年　月　日　　　　　　　　　　　　　金额单位：元至角分

项目 应税 消费品名称	适用税率		销售数量	销售额	应纳税额
	定额税率	比例税率			
粮食白酒	0.5 元/斤	20%			
薯类白酒	0.5 元/斤	20%			
啤酒	250 元/吨	—			
啤酒	220 元/吨	—			
黄酒	240 元/吨				
其他酒	—	10%			
合计	—	—		—	

	声明
本期准予抵减税额：	
	此纳税申报表是根据国家税收法律的规定填报的，我确定它是真实的、可靠的、完整的。
本期减（免）税额：	
	经办人（签章）： 财务负责人（签章）： 联系电话：
期初未缴税额：	
本期缴纳前期应纳税额：	（如果你已委托代理人申报，请填写） 授权声明
本期预缴税额：	
本期应补（退）税额：	为代理一切税务事宜，现授权＿＿＿＿＿＿＿＿＿（地址）＿＿＿＿＿＿＿＿为本纳税人的代理申报人，任何与本申报表有关的往来文件，都可寄予此人。
期末未缴税额：	授权人签章：

以下由税务机关填写

受理人（签章）：　　　　　　受理日期：　年　月　日　　　　　　受理税务机关（章）

表 3-5　其他应税消费品消费税纳税申报表

税款所属期：　　年　月　日　至　　年　月　日

纳税人名称（公章）：

纳税人识别号：

填表日期：　　年　月　日

金额单位：元至角分

项目 应税 消费品名称	适用税率	销售数量	销售额	应纳税额
合计	—			

本期准予抵减税额：	声明
本期减（免）税额：	此纳税申报表是根据国家税收法律的规定填报的，我确定它是真实的、可靠的、完整的。
期初未缴税额：	经办人（签章）： 财务负责人（签章）： 联系电话：
本期缴纳前期应纳税额：	（如果你已委托代理人申报，请填写） 授权声明
本期预缴税额：	
本期应补（退）税额：	
期末未缴税额：	为代理一切税务事宜，现授权＿＿＿＿＿＿＿＿＿＿（地址）＿＿＿＿＿＿＿＿＿＿为本纳税人的代理申报人，任何与本申报表有关的往来文件，都可寄予此人。 授权人签章：

以下由税务机关填写

受理人（签章）：　　　　受理日期：　　年　月　日　　　　受理税务机关（章）：

第二节　消费税会计核算

一、消费税会计科目设置

（一）"应交税费——应交消费税"科目

为了正确、及时地反映企业应缴、已缴、欠缴消费税等相关涉税事项，纳税人应在"应交税费"科目下设置"应交消费税"明细科目。该明细科目采用三栏式账户记账，贷方核算企业按规定应缴纳的消费税，借方核算企业实际缴纳的消费税、允许抵扣的消费税；期末，贷方余额表示尚未缴纳的消费税，借方余额表示企业多缴的消费税。

（二）"税金及附加"科目

为了反映应交消费税，企业还应设置"税金及附加"科目。该科目核算因企业销售应税产品而负担的消费税金及其附加（城市维护建设税、教育费附加等）。

企业计算应缴消费税时，借记"税金及附加"，贷记"应交税费——应交消费税"。实际缴纳时，借记"应交税费——应交消费税"，贷记"银行存款"。期末，应将"税金及附加"科目的余额转入"本年利润"科目。结转后，本科目无余额。

二、应税消费品销售的会计处理

（一）销售应税消费品的会计处理

由于消费税属价内税，企业销售应税消费品的售价包含消费税（不含增值税），所以，企业缴纳的消费税，应计入"税金及附加"账户，由销售收入补偿。

销售实现时，按规定计算应缴消费税，会计分录如下。

借：税金及附加
　　贷：应交税费——应交消费税
实际缴纳消费税时，会计分录如下。
借：应交税费——应交消费税
　　贷：银行存款

发生销货退回及退税时，做相反的会计分录。

【例 3-8】某化妆品生产企业为增值税一般纳税人，2019 年 3 月 15 日，其向某大型商场销售化妆品一批，开具增值税专用发票，取得不含增值税销售额 500 000 元，增值税额 80 000 元；3 月 20 日；其向某单位销售化妆品一批，开具普通发票，取得含增值税销售额 46 400 元，货款已经通过银行收取。化妆品适用消费税税率 15%。

会计处理如下。

（1）确认收入时

$$化妆品的应税销售额=500\,000+\frac{46\,400}{1+16\%}=540\,000（元）$$

$$应纳增值税税额=540\,000×16\%=86\,400（元）$$

借：银行存款 626 400
　　贷：主营业务收入 540 000
　　　　应交税费——应交增值税（销项税额） 86 400
该业务记账凭证后附：增值税专用发 1 张、增值税普通发票 1 张、银行收款凭证 2 张。

（2）月末计提消费税时

$$应纳消费税税额=540\,000×15\%=81\,000（元）$$

借：税金及附加 81 000
　　贷：应交税费——应交消费税 81 000
该业务记账凭证后附：应交消费税计算表 1 张。

（3）上缴税金（假设同期应交增值税 15 万元）时

借：应交税费——应交增值税（已交税金） 150 000
　　　　　　　——应交消费税 81 000
　　贷：银行存款 231 000
该业务记账凭证后附：税收缴款书 2 张。

（二）应税消费品包装物应纳消费税的会计处理

实行从价定率办法计算应纳税额的应税消费品连同包装物销售的，无论包装物是否单独计价，也不论在会计上如何核算，均应并入应税消费品的销售额中征收消费税。如果包装物不作价随同产品销售，而是收取押金，则此项押金不应并入应税消费品的销售额中征税。但对因逾期未收回的包装物不再退还的或者已收取的时间超过 12 个月的押金，应并入应税消费品的销售额，按照应税消费品的适用税率缴纳消费税。

1．随同产品销售而不单独计价的包装物

因为包装物的收入已包括在产品销售收入中，所以其应纳消费税与产品销售一并进行会计处理。

2．随同产品销售而单独计价的包装物

因为其收入计入"其他业务收入"账户，所以其应纳消费税应计入"税金及附加"账户。

【例 3-9】某酒业公司 2018 年 5 月份销售粮食白酒 1 吨，包装物单独计价，通过银行收取包装费 16 000 元（不含税金），白酒消费税税率为 20%加 0.5 元/500 克（或者 500 毫升）。

会计处理如下。

（1）收取包装费时

应纳增值税税额=16 000×16%=2 560（元）

借：银行存款 18 560
  贷：其他业务收入 16 000
    应交税费——应交增值税（销项税额） 2 560

该业务记账凭证后附：增值税发票 1 张、银行收款凭证 1 张。

（2）月末计提消费税时

应纳消费税税额=16 000×20%+1×1 000×1000÷500×0.5=4 200（元）

借：税金及附加 4 200
  贷：应交税费——应交消费税 4 200

该业务记账凭证后附：应交消费税计算表 1 张。

（3）上缴税金（假设同期应交增值税 5 000 元）时

借：应交税费——应交增值税（已交税金） 5 000
      ——应交消费税 4 200
  贷：银行存款 9 200

该业务记账凭证后附：税收缴款书 2 张。

3．出租、出借包装物逾期未收回而没收的押金

对出租包装物收取的租金，应缴纳增值税；出租、出借包装物收取的押金，因逾期未收回包装物而没收的押金或者已收取的时间超过 12 个月的押金，也应计缴消费税。

随同应税消费品销售出租、出借包装物逾期未收回而没收的押金，按没收的押金计算应缴的增值税、消费税贷记"应交税费"，扣除"应交税费"后的余额贷记"其他业务收入"。

【例 3-10】某化妆品公司销售化妆品一批，2018 年 6 月份出借包装物（周转期半年）收取押金 30 000 元，因包装物逾期未归还而没收押金。化妆品消费税税率为 15%。

会计处理如下。

$$应纳增值税税额=\frac{30\ 000}{1+16\%}\times16\%=4\ 137.93（元）$$

$$应纳消费税税额=\frac{30\ 000}{1+16\%}\times15\%=3\ 879.31（元）$$

没收押金时的会计分录如下。

借：其他应付款——存入保证金 30 000
  贷：应交税费——应交增值税（销项税额） 4 137.93

     ——应交消费税   3 879.31

    其他业务收入   21 982.76

该业务记账凭证后附：没收押金说明 1 份。

三、应税消费品视同销售的会计处理

  企业自产自用的应税消费品，除用于连续生产应税消费品外，凡用于其他方面的，于移送使用时纳税。"用于其他方面"是指企业用于生产非应税消费品、在建工程、管理部门、非生产机构，提供劳务，以及用于馈赠、赞助、集资、广告、样品、职工福利、奖励等方面。所谓"用于生产非应税消费品"，是指把自产的应税消费品用于生产消费税条例税目税率表所列 15 类产品以外的产品。例如，原油加工厂用生产出的应税消费品汽油调和制成溶剂汽油，该溶剂汽油就属于非应税消费品。所谓"用于在建工程"，是指把自产的应税消费品用于本单位的各项建设工程。例如，石化工厂把自己生产的柴油用于本厂基建工程的车辆、设备使用。所谓"用于管理部门、非生产机构"，是指把自己生产的应税消费品用于与本单位有隶属关系的管理部门或非生产机构。例如，汽车制造厂把生产出的小汽车提供给上级主管部门使用。所谓"用于馈赠、赞助、集资、广告、样品、职工福利、奖励"，是指把自己生产的应税消费品无偿赠送给他人或以资金的形式投资于外单位某些事业或作为商品广告、经销样品或以福利、奖励的形式发给职工。例如，摩托车厂把自己生产的摩托车赠送或赞助给摩托车拉力赛赛手使用，兼作商品广告；酒厂把生产的滋补药酒以福利的形式发给职工等。总之，企业自产的应税消费品虽然没有用于销售或连续生产应税消费品，但只要是用于税法所规定的范围的都要视同销售，依法缴纳消费税。

（一）企业以生产的应税消费品作为投资的会计处理

  企业以生产的应税消费品作为投资，应视同销售缴纳消费税。但在会计处理上，企业以生产的产品对外投资，作为非货币性资产交换时，如果具有商业实质且公允价值能够可靠计量，则应按照公允价值计量，需要确认销售收入，并结转销售成本；如果非货币性资产交换不具有商业实质，或者虽然具有商业实质但换入或换出资产公允价值均不能够可靠计量，则应按照换出资产账面价值计量，不确认销售收入，直接结转库存商品成本。

  企业在投资时，借记"长期股权投资""存货跌价准备"等；按不含税销售额贷记"主营业务收入"，或者按该应税消费品的成本，贷记"库存商品"等；按投资的应税消费品售价或组成计税价格计算的应缴增值税、消费税，贷记"应交税费"；投资时支付的相关税费（增值税、消费税除外），贷记"银行存款"。

  【例 3-11】某小汽车制造公司 2018 年 5 月以其生产的 100 辆乘用车（气缸容量 1.8 升）向出租车公司投资。双方协议、并经税务机关认可的每辆汽车售价 140 000 元。每辆车的实际成本为 110 000 元。该小汽车消费税税率为 5%。该投资具有商业实质。

  会计处理如下：

  （1）对外投资时

    应纳增值税税额=140 000×100×16%=2 240 000（元）

  借：长期股权投资——出租车公司   16 240 000

    贷：主营业务收入   14 000 000

      应交税费——应交增值税（销项税额）   2 240 000

  该业务记账凭证后附：增值税发票 1 张、投资协议 1 份。

  （2）月末计提消费税时

    应纳消费税税额=140 000×100×5%=700 000（元）

  借：税金及附加   700 000

　　贷：应交税费——应交消费税 700 000

该业务记账凭证后附：应交消费税计算表1张。

（3）结转销售成本时

借：主营业务成本 11 000 000

　　贷：库存商品 11 000 000

该业务记账凭证后附：商品出库单1张、销售成本计算表1张。

（二）企业以生产的应税消费品换取生产资料、消费资料或抵偿债务的会计处理

企业以生产的应税消费品换取生产资料、消费资料或抵偿债务、支付代购劳务费等时，应视同销售在会计上作销售处理。

以应税消费品换取生产资料和消费资料的，应按售价（若有不同售价，计算增值税时按平均售价，计算消费税时按最高售价）借记"材料采购"等，贷记"主营业务收入"；以应税消费品支付代购劳务费，按售价借记"应付账款"等，贷记"主营业务收入"。同时，按售价计算应缴消费税，借记"营业税金及附加"，贷记"应交税费——应交消费税"，并结转销售成本。

【例3-12】某酒业公司2019年2月份用粮食白酒10吨抵偿某农场大米货款60 000元。该粮食白酒本月每吨售价在4 800～5 200元浮动，平均销售价格5 000元/吨，市价5 100元/吨，成本3 500元/吨。白酒消费税税率为20%加0.5元/500克（或者500毫升）。

会计处理如下。

（1）产品抵债时

应纳增值税税额＝5 000×10×16%＝8 000（元）

借：应付账款——某农场 60 000

　　贷：主营业务收入 50 000

　　　　应交税费——应交增值税（销项税额） 8 000

　　　　营业外收入——债务重组利得 2 000

该业务记账凭证后附：增值税发票1张、债务重组协议1份。

（2）月末计算应交消费税时

应纳消费税税额＝5 200×10×20%＋10×1 000×1000÷500×0.5＝20 400（元）

借：税金及附加 20 400

　　贷：应交税费——应交消费税 20 400

该业务记账凭证后附：应交消费税计算表1张。

（3）结转销售成本时

借：主营业务成本 35 000

　　贷：库存商品 35 000

该业务记账凭证后附：商品出库单1张、销售成本计算表1张。

（三）企业以自产的应税消费品用于在建工程、职工福利的会计处理

企业将自产的产品自用是一种内部结转关系，不存在销售行为，企业并没有现金流入，因此，在会计上不确认销售收入，直接按产品成本转账，并据其用途计入相应账户。

当企业将应税消费品移送自用时，按其成本转账，借记"在建工程""营业外支出""销售费用"等，贷记"库存商品"。

按自用产品的销售价格或组成计税价格计算应缴消费税时，则借记"在建工程""营业外支出""销售费用"等（不通过"税金及附加"账户），贷记"应交税费——应交消费税"。

【例3-13】2019年2月某涂料制造公司将自产的涂料一批用于本公司新建办公大楼。该批涂料销售价格为250 000元，成本为180 000元，消费税税率为4%。

会计处理如下。

应纳消费税税额=250 000×4%＝10 000（元）

新建办公大楼领用涂料时的会计分录如下。

借：在建工程 190 000

　　贷：库存商品 180 000

　　　　应交税费——应交消费税 10 000

该业务记账凭证后附：商品出库单 1 张、应交税金计算表 1 张。

【例 3-14】某啤酒公司 2019 年 1 月份将自己生产的新品牌啤酒 20 吨发给职工作为福利，另外将 10 吨用于广告宣传，让客户和顾客免费品尝。该啤酒销售价格 2 500 元/吨，成本 2 000 元/吨。该啤酒消费税税率为 220 元/吨。

会计处理如下。

（1）发放职工啤酒时

应纳增值税税额=2 500×20×16%＝8 000（元）

借：应付职工薪酬——非货币性福利 58 000

　　贷：主营业务收入 50 000

　　　　应交税费——应交增值税（销项税额） 8 000

该业务记账凭证后附：商品出库单 1 张、啤酒发放表 1 张。

（2）月末计算应交消费税时

应纳消费税税额=20×220=4 400（元）

借：税金及附加 4 400

　　贷：应交税费——应交消费税 4 400

该业务记账凭证后附：应交消费税计算表 1 张。

（3）月末结转销售成本时

借：主营业务成本 40 000

　　贷：库存商品 40 000

该业务记账凭证后附：商品出库单 1 张、销售成本计算表 1 张。

（4）用于广告宣传的啤酒

应纳增值税税额=2 500×10×16%＝4 000（元）

应纳消费税税额=10×220=2 200（元）

借：销售费用 26 200

　　贷：库存商品 20 000

　　　　应交税费——应交增值税（销项税额） 4 000

　　　　　　　　　——应交消费税 2 200

该业务记账凭证后附：商品出库单 1 宗、啤酒领用表 1 宗。

期末，对用于广告宣传的啤酒应视同销售，将应计未计的收益调增应纳税所得额。

四、委托加工应税消费品的会计处理

（一）委托方的会计处理

1. 收回后不再加工而用于销售的委托加工应税消费品

委托方发出委托加工材料、向受托方支付加工费和代收代缴消费税时，借记“委托加工物资”等，贷记“原材料”“应付账款”“银行存款”等。

【例 3-15】甲公司 2018 年 4 月委托某鞭炮企业加工一批鞭炮，委托单位提供的原材料金额为 600 000 元，通过银行支付受托方不含增值税的加工费 80 000 元，取得增值税专用发票并认证，鞭炮企业无同类产品市场价，鞭炮消费税的适用税率 15%，鞭炮企业应代收代缴的消费税。鞭炮收回后不再加工而用于销售。

甲公司的会计处理如下。

（1）发出材料时

借：委托加工物资　　　　　　　　　　　　　　　　　　　　600 000
　　贷：原材料　　　　　　　　　　　　　　　　　　　　　　　　600 000

该业务记账凭证后附：领料单 1 张、委托加工协议 1 份。

（2）支付加工费时

借：委托加工物资　　　　　　　　　　　　　　　　　　　　 80 000
　　应交税费——应交增值税（进项税额）　　　　　　　　　 12 800
　　贷：银行存款　　　　　　　　　　　　　　　　　　　　　　　 92 800

该业务记账凭证后附：增值税发票 1 张、银行付款凭证 1 张。

（3）支付代收代缴消费税时

$$组成计税价格=\frac{(600\,000+80\,000)}{1-15\%}=800\,000（元）$$

应代收代缴消费税税额=800 000×15%=120 000（元）

借：委托加工物资　　　　　　　　　　　　　　　　　　　　120 000
　　贷：银行存款　　　　　　　　　　　　　　　　　　　　　　　120 000

该业务记账凭证后附：银行付款凭证 1 张。

（4）加工的鞭炮入库时

借：库存商品　　　　　　　　　　　　　　　　　　　　　　800 000
　　贷：委托加工物资　　　　　　　　　　　　　　　　　　　　　800 000

该业务记账凭证后附：商品入库单 1 张。

2. 收回后连续生产应税消费品

收回后连续生产应税消费品时，已纳消费税额准予抵扣。因此，委托方应将受托方代收代缴的消费税借记"应交税费——应交消费税"账户，待最终应税消费品销售时，允许从缴纳的消费税中抵扣。

仍沿用前例的资料，假定委托加工后的鞭炮收回后尚需进一步加工，则会计处理如下。

（1）发出材料、支付加工费时

会计分录同前。

（2）支付代收消费税时

借：应交税费——应交消费税　　　　　　　　　　　　　　　120 000
　　贷：银行存款　　　　　　　　　　　　　　　　　　　　　　　120 000

该业务记账凭证后附：银行付款凭证 1 张。

（3）加工的鞭炮成品入库时

借：库存商品　　　　　　　　　　　　　　　　　　　　　　680 000
　　贷：委托加工物资　　　　　　　　　　　　　　　　　　　　　680 000

该业务记账凭证后附：商品入库单 1 张。

【例 3-16】某卷烟厂委托加工的烟丝收回后，需要经过进一步加工后作为卷烟对外销售。假设当月销售 3 个标准箱，每标准条调拨价 60 元。2019 年 1 月份期初库存委托加工应税烟丝已纳消费税 2 580 元，当期委托加工应税烟丝已纳消费税 32 142.86 元。期末库存委托加工应税烟丝已纳税额 29 880 元。每标准箱有 250 条标准条。

会计处理如下。

（1）取得收入时

  卷烟销售收入=3×250×60=45 000（元）

  应纳增值税税额=45 000×16%=7 200（元）

借：银行存款   52 200

  贷：主营业务收入   45 000

    应交税费——应交增值税（销项税额） 7 200

该业务记账凭证后附：增值税发票1张、银行收款凭证1张。

（2）月末计提消费税时

  应纳消费税税额=150×3+45 000×36%=16 650（元）

借：税金及附加   16 650

  贷：应交税费——应交消费税   16 650

该业务记账凭证后附：应交消费税计算表1张。

（3）当月实际上缴消费税时

  应纳消费税税额=16 650-（2 580+32 142.86-29 880）=11 807.14（元）

借：应交税费——应交消费税   11 807.14

  贷：银行存款   11 807.14

该业务记账凭证后附：税收缴款书1张。

（二）受托方的会计处理

  受托方可按本企业同类消费品的销售价格计算代收代缴消费税款，若没有同类消费品销售价格的，则按照组成计税价格计算。

  【例3-17】作为受托方的某鞭炮厂受托加工鞭炮，资料见【例3-15】。要求按组成计税价格计算消费税款。已知税率为15%。

  鞭炮厂会计处理如下。

（1）收取加工费时

借：银行存款   92 800

  贷：主营业务收入   80 000

    应交税费——应交增值税（销项税额） 12 800

该业务记账凭证后附：增值税发票1张、银行收款凭证1张。

（2）收取代收消费税时

  组成计税价格=$\dfrac{(600\ 000+80\ 000)}{1-15\%}$=800 000（元）

  应代收代缴消费税税额=800 000×15%=120 000（元）

借：银行存款   120 000

  贷：应交税费——应交消费税   120 000

该业务记账凭证后附：银行收款凭证1张。

（3）上缴代收消费税时

借：应交税费——应交消费税   120 000

  贷：银行存款   120 000

该业务记账凭证后附：税收缴款书1张。

五、进口应税消费品的会计处理

  进口的应税消费品于报关进口时缴纳消费税；进口的应税消费品的消费税由海关代征；进口的应税消费品由进口人或者其代理人向报关地海关申报纳税；纳税人进口应税消费品，

按照关税征收管理的相关规定，应当自海关填发海关进口消费税专用缴款书之日起 15 日内缴纳税款。

纳税人进口应税消费品按照组成计税价格和规定的税率计算应纳税额。计算公式如下。

$$组成计税价格=\frac{关税完税价格+关税}{1-消费税比例税率}$$

应纳税额=组成计税价格×消费税比例税率

进口应税消费品时，进口单位缴纳的消费税应计入应税消费品成本中。按进口成本连同应纳关税、消费税，借记"库存商品"等账户；由于进口货物将海关缴税与提货联系在一起，即缴税后方能提货，为简化核算，关税、消费税可以不通过"应交税费"账户反映，直接贷记"银行存款"账户。若情况特殊，先提货后缴税时，也可以通过"应交税费"账户。

【例 3-18】某商贸公司，2018 年 5 月从国外进口一批应税消费品珠宝玉石。已知该批应税消费品关税完税价格为 900 000 元，按规定应缴纳关税 180 000 元。假定进口的应税消费品的消费税税率为 10%、增值税税率为 16%并通过认证。

会计处理如下。

$$组成计税价格=\frac{900\,000+180\,000}{1-10\%}=1\,200\,000（元）$$

应纳消费税税额=1200 000×10%=120 000（元）

应纳增值税税额=1200 000×16%=192 000（元）

进口珠宝玉石成本=900 000+180 000+120 000=1 200 000（元）

（1）结算货款时

借：商品采购	1 200 000
应交税费——应交增值税（进项税额）	192 000
贷：应付账款	900 000
银行存款	492 000

该业务记账凭证后附：进口商品海关完税凭证 1 张、海关税收缴款书 2 张。

（2）商品入库时

借：库存商品	1 200 000
贷：商品采购	1 200 000

该业务记账凭证后附："商品入库单"一份。

思考题

1. 消费税有何特点？
2. 应税消费品有哪些？
3. 简述应交消费税的计算方法。
4. 简述委托加工业务应交消费税的会计处理方法。
5. 应税消费品视同销售的业务有哪些？
6. 应税消费品包装物如何进行会计处理？

第四章　城市维护建设税及教育费附加会计

- 了解我国城市维护建设税及教育费附加的相关规定
- 熟悉我国城市维护建设税及教育费附加的计算方法
- 掌握城市维护建设税及教育费附加的会计处理方法

关键词

城市维护建设税　教育费附加　会计处理

引例

某新设公司进行工商登记后取得营业执照。该公司会计认为由于本公司业务缴纳增值税，只需要到国税部门办理税务登记，不需要到地税部门办理税务登记，但结果取得税务登记证后发现税务登记证既有国家税务局盖章，也有地方税务局盖章。

第一节　城市维护建设税及教育费附加现行税制

现行城市维护建设税的基本规范是 1985 年 2 月 8 日由国务院发布并于 2011 年 1 月 8 日修订的《中华人民共和国城市维护建设税暂行条例》。

城市维护建设税是对经营商品和劳务，缴纳增值税和消费税的单位和个人征收的一种税。

一、城市维护建设税

（一）纳税义务人与税率

1. 纳税义务人

城建税的纳税义务人是指负有缴纳增值税和消费税（以下简称"二税"）义务的单位和个人，包括企业、行政单位、事业单位、军事单位、社会团体及其他单位，以及个体工商户及其他个人。

2．税率

城建税的税率是指纳税人应缴纳的城建税税额与纳税人实际缴纳的"二税"税额之间的比率。城建税按纳税人所在地的不同，设置了三档地区差别比例税率，除特殊规定外，具体如下。

（1）纳税人所在地为市区的，税率为7%。

（2）纳税人所在地为县城、镇的，税率为5%。

（3）纳税人所在地不在市区、县城或者镇的，税率为1%。

城建税的适用税率，应当按纳税人所在地的规定税率执行。但是，对下列两种情况，可按缴纳"二税"所在地的规定税率就地缴纳城建税。

（1）由受托方代扣代缴、代收代缴"二税"的单位和个人，其代扣代缴、代收代缴的城建税按受托方所在地适用税率执行。

（2）流动经营等无固定纳税地点的单位和个人，在经营地缴纳"二税"的，其城建税的缴纳按经营地适用税率执行。

（二）计税依据与应纳税额的计算

1．计税依据

城建税的计税依据是指纳税人实际缴纳的"二税"税额。纳税人违反"二税"有关税法而加收的滞纳金和罚款，是税务机关对纳税人违法行为的经济制裁，不作为城建税的计税依据，但纳税人在被查补"二税"和被处以罚款时，应同时对其偷漏的城建税进行补税、征收滞纳金和罚款。

城建税以"二税"税额为计税依据并同时征收，如果要免征或者减征"二税"，也就要同时免征或者减征城建税。但对出口产品退还增值税、消费税的，不退还已缴纳的城建税。

自2005年1月1日起，经国家税务总局正式审核批准的出口业务当期免抵的增值税税额应纳入城市维护建设税和教育费附加的计征范围，分别按规定的税（费）率征收城市维护建设税和教育费附加。

2．应纳税额的计算

城建税纳税人的应纳税额大小是由纳税人实际缴纳的"二税"税额决定的，其计算公式如下。

应纳税额＝纳税人实际缴纳的增值税、消费税税额之和×适用税率

【例4-1】某市市区一家企业某年5月实际缴纳增值税150 000元，缴纳消费税200 000元。请计算该企业应纳的城建税税额。

应纳城建税税额＝（150 000＋200 000）×7%＝350 000×7%＝24 500（元）

由于城建税法实行纳税人所在地差别比例税率，所以在计算应纳税额时，应注意根据纳税人所在地来确定适用税率。

（三）税收优惠和征收管理

1．税收优惠

城建税原则上不单独减免，但因城建税又具附加税性质，所以当主税发生减免时，城建税相应发生税收减免。城建税的税收减免具体有以下几种情况。

（1）城建税按减免后实际缴纳的"二税"税额计征，即随"二税"的减免而减免。

（2）对于因减免税而需进行"二税"退库的，城建税也可同时退库。

（3）海关对进口产品代征的增值税、消费税，不征收城建税。

（4）对"二税"实行先征后返、先征后退、即征即退办法的，除另有规定外，对随"二税"附征的城市维护建设税和教育费附加，一律不退（返）还。

（5）对国家重大水利工程建设基金免征城市维护建设税。

2．纳税环节

城建税的纳税环节是指《城市维护建设税暂行条例》规定的纳税人应当缴纳城建税的环节。城建税的纳税环节，实际就是纳税人缴纳"二税"的环节。纳税人只要发生"二税"的纳税义务，就要在同样的环节，分别计算缴纳城建税。

3．纳税地点

城建税以纳税人实际缴纳的增值税、消费税税额为计税依据，分别与"二税"同时缴纳。所以，纳税人缴纳"二税"的地点，就是该纳税人缴纳城建税的地点。但是属于下列情况的，纳税地点会有所不同。

（1）代扣代缴、代收代缴"二税"的单位和个人，同时也是城市维护建设税的代扣代缴、代收代缴义务人，其城建税的纳税地点在代扣代收地。

（2）对流动经营等无固定纳税地点的单位和个人，应随同"二税"在经营地按适用税率缴纳。

4．纳税期限

由于城建税是由纳税人在缴纳"二税"时同步缴纳的，所以其纳税期限分别与"二税"的纳税期限一致。根据增值税法和消费税法规定，增值税、消费税的纳税期限均分别为1日、3日、5日、10日、15日或者1个月。增值税、消费税的纳税人的具体纳税期限，由主管税务机关根据纳税人应纳税额大小分别核定；不能按照固定期限纳税的，可以按次纳税。

5．纳税申报

《城市维护建设税纳税申报表》如表4-1所示。

表4-1　城市维护建设税纳税申报表

填表日期　　年　　月　　日

纳税人识别号：　　　　　　　　　　　　　　　　金额单位：元至角分

纳税人名称				税款所属时期		
计税依据	计税金额	税率	应纳税额	已纳税额	应补（退）税额	
1	2	3	4＝2×3	5	6＝4-5	
增值税						
消费税						
合计						
如纳税人填报，由纳税人填写以下各栏		如委托代理人填报，由代理人填写以下各栏			备注	
会计主管（签章）	纳税人（公章）	代理人名称		代理人（公章）		
		代理人地址				
		经办人		电话		
以下由税务机关填写						
收到申报表日期			接收人			

二、教育费附加

（一）教育费附加概述

教育费附加是对缴纳增值税、消费税的单位和个人，就其实际缴纳的税额为计算依据征收的一种附加费。

教育费附加是为加快地方教育事业、扩大地方教育经费的资金而征收的一项专项基金。1984 年，国务院颁布了《关于筹措农村学校办学经费的通知》，开征了农村教育事业经费附加。1985 年，中共中央做出了《关于教育体制改革的决定》，指出必须在国家增拨教育基本建设投资和教育经费的同时，充分调动企、事业单位和其他各种社会力量办学的积极性，开辟多种渠道筹措经费。为此，国务院于 1986 年 4 月 28 日颁布了《征收教育费附加的暂行规定》，决定从同年 7 月 1 日开始在全国范围内征收教育费附加。

（二）教育费附加的征收范围及计征依据

教育费附加对缴纳增值税、消费税的单位和个人征收，以其实际缴纳的增值税和消费税为计征依据，分别与增值税和消费税同时缴纳。

（三）教育费附加计征比率

教育费附加计征比率曾几经变化，1986 年开征时，规定为 1%；1990 年 5 月《国务院关于修改〈征收教育费附加的暂行规定〉的决定》中规定为 2%；按照 1994 年 2 月 7 日《国务院关于教育费附加征收问题的紧急通知》的规定，现行教育费附加征收率为 3%。

（四）教育费附加的计算

教育费附加的计算公式如下。

应纳教育费附加金额 = 实际缴纳的增值税、消费税之和×征收比率

【例 4-2】某市区一家企业某年 5 月实际缴纳增值税 200 000 元，缴纳消费税 100 000元。计算该企业应缴纳的教育费附加。

应纳教育费附加金额 =（200 000 + 100 000）× 3% = 300 000 × 3% = 9 000（元）

（五）教育费附加的减免规定

教育费附加的减免规定如下。

（1）对海关进口的产品征收的增值税、消费税，不征收教育费附加。

（2）对由于减免增值税、消费税而发生退税的，可同时退还已征收的教育费附加。但对出口产品退还增值税、消费税的，不退还已征的教育费附加。

（3）对国家重大水利工程建设基金免征教育费附加。

（4）将免征教育费附加、地方教育附加、水利建设基金的范围，由现行按月纳税的月销售额或营业额不超过 3 万元（按季度纳税的季度销售额或营业额不超过 9 万元）的缴纳义务人，扩大到按月纳税的月销售额或营业额不超过 10 万元（按季度纳税的季度销售额或营业额不超过 30 万元）的缴纳义务人。

第二节　城市维护建设税及教育费附加会计核算

一、城市维护建设税会计核算

（一）城市维护建设税会计科目设置

1. "应交税费——应交城市维护建设税"科目

该科目核算企业应缴的城市维护建设税，当企业按规定计算出应缴的城市维护建设税时，计入其贷方；当实际缴纳城市维护建设税时，计入其借方；期末贷方余额为应缴未缴的城市维护建设税，借方余额为多缴的城市维护建设税。

2."税金及附加"科目

该科目核算企业各项经营活动发生的消费税、资源税、城市维护建设税和教育费附加等。企业按规定计算的应缴消费税、资源税、城市维护建设税和教育费附加等，借记该科目；期末，将该科目的余额由贷方转入"本年利润"科目的借方，期末结转后该科目无余额。

（二）城市维护建设税的会计处理

城市维护建设税是依据企业当期实际缴纳的增值税和消费税税额，结合企业所在地的不同适用不同的税率计算上交的一种地方性税种。企业期末计算应交城市维护建设税时，借记"税金及附加"科目，贷记"应交税费——应交城市维护建设税"科目；实际上交时，借记"应交税费——应交城市维护建设税"科目，贷记"银行存款"科目。

【例4-3】某公司当期应交增值税200 000元，应交消费税15 000元。该公司所在地为市区，按照7%计算上交城市维护建设税。

会计处理如下。

应纳城市维护建设税税额=（200 000+15 000）×7%=15 050（元）

（1）月末计提应交城市维护建设税时

借：税金及附加   15 050

　　贷：应交税费——应交城市维护建设税   15 050

该业务记账凭证后附：应交税金计算表1张。

（2）实际缴纳城市维护建设税时

借：应交税费——应交城市维护建设税   15 050

　　贷：银行存款   15 050

该业务记账凭证后附：税收缴款书1张。

二、教育费附加会计核算

（一）教育费附加会计科目设置

1."应交税费——应交教育费附加"科目

该科目核算企业应缴的教育费附加。企业按规定计算出应缴的教育费附加时，记入其贷方，实际缴纳教育费附加时，记入其借方；期末贷方余额为应缴未缴的教育费附加，借方余额为多缴的教育费附加。

2."税金及附加"科目

该科目核算企业各项经营活动应交的消费税、资源税、城市维护建设税和教育费附加等。企业按规定计算的应缴消费税、资源税、城市维护建设税和教育费附加等，借记该科目；期末，将该科目的余额由贷方转入"本年利润"科目的借方，期末结转后该科目无余额。

（二）教育费附加的会计处理

教育费附加是依据企业当期实际缴纳的增值税和消费税税额，按照3%的附加率计算上交的一种地方性税种（山东省地方附加率为2%）。期末计算应交教育费附加时，借记"税金及附加"科目，贷记"应交税费——应交教育费附加"科目；实际上交时，借记"应交税费——应交教育费附加"科目，贷记"银行存款"科目。

【例4-4】某公司当期应交增值税200 000元，应交消费税15 000元，该公司所在地为山东，分别按照3%和2%计算上交教育费附加，按照0.5%计算上交地方水利建设基金。

会计处理如下。

应纳教育费附加金额=（200 000+15 000）×3%=6 450（元）

应纳地方教育费附加金额=（200 000+15 000）×2%=4 300（元）

应纳地方水利建设基金金额=（200 000+15 000）×0.5%=1 075（元）

（1）月末计提应交教育费附加时

借：税金及附加　　　　　　　　　　　　　　　　　　11 825

　　贷：应交税费——应交教育费附加　　　　　　　　　　6 450

　　　　　　　　——应交地方教育费附加　　　　　　　　4 300

　　　　　　　　——应交地方水利建设基金　　　　　　　1 075

该业务记账凭证后附：应交税金计算表1张。

（2）实际缴纳教育费附加时

借：应交税费——应交教育费附加　　　　　　　　　　6 450

　　　　　　　——应交地方教育费附加　　　　　　　　4 300

　　　　　　　——应交地方水利建设基金　　　　　　　1 075

　　贷：银行存款　　　　　　　　　　　　　　　　　　11 825

该业务记账凭证后附：税收缴款书1张。

思考题

1. 城市维护建设税如何计算？
2. 教育费附加如何计算？
3. 如何进行城市维护建设税的会计处理？
4. 如何进行教育费附加的会计处理？

第五章　关税会计

- 了解我国关税的相关规定

- 熟悉我国关税的计算方法

- 掌握关税的会计处理方法

关键词

关税　组成计税价格　会计处理

引例

中国进口车关税的9次调整

1985年以前，我国整车进口关税税率为120%～150%，后又在原有基础上加征80%进口调节税。从1986年开始，我国将关税与进口调节税合并征收，汽油轿车排量3.0升以上进口关税税率为220%，排量3.0升以下税率为180%。该税率一直沿用了8年。在此期间，我国的进口轿车价格较国际市场高出3倍～4倍，进口零部件组装车的价格也同样高出国际价格数倍。

1994年4月1日，我国对进口汽车关税第一次进行下调，175个汽车税目中有105个下调，税率平均降低13个百分点。排量3.0升以下的轿车关税降为110%，3.0升及以上排量的关税降为150%，各自下降了70%。

1996年，我国许诺到2000年中国关税平均税率从23%降至15%，1997年10月1日先降至17%。与此相对应，1997年10月1日，排量3.0升以下的进口汽车关税税率降至80%，3.0升以上降至100%。

2001年1月1日，汽车关税税率再次降低，排量3.0升以下的进口汽车关税税率降至70%，3.0升及以上降至80%。

2002年1月1日，排量3.0升以下的进口汽车关税税率降至43.8%，3.0升及以上降至50.7%。

2003年1月1日，排量3.0升以下的进口汽车关税税率降至38.2%，3.0升及以上降至43%。

2004年1月1日，排量3.0升以下的进口汽车关税税率降至34.2%，3.0升及以上降至37.6%。

2005年1月1日，我国按照承诺取消了进口汽车配额许可证制度，对汽车产品实行自动进口许可管理，同时将进口汽车关税水平降至30%。

2006 年 1 月 1 日，我国再次将进口汽车关税税率从 30% 下调至 28%，日历终于翻到了我国完全履行加入世贸组织承诺的最后一年。

2006 年 7 月 1 日，我国进口汽车关税税率最终将在第 9 次调整后降至 25%，进口汽车零部件的关税税率也将降至 10%。

第一节　关税现行税制

现行关税法律规范以全国人民代表大会于 2000 年 7 月修正颁布的《中华人民共和国海关法》（以下简称《海关法》）为法律依据，以国务院于 2003 年 11 月发布的《中华人民共和国进出口关税条例》（以下简称《进出口条例》），以及由国务院关税税则委员会审定并报国务院批准，作为条例组成部分的《中华人民共和国海关进出口税则》和《中华人民共和国海关入境旅客行李物品和个人邮递物品征收进口税办法》为基本法规，由负责关税政策制定和征收管理的主管部门依据基本法规拟定的管理办法和实施细则为主要内容。

关税是海关依法对进出境货物、物品征收的一种税。所谓"境"指关境，又称"海关境域"或"关税领域"，是国家《海关法》全面实施的领域。在通常情况下，一国关境与国境是一致的，包括国家全部的领土、领海、领空。但当某一国家在国境内设立了自由港、自由贸易区等，而这些区域就进出口关税而言处在关境之外。这时，该国家的关境小于国境，如我国。根据《中华人民共和国香港特别行政区基本法》和《中华人民共和国澳门特别行政区基本法》，香港特别行政区和澳门特别行政区保持自由港地位，为我国单独的关税地区，即单独关境区。

一、征税对象与纳税义务人

（一）征税对象

关税的征税对象是准许进出境的货物和物品。货物是指贸易性商品；物品指入境旅客随身携带的行李物品、个人邮递物品、各种运输工具上的服务人员携带进口的自用物品、馈赠物品以及其他方式进境的个人物品。

（二）纳税义务人

进口货物的收货人、出口货物的发货人、进出境物品的所有人，是关税的纳税义务人。

二、进出口税则

（一）进出口税则

进出口税则是一国政府根据国家关税政策和经济政策，通过一定的立法程序制定公布实施的进出口货物和物品应税的关税税率表。

（二）税则归类

税则归类就是按照税则的规定，将每项具体进出口商品按其特性在税则中找出其最适合的某一个税号，即"对号入座"，以便确定其适用的税率，计算关税税负。税则归类错误会导致关税的多征或少征，影响关税作用的发挥。

（三）税率

1．进口关税税率

（1）税率设置

在加入世界贸易组织（WTO）之前，我国进口税则设有两栏税率，即普通税率和优惠税率。在我国加入 WTO 之后，为履行我国在加入 WTO 关税减让谈判中承诺的有关义务，享有 WTO 成员应有的权利，自 2002 年 1 月 1 日起，我国进口税则设有最惠国税率、协定税率、特惠税率、普通税率、关税配额税率等税率。

（2）税率种类

按征收关税的标准，可以分成从价税、从量税、选择税、复合税和滑准税。

① 从价税是一种最常用的关税计税标准。它是以货物的价格或价值为征税标准，以应征税额占货物价格或者价值的百分比为税率，价格越高，税额越高。

② 从量税是以进口商品的重量、长度、容量、面积等计量单位为计税依据。

③ 复合税是对某种进口商品同时使用从价和从量计征的一种计征关税的方法。

④ 滑准税是一种关税税率随进口商品价格由高到低而由低到高设置计征关税的方法，可以使进口商品价格越高，其进口关税税率越低，进口商品的价格越低，其进口关税税率越高。

（3）暂定税率与关税配额税率

根据经济发展需要国家对部分进口原材料、零部件、农药原药和中间体、乐器及生产设备实行暂定税率。暂定税率优先适用于优惠税率或最惠国税率，而按普通税率征税的进口货物不适用暂定税率。同时，对部分进口农产品和化肥产品实行关税配额，即一定数量内的上述进口商品适用税率较低的配额内税率，超出该数量的进口商品适用税率较高的配额外税率。现行税则对 700 多个税目进口商品实行了暂定税率，对小麦、玉米等 7 种农产品和尿素等 3 种化肥产品实行关税配额管理。

2．出口关税税率

我国出口税则为一栏税率，即出口税率。国家仅对少数资源性产品及易于竞相杀价、盲目出口、需要规范出口秩序的半制成品征收出口关税。现行税则对 100 余种商品计征出口关税，主要是鳗鱼苗、部分有色金属矿砂及其精矿、生锑、磷、氟钽酸钾、苯、山羊板皮、部分铁合金、钢铁废碎料、铜和铝原料及其制品、镍锭、锌锭、锑锭。但对上述范围内的部分商品实行 0 ~ 25% 的暂定税率。此外，我国根据需要对其他 200 多种商品征收暂定税率。与进口暂定税率一样，出口暂定税率优先适用于出口税则中规定的出口税率。

3．特别关税

特别关税包括报复性关税、反倾销税与反补贴税、保障性关税。征收特别关税的货物、适用国别、税率、期限和征收办法，由国务院关税税则委员会决定，海关总署负责实施。

三、完税价格与应纳税额的计算

（一）关税完税价格

《海关法》规定，进出口货物的完税价格，由海关以该货物的成交价格为基础审查确定。成交价格不能确定时，完税价格由海关依法估定。自我国加入世界贸易组织后，我国海关已全面实施《世界贸易组织估价协定》，遵循客观、公平、统一的估价原则，并依据 2002 年 1 月 1 日起实施的《中华人民共和国海关审定进出口货物完税价格办法》（以下简称《完税价格办法》），审定进出口货物的完税价格。

（二）应纳税额的计算

1. 从价税应纳税额的计算

应纳关税税额 = 应税进（出）口货物数量×单位完税价格×税率

2. 从量税应纳税额的计算

应纳关税税额 = 应税进（出）口货物数量×单位货物税额

3. 复合税应纳税额的计算

我国目前实行的复合税都是先计征从量税，再计征从价税。公式如下。

$$应纳关税税额 = 应税进（出）口货物数量 \times 单位货物税 + 应税进（出）口额货物数量 \times 单位完税价格 \times 税率$$

4. 滑准税应纳税额的计算

应纳关税税额 = 应税进（出）口货物数量×单位完税价格×滑准税税率

现行税则《进（出）口商品从量税、复合税、滑准税税目税率表》后注明了滑准税税率的计算公式。该公式是一个与应税进（出）口货物完税价格相关的取整函数。

四、税收优惠

（一）法定减免税

法定减免税是税法中明确列出的减税或免税。符合税法规定可予减免税的进出口货物，纳税义务人无须提出申请，海关可按规定直接予以减免税。海关对法定减免税货物一般不进行后续管理。

我国《海关法》和《进出口条例》明确规定，下列货物、物品予以减免关税。

（1）关税税额在人民币50元以下的一票货物，可免征关税。

（2）无商业价值的广告品和货样，可免征关税。

（3）外国政府、国际组织无偿赠送的物资，可免征关税。

（4）进出境运输工具装载的途中必需的燃料、物料和饮食用品，可免征关税。

（5）经海关核准暂时进境或暂时出境，并在6个月内复运出境或者复运进境的货样、展览品、施工机械、工程车辆、工程船舶、供安装设备时使用的仪器和工具、电视或者电影摄制器械、盛装货物的容器以及剧团服装道具，在货物收发货人向海关缴纳相当于税款的保证金或者提供担保后，可予暂时免税。

（6）为境外厂商加工、装配成品和为制造外销产品而进口的原材料、辅料、零件、部件、配套件和包装物料，海关按照实际加工出口的成品数量免征进口关税；或者对进口料、件先征进口关税，再按照实际加工出口的成品数量予以退税。

（7）因故退还的中国出口货物，经海关审查属实，可予免征进口关税，但已征收的出口关税不予退还。

（8）因故退还的境外进口货物，经海关审查属实，可予免征出口关税，但已征收的进口关税不予退还。

（9）进口货物如有以下情形，经海关查明属实，可酌情减免进口关税。

① 在境外运输途中或者在起卸时，遭受损坏或者损失的。

② 起卸后海关放行前，因不可抗力遭受损坏或者损失的。

③ 海关查验时已经破漏、损坏或者腐烂，经证明不是保管不慎造成的。

（10）无代价抵偿货物即进口货物在征税放行后，发现货物残损、短少或品质不良，而由国外承运人、发货人或保险公司免费补偿或更换的同类货物，可以免税。但有残损或质量问题的原进口货物如未退运国外，其进口的无代价抵偿货物应照章征税。

（11）我国缔结或者参加的国际条约规定减征、免征关税的货物、物品，按照规定予以减免关税。

（12）法律规定减征、免征的其他货物。

（二）特定减免税

特定减免税也称政策性减免税。在法定减免税之外，国家按照国际通行规则和我国实际情况，制定发布的有关进出口货物减免关税的政策，称为特定或政策性减免税。特定减免税货物一般有地区、企业和用途的限制，海关需要进行后续管理，也需要进行减免税统计。具体类别如下。

（1）科教用品。

（2）残疾人专用品。

（3）扶贫、慈善性捐赠物资。

（4）加工贸易产品，具体有如下两类。

① 加工装配和补偿贸易。

② 进料加工。

（5）边境贸易进口物资。

（6）保税区进出口货物。

（7）出口加工区进出口货物。

（8）进口设备。

（三）临时减免税

临时减免税是指以上法定和特定减免税以外的其他减免税，即由国务院根据《海关法》对某个单位、某类商品、某个项目或某批进出口货物的特殊情况，给予特别照顾，一案一批，专文下达的减免税。一般有单位、品种、期限、金额或数量等限制，不能比照执行。

五、征收管理

（一）关税缴纳

进口货物自运输工具申报进境之日起 14 日内，出口货物在货物运抵海关监管区后装货的 24 小时以前，应由进出口货物的纳税义务人向货物进（出）境地海关申报，海关根据税则归类和完税价格计算应缴纳的关税和进口环节代征税，并填发税款缴款书。纳税义务人应当向海关填发税款缴款书之日起 15 日内，向指定银行缴纳税款。如关税缴纳期限的最后 1 日是周末或法定节假日，则关税缴纳期限顺延至周末或法定节假日过后的第 1 个工作日。为方便纳税义务人，经申请且海关同意，进（出）口货物的纳税义务人可以在设有海关的指运地（启运地）办理海关申报、纳税手续。

关税纳税义务人因不可抗力或者在国家税收政策调整的情形下，不能按期缴纳税款的，经海关总署批准，可以延期缴纳税款，但最长不得超过 6 个月。

（二）关税退还

关税退还是关税纳税义务人按海关核定的税额缴纳关税后，因某种原因的出现，海关将实际征收多于应当征收的税额（称为溢征关税）退还给原纳税义务人的一种行政行为。根据《海关法》规定，海关多征的税款，海关发现后应当立即退还。

按规定，有下列情形之一的，进出口货物的纳税义务人可以自缴纳税款之日起 1 年内，书面声明理由，连同原纳税收据向海关申请退税并加算银行同期活期存款利息，逾期不予受理。

（1）因海关误征，多纳税款的。

（2）海关核准免验进口的货物，在完税后发现有短卸情形，经海关审查认可的。

（3）已征出口关税的货物，因故未将其运出口，申报退关，经海关查验属实的。

对已征出口关税的出口货物和已征进口关税的进口货物，因货物品种或规格原因（非其他原因）原状复运进境或出境的，经海关查验属实的，也应退还已征关税。海关应当自受理退税申请之日起 30 日内，做出书面答复并通知退税申请人。这里强调的是，"因货物品种或规格原因，原状复运进境或出境的"。如果属于其他原因且不能以原状复运进境或出境，不能退税。

第二节　关税会计核算

一、关税会计科目设置

（一）"银行存款"科目

该科目核算企业上交的关税等。企业按规定上缴关税时，计入其贷方，同时借记"材料采购"科目等。

（二）"材料采购"科目

该科目核算企业进口货物的价款、应交的关税等。企业按规定上缴关税时，借记该科目，贷记"银行存款"科目；货物验收入库时，借记"原材料"等科目，贷记该科目。该科目余额一般在借方，反映在途物资成本。

二、关税会计处理

（一）自营进口业务关税的会计处理

企业自营进口商品应以 CIF 价格（Cost Insurance and Freight，到岸价）作为完税价格计缴关税，借记"材料采购"等账户，贷记"银行存款"账户。企业若以 FOB 价格（离岸价）或 CFR 价格（Cost and Freight，不含保险费的到岸价）成交的，应将这些成交价格下的运费、保险费计入进口商品成本，即将成本调整到以 CIF 价格为标准。

【例 5-1】某外贸企业 2018 年 10 月份从国外自营进口排气量 2.2 升的小轿车一批，CIF 价格折合人民币为 2 000 000 元，进口关税税率 15%，代征消费税税率 9%、增值税税率 16%。根据海关开出的税款缴纳凭证，该公司以银行转账支票付讫税款。

会计处理如下。

应纳关税税额=2 000 000×15%＝300 000（元）

$$进口货物组成计税价格=\frac{(2\,000\,000+300\,000)}{(1-9\%)}=2\,527\,472.53（元）$$

应纳消费税税额=2 527 472.53×9%＝227 472.53（元）

应纳增值税税额=2 527 472.53×16%＝404 695.61（元）

进口轿车成本=2 000 000+300 000+227 472.53＝2 527 472.53（元）

（1）进口轿车时

借：材料采购   2 527 472.53

  应交税费——应交增值税（进项税额）   404 695.61

   贷：银行存款   932 168.14

    应付账款——××供应商   2 000 000.00

该业务记账凭证后附：海关完税凭证1张、海关税收缴款书2张。

（2）商品验收入库时

借：库存商品   2 527 472.53

   贷：材料采购   2 527 472.53

该业务记账凭证后附：商品入库单1张。

【例5-2】某制造企业2018年8月份从美国进口某型号需要安装设备两台。该设备CFR价格天津120 000美元，保险费率0.3%，关税税率6%，代征增值税税率16%。假定计税日外汇牌价为1美元兑换6元人民币，增值税已通过认证。

会计处理如下。

$$关税完税价格=\frac{120\,000}{1-0.3\%}=120\,361.08（美元）$$

关税完税价格折合人民币=120 361.08×6=722 166.48（元）

应纳进口关税税额=722 166.48×6%=43 329.99（元）

应纳增值税税额=（722 166.48+43 329.99）×16%=122 479.44（元）

借：在建工程   765 496.47

  应交税费——应交增值税（进项税额）   122 479.44

   贷：银行存款   165 809.43

    应付账款——××供应商   722 166.48

该业务记账凭证后附：海关完税凭证1张、海关税收缴款书2张。

（二）自营出口业务关税的会计处理

企业自营出口商品应以FOB价格作为完税价格计缴关税，借记"税金及附加"，贷记"应交税费——应交出口关税"账户；实际缴纳时，借记"应交税费——应交出口关税"账户，贷记"银行存款"账户。企业也可不通过"应交税费——应交出口关税"账户核算，待实际缴纳关税时，直接借记"税金及附加"账户，贷记"银行存款"账户。如果成交价格是CIF或CFR价格，则应先按CIF或CFR价格入账；在实际支付海外运费、保险费时，再以红字冲减销售收入，将收入调整到以FOB价格为标准。

【例5-3】某进出口公司2018年10月份自营出口非合金铝条一批。我国口岸FOB价格折合人民币为800 000元，设出口关税税率为15%。根据海关开出的税款缴纳凭证，该公司以银行转账付讫税款。

会计处理如下。

$$应纳出口关税税额=\frac{800\,000}{1+15\%}\times15\%=104\,347.83（元）$$

（1）出口商品时

借：应收账款——××购货商   800 000

   贷：主营业务收入   800 000

该业务记账凭证后附：海关报关凭证1张。

（2）计提关税时

借：税金及附加   104 347.83

   贷：应交税费——应交出口关税   104 347.83

该业务记账凭证后附：应交出口关税计算表 1 张。

（3）上交税款时

借：应交税费——应交出口关税 104 347.83

    贷：银行存款 104 347.83

该业务记账凭证后附：关税完税凭证 1 张。

（三）代理进出口业务关税的会计处理

代理进出口业务对受托方来说，一般不垫付货款，多以成交额（价格）的一定比例收取劳务费作为其收入。因进出口商品而计缴的关税均应由委托单位负担，受托单位即使向海关缴纳了关税，也只是代垫或代付，日后仍要与委托方结算。

代理进出口业务所计缴的关税，在会计处理上也是通过设置"应交税费"账户来反映的，其对应账户是"应付账款""应收账款""银行存款"等。

【例 5-4】某进出口公司为增值税一般纳税人，2018 年 12 月份受某单位委托代理进口商品一批，进口货款 2 200 000 元已汇入进出口公司的开户银行。该进口商品我国口岸 CIF 价格为 300 000 美元，当日的人民币市场汇价为 1 美元兑换 6 元人民币，进口关税税率为 20%，代理劳务费按货价 2%收取（含税价）。该批商品已运达指定口岸，公司与委托单位办理有关结算。

会计处理如下。

该批商品的人民币货价=300 000×6=1 800 000（元）

应纳进口关税税额=1 800 000×20%=360 000（元）

代理劳务费=1 800 000×2%=36 000（元）

不含税代理费收入$=\dfrac{36\,000}{1+6\%}=33\,962.26$（元）

应纳增值税税额=33 962.26×6%=2 037.74（元）

（1）收到委托方划来货款时

借：银行存款 2 200 000

    贷：应付账款——××单位 2 200 000

该业务记账凭证后附：银行收款凭证 1 张。

（2）用外汇进口商品时

借：应收账款——××外商 1 800 000

    贷：银行存款 1 800 000

该业务记账凭证后附：代理进口商品协议 1 份、银行付款凭证 1 张。

（3）进口关税结算时

借：应付账款——××单位 360 000

    贷：银行存款 360 000

该业务记账凭证后附：银行付款凭证 1 张。

（4）将进口商品交付委托单位并收取劳务费时

借：应付账款——××单位 1 836 000.00

    贷：代购代销收入 33 962.26

        应交税费——应交增值税（销项税额） 2 037.74

        应收账款——××外商 1 800 000.00

该业务记账凭证后附：代理劳务费计算表 1 张。

（5）将委托单位余款退回时

应退余款=2 200 000-1 800 000-360 000-36 000=4 000（元）

借：应付账款——××单位 4 000
  贷：银行存款 4 000
该业务记账凭证后附：银行付款凭证1张。

【例5-5】某进出口公司为增值税一般纳税人，2018年1月份受托代理某厂出口一批商品。我国口岸FOB价折合人民币为600 000元，出口关税税率为20%，代理劳务费20 000元（含税价）。

会计处理如下。

$$应纳关税税额=\frac{600\,000}{1+20\%}\times20\%=100\,000（元）$$

$$不含税代理收入=\frac{20\,000}{1+6\%}=18\,867.92（元）$$

$$应纳增值税税额=18\,867.92\times6\%=1\,132.08（元）$$

（1）应缴出口关税时

借：应收账款——××单位 100 000
  贷：银行存款 100 000
该业务记账凭证后附：银行付款凭证1张。

（2）应收劳务费时

借：应收账款——××单位 20 000
  贷：代购代销收入——劳务费 18 867.92
    应交税费——应交增值税（销项税额） 1 132.08
该业务记账凭证后附：代理出口商品协议1份、代理劳务费计算表1张。

（3）收到委托单位划来税款及劳务费时

借：银行存款 120 000
  贷：应收账款——××单位 120 000
该业务记账凭证后附：银行收款凭证1张。

思考题

1. 进口商品关税如何计算？
2. 出口商品关税如何计算？
3. 如何进行自营进出口商品业务的会计处理？
4. 如何进行代理进出口商品业务的会计处理？

第六章 企业所得税会计

- 了解我国企业所得税的相关规定
- 熟悉我国企业所得税的计算方法
- 掌握企业所得税的会计处理方法

关键词

企业所得税 应纳税所得额 利润总额

引例

某公司，一新入职会计对本公司利润表中利润总额为负数但企业所得税汇算清缴后还应缴企业所得税很不理解。公司发生亏损，为何还应缴纳企业所得税？

第一节 企业所得税现行税制

现行企业所得税法的基本规范是 2007 年 3 月 16 日第十届全国人民代表大会第五次全体会议通过的《中华人民共和国企业所得税法》和 2007 年 11 月 28 日国务院第 197 次常务会议通过的《中华人民共和国企业所得税法实施条例》，从 2008 年 1 月 1 日开始实施。

企业所得税是对在中华人民共和国境内的企业和其他取得收入的组织的生产经营所得和其他所得征收的一种税。

一、纳税义务人、征税对象与税率

（一）纳税义务人

企业所得税的纳税义务人是指在中华人民共和国境内的企业和其他取得收入的组织。《中华人民共和国企业所得税法》第一条规定，除个人独资企业、合伙企业不适用企业所得税法外，凡在我国境内，企业和其他取得收入的组织（以下统称企业）为企业所得税的纳税人，应依法缴纳企业所得税。

企业所得税的纳税人分为居民企业和非居民企业。这是根据企业纳税义务范围的宽窄进行的分类方法。不同的企业在向中国政府缴纳所得税时，纳税义务不同。把企业分为居民企业和非居民企业，是为了更好地保障我国税收管辖权的有效行使。税收管辖权是一国政府在征税方面的主权，是国家主权的重要组成部分。根据国际上的通行做法，我国选择了地域管辖权和居民管辖权的双重管辖权标准，最大限度地维护我国的税收利益。

1．居民企业

居民企业是指依法在中国境内成立，或者依照外国（地区）法律成立但实际管理机构在中国境内的企业。这里的企业包括国有企业、集体企业、私营企业、联营企业、股份制企业、外商投资企业、外国企业以及有生产、经营所得和其他所得的其他组织。有生产、经营所得和其他所得的其他组织，是指经国家有关部门批准，依法注册、登记的事业单位、社会团体等组织。由于我国的一些社会团体组织、事业单位在完成国家事业计划的过程中，开展多种经营和有偿服务活动，取得除财政部门各项拨款、财政部和国家物价部门批准的各项规费收入以外的经营收入，具有了经营的特点，应当视同企业纳入征税范围。这里，实际管理机构是指对企业的生产经营、人员、账务、财产等实施实质性全面管理和控制的机构。

2．非居民企业

非居民企业是指依照外国（地区）法律成立且实际管理机构不在中国境内，但在中国境内设立机构、场所的，或者在中国境内未设立机构、场所，但有来源于中国境内所得的企业。

（二）征税对象

企业所得税的征税对象是指企业的生产经营所得、其他所得和清算所得。

1．居民企业的征税对象

居民企业应就来源于中国境内、境外的所得作为征税对象。所得包括销售货物所得、提供劳务所得、转让财产所得、股息红利等权益性投资所得、利息所得、租金所得、特许权使用费所得、接受捐赠所得和其他所得。

2．非居民企业的征税对象

（1）非居民企业在中国境内设立机构、场所的，应当就其所设机构、场所取得的来源于中国境内的所得，以及发生在中国境外但与其所设机构、场所有实际联系的所得，缴纳企业所得税。

（2）非居民企业在中国境内未设立机构、场所的，或者虽设立机构、场所但取得的所得与其所设机构、场所没有实际联系的，应当就其来源于中国境内的所得缴纳企业所得税。

上述两点中所称实际联系是指非居民企业在中国境内设立的机构、场所拥有的据以取得所得的股权、债权，以及拥有、管理、控制据以取得所得的财产。

3．所得来源地确定

（1）销售货物所得按照交易活动发生地确定。

（2）提供劳务所得按照劳务发生地确定。

（3）转让财产所得：不动产转让所得按照不动产所在地确定；动产转让所得按照转让动产的企业或者机构、场所所在地确定；权益性投资资产转让所得按照被投资企业所在地确定。

（4）股息、红利等权益性投资所得按照分配所得的企业所在地确定。

（5）利息所得、租金所得、特许权使用费所得按照负担、支付所得的企业或者机构、场所所在地确定，或者按照负担、支付所得的个人的住所地确定。

（6）其他所得，由国务院财政、税务主管部门确定。

（三）税率

企业所得税实行比例税率。比例税率简便易行，透明度高，不会因征税而改变企业间收入分配比例，有利于促进效率的提高。现行规定如下。

（1）基本税率为 25%：适用于居民企业和在中国境内设有机构、场所且所得与机构、场所有关联的非居民企业。

（2）低税率为 20%：适用于在中国境内未设立机构、场所的，或者虽设立机构、场所但取得的所得与其所设机构、场所没有实际联系的非居民企业。但实际征税时适用 10% 的税率（见税收优惠）。

二、应纳税所得额的计算

应纳税所得额是企业所得税的计税依据，按照企业所得税法的规定，应纳税所得额为企业每一个纳税年度的收入总额，减除不征税收入、免税收入、各项扣除以及允许弥补的以前年度亏损后的余额。基本公式如下。

应纳税所得额＝收入总额-不征税收入-免税收入-各项扣除-以前年度亏损

企业应纳税所得额的计算以权责发生制为原则，属于当期的收入和费用，不论款项是否收付，均作为当期的收入和费用；不属于当期的收入和费用，即使款项已经在当期收付，均不作为当期的收入和费用。应纳税所得额的正确计算直接关系到国家财政收入和企业的税收负担，并且同成本、费用核算关系密切。因此，企业所得税法对应纳税所得额计算作了明确规定，主要内容包括收入总额、扣除范围和标准、资产的税务处理、亏损弥补等。

（一）收入总额

企业的收入总额包括以货币形式和非货币形式从各种来源取得的收入，具体有销售货物收入，提供劳务收入，转让财产收入，股息、红利等权益性投资收益，利息收入，租金收入，特许权使用费收入，接受捐赠收入和其他收入。

企业取得收入的货币形式包括现金、存款、应收账款、应收票据、准备持有至到期的债券投资以及债务的豁免等；纳税人以非货币形式取得的收入包括固定资产、生物资产、无形资产、股权投资、存货、不准备持有至到期的债券投资、劳务以及有关权益等。这些非货币资产应当按照公允价值确定收入额，而公允价值是指按照市场价格确定的价值。收入的具体构成如下。

1．视同销售收入

企业发生非货币性资产交换，以及将货物、财产、劳务用于捐赠、偿债、赞助、集资、广告、样品、职工福利或者利润分配等用途的，应当视同销售货物、转让财产或者提供劳务，但国务院财政、税务主管部门另有规定的除外。具体处理如下。

（1）企业发生下列情形的处置资产，除将资产转移至境外以外，由于资产所有权属在形式和实质上均不发生改变，可作为内部处置资产，不视同销售确认收入，相关资产的计税基础延续计算。

① 将资产用于生产、制造、加工另一产品。

② 改变资产形状、结构或性能。

③ 改变资产用途（如自建商品房转为自用或经营）。

④ 将资产在总机构及其分支机构之间转移。

⑤ 上述两种或两种以上情形的混合。

⑥ 其他不改变资产所有权属的用途。

（2）企业将资产移送他人的下列情形，因资产所有权属已发生改变而不属于内部处置资产，应按规定视同销售确定收入。

① 用于市场推广或销售。

② 用于交际应酬。

③ 用于职工奖励或福利。

④ 用于股息分配。

⑤ 用于对外捐赠。

⑥ 其他改变资产所有权属的用途。

（3）企业发生（2）中规定的情形时，除另有规定外，应按照被移送资产的公允价值确定销售收入。

2．相关收入实现的确认

除企业所得税法及实施条例前述收入的规定外，企业销售收入的确认，必须遵循权责发生制原则和实质重于形式原则。

（1）企业销售商品同时满足下列条件的，应确认收入的实现。

① 商品销售合同已经签订，企业已将商品所有权相关的主要风险和报酬转移给购货方。

② 企业对已售出的商品既没有保留通常与所有权相联系的继续管理权，也没有实施有效控制。

③ 收入的金额能够可靠地计量。

④ 已发生或将发生的销售方的成本能够可靠地核算。

（2）符合上款收入确认条件，采取下列商品销售方式的，应按以下规定确认收入实现时间。

① 销售商品采用托收承付方式的，在办妥托收手续时确认收入。

② 销售商品采取预收款方式的，在发出商品时确认收入。

③ 销售商品需要安装和检验的，在购买方接受商品以及安装和检验完毕时确认收入。如果安装程序比较简单，可在发出商品时确认收入。

④ 销售商品采用支付手续费方式委托代销的，在收到代销清单时确认收入。

（3）企业在各个纳税期末，提供劳务交易的结果能够可靠估计的，应采用完工进度（完工百分比）法确认提供劳务收入。

① 提供劳务交易的结果能够可靠估计，是指同时满足下列条件。

A．收入的金额能够可靠地计量。

B．交易的完工进度能够可靠地确定。

C．交易中已发生和将发生的成本能够可靠地核算。

② 企业提供劳务完工进度的确定，可选用下列方法。

A．已完成工作的测量。

B．已提供劳务占劳务总量的比例。

C．发生成本占总成本的比例。

③ 企业应按照从接受劳务方已收或应收的合同或协议价款确定劳务收入总额，将纳税期末提供劳务收入总额乘以完工进度再扣除以前纳税年度累计已确认提供劳务收入后的金额，确认为当期劳务收入；同时，将提供劳务估计总成本乘以完工进度再扣除以前纳税期间累计已确认劳务成本后的金额，结转为当期劳务成本。

（4）企业取得财产（包括各类资产、股权、债权等）转让收入、债务重组收入、接受捐赠收入、无法偿付的应付款收入等，不论是以货币形式、还是非货币形式体现，除另有规定外，均应一次性计入确认收入的年度计算缴纳企业所得税。

（二）不征税收入和免税收入

1．不征税收入

（1）财政拨款是指各级人民政府对纳入预算管理的事业单位、社会团体等组织拨付的财政资金，但国务院和国务院财政、税务主管部门另有规定的除外。

（2）依法收取并纳入财政管理的行政事业性收费、政府性基金。行政事业性收费是指依照法律法规等有关规定，按照国务院规定程序批准，在实施社会公共管理，以及在向公民、法人或者其他组织提供特定公共服务过程中，向特定对象收取并纳入财政管理的费用。政府性基金是指企业依照法律、行政法规等有关规定，代政府收取的具有专项用途的财政资金。

（3）国务院规定的其他不征税收入是指企业取得的，由国务院财政、税务主管部门规定专项用途并经国务院批准的财政性资金。

专项用途财政性资金根据财税〔2011〕70号通知规定，自2011年1月1日起，企业取得的专项用途财政性资金企业所得税处理按以下规定执行：企业从县级以上各级人民政府财政部门及其他部门取得的应计入收入总额的财政性资金，凡同时符合以下条件的，可以作为不征税收入，在计算应纳税所得额时从收入总额中减除。

① 企业能够提供规定资金专项用途的资金拨付文件。

② 财政部门或其他拨付资金的政府部门对该资金有专门的资金管理办法或具体管理要求。

③ 企业对该资金以及以该资金发生的支出单独进行核算。

根据实施条例第二十八条的规定，上述不征税收入用于支出所形成的费用，不得在计算应纳税所得额时扣除；用于支出所形成的资产，其计算的折旧、摊销不得在计算应纳税所得额时扣除。

企业将符合上述规定条件的财政性资金作不征税收入处理后，在5年（60个月）内未发生支出且未缴回财政部门或其他拨付资金的政府部门的部分，应计入取得该资金第6年的应税收入总额。计入应税收入总额的财政性资金发生的支出，允许在计算应纳税所得额时扣除。

2．免税收入

（1）国债利息收入。税法规定，企业因购买国债所得的利息收入，免征企业所得税。

（2）符合条件的居民企业之间的股息、红利等权益性收益，是指居民企业直接投资于其他居民企业取得的投资收益。

（3）在中国境内设立机构、场所的非居民企业从居民企业取得与该机构、场所有实际联系的股息、红利等权益性投资收益。该收益都不包括连续持有居民企业公开发行并上市流通的股票不足12个月取得的投资收益。

（4）符合条件的非营利组织的收入。

（三）税前扣除凭证的规定

1．企业发生的支出，必须取得税前扣除凭证才能税前扣除

（1）企业发生支出，应取得税前扣除凭证，作为计算企业所得税应纳税所得额时扣除。

（2）企业应在当年度企业所得税法规定的汇算清缴期结束前取得税前扣除凭证。

（3）企业应将与税前扣除凭证相关的资料，包括合同协议、支出依据、付款凭证等留存备查，以证实税前扣除凭证的真实性。

（4）企业在规定的期限未能补开、换开符合规定的发票、其他外部凭证，并且未能按照本办法第十四条的规定提供相关资料证实其支出真实性的，相应支出不得在发生年度税前扣除。

2．税前扣除凭证应遵循的基本原则

（1）真实性是指税前扣除凭证反映的经济业务真实，且支出已经实际发生；

（2）合法性是指税前扣除凭证的形式、来源符合国家法律、法规等相关规定；

（3）关联性是指税前扣除凭证与其反映的支出相关联且有证明力。

3．税前扣除的凭证的种类

税前扣除凭证按照来源分为内部凭证和外部凭证。

（1）内部凭证是指企业自制用于成本、费用、损失和其他支出核算的会计原始凭证。内部凭证的填制和使用应当符合国家会计法律、法规等相关规定。

如：材料成本核算表（入库单、领料单、耗用汇总表等）、资产折旧或摊销表、制造费用的归集与分配表、产品成本计算单，支付职工薪酬的工资表，差旅费报销单、

（2）外部凭证是指企业发生经营活动和其他事项时，从其他单位、个人取得的用于证明其支出发生的凭证，包括但不限于发票（包括纸质发票和电子发票）、财政票据、完税凭证、收款凭证、分割单等。

4．税前扣除的凭证的取得

（1）业在境内发生的支出项目属于增值税应税项目（以下简称"应税项目"）的

① 对方为已办理税务登记的增值税纳税人，其支出以发票（包括按照规定由税务机关代开的发票）作为税前扣除凭证；

② 对方为依法无需办理税务登记的单位或者从事小额零星经营业务的个人，其支出以税务机关代开的发票或者收款凭证及内部凭证作为税前扣除凭证，收款凭证应载明收款单位名称、个人姓名及身份证号、支出项目、收款金额等相关信息。

小额零星经营业务的判断标准是个人从事应税项目经营业务的销售额不超过增值税相关政策规定的起征点。

税务总局对应税项目开具发票另有规定的，以规定的发票或者票据作为税前扣除凭证。

（2）企业在境内发生的支出项目不属于应税项目的，对方为单位的，以对方开具的发票以外的其他外部凭证作为税前扣除凭证；对方为个人的，以内部凭证作为税前扣除凭证。

（3）企业从境外购进货物或者劳务发生的支出，以对方开具的发票或者具有发票性质的收款凭证、相关税费缴纳凭证作为税前扣除凭证。

（4）企业取得私自印制、伪造、变造、作废、开票方非法取得、虚开、填写不规范等不符合规定的发票（以下简称"不合规发票"），以及取得不符合国家法律、法规等相关规定的其他外部凭证（以下简称"不合规其他外部凭证"），不得作为税前扣除凭证。

5．外部凭证的税务处理

企业在规定期限内取得符合规定的发票、其他外部凭证的，相应支出可以税前扣除。应当取得而未取得发票、其他外部凭证或者取得不合规发票、不合规其他外部凭证的，可以按照以下规定处理：

（1）汇算清缴期结束前的税务处理

① 能够补开、换开符合规定的发票、其他外部凭证的，相应支出可以税前扣除。

② 因对方注销、撤销、依法被吊销营业执照、被税务机关认定为非正常户等特殊原因无法补开、换开符合规定的发票、其他外部凭证的，凭相关资料证实支出真实性后，相应支出可以税前扣除。

③ 未能补开、换开符合规定的发票、其他外部凭证并且未能凭相关资料证实支出真实性的，相应支出不得在发生年度税前扣除。

企业在补开、换开发票、其他外部凭证过程中，因对方注销、撤销、依法被吊销营业执

照、被税务机关认定为非正常户等特殊原因无法补开、换开发票、其他外部凭证的，可凭以下资料证实支出真实性后，其支出允许税前扣除：

资料一：无法补开、换开发票、其他外部凭证原因的证明资料（包括工商注销、机构撤销、列入非正常经营户、破产公告等证明资料）；

资料二：相关业务活动的合同或者协议；

资料三：采用非现金方式支付的付款凭证；

资料四：货物运输的证明资料；

资料五：货物入库、出库内部凭证；

资料六：企业会计核算记录以及其他资料。

前款第一项至第三项为必备资料。

（2）汇算清缴期结束后的税务处理

① 由于一些原因（如购销合同、工程项目纠纷等），企业在规定的期限内未能取得符合规定的发票、其他外部凭证或者取得不合规发票、不合规其他外部凭证，企业主动没有进行税前扣除的，待以后年度取得符合规定的发票、其他外部凭证后，相应支出可以追补至该支出发生年度扣除，追补扣除年限不得超过 5 年。其中，因对方注销、撤销、依法被吊销营业执照、被税务机关认定为非正常户等特殊原因无法补开、换开符合规定的发票、其他外部凭证的，企业在以后年度凭相关资料证实支出真实性后，相应支出也可以追补至该支出发生年度扣除，追补扣除年限不得超过 5 年。

② 税务机关发现企业应当取得而未取得发票、其他外部凭证或者取得不合规发票、不合规其他外部凭证，企业自被告知之日起 60 日内补开、换开符合规定的发票、其他外部凭证或者按照《办法》第十四条规定凭相关资料证实支出真实性后，相应支出可以在发生年度税前扣除。否则，该支出不得在发生年度税前扣除，也不得在以后年度追补扣除。

6．共同费用应使用的凭证

企业租用（包括企业作为单一承租方租用）办公、生产用房等资产发生的水、电、燃气、冷气、暖气、通讯线路、有线电视、网络等费用，出租方作为应税项目开具发票的，企业以发票作为税前扣除凭证；出租方采取分摊方式的，企业以出租方开具的其他外部凭证作为税前扣除凭证。

（四）扣除原则和范围

1．税前扣除项目的原则

企业申报的扣除项目和金额要真实、合法。所谓真实是指能提供证明有关支出确属已经实际发生；合法是指符合国家税法的规定，若其他法规规定与税收法规规定不一致，应以税收法规的规定为标准。

2．扣除项目的范围

《税法》规定：企业实际发生的与取得收入有关的、合理的支出，包括成本、费用、税金、损失和其他支出，准予在计算应纳税所得额时扣除。在实际中，计算应纳税所得额时还应注意三方面的内容。一是企业发生的支出应当分收益性支出和资本性支出。收益性支出在发生当期直接扣除；资本性支出应当分期扣除或者计入有关资产成本，不得在发生当期直接扣除。二是企业的不征税收入用于支出所形成的费用或者财产，不得扣除或者计算对应的折旧、摊销扣除。三是除企业所得税法和企业所得税法实施条例另有规定外，企业实际发生的成本、费用、税金、损失和其他支出，不得重复扣除。

（1）成本是指企业在生产经营活动中发生的销售成本、销货成本、业务支出以及其他耗费，即企业销售商品（产品、材料、下脚料、废料、废旧物资等）、提供劳务、转让固定资产、无形资产（包括技术转让）的成本。

（2）费用是指企业每一个纳税年度为生产、经营商品和提供劳务等所发生的销售（经营）费用、管理费用和财务费用。已经计入成本的有关费用除外。

（3）税金是指企业发生的除企业所得税和允许抵扣的增值税以外的企业缴纳的各项税金及其附加。

（4）损失是指企业在生产经营活动中发生的固定资产和存货的盘亏、毁损、报废损失，转让财产损失，呆账损失，坏账损失，自然灾害等不可抗力因素造成的损失以及其他损失。

企业发生的损失，减除责任人赔偿和保险赔款后的余额，依照国务院财政、税务主管部门的规定扣除。

企业已经作为损失处理的资产，在以后纳税年度又全部收回或者部分收回时，应当计入当期收入。

（5）扣除的其他支出是指除成本、费用、税金、损失外，企业在生产经营活动中发生的与生产经营活动有关的、合理的支出。

3．扣除项目及其标准

在计算应纳税所得额时，下列项目可按照实际发生额或规定的标准扣除。

（1）工资、薪金支出

① 企业发生的合理的工资、薪金支出准予据实扣除。工资、薪金支出是企业每一纳税年度支付给本企业任职或与其有雇佣关系的员工的所有现金或非现金形式的劳动报酬，包括基本工资、奖金、津贴、补贴、年终加薪、加班工资，以及与任职或者是受雇有关的其他支出。

② 属于国有性质的企业，其工资薪金不得超过政府有关部门给予的限定数额；超过部分，不得计入企业工资薪金总额，也不得在计算企业应纳税所得额时扣除。

③ 企业因雇用季节工、临时工、实习生、返聘离退休人员所实际发生的费用，应区分为工资薪金支出和职工福利费支出，并按《企业所得税法》规定在企业所得税前扣除；其中属于工资薪金支出的，准予计入企业工资薪金总额的基数，作为计算其他各项相关费用扣除的依据。

④ 企业福利性补贴支出税前扣除问题

列入企业员工工资薪金制度、固定与工资薪金一起发放的福利性补贴，符合《国家税务总局关于企业工资薪金及职工福利费扣除问题的通知》（国税函〔2009〕3 号）第一条规定的，可作为企业发生的工资薪金支出，按规定在税前扣除。

不能同时符合上述条件的福利性补贴，应作为国税函〔2009〕3 号文件第三条规定的职工福利费，按规定计算限额税前扣除。

⑤ 企业年度汇算清缴结束前支付汇缴年度工资薪金税前扣除问题

企业在年度汇算清缴结束前向员工实际支付的已预提汇缴年度工资薪金，准予在汇缴年度按规定扣除。

⑥ 企业接受外部劳务派遣用工支出税前扣除问题

企业接受外部劳务派遣用工所实际发生的费用，应分两种情况按规定在税前扣除：按照协议（合同）约定直接支付给劳务派遣公司的费用，应作为劳务费支出；直接支付给员工个人的费用，应作为工资薪金支出和职工福利费支出。其中属于工资薪金支出的费用，准予计入企业工资薪金总额的基数，作为计算其他各项相关费用扣除的依据。

（2）职工福利费、工会经费、职工教育经费

企业发生的职工福利费、工会经费、职工教育经费按标准扣除，未超过标准的按实际数

扣除，超过标准的只能按标准扣除。

① 企业发生的职工福利费支出，不超过工资薪金总额 14% 的部分准予扣除。

② 企业拨缴的工会经费，不超过工资薪金总额 2% 的部分准予扣除。

自 2010 年 7 月 1 日起，企业拨缴的职工工会经费，不超过工资薪金总额 2% 的部分，凭工会组织开具的《工会经费收入专用收据》在企业所得税税前扣除。

自 2010 年 1 月 1 日起，在委托税务机关代收工会经费的地区，企业拨缴的工会经费，也可凭合法、有效的工会经费代收凭据依法在税前扣除。

③ 除国务院财政、税务主管部门另有规定外，企业发生的职工教育经费支出，不超过工资薪金总额 8% 的部分，准予在计算企业所得税应纳税所得额时扣除；超过部分，准予在以后纳税年度结转扣除。

上述计算职工福利费、工会经费、职工教育经费的工资薪金总额，是指企业按照上述第（1）条规定实际发放的工资薪金总和，不包括企业的职工福利费、职工教育经费、工会经费以及养老保险费、医疗保险费、失业保险费、工伤保险费、生育保险费等社会保险费和住房公积金。属于国有性质的企业，其工资薪金，不得超过政府有关部门给予的限定数额；超过部分，不得计入企业工资薪金总额，也不得在计算企业应纳税所得额时扣除。

（3）社会保险费

① 企业依照国务院有关主管部门或者省级人民政府规定的范围和标准为职工缴纳的五险一金，即基本养老保险费、基本医疗保险费、失业保险费、工伤保险费、生育保险费等基本社会保险费和住房公积金，准予扣除。

② 企业为投资者或者职工支付的补充养老保险费、补充医疗保险费，在国务院财政、税务主管部门规定的范围和标准内，准予扣除。企业依照国家有关规定为特殊工种职工支付的人身安全保险费和符合国务院财政、税务主管部门规定可以扣除的商业保险费准予扣除。

③ 企业参加财产保险，按照规定缴纳的保险费，准予扣除。企业为投资者或者职工支付的商业保险费，不得扣除。

（4）利息费用

企业在生产、经营活动中发生的利息费用，按下列规定扣除。

① 非金融企业向金融企业借款的利息支出、金融企业的各项存款利息支出和同业拆借利息支出、企业经批准发行债券的利息支出可据实扣除。

② 非金融企业向非金融企业借款的利息支出，不超过按照金融企业同期同类贷款利率计算的数额的部分可据实扣除，超过部分不许扣除。

鉴于目前我国对金融企业利率要求的具体情况，企业在按照合同要求首次支付利息并进行税前扣除时，应提供金融企业的同期同类贷款利率情况说明，以证明其利息支出的合理性。

金融企业的同期同类贷款利率情况说明中，应包括在签订该借款合同当时，本省任何一家金融企业提供同期同类贷款利率情况。

③ 关联企业利息费用的扣除。企业从其关联方接受的债权性投资与权益性投资的比例超过规定标准而发生的利息支出，不得在计算应纳税所得额时扣除。

企业实际支付给关联方的利息支出，其接受关联方债权性投资与其权益性投资比例为：金融企业 5：1，其他企业 2：1。

④ 企业向自然人借款的利息支出在企业计算所得税税前的扣除，应依照如下规定进行。

A. 企业向股东或其他与企业有关联关系的自然人借款的利息支出，应根据《中华人民共和国企业所得税法》（以下简称《税法》）第四十六条及《财政部、国家税务总局关于企业关联方利息支出税前扣除标准有关税收政策问题的通知》（财税〔2008〕121 号）规定的条件，计算企业所得税扣除额。

B. 企业向除 A 规定以外的内部职工或其他人员借款的利息支出，其借款情况同时符合以下条件的，其利息支出在不超过按照金融企业同期同类贷款利率计算的数额的部分，准予扣除。

条件一：企业与个人之间的借贷是真实、合法、有效的，并且不具有非法集资目的或其他违反法律、法规的行为。

条件二：企业与个人之间签订了借款合同。

（5）借款费用

① 企业在生产经营活动中发生的合理的不需要资本化的借款费用，准予扣除。

② 企业为购置、建造固定资产、无形资产和经过 12 个月以上的建造才能达到预定可销售状态的存货发生借款的，在有关资产购置、建造期间发生的合理的借款费用，应予以资本化，作为资本性支出计入有关资产的成本；有关资产交付使用后发生的借款利息，可在发生当期扣除。

（6）汇兑损失

企业在货币交易中，以及纳税年度终了时将人民币以外的货币性资产、负债按照期末即期人民币汇率中间价折算为人民币时产生的汇兑损失，除已经计入有关资产成本以及与向所有者进行利润分配相关的部分外，准予扣除。

（7）业务招待费

企业发生的与生产经营活动有关的业务招待费支出，按照发生额的 60% 扣除，但最高不得超过当年销售（营业）收入的 5‰。

对从事股权投资业务的企业（包括集团公司总部、创业投资企业等），其从被投资企业所分配的股息、红利以及股权转让收入，可以按规定的比例计算业务招待费扣除限额。

企业在筹建期间发生的与筹办活动有关的业务招待费支出，可按实际发生额的 60% 计入企业筹办费，并按有关规定在税前扣除。

（8）广告费和业务宣传费

① 企业发生的符合条件的广告费和业务宣传费支出，除国务院财政、税务主管部门另有规定外，不超过当年销售（营业）收入 15% 的部分，准予扣除；超过部分，准予结转以后纳税年度扣除。

企业在筹建期间发生的广告费和业务宣传费，可按实际发生额计入企业筹办费，并按有关规定在税前扣除。

② 对化妆品制造或销售、医药制造和饮料制造（不含酒类制造）企业发生的广告费和业务宣传费支出，不超过当年销售（营业）收入 30% 的部分，准予扣除；超过部分，准予在以后纳税年度结转扣除。

③ 烟草企业的烟草广告费和业务宣传费支出，一律不得在计算应纳税所得额时扣除。

（9）环境保护专项资金

企业依照法律、行政法规有关规定提取的用于环境保护、生态恢复等方面的专项资金，准予扣除。上述专项资金提取后改变用途的，不得扣除。

（10）保险费

企业参加财产保险、按照规定缴纳的保险费准予扣除。

（11）租赁费

企业根据生产经营活动的需要租入固定资产支付的租赁费，按照以下方法扣除。

① 以经营租赁方式租入固定资产发生的租赁费支出，按照租赁期限均匀扣除。经营性租赁是指所有权不转移的租赁。

② 以融资租赁方式租入固定资产发生的租赁费支出，按照规定构成融资租入固定资产价值的部分应当提取折旧费用，分期扣除。融资租赁是指在实质上转移与一项资产所有权有关的全部风险和报酬的一种租赁。

（12）劳动保护费

企业发生的合理的劳动保护支出准予扣除。自 2011 年 7 月 1 日起，企业根据其工作性质和特点，由企业统一制作并要求员工工作时统一着装所发生的工作服饰费用，根据《中华人民共和国企业所得税法实施条例》第二十七条的规定，可以作为企业合理的支出给予税前扣除。

（13）公益性捐赠支出

公益性捐赠是指企业通过公益性社会团体或者县级（含县级）以上人民政府及其部门，用于《中华人民共和国公益事业捐赠法》规定的公益事业的捐赠。

企业通过公益性社会组织或者县级(含县级)以上人民政府及其组成部门和直属机构，用于慈善活动、公益事业的捐赠支出，在年度利润总额 12%以内的部分，准予在计算应纳税所得额时扣除;超过年度利润总额 12%的部分，准予结转以后三年内在计算应纳税所得额时扣除。

所称公益性社会组织，应当依法取得公益性捐赠税前扣除资格。

所称年度利润总额，是指企业依照国家统一会计制度的规定计算的大于零的数额。

（14）根据《税法》第二十一条规定，企业依据财务会计制度规定，并实际在财务会计处理上已确认的支出，凡没有超过《税法》和有关税收法规规定的税前扣除范围和标准的，可按企业实际会计处理确认的支出，在企业所得税前扣除，计算其应纳税所得额。

（五）不得扣除的项目

在计算应纳税所得额时，下列支出不得扣除。

（1）向投资者支付的股息、红利等权益性投资收益款项。

（2）企业所得税税款。

（3）税收滞纳金是指纳税人违反税收法规，被税务机关处以的滞纳金。

（4）罚金、罚款和被没收财物的损失，是指纳税人违反国家有关法律、法规规定，被有关部门处以的罚款，以及被司法机关处以的罚金和被没收财物。

（5）超过规定标准的捐赠支出。

（6）赞助支出是指企业发生的与生产经营活动无关的各种非广告性质支出。

（7）未经核定的准备金支出，是指不符合国务院财政、税务主管部门规定的各项资产减值准备、风险准备等准备金支出。

（8）企业之间支付的管理费、企业内营业机构之间支付的租金和特许权使用费，以及非银行企业内营业机构之间支付的利息，不得扣除。

（9）与取得收入无关的其他支出。

（六）亏损弥补

（1）一般规定：亏损是指企业依照《税法》及其实施条例的规定，将每一纳税年度的收入总额减除不征税收入、免税收入和各项扣除后小于零的数额。税法规定，企业某一纳税年度发生的亏损可以用下一年度的所得弥补，下一年度的所得不足以弥补的，可以逐年延续弥补，但最长不得超过 5 年。企业在汇总计算缴纳企业所得税时，其境外营业机构的亏损不得抵减境内营业机构的盈利。

（2）特别规定：自 2018 年 1 月 1 日起，当年具备高新技术企业或科技型中小企业资格(以下统称资格)的企业，其具备资格年度之前 5 个年度发生的尚未弥补完的亏损，准予结转以后年度弥补，最长结转年限由 5 年延长至 10 年。

（3）企业筹办期间不计算为亏损年度。企业自开始生产经营的年度，为开始计算企业损益的年度。企业从事生产经营之前进行筹办活动期间发生筹办费用支出，不得计算为当期的亏损。企业可以在开始经营之日的当年一次性扣除，也可以按照新税法有关长期待摊费用的处理规定处理，但一经选定，不得改变。

（4）根据《中华人民共和国税收征收管理法》的有关规定，对企业发现以前年度实际发生的、按照税收规定应在企业所得税前扣除而未扣除或者少扣除的支出，企业做出专项申报及说明后，准予追补至该项目发生年度计算扣除，但追补确认期限不得超过 5 年。

企业由于上述原因多缴的企业所得税税款，可以在追补确认年度企业所得税应纳税款中抵扣，不足抵扣的，可以向以后年度递延抵扣或申请退税。

亏损企业追补确认以前年度未在企业所得税前扣除的支出，或盈利企业经过追补确认后出现亏损的，应首先调整该项支出所属年度的亏损额，然后再按照弥补亏损的原则计算以后年度多缴的企业所得税税款，并按前款规定处理。

三、资产的税务处理

《税法》规定，纳税人税务处理范围的资产形式主要有固定资产、生物资产、无形资产、长期待摊费用、投资资产、存货等。这些资产均以历史成本为计税基础。历史成本是指企业取得该项资产时实际发生的支出。企业持有各项资产期间资产增值或者减值，除国务院财政、税务主管部门规定可以确认损益外，不得调整该资产的计税基础。

（一）固定资产的税务处理

固定资产是指企业为生产产品、提供劳务、出租或者经营管理而持有的、使用时间超过 12 个月的非货币性资产，包括房屋、建筑物、机器、机械、运输工具以及其他与生产经营活动有关的设备、器具、工具等。

1．固定资产计税基础

（1）外购的固定资产，以购买价款和支付的相关税费以及直接归属于使该资产达到预定用途发生的其他支出为计税基础。

（2）自行建造的固定资产，以竣工结算前发生的支出为计税基础。

（3）融资租入的固定资产，以租赁合同约定的付款总额和承租人在签订租赁合同过程中发生的相关费用为计税基础；租赁合同未约定付款总额的，以该资产的公允价值和承租人在签订租赁合同过程中发生的相关费用为计税基础。

（4）盘盈的固定资产，以同类固定资产的重置完全价值为计税基础。

（5）通过捐赠、投资、非货币性资产交换、债务重组等方式取得的固定资产，以该资产的公允价值和支付的相关税费为计税基础。

（6）改建的固定资产，除已足额提取折旧的固定资产和租入的固定资产以外的其他固定资产，以改建过程中发生的改建支出增加计税基础。

2．固定资产折旧的范围

在计算应纳税所得额时，企业按照规定计算的固定资产折旧，准予扣除。下列固定资产不得计算折旧扣除。

（1）房屋、建筑物以外未投入使用的固定资产。

（2）以经营租赁方式租入的固定资产。

（3）以融资租赁方式租出的固定资产。

（4）已足额提取折旧仍继续使用的固定资产。

（5）与经营活动无关的固定资产。

（6）单独估价作为固定资产入账的土地。

（7）其他不得计算折旧扣除的固定资产。

3．固定资产折旧的计提方法

（1）企业应当自固定资产投入使用月份的次月起计算折旧；停止使用的固定资产，应当自停止使用月份的次月起停止计算折旧。

（2）企业应当根据固定资产的性质和使用情况，合理确定固定资产的预计净残值。固定资产的预计净残值一经确定，不得变更。

（3）固定资产按照直线法计算的折旧，准予扣除。

4．固定资产折旧的计提年限

除国务院财政、税务主管部门另有规定外，固定资产计算折旧的最低年限如下。

（1）房屋、建筑物为 20 年。

（2）飞机、火车、轮船、机器、机械和其他生产设备为 10 年。

（3）与生产经营活动有关的器具、工具、家具等为 5 年。

（4）飞机、火车、轮船以外的运输工具为 4 年。

（5）电子设备为 3 年。

从事开采石油、天然气等矿产资源的企业，在开始商业性生产前发生的费用和有关固定资产的折耗、折旧方法，由国务院财政、税务主管部门另行规定。

5．固定资产改扩建的税务处理

自 2011 年 7 月 1 日起，企业对房屋、建筑物固定资产在未足额提取折旧前进行改扩建的，如属于推倒重置的，该资产原值减除提取折旧后的净值，应并入重置后的固定资产计税成本，并在该固定资产投入使用后的次月起，按照《税法》规定的折旧年限，一并计提折旧；如属于提升功能、增加面积的，该固定资产的改扩建支出，并入该固定资产计税基础，并从改扩建完工投入使用后的次月起，重新按《税法》规定的该固定资产折旧年限计提折旧；如该改扩建后的固定资产尚可使用的年限低于《税法》规定的最低年限的，可以按尚可使用的年限计提折旧。

（二）生物资产的税务处理

生物资产是指有生命的动物和植物。生物资产分为消耗性生物资产、生产性生物资产和公益性生物资产。消耗性生物资产是指为出售而持有的，或在将来收获为农产品的生物资产，包括生长中的农田作物、蔬菜、用材林以及存栏待售的牲畜等。生产性生物资产是指为产出农产品、提供劳务或出租等目的而持有的生物资产，包括经济林、薪炭林、产畜和役畜等。公益性生物资产是指以防护、环境保护为主要目的的生物资产，包括防风固沙林、水土保持林和水源涵养林等。

1．生物资产的计税基础

生产性生物资产按照以下方法确定计税基础。

（1）外购的生产性生物资产，以购买价款和支付的相关税费为计税基础。

（2）通过捐赠、投资、非货币性资产交换、债务重组等方式取得的生产性生物资产，以该资产的公允价值和支付的相关税费为计税基础。

2．生物资产的折旧方法和折旧年限

生产性生物资产按照直线法计算的折旧，准予扣除。企业应当自生产性生物资产投入使用月份的次月起计算折旧；停止使用的生产性生物资产，应当自停止使用月份的次月起停止计算折旧。

企业应当根据生产性生物资产的性质和使用情况，合理确定生产性生物资产的预计净残值。生产性生物资产的预计净残值一经确定，不得变更。

生产性生物资产计算折旧的最低年限如下。

（1）林木类生产性生物资产为 10 年。

（2）畜类生产性生物资产为 3 年。

（三）无形资产的税务处理

无形资产是指企业长期使用，但没有实物形态的资产，包括专利权、商标权、著作权、土地使用权、非专利技术、商誉等。

1．无形资产的计税基础

无形资产按照以下方法确定计税基础。

（1）外购的无形资产，以购买价款和支付的相关税费以及直接归属于使该资产达到预定用途发生的其他支出为计税基础。

（2）自行开发的无形资产，以开发过程中该资产符合资本化条件后至达到预定用途前发生的支出为计税基础。

（3）通过捐赠、投资、非货币性资产交换、债务重组等方式取得的无形资产，以该资产的公允价值和支付的相关税费为计税基础。

2．无形资产摊销的范围

在计算应纳税所得额时，企业按照规定计算的无形资产摊销费用，准予扣除，但下列无形资产不得扣除摊销费用。

（1）自行开发的支出已在计算应纳税所得额时扣除的无形资产。

（2）自创商誉。

（3）与经营活动无关的无形资产。

（4）其他不得计算摊销费用扣除的无形资产。

3．无形资产的摊销方法及年限

无形资产的摊销采取直线法计算。无形资产的摊销年限不得低于 10 年。作为投资或者受让的无形资产，有关法律规定或者合同约定了使用年限的，可以按照规定或者约定的使用年限分期摊销。外购商誉的支出在企业整体转让或者清算时，准予扣除。

（四）长期待摊费用的税务处理

长期待摊费用是指企业发生的应在 1 个年度以上或几个年度进行摊销的费用。在计算应纳税所得额时，企业发生的下列支出作为长期待摊费用，按照规定摊销的，准予扣除。

（1）已足额提取折旧的固定资产的改建支出。

（2）租入固定资产的改建支出。

（3）固定资产的大修理支出。

（4）其他应当作为长期待摊费用的支出。

企业的固定资产修理支出可在发生当期直接扣除。企业的固定资产改良支出，如果有关固定资产尚未提足折旧，可增加固定资产价值；如有关固定资产已提足折旧，可作为长期待摊费用，在规定的期间内平均摊销。

固定资产的改建支出是指改变房屋或者建筑物结构、延长使用年限等发生的支出。已足额提取折旧的固定资产的改建支出，按照固定资产预计尚可使用年限分期摊销；租入固定资产的改建支出，按照合同约定的剩余租赁期限分期摊销；改建的固定资产延长使用年限的，除已足额提取折旧的固定资产、租入固定资产的改建支出外，其他的固定资产发生改建支出，应当适当延长折旧年限。

大修理支出按照固定资产尚可使用年限分期摊销。

企业所得税法所指固定资产的大修理支出是指同时符合下列条件的支出。

（1）修理支出达到取得固定资产时的计税基础50%以上。

（2）修理后固定资产的使用年限延长两年以上。

其他应当作为长期待摊费用的支出，自支出发生月份的次月起，分期摊销，摊销年限不得低于3年。

（五）存货的税务处理

存货是指企业持有以备出售的产品或者商品、处在生产过程中的在产品、在生产或者提供劳务过程中耗用的材料和物料等。

1．存货的计税基础

存货按照以下方法确定成本。

（1）通过支付现金方式取得的存货，以购买价款和支付的相关税费为成本。

（2）通过支付现金以外的方式取得的存货，以该存货的公允价值和支付的相关税费为成本。

（3）生产性生物资产收获的农产品，以产出或者采收过程中发生的材料费、人工费和分摊的间接费用等必要支出为成本。

2．存货的成本计算方法

企业使用或者销售的存货的成本计算方法，可以在先进先出法、加权平均法和个别计价法中选用一种。计价方法一经选用，不得随意变更。

企业转让以上资产，在计算企业应纳税所得额时，资产的净值允许扣除。资产的净值是指有关资产、财产的计税基础减除已经按照规定扣除的折旧、折耗、摊销、准备金等后的余额。

除国务院财政、税务主管部门另有规定外，企业在重组过程中，应当在交易发生时确认有关资产的转让所得或者损失，相关资产应当按照交易价格重新确定计税基础。

（六）投资资产的税务处理

投资资产是指企业对外进行权益性投资和债权性投资而形成的资产。

1．投资资产的成本

投资资产按以下方法确定投资成本。

（1）通过支付现金方式取得的投资资产，以购买价款为成本。

（2）通过支付现金以外的方式取得的投资资产，以该资产的公允价值和支付的相关税费为成本。

2．投资资产成本的扣除方法

企业对外投资期间，投资资产的成本在计算应纳税所得额时不得扣除，企业在转让或者处置投资资产时，投资资产的成本准予扣除。

3．投资企业撤回或减少投资的税务处理

自2011年7月1日起，投资企业从被投资企业撤回或减少投资，其取得的资产中，相当于初始出资的部分，应确认为投资收回；相当于被投资企业累计未分配利润和累计盈余公积按减少实收资本比例计算的部分，应确认为股息所得；其余部分确认为投资资产转让所得。

被投资企业发生的经营亏损，由被投资企业按规定结转弥补；投资企业不得调整减低其投资成本，也不得将其确认为投资损失。

（七）税法规定与会计规定差异的处理

税法规定与会计规定差异的处理，是指企业在财务会计核算中与税法规定不一致的，应当依照税法规定予以调整。企业在平时进行会计核算时，可以按会计制度的有关规定进行账务处理，但在申报纳税时，对税法规定和会计制度规定有差异的，要按税法规定进行纳税调整。

（1）企业不能提供完整、准确的收入及成本、费用凭证，不能正确计算应纳税所得额的，由税务机关核定其应纳税所得额。

（2）企业依法清算时，以其清算终了后的清算所得为应纳税所得额，按规定缴纳企业所得税。所谓清算所得，是指企业的全部资产可变现价值或者交易价格减除资产净值、清算费用以及相关税费等后的余额。

投资方企业从被清算企业分得的剩余资产，其中相当于从被清算企业累计未分配利润和累计盈余公积中应当分得的部分，应当确认为股息所得；剩余资产减除上述股息所得后的余额，超过或者低于投资成本的部分，应当确认为投资资产转让所得或者损失。

（3）企业应纳税所得额是根据税收法规计算出来的，它在数额上与依据财务会计制度计算的利润总额往往不一致。因此，《税法》规定：对企业按照有关财务会计规定计算的利润总额，要按照税法的规定进行必要调整后，才能作为应纳税所得额计算缴纳所得税。

（4）自2011年7月1日起，企业当年度实际发生的相关成本、费用，由于各种原因未能及时取得该成本、费用的有效凭证，企业在预缴季度所得税时，可暂按账面发生金额进行核算；但在汇算清缴时，应补充提供该成本、费用的有效凭证。

四、资产损失税前扣除的所得税处理

（一）资产损失的定义

资产损失是指企业在生产经营活动中实际发生的、与取得应税收入有关的资产损失，包括现金损失，存款损失，坏账损失，贷款损失，股权投资损失，固定资产和存货的盘亏、毁损、报废、被盗损失，自然灾害等不可抗力因素造成的损失以及其他损失。

如上所述资产是指企业拥有或者控制的、用于经营管理活动相关的资产，包括现金、银行存款、应收及预付款项（包括应收票据、各类垫款、企业之间往来款项）等货币性资产，存货、固定资产、无形资产、在建工程、生产性生物资产等非货币性资产，以及债权性投资和股权（权益）性投资。

（二）资产损失税前扣除管理

根据国家税务总局关于发布《企业资产损失所得税税前扣除管理办法》（简称《税前扣除办法》）公告〔2011年 第25号〕的规定，自2011年1月1日起，企业资产损失税前扣除管理按以下规定执行。

（1）准予在企业所得税税前扣除的资产损失，是指企业在实际处置、转让上述资产过程中发生的合理损失（以下简称实际资产损失），以及企业虽未实际处置、转让上述资产，但符合财税〔2009〕57号文件和税前扣除办法规定条件计算确认的损失（以下简称法定资产损失）。

（2）企业实际资产损失，应当在其实际发生且会计上已作损失处理的年度申报扣除；法定资产损失，应当在企业向主管税务机关提供证据资料证明该项资产已符合法定资产损失确认条件，且会计上已作损失处理的年度申报扣除。

（3）企业向税务机关申报扣除资产损失，仅需填报企业所得税年度纳税申报表《资产损失税前扣除及纳税调整明细表》，不再报送资产损失相关资料。相关资料由企业留存备查。企业应当完整保存资产损失相关资料，保证资料的真实性、合法性。

（4）企业以前年度发生的资产损失未能在当年税前扣除的，可以按照税前扣除办法的规定，向税务机关说明并进行专项申报扣除。属于实际资产损失的，准予追补至该项损失发生年度扣除，其追补确认期限一般不得超过 5 年，但因计划经济体制转轨过程中遗留的资产损失、企业重组上市过程中因权属不清出现争议而未能及时扣除的资产损失、因承担国家政策性任务而形成的资产损失以及政策定性不明确而形成资产损失等特殊原因形成的资产损失，其追补确认期限经国家税务总局批准后可适当延长；属于法定资产损失的，应在申报年度扣除。

企业因以前年度实际资产损失未在税前扣除而多缴的企业所得税税款，可在追补确认年度企业所得税应纳税款中予以抵扣，不足抵扣的，向以后年度递延抵扣。

企业实际资产损失发生年度扣除追补确认的损失后出现亏损的，应先调整资产损失发生年度的亏损额，再按弥补亏损的原则计算以后年度多缴的企业所得税税款，并按前款办法进行税务处理。

五、企业重组的特殊性所得税处理

（1）企业重组同时符合下列条件的，适用特殊性税务处理规定。

① 具有合理的商业目的，且不以减少、免除或者推迟缴纳税款为主要目的。

② 被收购、合并或分立部分的资产或股权比例符合下述特殊性税务处理规定的比例。

③ 企业重组后的连续 12 个月内不改变重组资产原来的实质性经营活动。

④ 重组交易对价中涉及股权支付金额符合下述特殊性税务处理规定的比例。

⑤ 企业重组中取得股权支付的原主要股东，在重组后连续 12 个月内，不得转让所取得的股权。

（2）企业重组符合上述特殊性税务处理条件的，交易各方对其交易中的股权支付部分，可以按以下规定进行特殊性税务处理。

① 企业债务重组确认的应纳税所得额占该企业当年应纳税所得额 50% 以上的，可以在 5 个纳税年度的期间内，均匀计入各年度的应纳税所得额。

企业发生债权转股权业务，对债务清偿和股权投资两项业务暂不确认有关债务清偿所得或损失，股权投资的计税基础以原债权的计税基础确定，企业的其他相关所得税事项保持不变。

② 股权收购时，收购企业购买的股权不低于被收购企业全部股权的 50%，且收购企业在该股权收购发生时的股权支付金额不低于其交易支付总额的 85%的，可以选择按以下规定处理。

A. 被收购企业的股东取得收购企业股权的计税基础，以被收购股权的原有计税基础确定。

B. 收购企业取得被收购企业股权的计税基础，以被收购股权的原有计税基础确定。

C. 收购企业、被收购企业的原有各项资产和负债的计税基础和其他相关所得税事项保持不变。

③ 资产收购时，受让企业收购的资产不低于转让企业全部资产的 50%，且受让企业在该资产收购发生时的股权支付金额不低于其交易支付总额的 85%的，可以选择按以下规定处理。

A. 转让企业取得受让企业股权的计税基础，以被转让资产的原有计税基础确定。

B. 受让企业取得转让企业资产的计税基础，以被转让资产的原有计税基础确定。

④ 企业合并时，企业股东在该企业合并发生时取得的股权支付金额不低于其交易支付总额的85%的，以及同一控制下且不需要支付对价的企业合并，可以选择按以下规定处理。

A. 合并企业接受被合并企业资产和负债的计税基础，以被合并企业的原有计税基础确定。

B. 被合并企业合并前的相关所得税事项由合并企业承继。

C. 可由合并企业弥补的被合并企业亏损的限额＝被合并企业净资产公允价值×截至合并业务发生当年年末国家发行的最长期限的国债利率。

D. 被合并企业股东取得合并企业股权的计税基础，以其原持有的被合并企业股权的计税基础确定。

⑤ 企业分立时，被分立企业所有股东按原持股比例取得分立企业的股权，分立企业和被分立企业均不改变原来的实质经营活动，且被分立企业股东在该企业分立发生时取得的股权支付金额不低于其交易支付总额的85%的，可以选择按以下规定处理。

A. 分立企业接受被分立企业资产和负债的计税基础，以被分立企业的原有计税基础确定。

B. 被分立企业已分立出去资产相应的所得税事项由分立企业承继。

C. 被分立企业未超过法定弥补期限的亏损额可按分立资产占全部资产的比例进行分配，由分立企业继续弥补。

D. 放弃原持有的被分立企业的股权（以下简称旧股），新股的计税基础应以放弃旧股的计税基础确定。如不需放弃旧股，则其取得新股的计税基础可从以下两种方法中选择确定：直接将新股的计税基础确定为零；或者以被分立企业分立出去的净资产占被分立企业全部净资产的比例先调减原持有的旧股的计税基础，再将调减的计税基础平均分配到新股上。

⑥ 重组交易各方按上述①～⑤项规定对交易中股权支付暂不确认有关资产的转让所得或损失的，其非股权支付仍应在交易当期确认相应的资产转让所得或损失，并调整相应资产的计税基础，相关计算公式如下。

$$\text{非股权支付对应的资产转让所得或损失} = (\text{被转让资产的公允价值} - \text{被转让资产的计税基础}) \times \left(\frac{\text{非股权支付金额}}{\text{被转让资产的公允价值}}\right)$$

⑦ 对100%直接控制的居民企业之间，以及受同一或相同多家居民企业100%直接控制的居民企业之间按账面净值划转股权或资产，凡具有合理商业目的、不以减少、免除或者推迟缴纳税款为主要目的，股权或资产划转后连续12个月内不改变被划转股权或资产原来实质性经营活动，且划出方企业和划入方企业均未在会计上确认损益的，可以选择按以下规定进行特殊性税务处理。

A. 划出方企业和划入方企业均不确认所得。

B. 划入方企业取得被划转股权或资产的计税基础，以被划转股权或资产的原账面净值确定。

C. 划入方企业取得的被划转资产，应按其原账面净值计算折旧扣除。

（3）企业在重组发生前后连续12个月内分步对其资产、股权进行交易，应根据实质重于形式原则将上述交易作为一项企业重组交易进行处理。

（4）企业发生符合上述规定的特殊性重组条件并选择特殊性税务处理的，当事各方应在该重组业务完成当年企业所得税年度申报时，向主管税务机关提交书面备案资料，证明其符合各类特殊性重组规定的条件。企业未按规定书面备案的，一律不得按特殊重组业务进行税务处理。

六、税收优惠

税收优惠是指国家对某一部分特定企业和课税对象给予减轻或免除税收负担的一种措施。税法规定的企业所得税的税收优惠方式包括免税、减税、加计扣除、加速折旧、减计收入、税额抵免等。

（一）免征与减征优惠

企业的下列所得可以免征、减征企业所得税。企业如果从事国家限制和禁止发展的项目，不得享受企业所得税优惠。

1．从事农、林、牧、渔业项目的所得

企业从事农、林、牧、渔业项目的所得，包括免征和减征两部分。

2．从事国家重点扶持的公共基础设施项目投资经营的所得

《税法》所称国家重点扶持的公共基础设施项目，是指《公共基础设施项目企业所得税优惠目录》规定的港口码头、机场、铁路、公路、电力、水利等项目。

企业从事国家重点扶持的公共基础设施项目的投资经营的所得，自项目取得第一笔生产经营收入所属纳税年度起，第1年至第3年免征企业所得税，第4年至第6年减半征收企业所得税。

3．从事符合条件的环境保护、节能节水项目的所得

环境保护、节能节水项目的所得，自项目取得第一笔生产经营收入所属纳税年度起，第1年～第3年免征企业所得税，第4年～第6年减半征收企业所得税。

符合条件的环境保护、节能节水项目包括公共污水处理、公共垃圾处理、沼气综合开发利用、节能减排技术改造、海水淡化等。项目的具体条件和范围由国务院财政、税务主管部门等国务院有关部门制订，报国务院批准后公布施行。

4．技术转让所得

企业所得税法所称符合条件的技术转让所得免征、减征企业所得税，是指一个纳税年度内，居民企业转让技术所有权所得不超过 500 万元的部分，免征企业所得税；超过 500 万元的部分，减半征收企业所得税。

（二）高新技术企业优惠

1．国家需要重点扶持的高新技术企业减按15%的税率征收企业所得税。

2．自 2018 年 1 月 1 日起，对经认定的技术先进型服务企业(服务贸易类)，减按15%的税率征收企业所得税。

（三）小型微利企业优惠

自 2019 年 1 月 1 日至 2021 年 12 月 31 日，对小型微利企业年应纳税所得额不超过 100 万元的部分，减按 25%计入应纳税所得额，按 20%的税率缴纳企业所得税;对年应纳税所得额超过 100 万元但不超过 300 万元的部分，减按 50%计入应纳税所得额，按 20%的税率缴纳企业所得税。小型微利企业无论按查账征收方式或核定征收方式缴纳企业所得税，均可享受上述优惠。所称小型微利企业是指从事国家非限制和禁止行业，且同时符合年度应纳税所得额不超过 300 万元、从业人数不超过 300 人、资产总额不超过 5000 万元等三个条件的企业。

（四）加计扣除优惠

加计扣除优惠包括以下两项内容。

1．研究开发费

研究开发费是指企业为开发新技术、新产品、新工艺发生的研究开发费用。企业开展研

发活动中实际发生的研发费用，未形成无形资产计入当期损益的，在按规定据实扣除的基础上，在 2018 年 1 月 1 日至 2020 年 12 月 31 日期间，再按照实际发生额的 75%在税前加计扣除；形成无形资产的，在上述期间按照无形资产成本的 175%在税前摊销。

2．企业安置残疾人员所支付的工资

企业安置残疾人员所支付工资费用的加计扣除，是指企业安置残疾人员的，在按照支付给残疾职工工资据实扣除的基础上，按照支付给残疾职工工资的 100% 加计扣除。残疾人员的范围适用《中华人民共和国残疾人保障法》的有关规定。企业安置国家鼓励安置的其他就业人员所支付的工资的加计扣除办法，由国务院另行规定。

（五）创投企业优惠

创业投资企业从事国家需要重点扶持和鼓励的创业投资，可以按投资额的一定比例抵扣应纳税所得额。

创投企业优惠是指创业投资企业采取股权投资方式投资于未上市的中小高新技术企业两年以上的，可以按照其投资额的 70% 在股权持有满两年的当年抵扣该创业投资企业的应纳税所得额；当年不足抵扣的，可以在以后纳税年度结转抵扣。

（六）加速折旧优惠

1．企业的固定资产由于技术进步等原因需加速折旧的，可以缩短折旧年限或者采取加速折旧的方法。具体包括由于技术进步，产品更新换代较快的固定资产，常年处于强振动、高腐蚀状态的固定资产。

2．企业在 2018 年 1 月 1 日至 2020 年 12 月 31 日期间新购进的设备、器具，单位价值不超过 500 万元的，允许一次性计入当期成本费用在计算应纳税所得额时扣除，不再分年度计算折旧（以下简称一次性税前扣除政策）。

所称设备、器具，是指除房屋、建筑物以外的固定资产（以下简称固定资产）；所称购进，包括以货币形式购进或自行建造，其中以货币形式购进的固定资产包括购进的使用过的固定资产；以货币形式购进的固定资产，以购买价款和支付的相关税费以及直接归属于使该资产达到预定用途发生的其他支出确定单位价值，自行建造的固定资产，以竣工结算前发生的支出确定单位价值。

3．企业持有的固定资产，单位价值不超过 5 000 元的，可以一次性在计算应纳税所得额时扣除。

（七）减计收入优惠

企业综合利用资源，生产符合国家产业政策规定的产品所取得的收入，可以在计算应纳税所得额时减计收入。

综合利用资源是指企业以《资源综合利用企业所得税优惠目录》规定的资源作为主要原材料，生产国家非限制和禁止并符合国家和行业相关标准的产品取得的收入，减按90%计入收入总额。

上述所称原材料占生产产品材料的比例不得低于《资源综合利用企业所得税优惠目录》规定的标准。

（八）税额抵免优惠

税额抵免是指企业购置并实际使用《环境保护专用设备企业所得税优惠目录》《节能节水专用设备企业所得税优惠目录》和《安全生产专用设备企业所得税优惠目录》规定的环境保护、节能节水、安全生产等专用设备的，该专用设备的投资额的 10% 可以从企业当年的应纳税额中抵免；当年不足抵免的，可以在以后 5 个纳税年度结转抵免。

（九）民族自治地方的优惠

民族自治地方的自治机关对本民族自治地方的企业应缴纳的企业所得税中属于地方分享的部分，可以决定减征或者免征。自治州、自治县决定减征或者免征的，须报省、自治区、直辖市人民政府批准。

（十）非居民企业优惠

非居民企业减按 10% 的税率征收企业所得税。这里的非居民企业是指在中国境内未设立机构、场所的，或者虽设立机构、场所但取得的所得与其所设机构、场所没有实际联系的企业。该类非居民企业取得下列所得免征企业所得税。

（1）外国政府向中国政府提供贷款取得的利息所得。

（2）国际金融组织向中国政府和居民企业提供优惠贷款取得的利息所得。

（3）经国务院批准的其他所得。

七、应纳税额的计算

（一）居民企业应纳税额的计算

居民企业应缴纳所得税额等于应纳税所得额乘以适用税率，基本计算公式如下。

$$应纳税额 = 应纳税所得额 \times 适用税率 - 减免税额 - 抵免税额$$

根据计算公式可以看出，应纳税额的多少取决于应纳税所得额和适用税率两个因素。在实际操作中，应纳税所得额的计算一般有如下两种方法。

1．直接计算法

在直接计算法下，企业每一纳税年度的收入总额减除不征税收入、免税收入、各项扣除以及允许弥补的以前年度亏损后的余额为应纳税所得额。计算公式与前述相同，具体如下。

$$应纳税所得额 = 收入总额 - 不征税收入 - 免税收入 - 各项扣除金额 - 弥补亏损$$

2．间接计算法

在间接计算法下，企业在会计利润总额的基础上加或减按照税法规定调整的项目金额后，可得出应纳税所得额。计算公式如下。

$$应纳税所得额 = 会计利润总额 \pm 纳税调整项目金额$$

税收调整项目金额包括两方面的内容：一是企业的财务会计处理和税收规定不一致的应予以调整的金额；二是企业按税法规定准予扣除的税收金额。

【例6-1】某企业为居民企业，某年发生经营业务如下。

（1）取得主营业务收入 8 000 万元。

（2）发生主营业务成本 5 200 万元。

（3）发生销售费用 1 540 万元（其中广告费 1 300 万元）；管理费用 960 万元（其中业务招待费 50 万元）；财务费用 120 万元。

（4）销售税金 320 万元（含增值税 240 万元）。

（5）营业外收入 160 万元，营业外支出 100 万元（含通过公益性社会团体向贫困山区捐款 60 万元，支付税收滞纳金 12 万元）。

（6）计入成本、费用中的实发工资总额 400 万元、拨缴职工工会经费 10 万元、发生职工福利费 62 万元、发生职工教育经费 14 万元。

要求：计算该企业该年度实际应纳的企业所得税。

（1）会计利润总额 = 8 000 + 160 - 5 200 - 1 540 - 960 - 120 - （320 - 240）- 100 = 160（万元）。

（2）广告费和业务宣传费调增所得额 = 1 300 - 8 000 × 15% = 1 300 - 1 200 = 100（万元）。

（3）业务招待费 8 000×5‰＝ 40（万元）>50×60%＝30（万元）。

调增所得额＝50-50×60%＝50-30＝20（万元）。

（4）捐赠支出应调增所得额＝60-160×12%＝40.8（万元）。

（5）工会经费应调增所得额＝10-400×2%＝2（万元）。

（6）职工福利费应调增所得额＝62-400×14%＝6（万元）。

（7）职工教育经费标准＝400×8%＝32（万元），实际发生 14 万元，不需调整。

（8）应纳税所得额＝160＋100＋20＋40.8＋12＋2＋6＝340.8（万元）。

（9）应纳的企业所得税＝340.8×25%＝85.2（万元）。

【例 6-2】某市一家机械制造企业，某年度实现税前收入总额 2 000 万元，其中，主营业务收入 1 800 万元、投资收益（国库券利息收入）200 万元；发生各项扣除共计 1 000 万元，其中，合理的工资薪金总额 200 万元、实际发生业务招待费 100 万元，实际发生职工福利费 50 万元，实际发生教育经费 10 万元，税收滞纳金 10 万元，广告费 300 万元，新技术研发费 100 万，捐赠 150 万元（其中公益捐赠 140 万元）；利润总额为 1 000 万元。假定企业以前年度无未弥补亏损。

要求：计算该企业该年应纳的企业所得税。

（1）国债利息：调减 200 万元。

（2）业务招待费标准＝1 800×5‰＝9（万元），100×60%＝60（万元），实际发生 100 万元，调增 91 万元。

（3）福利费标准＝200×14%＝28（万元），实际发生 50 万元，调增 22 万元。

（4）教育经费标准＝200×8%＝16（万元），实际发生 21 万元，调增 5 万元。

（5）税收滞纳金，调增 10（万元）。

（6）广告费标准＝1800×15%＝270（万元），实际发生 300 万元，调增 30 万元。

（7）加计扣除＝100×75%＝75（万元），调减 75 万元。

（8）公益捐赠标准＝1000×12%＝120（万元），实际发生 140 万元，调增 20 万元。

（9）非公益捐赠，调增 10 万元。

（10）应纳税所得额＝1 000-200＋91＋22＋5＋10＋30-75＋20＋10＝913（万元）。

（11）应纳的企业所得税＝913×25%＝228.25（万元）。

（二）境外所得抵扣税额的计算

企业取得的下列所得已在境外缴纳的所得税税额，可以从其当期应纳税额中抵免，抵免限额为该项所得依照企业所得税法规定计算的应纳税额；超过抵免限额的部分，可以在以后 5 个年度内，用每年度抵免限额抵免当年应抵税额后的余额进行抵补。

（1）居民企业来源于中国境外的应税所得。

（2）非居民企业在中国境内设立机构、场所，取得发生在中国境外但与该机构、场所有实际联系的应税所得。

八、征收管理

（一）纳税地点

纳税地点主要包括如下。

（1）除税收法律、行政法规另有规定外，居民企业以企业登记注册地为纳税地点；但登记注册地在境外的，以实际管理机构所在地为纳税地点。企业注册登记地是指企业依照国家有关规定登记注册的住所地。

（2）居民企业在中国境内设立不具有法人资格的营业机构的，应当汇总计算并缴纳企业所得税。企业汇总计算并缴纳企业所得税时，应当统一核算应纳税所得额，具体办法由国务院财政、税务主管部门另行制定。

（3）非居民企业在中国境内设立机构、场所的，应当就其所设机构、场所取得的来源于中国境内的所得，以及发生在中国境外但与其所设机构、场所有实际联系的所得，以机构、场所所在地为纳税地点。非居民企业在中国境内设立两个或者两个以上机构、场所的，经税务机关审核批准，可以选择由其主要机构、场所汇总缴纳企业所得税。非居民企业经批准汇总缴纳企业所得税后，需要增设、合并、迁移、关闭机构、场所或者停止机构、场所业务的，应当事先由负责汇总申报缴纳企业所得税的主要机构、场所向其所在地税务机关报告；需要变更汇总缴纳企业所得税的主要机构、场所的，依照前款规定办理。

（4）非居民企业在中国境内未设立机构、场所的，或者虽设立机构、场所但取得的所得与其所设机构、场所没有实际联系的所得，以扣缴义务人所在地为纳税地点。

（5）除国务院另有规定外，企业之间不得合并缴纳企业所得税。

（二）纳税期限

企业所得税按年计征，分月或者分季预缴，年终汇算清缴，多退少补。

企业所得税的纳税年度自公历 1 月 1 日起至 12 月 31 日止。企业在一个纳税年度的中间开业，或者由于合并、关闭等原因终止经营活动，使该纳税年度的实际经营期不足 12 个月的，应当以其实际经营期为 1 个纳税年度。企业清算时，应当以清算期间作为 1 个纳税年度。

企业应自年度终了之日起 5 个月内，向税务机关报送年度企业所得税纳税申报表，并汇算清缴，结清应缴应退税款。

企业在年度中间终止经营活动的，应当自实际经营终止之日起 60 日内，向税务机关办理当期企业所得税汇算清缴。

（三）纳税申报

按月或按季预缴企业所得税的，应当自月份或者季度终了之日起 15 日内，向税务机关报送预缴企业所得税纳税申报表，预缴税款。

企业在报送企业所得税纳税申报表时，应当按照规定附送财务会计报告和其他有关资料。

企业应当在办理注销登记前，就其清算所得向税务机关申报并依法缴纳企业所得税。

依照企业所得税法缴纳的企业所得税，以人民币计算、所得以人民币以外的货币计算的，应当折合成人民币计算并缴纳税款。

企业在纳税年度内无论盈利或者亏损，都应当依照企业所得税法第五十四条规定的期限，向税务机关报送预缴企业所得税纳税申报表、年度企业所得税纳税申报表、财务会计报告和税务机关规定应当报送的其他有关资料。

（四）跨地区经营汇总纳税企业所得税征收管理

1．税款预缴

由总机构统一计算企业应纳税所得额和应纳所得税额，并分别由总机构、分支机构按月或按季就地预缴。

2．汇总清算

企业总机构汇总计算企业年度应纳所得税额，扣除总机构和各境内分支机构已预缴的税款，计算出应补应退税款，分别由总机构和各分支机构（不包括当年已办理注销税务登记的分支机构）就地办理税款缴库或退库。

（五）纳税申报表格式

中华人民共和国企业所得税年度纳税申报表（A 类）的格式与内容，如表 6-1 所示。

表 6-1 中华人民共和国企业所得税年度纳税申报表（A 类）

单位：元

行次	类别	项　目	金额
1	利润总额计算	一、营业收入（填写 A101010\101020\103000）	
2		减：营业成本（填写 A102010\102020\103000）	
3		营业税金及附加	
4		销售费用（填写 A104000）	
5		管理费用（填写 A104000）	
6		财务费用（填写 A104000）	
7		资产减值损失	
8		加：公允价值变动收益	
9		投资收益	
10		二、营业利润（1-2-3-4-5-6-7+8+9）	
11		加：营业外收入（填写 A101010\101020\103000）	
12		减：营业外支出（填写 A102010\102020\103000）	
13		三、利润总额（10+11-12）	
14	应纳税所得额计算	减：境外所得（填写 A108010）	
15		加：纳税调整增加额（填写 A105000）	
16		减：纳税调整减少额（填写 A105000）	
17		减：免税、减计收入及加计扣除（填写 A107010）	
18		加：境外应税所得抵减境内亏损（填写 A108000）	
19		四、纳税调整后所得（13-14+15-16-17+18）	
20		减：所得减免（填写 A107020）	
21		减：抵扣应纳税所得额（填写 A107030）	
22		减：弥补以前年度亏损（填写 A106000）	
23		五、应纳税所得额（19-20-21-22）	
24	应纳税额计算	税率（25%）	
25		六、应纳所得税额（23×24）	
26		减：减免所得税额（填写 A107040）	
27		减：抵免所得税额（填写 A107050）	
28		七、应纳税额（25-26-27）	
29		加：境外所得应纳所得税额（填写 A108000）	
30		减：境外所得抵免所得税额（填写 A108000）	
31		八、实际应纳所得税额（28+29-30）	
32		减：本年累计实际已预缴的所得税额	
33	应纳税额计算	九、本年应补（退）所得税额（31-32）	
34		其中：总机构分摊本年应补（退）所得税额（填写 A109000）	
35		财政集中分配本年应补（退）所得税额（填写 A109000）	
36		总机构主体生产经营部门分摊本年应补（退）所得税额（填写 A109000）	
37	附列资料	以前年度多缴的所得税额在本年抵减额	
38		以前年度应缴未缴在本年入库所得税额	

第二节　企业所得税会计核算

一、所得税会计方法发展历程

各国所得税会计准则大致都经历了从与所得税法保持一致到逐步分离的过程。在财务会计中，所得税会计准则是对企业涉税事项出于财务报告目标而进行的会计规范。这被称为所得税会计处理，而体现所得税法要求的所得税会计则属于税务会计范畴。

美国会计师协会的会计程序委员会 1944 年发布的第 23 号公告是第一个建议对实际发生的应付所得税进行期内和跨期分配的权威性会计公告。1954 年，美国开始了关于所得税分配的长时间的争论。在这一年中，美国颁布的收入法案允许出于纳税目的采用加速折旧方法，而出于财务会计目的计算的折旧一般采用直线法，随之产生了出于财务会计目的和出于纳税目的而记录的折旧之间的重大差异。

1967 年，美国会计原则委员会（美国财务会计准则委员会的前身）发布了第 11 号意见书，取消了在所得税会计处理中的"当期计列法"（即应付税款法），并规定采用"全面所得税分摊法"。1986 年，APB 发布了《所得税会计征求意见稿》。该征求意见稿建议采用资产负债表债务法对当年和以前年度由企业经营活动所产生的所得税的影响进行核算。1987 年 12 月，FASB 发布了第 96 号公告《所得税会计》。该公告应用于 1988 年 12 月 15 日以后的财务年度的会计报表，但第 96 号公告发布后，由于对所得税会计的处理原则及方法仍然存在不同的意见，FASB 曾两次推迟执行时间，之后于 1992 年 2 月公布了《SFAS109：所得税的会计处理》。

国际会计准则委员会于 1979 年 7 月发布了第 12 号公告《所得税会计》，对应付税款法、递延法和债务法均作了解释和说明。1985 年，IASC 成立课题组专门研究修改 12 号公告；1989 年 1 月，IASC 发布《所得税会计征求意见稿》（E33），建议采用利润表债务法进行所得税会计处理；1994 年 10 月，IASC 再次发布《所得税会计征求意见稿》（E49），该征求意见稿基本上采纳了 SFAS 第 109 号公告提出的处理办法，取消了应付税款法，进行了格式重排。

1996 年 10 月，IASC 发布《国际会计准则第 12 号——所得税》（IAS12）取代 1979 年发布的《所得税会计》，准则明确规定禁止采用递延法，并且规定采用资产负债表债务法而不是利润表债务法进行所得税会计处理。2000 年 10 月，IASC 又对"IAS12"进行了一次修订，主要规范了计税基础、当期所得税负债和资产的确认、递延所得税负债和资产的确认、计量、列报与披露等内容，并于 2001 年 1 月 1 日生效，之后又不断对其进行修订。

1994 年的税制改革，明确了我国税制要按税收国际惯例的方向走。2001 年 4 月 28 日，第九届全国人民代表大会常务委员会第 21 次会议修订的《中华人民共和国税收征收管理法》第 20 条规定，从事生产、经营的纳税人的财务会计制度或者财务会计处理办法与国务院或者国务院财政、税务主管部门有关税收规定相抵触的，应当依照国务院或者国务院财政、税务部门有关税收的规定，计算应纳税款、代扣代缴和代收代缴税款。

1999 年修订的《中华人民共和国会计法》也明确了财务会计要根据国家统一的会计制度确认、计量、记录会计要素，提供财务会计报告，不再依附于税法和财务制度。2001 年企业会计制度的改革，使会计与税法对有关收入、收益、费用、损失等的确认差异越来越大。

2006 年 2 月 15 日，财政部颁布的《企业会计准则第 18 号——所得税》，体现了我国所得税会计准则的国际趋同。

2011 年 10 月 18 日，财政部颁布的《小企业会计准则》，规定小企业所得税的会计处理方法，体现了税法导向原则，即财务会计与税务会计的协调统一，以便降低小企业的纳税成本和税务风险。

二、所得税会计理论

（一）所得税会计中的所得税性质

在进行所得税会计研究时，还应明确所得税的性质，即所得税的归属，也就是所得税项目在财务会计报表中的列示是作为一项收益分配，还是作为一项费用。若是收益分配，则不能递延，应采用当期计列法进行所得税会计处理；若是费用，则可以递延，可采用跨期所得税分摊法进行所得税会计处理。

1．收益分配论

收益分配论的理论依据是"企业主体理论"。该理论从企业是经营实体的角度出发，认为企业应独立于企业所有者而存在，会计恒等式应表述为"资产=负债+所有者权益"，其中，企业的收益是所有者权益的体现，代表企业的经营业绩，企业可以将其用于各种经营活动之需。收益分配论认为，企业所得税是企业收益的分配，与企业收益的其他各种分配项目一样，是对国家支持的一种回报，应归入收益分配项目。所得税与债务利息、股息一样，是对所有者权益的分配，企业应以资产或产权的增加、减少为依据，判定现金流入与流出是属于收入还是属于费用。因此，所得税的支付使企业的资产减少、产权减少，属于收益分配的性质。

基于收益分配论的所得税会计处理，不需要单独设置会计账户，直接在"利润分配"账户中进行核算。我国现行事业单位因其筹资的特殊性，其应交所得税会计处理就是作为收益分配处理的。

2．费用论

费用论认为，企业所得税是企业为取得收益而产生的一种支出，与企业生产经营的各种支出一样，应归入费用项目。费用论的理论依据是"业主理论"。该理论认为企业的所有者是企业的主体，会计恒等式应表述为"资产-负债=所有者权益"，其中，资产是所有者的资产，负债是所有者的负债，权益是所有者的净资产。在企业经营过程中，收入意味着所有者权益的增加，费用意味着所有者权益的减少，收入减费用而形成的企业收益，实际上体现了所有者财富的增加。企业应以所有者权益的增加或减少为依据，判定现金流入与流出是属于收入还是属于费用。

IASC在《编报财务报表的框架》[2001年4月被国际会计准则理事会（IASB）采纳]中认为，企业的费用是指会计期间经济利益的减少，其形式表现为资产流出、资产递耗或者发生负债而引起业主产权减少，但不包括与产权所有者分配有关的类似事项，其具体表现形式是现金、现金等价物、存货和固定资产的流出或折耗。所得税是为获得收益而付出的代价，是企业现金的流出，引起经济利益的减少，与其他费用的发生、资产的折耗性质相同，因此，应作为费用确认。我国企业会计准则采用该观点。

（二）当期计列法与跨期所得税分摊法

在进行所得税会计处理时，可以将按照应税所得与现行税率计算的应交所得税作为本期所得税费用，也可以将根据收入费用观或资产负债观计算的所得税作为本期所得税费用；企业发生的暂时性差异可以在会计报表上作为一项要素予以确认和计量，即所得税费用既可以采用当期计列法，也可以采用跨期所得税分摊法。两种方法从不同角度分析了所得税费用与税前会计利润或应税所得之间的关系，以及暂时性差异的所得税影响是否构成资产或负债的定义，从而形成了所得税会计理论中的一个主要问题。

1．当期计列法

当期计列法是以企业纳税申报表上所列示的本期应交所得税作为本期所得税费用，列入利润表。采用这种方法，会计准则与税法之间产生的各种差异均于本期确认所得税费用，本期所得税费用等于本期应交所得税。当期计列法的基本观点是所得税与应税所得存在必然的联系。所得税只来源于应税所得，即只有当经济事项的所得与确定该期的应税所得结合起来时才产生所得税。会计核算的重点应放在只有在发生应税所得时，才对当期所得税费用予以确认，而不必将所得税与企业的税前会计利润联系起来。跨期所得税分摊得出的净利润是虚设的，人为地均衡了各期收益，掩盖了管理者试图减轻税负的行为。

2．跨期所得税分摊法

跨期所得税分摊法是将暂时性差异所产生的未来所得税影响额分别确认为负债或资产，并将此所得税影响额递延至以后期间分别确认为所得税费用（或收益）。采用这种方法，本期发生的暂时性差异在资产负债表上确认为一项负债或一项资产，同时确认本期所得税费用（或收益）。跨期所得税分摊的基本观点是，在交易或事项影响会计报表收益期间，应当确认同期对所得税费用的纳税影响。所得税是由交易或事项引起的，一个时期的经营成果与所得税有密切的联系。因此，当交易或事项产生会计收益时，企业应于同期确认所得税费用，以遵循配比原则。跨期所得税分摊所计算的本期所得税费用直接与本期税前会计利润相联系，能真实反映企业各期的净利润。目前，IASB、FASB等均采用跨期所得税分摊法。

（三）所得税分摊的具体方法

所有暂时性差异都会对所得税有影响，而这些影响应与产生这些暂时性差异的经济事项的会计报告相匹配。尽管目前世界上主要国家都采用跨期所得税分摊法，但在如何分摊、分摊到何种程度等方面是有差异的。目前，跨期所得税分摊法又分为部分分摊和全部分摊两种。

1．部分分摊

部分分摊是对非重复发生的暂时性差异做跨期所得税分摊，而对那些重复发生的暂时性差异不需要采用跨期所得税分摊。在重复发生暂时性差异的情况下，由于那些重复发生的暂时性差异，在原有暂时性差异转回时又发生新的暂时性差异予以抵销，而使原确认的暂时性差异对所得税的影响金额永远不需要支付或不可抵减，所以会计确认今后不能转回的暂时性差异对所得税的影响金额毫无意义。如固定资产折旧，会计报表上采用直线法，税法上按定率递减法在计算应税所得前予以扣除，在资产有效使用期限的前一段期间，会产生应纳税暂时性差异，而在后一段期间转回时会产生应税所得。但在转回应纳税暂时性差异时因又购置了新的固定资产，又产生新的应纳税暂时性差异，抵销了原应转回的暂时性差异。因此，主张部分分摊法者认为，此种差异所产生的递延负债是一种或有负债，通常不会导致现金流出，因而不应确认由此产生的所得税影响，即不需要做跨期所得税分摊。企业采用部分分摊法时，只对那些预期在未来能够转回的暂时性差异对所得税的影响予以确认、计量和递延。

2．全部分摊

全部分摊法是在进行所得税会计处理时，无论是对重复发生的，还是对非重复发生的暂时性差异，都确认对未来所得税的影响。这种方法认为，根据暂时性差异的定义可知，既然是暂时性的就不可能是永久性的，每项暂时性差异都可以转回，而不应受未来事项的影响。会计应以本期或过去的交易或事项为基础进行计量和确认，而不应将预测的未来可能产生的交易或事项与过去的交易或事项进行抵销。未来可能产生的暂时性差异对所得税的影响与已确认的暂时性差异对所得税影响的抵销，并不意味着这种暂时性差异的纳税影响不能确切计量，尽管两个经济事项的纳税影响可以互相抵销，但并不影响各自独立的确认和计量。部分分摊法是基于经济持续繁荣，并且不发生任何意外的假设，当这一假设不成立时，往往导致递延税款账户的部分或全部结算，即可能造成未来所得税的支付或者减少，而账簿记录反映的是现存事项的经济结果，会计不应建立在有疑问的假设基础上。因此，无论是重复发生的，还是非重复发生的暂时性差异对所得税的影响，均应做跨期所得税分摊。

目前，澳大利亚要求一律采用全面分摊法；加拿大、美国和国际会计准则要求大多数情况下采用全部分摊法，但也允许对少数可个别辨认的暂时性差异运用部分分摊法；德国则对预计今后不可转回的暂时性差异采用部分分摊法。

三、基于收入费用观的所得税会计差异

收入费用观以利润表为重心，认为收益是一定时期内取得的收入与为取得这些收入而发生的成本费用的差额。这种计量收益的方法以交易为中心，强调收益的确定要符合权责发生制原则、配比原则、历史成本原则和谨慎性原则；财务会计处理的重心是对收入、费用会计要素的确认与计量，而资产和负债要素的确认与计量要依附于收入和费用要素，资产负债表是利润表的补充和附属。

会计收益（所得）与应税所得是两个不同的会计概念。所得税会计差异是会计收益（所得）与应税所得之间的差异额，亦称"计税差异"。由于会计准则与税法的目标不同，导致财务会计中的会计收益（所得）与税务会计中的应税所得的确认、计量原则与标准不同，因而两者之间必然存在一定程度的差异。

在递延法和利润表债务法下，按差异在未来能否转回，所得税会计差异可分为永久性差异和时间性差异两类。

（一）永久性差异

永久性差异是指某一会计期间，由于会计准则、制度和税法在计算收益、费用或损失时的口径不同、标准不同，所产生的税前会计利润与应税所得之间的差异。这种差异不影响其他会计报告期，也不会在其他期间得到弥补。永久性差异是对某些收入、收益、费用的确认和计量，由于会计准则、制度与所得税法规定不一致，经济政策、会计政策的改变，或者政府修改部分所得税法条款，提高特定经济部门的税务负担而引起的。永久性差异有四种基本类型。

1．不征税会计收入、可免税的会计收入

财务会计按会计准则规定确认为收入、收益，但按税法规定则不作为应纳税所得额的项目。如企业购买国债的利息收入，财务会计在收到时计入投资收益，年终并入利润总额，而税法规定，国债利息收入为免税收入；财务会计将长期股权投资持有期间的持有收益确认为投资收益，并入利润总额，由于股权投资所得是被投资企业的税后利润，已在被投资企业缴过所得税。税法规定，投资企业长期股权投资持有期间的持有收益作为免税收入。

2．税法作为应税收益的非会计收益

在财务会计中不确认收入，但按税法规定要作为应税收入计税。如企业与关联企业以不合理定价为手段减少应纳税所得额，税法规定税务机关有权合理调整增加企业应纳税所得额；又如视同销售业务，会计上可能不确认收入，但税法将其作为应税收入。

3．税法不允许扣除的会计费用或损失

某些支出在财务会计中已被列为费用或损失，但税法不予认定，因而使应税所得高于会计利润。计算应税所得时，应将这些项目金额加到利润总额中一并计税。这种情况产生的原因主要如下。

第一，口径（范围）不同。财务会计上作为费用或损失的项目，在税法上不作为扣除项目处理，例如，贿赂等违法支出；违法经营的罚款和被没收财物的损失；各项税收的滞纳金、罚金和罚款；各种非公益性捐赠和赞助支出。这些项目及其金额，在财务会计中可列为营业外支出等，但税法规定不得扣减应纳税所得，要照章计税。

第二，标准不同。财务会计上作为费用或损失的项目，在税法上也可作为扣除项目处理，但税法规定了计税支出标准，超过限额部分不允许在税前扣除，如利息支出、业务招待

费、公益性捐赠、税务机关不予认定的工薪支出及相应的职工福利费支出、工会经费、职工教育经费支出等。

4. 税法作为可扣除费用的非会计费用

某些费用在财务会计中未确认为费用或损失，但在计算应税所得额时允许扣减。如为鼓励企业进行新产品、新技术、新工艺的技术开发，除技术开发费可以全额在税前扣除外，还可以加计扣除 50%，加计扣除额就是财务会计未确认的费用，但允许（符合条件时）在税前扣除。

在《企业会计准则第 18 号——所得税》中，虽未提及永久性差异，但并不表示在所得税会计处理中就没有永久性差异了。没有提及只不过是为了符合会计准则中计税基础概念的引入以及利用计税基础计算差异的要求。因为永久性差异无论发生在哪一个会计期间，税法都是不允许抵扣的，即不存在跨期分摊问题。也就是说，永久性差异只影响发生当期的损益，不会影响未来期间的损益，是一种绝对差异。对于资产而言，永久性差异是指一项资产在未来取得经济利益时，按税法规定是不需纳税的，未来不纳税意味着计税基础就等于其账面价值，无差额产生。对于负债而言，永久性差异是指一项负债在未来期间计算应税所得时按照税法规定可予抵扣的金额为零，此时，其计税基础还是等于其账面价值。相关计算公式如下。

永久性差异的计税基础=账面价值-未来可以抵扣金额=账面价值

（二）时间性差异

当收益或费用被包含在某一期间的会计利润中，但未被包含在另一期间的应税所得中时，其所产生的差异通常称为时间性差异。所有的时间性差异都是暂时性差异，但并非所有的暂时性差异都是时间性差异。暂时性差异还包括因对资产或负债进行直接调整而产生账面价值与计税基础不一致的非时间性差异。例如，按购买法对企业合并进行会计处理，要求按被并购企业可辨认净资产的公允价值计价，而税法规定按账面价值计算，从而产生暂时性差异，但此暂时性差异是非时间因素导致的差异。

1. 会计收益大于应税收益的时间性差异

某些收入包括在会计收益中的期间早于其包括在应税收益中的期间，产生时间性差异。如企业进行长期股权投资，并能够对被投资单位实施重大影响，应采用权益法进行会计核算。对被投资单位当年实现的净利润，投资企业按企业所持表决权资本比例确认当期投资收益，是权益法核算的要点之一。但根据我国税法的规定，不论企业采用何种方法进行投资核算，只有在被投资企业处置股权取得收益时，投资企业才确认投资所得的实现。

某些费用包括在会计收益中的期间迟于其包括在应税收益中的期间，产生时间性差异。我国税法规定，纳税人可扣除的固定资产折旧，采用直线折旧法，但对促进科技进步、环境保护和国家鼓励投资的关键设备等，纳税人申报纳税时，可自主选择采用加速折旧法，并报主管税务机关备案。如果企业报税时采用加速折旧法，而进行会计核算时采用直线法，那么在固定资产使用的前期，计算会计收益时扣减的折旧费用，会小于计算应纳税所得额时扣减的折旧费用。

2. 会计收益小于应税收益的时间性差异

某些收入包括在会计收益的期间迟于包括在应税收益中的期间，产生时间性差异。如提前收取的租金、利息、使用费在收到时就计税，但财务会计将其确认为负债，在以后提供商品或劳务时才确认为收入。

某些费用包括在会计收益中的期间早于其包括在应税收益中的期间，产生时间性差异。如产品质量担保费用，财务会计在销售商品时将其确认为费用，但只有在实际发生时，产品质量担保费用才可在计算应纳税所得额时作为费用扣除。

时间性差异不仅影响本期和前期的税前会计收益和应税收益两者之一，而且影响相关未来时期所报告的税前会计收益和应税收益。随着时间的推移和影响事项的完结，这种差异会在以后期间转回，使税前会计收益和应税收益达到总量相等。

3．非时间性差异

除上述时间性差异外，还有因税法规定致使资产、负债的计税基础与其账面价值不同而产生的非时间性差异，它们是非因时间因素而产生的差异。

（1）子公司、联营企业或合营企业没有向母公司或投资者分配全部利润。

（2）资产的重估价，只产生暂时性差异而不产生时间性差异。

（3）企业合并采取购买法时，被合并企业可辨认资产或负债在会计上按公允价值入账，而税法规定报税时按账面价值计算，致使合并后的计税基础与账面价值之间产生差异。

（4）资产或负债初始确认的账面金额不同于其初始计税基础。

（5）各项资产减值准备。

（6）研究开发费用。

（7）债务重组。

（8）非货币性资产交换等。

四、基于资产负债观的所得税会计差异

资产负债观直接从资产和负债的角度确认与计量企业的收益，认为收益是企业期末净资产与期初净资产的差额，强调综合收益。在这种观点下，收益由排除资本变动的净资产的期初期末余额之差产生。按照资产负债观理念，真正的利润本质上是净资产的增加，真正的亏损本质上是净资产的减少。要求在计量属性上尽可能采用公允价值，强调财务会计处理的重心应该是对资产和负债要素的确认与计量，而收入和费用要素则从属于资产和负债要素；在财务报告中，强调资产负债表在整体报告体系中的核心地位，而利润表只是资产负债表的附表，是对资产负债观所确定的综合收益的明细说明。

在所得税会计中，基于会计准则、制度与税法的不同关系，形成了财务会计与税务会计不同的模式（见本书第一章），具体表现在对待差异的不同处理方法上，因而形成了不同的所得税会计处理方法。为了提高财务会计信息质量，从各国所得税会计处理发展趋势看，越来越多的国家开始采用体现资产负债观的资产负债表债务法。

（一）计税基础

企业在采用资产负债表债务法时，其资产及负债应根据会计准则与税法的不同要求分别进行计价，因而形成会计计价基础与税法计价基础两种计价基础。会计计价基础即资产（负债）的账面价值；税法计价基础即计税基础，是企业在资产负债表日，根据税法的规定，为计算应交所得税而确认的资产（负债）的价值。

1．资产的计税基础

资产的计税基础是指企业在收回资产账面价值的过程中，计算应纳税所得额时按照税法规定可以自应税经济利益中抵扣的金额，即该项资产在未来使用或最终处置时，允许作为成本或费用于税前列支的金额。

在会计处理上，资产在初始确认时，其计税基础一般为取得成本，即企业为取得某项资产支付的成本在未来期间准予税前扣除的金额。在资产持续持有的过程中，资产的计税基础是指资产的取得成本减去以前期间按照税法规定已经税前扣除的金额后的余额。该余额代表的是按照税法规定所涉及的资产在未来期间计税时仍然可以在税前扣除的金额。如固定资产、无形资产等长期资产在某一资产负债表日的计税基础，是指其成本扣除按照税法规定已

在以前期间税前扣除的累计折旧额、摊销额。相关计算公式如下。

资产的计税基础=未来可在税前扣除的金额

某一资产负债表日资产的计税基础=资产的账面价值-以前期间已在税前扣除的金额

一般情况下，资产在取得时，其入账价值与计税基础是相同的；在后续计量过程中，因企业会计准则与税法规定不同，可能产生资产的账面价值与其计税基础的差异。

在税务处理上，企业的各项资产应以历史成本为计税基础。企业持有各项资产期间资产增值或者减值，除国务院财政、税务主管部门规定可以确认损益外，不得调整。下面以简例说明。

【例 6-3】 某公司某项设备原价为 30 000 元，财务会计的折旧年限为 3 年，税务会计的折旧年限为 5 年，两者均采用直线法计提折旧。第 2 年折旧后的会计期末，公司对该项固定资产计提了 600 元的固定资产减值准备。假设财务会计与税务会计预计净残值率均为 0。

第二年年末财务会计的账面价值=30 000-10 000-10 000-600=9 400（元）

第二年年末税务会计确认的计税基础=30 000-6 000-6 000=18 000（元）

该例说明，固定资产账面价值与计税基础的差异原因包括：一是折旧年限不同，财务会计折旧年限为 3 年，税务会计的折旧年限为 5 年，每年因折旧年限不同产生的暂时性差异为 4 000 元，两年后会计期末因折旧年限不同产生的暂时性差异合计 8 000 元；二是计提固定资产减值准备造成的差异，第 2 年会计期末由于财务会计计提了减值准备 600 元，税法规定固定资产减值准备的计提不允许在税前扣除，实际发生损失时才允许在税前扣除，由此产生差异 600 元，两者合计为 8 600 元。

2．负债的计税基础

负债的计税基础是指负债的账面价值减去该负债在未来期间计算应纳税所得额时，按照税法规定可予抵扣的金额。对于预收款项产生的负债，其计税基础为账面价值减去未来期间不征税的金额。可见，负债的计税基础是在未来期间计税时不可扣除的金额，其计算公式如下。

负债的计税基础=账面价值-未来可税前列支的金额

一般负债的确认和清偿不影响所得税的计算，差异主要是应从费用中提取的负债。

（二）暂时性差异对未来应税金额的影响

暂时性差异是指资产或负债的计税基础与其列示在财务报表上的账面金额之间的差异。该差异在以后年度当财务报表上列示的资产收回或列示的负债偿还时，会产生应纳税金额或可抵扣税金额。未作为资产和负债确认的项目，如果按照税法规定可以确定其计税基础，该计税基础与其账面价值之间的差额也属于暂时性差异。

时间性差异侧重于从收入或费用角度分析会计利润和应税利润之间的差异，揭示的是某个会计期间内产生的差异。暂时性差异侧重于从资产和负债的角度，分析某个时点上存在的账面价值与其计税基础之间的差异，而这种差异可能导致相关期间会计利润和应税利润之间发生差异，也可能并不会产生相关期间会计利润和应税利润的差异。

按照对未来期间应纳税金额的影响方向（性质），暂时性差异可分为应纳税暂时性差异和可抵扣暂时性差异。

1．应纳税暂时性差异

应纳税暂时性差异是指在确定未来收回资产或清偿负债期间的应纳税所得额时，将导致产生应税金额的暂时性差异。当资产的账面价值大于其计税基础，或者负债的账面价值小于其计税基础时，产生应纳税暂时性差异。对于资产而言，当会计口径的价值大于税收口径的价值，在纳税时，可以在本期抵扣不缴税，等到以后再缴税；对于负债而言，当会计口径的价值小于税收口径的价值，在纳税时，可以在本期抵扣不缴税，等到以后再缴税。

各种应纳税暂时性差异均应确认为递延所得税负债，除非递延所得税负债是由以下情况产生的。

（1）计税时，其摊销金额是不能抵扣的商誉。

（2）具有以下特征的交易中的资产或负债的初始确认：不是企业合并；交易时既不影响会计利润也不影响应税利润（可抵扣亏损）。

对子公司、分支机构和联营企业的投资以及在合营企业中的权益相关的应纳税暂时性差异，应根据会计准则有关规定确认递延所得税负债。

资产的确认意味着该资产的账面金额在未来期间将以流入企业的经济利益的形式收回。当该资产的账面金额超过其计税基础时，应税经济利益的金额也将超过计税时允许抵扣的金额，两者的差额就是应纳税暂时性差异。它构成一项递延所得税负债。当企业收回该资产账面金额时，应纳税暂时性差异将转回，企业将获得应税利润。这使得经济利益很可能以税款支付的方式流出企业。因此，企业应确认所有递延所得税负债。

应纳税暂时性差异示例如下。

（1）某项固定资产成本为 300 万元，账面价值为 200 万元，计税累计折旧为 180 万元。该项固定资产的计税基础为 120 万元。为收回账面金额，企业必须赚得应税收益 200 万元，但只能抵扣计税折旧 120 万元。如果税率为 25%，当企业收回该资产账面金额时，应支付所得税 20 万元。因此，账面金额 200 万元与其计税基础 120 万元之间的差额 80 万元为应纳税暂时性差异。

（2）某企业拥有一项交易性金融资产，成本为 500 万元，期末公允价值为 750 万元。按照企业会计准则，交易性金融资产期末按公允价值计价，但依照税法，交易性金融资产持有期间，其公允价值的变动不计入应纳税所得额，即其计税基础不变。该项交易性金融资产账面价值大于计税基础的金额 250 万元为应纳税暂时性差异。

2．可抵扣暂时性差异

可抵扣暂时性差异是指在确定未来收回资产或清偿负债期间的应纳税所得额时，将导致产生可抵扣应税金额的暂时性差异。"可抵扣"一般意味着款已经缴了，但按照税法规定不该在本期缴的，只能等到以后抵扣处理。当资产的账面价值小于其计税基础或者负债的账面价值大于其计税基础时，产生可抵扣暂时性差异。允许抵减以后年度利润的应抵扣亏损，视同可抵扣暂时性差异。

可抵扣暂时性差异示例如下。

某企业将产品保修费用 100 000 元确认为负债，计入当期损益。产品保修费用于实际支付时才能抵扣应纳税所得额。该项预计负债的计税基础是 0。在以账面金额清偿该负债时，该企业的未来应纳税所得额减少 100 000 元，如果税率为 25%，相应减少未来所得税支出 25 000元。账面金额与计税基础之间的差额 100 000 元是一项可抵扣暂时性差异。

应纳税暂时性差异与可抵扣暂时性差异的识别方法，如表 6-2 所示。

表 6-2　应纳税暂时性差异与可抵扣暂时性差异的识别表

账面价值与计税基础	资　产	负　债
账面价值 > 计税基础	应纳税暂时性差异 （递延所得税负债）	可抵扣暂时性差异 （递延所得税资产）
账面价值 < 计税基础	可抵扣暂时性差异 （递延所得税资产）	应纳税暂时性差异 （递延所得税负债）

（三）暂时性差异的产生

按照暂时性差异的产生情况，可将暂时性差异分为以下三种类型。

1．资产、负债账面价值与计税基础不同产生的差异

比较常见的有资产减值准备，具有融资性质的分期收款销售，固定资产折旧，无形资产的摊销，使用寿命不确定、按公允价值计量的投资性房地产，按公允价值计量且其变动计入当期损益的金融资产，权益法投资收益确认，售后服务等预计负债，某些预收账款，债务重组和应付薪酬延期支付等。

2．企业合并中取得有关资产、负债产生的暂时性差异

《企业会计准则第 20 号——企业合并》指出，非同一控制下的吸收合并，购买方在购买日应当按照合并中取得的被购买方各项可辨认资产、负债的公允价值确定其入账价值。《国家税务总局关于企业合并分立业务有关所得税问题的通知》规定，如果合并企业支付给被合并企业或其股东的收购价款中，除合并企业股权以外的现金、有价证券和其他资产，不高于所支付的股权票面价值（或支付的股本的账面价值）20% 时，则被合并企业不确认全部资产的转让所得或损失，不计算缴纳所得税。合并企业接受被合并企业全部资产的计税成本，须以被合并企业原账面净值为基础确定。由此可见，如果符合上述条件，合并方资产、负债的账面价值与其计税基础之间就会产生暂时性差异。

3．不属于资产、负债的特殊项目产生的暂时性差异

（1）某些交易或事项发生以后，因为不符合资产、负债的确认条件，账面价值为零，但按照税法规定能够确定其计税基础的，零与计税基础之间的差异也构成暂时性差异。例如，会计准则规定修理费作为当期费用，税法规定特定条件下修理费作为长期待摊费用等。

（2）按照税法规定可以结转以后年度的未弥补亏损及税款递延，虽不是因资产、负债的账面价值与计税基础不同产生的，但与可抵扣暂时性差异具有同样的作用，均能减少未来期间的应纳税所得额，进而减少未来期间的应交所得税，在会计处理上，与可抵扣暂时性差异的处理相同。比如，按照税法规定允许用以后 5 年税前所得弥补的亏损；企业购置用于环境保护、节能节水、安全生产等专用设备的投资额，可以按一定比例实行税额抵免；广告费和业务宣传费支出作为当期损益，税法规定年度广告费和业务宣传费支出不得超过销售（营业）收入的 15%（另有规定者除外），超过部分，准许在以后纳税年度结转扣除。

【例 6-4】某股份有限公司的所得税采用资产负债表债务法核算，所得税税率为 25%。该公司某年资产负债表有关项目如表 6-3 所示。

（1）"存货跌价准备"账户年初贷方余额 300 万元，年末贷方余额 120 万元。

（2）长期股权投资系当年 3 月 1 日对甲公司的投资，初始投资成本 500 万元，采用权益法核算。由于甲公司本年发生亏损，所以该公司年末按应负担的亏损份额确认投资损失 100 万元，同时调整长期股权投资的账面价值。年末，该公司未对长期股权投资计提减值准备。

表 6-3　资产负债表的有关项目　　　　　　　　　　　　　　　　　单位:万元

项　　目	年　初　数	年　末　数
存货	1 400	500
长期股权投资	0	400
固定资产	2 400	2 900
预计负债	0	480
递延所得税资产	75	
递延所得税负债	50	

（3）固定资产中包含一台 B 设备，系上年 12 月 25 日购入，原价 1 000 万元，预计净残值为 0；计税按年数总和法计提折旧，折旧年限为 4 年；财务会计采用直线法计提折旧，折旧年限为 5 年。

（4）预计负债为当年年末计提的产品保修费用480万元。

假设除上述事项外，没有发生其他纳税调整事项。该公司当年利润表中"利润总额"项目金额为2 000万元。

要求：计算该公司年末暂时性差异及因此而形成的应纳税暂时性差异、可抵扣暂时性差异。

存货产生的暂时性差异=账面价值-计税基础=500-（500+120）=-120（万元）

长期股权投资产生的暂时性差异=账面价值-计税基础=400-500=-100（万元）

固定资产产生的暂时性差异=账面价值-计税基础

$$=（1 000-\frac{1 000}{5}）-（1 000-1 000×\frac{4}{10}）=800-600=200（万元）$$

预计负债产生的暂时性差异=（-1）×（账面价值-计税基础）

$$=（-1）×（480-0）=-480（万元）$$

存货、长期股权投资和预计负债三个项目产生的暂时性差异，计算结果均为负数，属于可抵扣暂时性差异；固定资产产生的暂时性差异，计算结果为正数，属于应纳税暂时性差异。

应纳税暂时性差异=200（万元）

可抵扣暂时性差异=120+100+480=700（万元）

五、企业所得税的会计处理

（一）科目设置

1. "应交税费——应交所得税"科目

该科目核算企业应缴的企业所得税。企业按规定计算出应缴的企业所得税，计入该科目的贷方；实际缴纳企业所得税时，计入该科目的借方；期末贷方余额为应缴未缴的企业所得税，借方余额为多缴的企业所得税。

2. "所得税费用"科目

该科目核算企业确认的应从当期利润总额中扣除的所得税费用。企业按规定计算的企业所得税费用，借记该科目；期末，将该科目的余额由贷方转入"本年利润"科目的借方，结转后该科目无余额。

3. "递延所得税资产"科目

该科目核算企业确认的可抵扣暂时性差异产生的递延所得税资产。企业于资产负债表日确认的递延所得税资产，借记该科目，贷记"所得税费用"科目；资产负债表日，递延所得税资产的应有余额小于其账面价值的差额，贷记该科目，借记"所得税费用"科目。该科目期末借方余额，反映企业确认的递延所得税资产。

4. "递延所得税负债"科目

该科目核算企业确认的应纳税暂时性差异产生的递延所得税负债。企业于资产负债表日确认的递延所得税负债，贷记该科目，借记"所得税费用"科目；资产负债表日，递延所得税负债的应有余额小于其账面价值的差额，借记该科目，贷记"所得税费用"科目。该科目期末贷方余额，反映企业确认的递延所得税负债。

（二）应付税款法的会计处理

应付税款法是企业将本期税前会计利润与应税所得额之间的差额造成的影响纳税的金额直接计入当期损益，而不递延到以后各期的一种所得税会计处理方法。应付税款法是税法导向的会计处理方法。在我国，《小企业会计准则》规定小企业采用应付税款法进行企业所得税会计处理。

在应付税款法下，本期发生的时间性差异不单独核算，而应与本期发生的永久性差异一并处理。相关公式如下。

应税所得额=利润总额±永久性差异金额±时间性差异金额

在应付税款法下，企业将税前会计利润调整为应税所得，再按应税所得计算应交所得税，并作为本期所得税费用。相关等式如下。

本期所得税费用=本期应交所得

时间性差异产生的影响所得税的金额，在会计报表中不反映为一项负债或一项资产，仅在会计报表附注中说明其影响。

【例6-5】某企业2017年实际发生业务招待费8.5万元，当年营业收入1 000万元。固定资产折旧采用直线法，本年折旧额为50 000元；计税采用双倍余额递减法，本年折旧额为65 000元。年度利润表上反映的税前会计利润为100万元，所得税税率为25%。

会计处理如下。

按业务招待费计税标准做如下计算。

85 000×60%=51 000（元）

10 000 000×5‰=50 000（元）

超标准业务招待费（永久性差异）=85 000-50 000=35 000（元）

折旧费会计与税法差异（时间性差异）=50 000-65 000=-15 000（元）

税前会计利润	1 000 000
加：永久性差异	35 000
减：时间性差异	15 000
应税所得额	1 020 000
所得税税率	25%
本期应纳所得税税额	255 000
本期所得税费用	255 000

（1）计提应交所得税时

借：所得税费用 255 000

　　贷：应交税费——应交企业所得税 255 000

该业务记账凭证后附：应交企业所得税计算表1张。

（2）实际上缴所得税时

借：应交税费——应交企业所得税 255 000

　　贷：银行存款 255 000

该业务记账凭证后附：税收缴款书1张。

（三）资产负债表债务法的会计处理

纳税影响会计法包括递延法与债务法两种方法，而债务法又分为利润表债务法和资产负债表债务法。目前，FASB颁布的《SFAS109：所得税的会计处理》（1991年12月16日生效）、IASC颁布的《IAS12：所得税》（1998年1月1日或以后日期生效，IASB于2004年予以确认）以及我国的《企业会计准则第18号——所得税》等均已取消递延法，而主张采用债务法中的资产负债表债务法。英国等国家目前则采用利润表债务法。

1. 资产负债表债务法的含义

资产负债表债务法是从资产负债表出发，通过分析暂时性差异产生的原因及其性质，将其对未来所得税的影响分别确认为递延所得税负债和递延所得税资产，并在此基础上倒推出各期所得税费用的一种方法。资产负债表债务法以"资产负债观"为理论基础，其主要目的是合理确认资产负债表中的递延所得税资产和递延所得税负债，所得税费用是由资产负债表间接得出来的。

2. 资产负债表债务法的基本核算程序

在资产负债表债务法下，企业一般应于每一资产负债表日进行所得税的相关会计处理。如果发生企业合并等特殊交易或事项，则应在确认该交易或事项取得的资产、负债的同时，确认相关的所得税影响。资产负债表债务法的基本核算程序如下。

（1）确定资产和负债的账面价值。资产、负债的账面价值，是指按照会计准则的相关规定对资产、负债进行会计处理后确定的在资产负债表中应列示的金额。例如，某企业存货的账面余额为1 000万元，会计期末，企业对存货计提了50万元的跌价准备，则存货的账面价值为950万元，该金额亦即存货在资产负债表中应列示的金额。资产和负债的账面价值可以直接根据有关账簿的记录确定。

（2）确定资产和负债的计税基础。资产和负债的计税基础应按照会计准则中对于资产和负债计税基础的确定方法，以适用的税收法规为基础进行确定。

（3）确定递延所得税。企业应比较资产、负债的账面价值和计税基础，对于两者之间存在差异的，分析其性质，除会计准则中规定的特殊情况外，应分别按照应纳税暂时性差异和适用税率确定递延所得税负债的期末余额，按照可抵扣暂时性差异和适用税率确定递延所得税资产的期末余额，然后与递延所得税负债和递延所得税资产的期初余额进行比较，确定当期应予以进一步确认或应予以转回的递延所得税负债和递延所得税资产金额，并将二者的差额作为利润表中所得税费用的一个组成部分——递延所得税。

（4）确定当期所得税。企业按照适用税法规定计算确定当期应纳税所得额，以应纳税所得额乘以适用的所得税税率计算确定当期应交所得税，作为利润表中所得税费用的另一个组成部分——当期所得税。

（5）确定利润表中的所得税费用。利润表中的所得税费用由当期所得税和递延所得税两部分构成。企业在计算确定当期所得税和递延所得税的基础上，将两者之和（或之差）作为利润表中的所得税费用。

从资产负债表债务法的基本核算程序可以看出，所得税费用的确认包括当期所得税的确认和递延所得税的确认。当期所得税可以根据当期应纳税所得额和适用税率计算确定，而递延所得税则要根据当期确认（或转回）的递延所得税负债和递延所得税资产的差额予以确认。递延所得税负债和递延所得税资产，取决于当期存在的应纳税暂时性差异和可抵扣暂时性差异的金额，而应纳税暂时性差异和可抵扣暂时性差异是通过分析比较资产和负债的账面价值与计税基础确定的。资产和负债的账面价值可以通过会计核算资料直接取得，而其计税基础则需要根据会计人员的职业判断，以适用的税收法规为基础，通过合理的分析和计算予以确定。因此，所得税会计的关键在于确定资产和负债的计税基础。

3. 资产和负债的计税基础

（1）资产的计税基础

资产的计税基础是指企业收回资产账面价值过程中，计算应纳税所得额时按照税法规定可以自应税经济利益中抵扣的金额，即某一项资产在未来期间计税时按照税法规定可予税前扣除的金额。

通常情况下，企业取得资产的实际成本为税法所认可，即企业为取得某项资产而支付的成本在未来收回资产账面价值过程中准予税前扣除。因此，资产在初始确认时，其计税基础一般为资产的取得成本，或者说资产初始确认的账面价值等于计税基础。资产在持有期间，其计税基础是指资产的取得成本减去以前期间按照税法规定已经从税前扣除的金额后的余额，因为该余额代表的是按照税法规定相关资产在未来期间计税时仍然可以从税前扣除的金额。例如，固定资产、无形资产等资产，在持续使用期间某一资产负债表日的计税基础，是指其取得成本扣除按照税法规定已经在以前期间从税前扣除的累计折旧额或累计摊销额后的金额。资产在后续计量过程中，如果会计准则与税法规定不同，将会导致资产的账面价值与其计税基础之间产生差异。

① 固定资产

企业以各种方式取得的固定资产，初始确认时按照会计准则规定确定的入账价值基本上为税法所认可，即固定资产在取得时的计税基础一般等于账面价值。但固定资产在持续使用期间，由于会计准则规定按照"成本-累计折旧-固定资产减值准备"进行后续计量，而税法规定按照"成本-按照税法规定已在以前期间从税前扣除的累计折旧"进行后续计量，由此导致了固定资产的账面价值与其计税基础之间产生差异。这包括折旧方法及折旧年限不同导致的差异和计提固定资产减值准备导致的差异。

A. 折旧方法及折旧年限不同导致的差异。会计准则规定，企业应当根据与固定资产有关的经济利益预期实现方式合理选择折旧方法，可供选择的折旧方法包括年限平均法、工作量法、双倍余额递减法和年数总和法；税法规定，固定资产一般按年限平均法计提折旧，由于技术进步等原因确需加速折旧的，也可以采用双倍余额递减法或年数总和法计提折旧。另外，会计准则规定，折旧年限由企业根据固定资产的性质和使用情况自行合理确定，而税法则对每一类固定资产的最低折旧年限作出了明确规定。如果企业进行会计处理时采用的折旧方法、折旧年限与税法规定不同，将导致固定资产的账面价值与其计税基础之间产生差异。

【例 6-6】2016 年 12 月 25 日，泰山实业股份有限公司（以下简称泰山公司）购入一套环保设备，实际成本为 800 万元，预计使用年限为 8 年，预计净残值为 0，采用年限平均法计提折旧。假定税法对该类固定资产折旧年限和净残值的规定与会计相同，但可以采用加速折旧法计提折旧并于税前扣除。泰山公司在计税时采用双倍余额递减法计列折旧费用。

2017 年 12 月 31 日，泰山公司确定的该项固定资产的账面价值和计税基础如下。

$$账面价值=800-\frac{800}{8}=700（万元）$$

$$计税基础=800-\frac{800\times2}{8}=600（万元）$$

该项固定资产因会计处理和计税时采用的折旧方法不同，导致其账面价值大于计税基础 100 万元。该差额将于未来期间增加企业的应纳税所得额，即形成应纳税暂时性差异 100 万元。

【例 6-7】按【例 6-6】资料，现假定税法规定的最短折旧年限为 10 年，并要求采用年限平均法计提折旧，其他条件不变。

泰山公司 2017 年 12 月 31 日确定的该项固定资产的账面价值和计税基础如下。

$$账面价值=800-\frac{800}{8}=700（万元）$$

$$计税基础=800-\frac{800}{10}=720（万元）$$

该项固定资产因会计处理和计税时采用的折旧年限不同，导致其账面价值小于计税基础 20 万元。该差额将于未来期间减少企业的应纳税所得额，即形成可抵扣暂时性差异 20 万元。

B. 计提固定资产减值准备导致的差异。会计准则规定，企业在持有固定资产期间，如果固定资产发生了减值，应当对固定资产计提减值准备；而根据税法规定，企业计提的资产减值准备在发生实质性损失前不允许税前扣除，即固定资产的计税基础不会随减值准备的提取发生变化，由此导致固定资产的账面价值与其计税基础之间产生差异。

【例 6-8】2015 年 12 月 25 日，泰山实业股份有限公司购入一套管理设备，实际成本为

200 万元，预计使用年限为 8 年，预计净残值为 0，采用年限平均法计提折旧。假定税法对该类设备规定的最短折旧年限、净残值和折旧方法与会计相同。2017 年 12 月 31 日，泰山公司估计该设备的可收回金额为 100 万元。2017 年 12 月 31 日，泰山公司确定的该项固定资产的账面价值和计税基础如下。

$$计提减值准备前的账面价值 = 200 - \frac{200}{8} \times 2 = 150（万元）$$

$$应计提的减值准备 = 150 - 100 = 50（万元）$$

$$计提减值准备后的账面价值 = 150 - 50 = 100（万元）$$

$$计税基础 = 200 - \frac{200}{8} \times 2 = 150 （万元）$$

该项固定资产因计提减值准备，导致其账面价值小于计税基础 50 万元。该差额将于未来期间减少企业的应纳税所得额，即形成可抵扣暂时性差异 50 万元。

② 无形资产

除内部研究开发形成的无形资产以外，企业通过其他方式取得的无形资产，初始确认时按照会计准则规定确定的入账价值与按照税法规定确定的计税基础之间一般不存在差异。无形资产的账面价值与其计税基础之间的差异主要产生于企业内部研究开发形成的无形资产、使用寿命不确定的无形资产和计提无形资产减值准备。

A. 企业内部研究开发形成的无形资产导致的差异。会计准则规定，企业内部研究开发活动研究阶段的支出和开发阶段符合资本化条件前发生的支出应当费用化，计入当期损益；符合资本化条件后至达到预定用途前发生的支出应当资本化，计入无形资产成本。税法规定，自行开发的无形资产，以开发过程中该资产符合资本化条件后至达到预定用途前发生的支出为计税基础。因此，企业内部研究开发形成的无形资产，一般情况下初始确认时按照会计准则规定确定的成本与计税基础是相同的。但是，企业为开发新技术、新产品、新工艺发生的研究开发费用，税法规定，未形成无形资产而计入当期损益的，在按照规定据实扣除的基础上，按照研究开发费用的 50% 加计扣除；形成无形资产的，按照无形资产成本的 150% 摊销。因此，对于开发新技术、新产品、新工艺发生的研发支出，在形成无形资产时，该项无形资产的计税基础应当在会计确定的成本的基础上加计 50% 确定，由此产生了内部研究开发形成的无形资产在初始确认时账面价值与计税基础的差异。

【例 6-9】2017 年 1 月 1 日，泰山实业股份有限公司开发的一项新技术达到预定用途，作为无形资产确认入账。泰山公司将开发阶段符合资本化条件后至达到预定用途前发生的支出 1 000 万元确认为该项无形资产的成本，并从 2017 年度起分期摊销。该项内部研究开发活动形成的无形资产在初始确认时的账面价值和计税基础如下。

账面价值 = 入账成本 = 1 000（万元）

计税基础 = 1 000 × 150% = 1 500（万元）

该项自行研发的无形资产因符合税法加计扣除的规定，导致其初始确认的账面价值小于计税基础 500 万元。该差额将于未来期间减少企业的应纳税所得额，即形成可抵扣暂时性差异 500 万元。

B. 使用寿命不确定的无形资产导致的差异。会计准则规定，无形资产在取得之后，应根据其使用寿命是否确定，分为使用寿命有限的无形资产和使用寿命不确定的无形资产两类。对于使用寿命不确定的无形资产，不要求摊销，但持有期间每年都应当进行减值测试。税法没有按使用寿命对无形资产分类，但要求所有无形资产的成本均应按一定期限进行摊销。对于使用寿命不确定的无形资产，会计处理时不予摊销，但计税时按照税法规定确定的摊销额允许税前扣除，从而导致该类无形资产在后续计量时账面价值与计税基础之间产生差异。

【例 6-10】2017 年 1 月 1 日，泰山实业股份有限公司以 200 万元的成本取得一项无形资产，由于无法合理预计其使用寿命，将其划分为使用寿命不确定的无形资产。2017 年 12 月 31 日，泰山公司对该项无形资产进行了减值测试，结果表明未发生减值。假定税法规定，该无形资产应采用直线法按 10 年进行摊销，摊销金额允许税前扣除。2017 年 12 月 31 日，泰山公司确定的该项无形资产的账面价值和计税基础如下。

账面价值＝入账成本＝200（万元）

$$计税基础＝200-\frac{200}{10}=180（万元）$$

该项使用寿命不确定的无形资产因会计处理和计税时的后续计量要求不同，导致其账面价值大于计税基础 20 万元。该差额将于未来期间增加企业的应纳税所得额，即形成应纳税暂时性差异 20 万元。

C. 计提无形资产减值准备导致的差异。会计准则规定，企业在持有无形资产期间，如果无形资产发生了减值，应当对无形资产计提减值准备；而根据税法规定，企业计提的资产减值准备在发生实质性损失前不允许税前扣除，即无形资产的计税基础不会随减值准备的提取发生变化，由此导致无形资产的账面价值与其计税基础之间产生差异。

【例 6-11】2015 年 1 月 1 日，泰山实业股份有限公司购入一项专利权，实际成本为 600 万元，预计使用年限为 10 年，采用直线法分期摊销。假定税法有关使用年限、摊销方法的规定与会计相同。2017 年 12 月 31 日，泰山公司估计该专利权的可收回金额为 300 万元。2017 年 12 月 31 日，泰山公司确定的该项无形资产的账面价值和计税基础如下。

$$计提减值准备前的账面价值＝600-\frac{600}{10}×3=420（万元）$$

应计提的减值准备＝420-300＝120（万元）

计提减值准备后的账面价值＝420-120＝300（万元）

$$计税基础＝600-\frac{600}{10}×3=420（万元）$$

该项无形资产因计提减值准备，导致其账面价值小于计税基础 120 万元。该差额将于未来期间减少企业的应纳税所得额，即形成可抵扣暂时性差异 120 万元。

③ 以公允价值进行后续计量的资产

会计准则规定，以公允价值进行后续计量的资产（主要有以公允价值计量且其变动计入当期损益的金融资产、采用公允价值模式进行后续计量的投资性房地产等），其在某一会计期末的账面价值为该时点的公允价值。税法规定，以公允价值进行后续计量的金融资产、投资性房地产等，持有期间公允价值的变动不计入应纳税所得额；在实际处置时，处置取得的价款扣除其历史成本或以历史成本为基础确定的处置成本后的差额计入处置期间的应纳税所得额。因此，根据税法规定，企业以公允价值进行后续计量的资产在持有期间计税时不考虑公允价值的变动，其计税基础仍为取得成本或以取得成本为基础确定的成本，由此导致该类资产的账面价值与其计税基础之间产生差异。

【例 6-12】2017 年 9 月 20 日，泰山实业股份有限公司自公开市场购入 A 公司股票 200 万股并划分为交易性金融资产，支付购买价款（不含交易税费）1 800 万元。2017 年 12 月 31 日，A 公司股票的市价为 1 500 万元。2017 年 12 月 31 日，泰山公司确定的该项交易性金融资产的账面价值和计税基础如下。

账面价值＝期末公允价值＝1 500（万元）

计税基础＝初始入账成本＝1 800（万元）

该项交易性金融资产因按公允价值进行后续计量，导致其账面价值小于计税基础 300 万元。该差额将于未来期间减少企业的应纳税所得额，即形成可抵扣暂时性差异300万元。

【例6-13】泰山实业股份有限公司的投资性房地产采用公允价值模式进行后续计量。2017年1月1日，泰山公司将其一栋自用的房屋用于对外出租，房屋的成本为1 600万元，预计使用年限为20年，转为投资性房地产之前，已使用4年，按照年限平均法计提折旧，预计净残值为0。假定税法规定的折旧年限、净残值以及折旧方法与会计相同。2017年12月31日，该项投资性房地产的公允价值为2 000万元。2017年12月31日，泰山公司确定的该项投资性房地产的账面价值和计税基础如下。

$$账面价值=期末公允价值=2\ 000（万元）$$

$$计税基础=1\ 600-\frac{1600}{20}\times 5=1\ 200（万元）$$

该项投资性房地产因按公允价值进行后续计量，导致其账面价值大于计税基础800万元。该差额将于未来期间增加企业的应纳税所得额，即形成应纳税暂时性差异800万元。

④ 采用权益法核算的长期股权投资

会计准则规定，长期股权投资在持有期间，应根据对被投资单位财务和经营政策的影响程度等，分别采用成本法和权益法核算。

长期股权投资采用权益法核算时，其账面价值会随着初始投资成本的调整、投资损益的确认、应享有被投资单位其他权益变动的确认而发生相应的变动，但税法中并没有权益法的概念。税法要求长期股权投资在处置时按照取得投资时确定的实际投资成本予以扣除，即长期股权投资的计税基础为其投资成本，由此导致了长期股权投资的账面价值与计税基础之间产生差异。

⑤ 其他计提减值准备的资产

如前所述，企业的固定资产、无形资产会因计提减值准备而导致其账面价值与计税基础之间产生差异，企业的存货、金融资产、长期股权投资、投资性房地产等，也同样会因计提减值准备而导致其账面价值与计税基础之间产生差异。

【例6-14】2017年12月31日，泰山实业股份有限公司原材料的账面余额为1 000万元，经减值测试，确定原材料的可变现净值为900万元，因此，泰山公司计提了存货跌价准备100万元。假定在此之前，泰山公司从未对原材料计提过存货跌价准备。2017年12月31日，泰山公司确定的该项原材料的账面价值和计税基础如下。

$$账面价值=1\ 000-100=900（万元）$$

$$计税基础=入账成本=1\ 000（万元）$$

该项存货因计提跌价准备，导致其账面价值小于计税基础100万元。该差额将于未来期间减少企业的应纳税所得额，即形成可抵扣暂时性差异100万元。

（2）负债的计税基础

负债的计税基础是指负债的账面价值减去未来期间计算应纳税所得额时按照税法规定可予抵扣的金额。用公式表示如下。

负债的计税基础=负债的账面价值-未来期间按照税法规定可予税前扣除的金额

在通常情况下，负债的确认与偿还不会影响企业的损益，也不会影响企业的应纳税所得额，未来期间计算应纳税所得额时按照税法规定可予税前扣除的金额为0，因此，负债的计税基础一般等于账面价值。但是，在某些情况下，负债的确认可能会影响企业的损益，进而影响不同期间的应纳税所得额，导致其计税基础与账面价值之间产生差额，如按照会计准则规定确认的某些预计负债等。

① 因提供产品售后服务等原因确认的预计负债

按照会计准则规定，企业因提供产品售后服务而预计将会发生的支出，在满足预计负债确认条件时，应于销售商品当期确认预计负债，同时确认相关的费用。如果按税法规定，与产品售后服务相关的支出于未来期间实际发生时准予全额税前扣除，则该类事项产生的预计负债的账面价值等于未来期间按照税法规定可予税前扣除的金额，即该项预计负债的计税基础为0。

对于某些事项所确认的预计负债，如果税法规定在未来期间实际发生相关支出时只准予部分税前扣除，则其计税基础为预计负债的账面价值减去未来期间计税时按照税法规定可予税前扣除的部分，亦即其计税基础为未来期间计税时按照税法规定不允许税前扣除的部分；如果税法规定相关支出无论何时发生、是否实际发生，一律不允许税前扣除，即按照税法规定可予税前扣除的金额为0，则该预计负债的计税基础等于账面价值。

【例6-15】泰山实业股份有限公司对销售的产品承诺提供3年的保修服务。2017年12月31日，该公司资产负债表中列示的因提供产品售后服务而确认的预计负债金额为200万元。假定按照税法规定，与产品售后服务相关的费用在实际发生时允许税前扣除。2017年12月31日，泰山公司确定的该项预计负债的账面价值和计税基础如下。

账面价值=入账金额=200（万元）

计税基础=200-200=0（元）

该项预计负债的账面价值与计税基础之间产生了200万元的差额。该差额将于未来期间，减少企业的应纳税所得额，即形成可抵扣暂时性差异200万元。

【例6-16】2015年8月20日，泰山公司与B公司签订担保协议，为B公司一笔金额为2 000万元的银行借款提供全额担保。该项担保与泰山公司的生产经营活动无关。借款到期时，因B公司未能如期还款，银行已提起诉讼，泰山公司成为该诉讼的第二被告。截至2017年12月31日，法院尚未做出判决。由于B公司经营困难，泰山公司估计很可能要承担连带还款责任。综合考虑B公司目前的财务状况、法院的审理进展并咨询了公司的法律顾问后，泰山公司预计最有可能承担的还款金额为1 000万元。为此，泰山公司确认了1 000万元的预计负债。根据税法的有关规定，企业对外提供与本企业生产经营活动无关的担保，相关担保损失不得在所得税前扣除。

本例中，由于泰山公司提供的担保与其生产经营活动无关，因而计入当期营业外支出的担保损失不允许税前扣除，并且在以后期间也不得从税前扣除，即该项预计负债未来期间允许扣除的金额为0。因此，该项预计负债的计税基础为1 000万元，等于其账面价值，二者之间不存在差异。

② 预收账款

企业预收客户的款项因不符合会计准则规定的收入确认条件，会计上将其确认为负债。税法中对于收入的确认原则一般与会计规定相同，即会计上未确认收入的，计税时一般也不计入应纳税所得额。因此，预收款项形成的负债，其计税基础一般情况下等于账面价值。

如果某些因不符合收入确认条件而未确认为收入的预收款项，按照税法规定应计入收款当期的应纳税所得额，则该预收款项在未来期间确认为收入时，就不再需要计算缴纳所得税，即未来期间确认的收入可全额从税前扣除。因此，在该预收款项产生期间，其计税基础为0。

【例6-17】2017年12月20日，泰山实业股份有限公司预收了一笔合同款，金额为500万元，因不符合收入确认条件而作为预收账款入账。假定按照税法规定，该款项应计入收款当期应纳税所得额计算交纳所得税。2017年12月31日，泰山公司确定的该项预收账款的账面价值和计税基础如下。

账面价值=入账金额=500（万元）

计税基础=500-500=0（元）

该项预收账款的账面价值与计税基础之间产生了 500 万元的差额。该差额将于未来期间减少企业的应纳税所得额，即形成可抵扣暂时性差异 500 万元。

③ 应付职工薪酬

会计准则规定，企业为获得职工提供的服务给予的各种形式的报酬以及其他相关支出均应作为职工薪酬，根据职工提供服务的受益对象，计入有关成本费用，同时确认为负债（应付职工薪酬）。税法规定，企业发生的合理的职工薪酬，准予税前扣除，如支付给职工的工资薪金、按国家规定的范围和标准为职工缴纳的基本社会保险费、住房公积金、补充养老保险费、补充医疗保险费等；而对有些职工薪酬，税法中则规定了税前扣除的标准，如企业发生的职工福利费支出，不超过工资薪金总额 14% 的部分准予税前扣除；还有一些职工薪酬，税法中规定不得税前扣除，如企业为职工支付的商业保险费（企业为特殊工种职工支付的人身安全保险费等按规定可以税前扣除的商业保险费除外）。

对于发生当期准予税前扣除的职工薪酬，以后期间不存在税前扣除问题，因此，所确认的负债的账面价值等于计税基础；对于超过税前扣除标准支付的职工薪酬以及不得税前扣除的职工薪酬，在以后期间也不允许税前扣除，因此，所确认的负债的账面价值也等于计税基础。

4. 暂时性差异

暂时性差异是指资产、负债的账面价值与其计税基础不同产生的差额。暂时性差异按照对未来期间应纳税所得额的不同影响，分为应纳税暂时性差异和可抵扣暂时性差异。

（1）应纳税暂时性差异

应纳税暂时性差异是指在确定未来收回资产或清偿负债期间的应纳税所得额时，将导致产生应税金额的暂时性差异，即该项暂时性差异在未来期间转回时，将会增加转回期间的应纳税所得额和相应的应交所得税。应纳税暂时性差异通常产生于下列情况。

① 资产的账面价值大于其计税基础。资产的账面价值代表的是企业在持续使用和最终处置该项资产时将取得的经济利益总额，而计税基础代表的是资产在未来期间可予税前扣除的金额。如果资产的账面价值大于其计税基础，则表明该项资产未来期间产生的经济利益不能全部税前抵扣，两者之间的差额需要缴纳所得税，从而产生应纳税暂时性差异。例如，企业持有一项交易性金融资产，购买成本为 2 000 万元，期末公允价值为 2 500 万元，即其账面价值为 2 500 万元，计税基础为 2 000 万元；期末账面价值大于计税基础的差额 500 万元，将导致出售该交易性金融资产期间的应纳税所得额相对于会计收益增加 500 万元，因而属于应纳税暂时性差异。

② 负债的账面价值小于其计税基础。负债的账面价值为企业预计在未来期间清偿该项负债时的经济利益流出，而其计税基础代表的是账面价值在扣除税法规定未来期间允许税前扣除的金额之后的差额。负债的账面价值与其计税基础不同产生的暂时性差异，本质上是与该项负债相关的费用支出在未来期间计税时可予税前扣除的金额。相关公式如下。

$$负债产生的暂时性差异 = 负债的账面价值 - 负债的计税基础 = 负债的账面价值 - (负债的账面价值 - 未来期间计税时按照税法规定可予税前扣除的金额) = 未来期间计税时按照税法规定可予税前扣除的金额$$

负债的账面价值小于其计税基础，就意味着该项负债在未来期间计税时可予税前扣除的金额为负数，即应在未来期间应纳税所得额的基础上进一步增加应纳税所得额和相应的应交所得税，产生应纳税暂时性差异。

（2）可抵扣暂时性差异

可抵扣暂时性差异是指在确定未来收回资产或清偿负债期间的应纳税所得额时，将导致产生可抵扣金额的暂时性差异，即该项暂时性差异在未来期间转回时，将会减少转回期间的应纳税所得额和相应的应交所得税。可抵扣暂时性差异通常产生于下列情况。

① 资产的账面价值小于其计税基础。资产的账面价值小于其计税基础，意味着资产在未来期间产生的经济利益小于按照税法规定允许税前扣除的金额，两者之间的差额可以减少企业在未来期间的应纳税所得额，从而减少未来期间的应交所得税，产生可抵扣暂时性差异。例如，企业的一笔应收账款，账面余额为 1 000 万元，已计提坏账准备 200 万元，即其账面价值为 800 万元，计税基础为 1 000 万元；期末账面价值小于计税基础的差 200 万元，将导致应收账款发生实质性损失期间的应纳税所得额相对于会计收益减少 200 万元，因而属于可抵扣暂时性差异。

② 负债的账面价值大于其计税基础。负债的账面价值大于其计税基础，就意味着该项负债在未来期间可予税前抵扣的金额为正数，即按照税法规定与该项负债相关的费用支出未来期间计税时可以全部或部分自应税经济利益中扣除，从而减少未来期间的应纳税所得额和相应的应交所得税，产生可抵扣暂时性差异。例如，企业因合同违约而被客户提起诉讼，要求支付违约金，至年末时法院尚未做出判决，企业为此计提了 100 万元的预计负债。由于税法允许合同违约金在支付时从税前扣除，故该项预计负债的账面价值为 100 万元，计税基础为零；期末账面价值大于计税基础的差额 100 万元，将导致实际支付合同违约金期间的应纳税所得额相对于会计收益减少 100 万元，因而属于可抵扣暂时性差异。

5. 递延所得税负债和递延所得税资产

资产负债表日，企业应通过比较资产、负债的账面价值与计税基础，确定应纳税暂时性差异和可抵扣暂时性差异，进而按照会计准则规定的原则确认相关的递延所得税负债和递延所得税资产。

（1）递延所得税负债的确认和计量

应纳税暂时性差异在未来期间转回时，会增加转回期间的应纳税所得额和相应的应交所得税，导致经济利益流出企业，因而在其产生期间，相关的所得税影响金额构成一项未来的纳税义务，应确认为一项负债，即递延所得税负债产生于应纳税暂时性差异。

① 递延所得税负债的确认原则

为了充分反映交易或事项发生后引起的未来期间纳税义务，除会计准则中明确规定可不确认递延所得税负债的特殊情况外，企业对于所有的应纳税暂时性差异均应确认相关的递延所得税负债。

在确认应纳税暂时性差异产生的递延所得税负债的同时，导致应纳税暂时性差异产生的交易或事项发生时影响到会计利润或应纳税所得额的，相关的所得税影响应增加利润表中的所得税费用；应纳税暂时性差异的产生与直接计入所有者权益的交易或事项相关的，相关的所得税影响应减少所有者权益（其他综合收益）；应纳税暂时性差异的产生与企业合并中取得的资产、负债相关的，相关的所得税影响应增加购买日的商誉或减少计入合并当期损益（营业外收入）的金额。

【例 6-18】 2016 年 9 月 20 日，泰山实业股份有限公司购入 D 公司股票并划分为交易性金融资产，成本为 200 000 元；2016 年 12 月 31 日，泰山公司持有的 D 公司股票公允价值为 260 000 元；2017 年 4 月 10 日，泰山公司将持有的 D 公司股票全部售出，收到价款 280 000 元。假定除该项交易性金融资产产生的会计与税收之间的差异外，不存在其他会计与税收的差异。泰山公司适用的所得税税率为 25%。

泰山公司各年资产负债表日确认递延所得税负债的会计处理如下。

（1）2016 年 12 月 31 日

该项交易性金融资产期末账面价值大于计税基础的差额为 260 000-200 000=6 000 元，属于应纳税暂时性差异。泰山公司应相应地确认递延所得税负债为 60 000×25%=15 000 元。

借：所得税费用   15 000

     贷：递延所得税负债   15 000

该业务记账凭证后附：递延所得税计算表 1 张。

（2）2017 年 12 月 31 日

泰山公司出售 D 公司股票时确认的收益为 280 000-260 000=20 000 元，而 2017 年度计税时，出售 D 公司股票应确定的应纳税所得额则为 280 000-200 000=80 000 元。二者之差 60 000 元为 2016 年度产生的应纳税暂时性差异在 2017 年度全部转回所增加的本年应纳税所得额，并相应增加了本年应交所得税为 60 000×25%=15 000 元。由于 2016 年度产生的应纳税暂时性差异在 2017 年度已经全部转回，即相应的递延所得税负债已经全部偿付，所以在 2017 年资产负债表日，泰山公司应将上年确认的递延所得税负债全部转回。

借：递延所得税负债   15 000

     贷：所得税费用   15 000

该业务记账凭证后附：递延所得税计算表 1 张。

【例 6-19】2009 年 12 月 25 日，泰山实业股份有限公司购入一套生产设备，实际成本为 750 000 元，预计使用年限为 5 年，预计净残值为 0，采用年限平均法计提折旧。假定税法对折旧年限和净残值的规定与会计相同，但允许该设备采用加速折旧法计提折旧，泰山公司在计税时按年数总和法计列折旧费用。假定除该项固定资产产生的会计与税收之间的差异外，不存在其他会计与税收的差异。泰山公司适用的所得税税率为 25%。

根据上列资料，泰山公司各年年末有关递延所得税的确认情况，如表 6-4 所示。

表 6-4   递延所得税确认表

单位：元

项　目	2010	2011	2012	2013	2014
实际成本	750 000	750 000	750 000	750 000	750 000
累计会计折旧	150 000	300 000	450 000	600 000	750 000
期末账面价值	600 000	450 000	300 000	150 000	0
累计计税折旧	250 000	450 000	600 000	700 000	750 000
期末计税基础	500 000	300 000	150 000	50 000	0
应纳税暂时性差异	100 000	150 000	150 000	100 000	0
递延所得税负债期末余额	25 000	37 500	37 500	25 000	0

根据表 6-4 的资料，泰山公司各年资产负债表日确认递延所得税负债的会计处理如下。

（1）2010 年 12 月 31 日

2010 年资产负债表日，递延所得税负债期末余额应为 25 000 元，递延所得税负债期初余额为 0 元，因而本期应确认的递延所得税负债为 25 000 元。

借：所得税费用   25 000

     贷：递延所得税负债   25 000

该业务记账凭证后附：递延所得税确认表 1 张。

（2）2011 年 12 月 31 日

2011 年资产负债表日，递延所得税负债期末余额应为 37 500 元，递延所得税负债期初余额为 25 000 元，因而本期应确认的递延所得税负债为 37 500-25 000=12 500 元。

```
借：所得税费用                                          12 500
    贷：递延所得税负债                                       12 500
```

该业务记账凭证后附：递延所得税确认表 1 张。

（3）2012 年 12 月 31 日

2012 年资产负债表日，递延所得税负债期末余额应为 37 500 元，期初余额 37 500 元，因而本期不需确认递延所得税负债。

（4）2013 年 12 月 31 日

2013 年资产负债表日，递延所得税负债期末余额应为 25 000 元，递延所得税负债期初余额为 37 500 元，因而本期应转回原已确认的递延所得税负债为 37 500-25 000=12 500 元。

```
借：递延所得税负债                                       12 500
    贷：所得税费用                                          12 500
```

该业务记账凭证后附：递延所得税确认表 1 张。

（5）2014 年 12 月 31 日

2014 年资产负债表日，递延所得税负债期末余额应为零，递延所得税负债期初余额为 25 000 元，本期应将递延所得税负债账面余额全部转回。

```
借：递延所得税负债                                       25 000
    贷：所得税费用                                          25 000
```

该业务记账凭证后附：递延所得税确认表 1 张。

② 不确认递延所得税负债的特殊情况

在有些情况下，虽然资产、负债的账面价值与其计税基础不同，产生了应纳税暂时性差异，但基于各种考虑，会计准则明确规定不确认相关的递延所得税负债。这主要有涉及以下几种情况。

A. 商誉的初始确认。非同一控制下的企业合并中，合并成本大于合并中取得的被购买方可辨认净资产公允价值份额的差额，按照会计准则的规定应确认为商誉。对于企业合并的税收处理，通常情况下，被合并企业应视为按公允价值转让、处置全部资产，计算资产的转让所得，依法缴纳所得税；合并企业接受被合并企业的有关资产，计税时可以按经评估确认的公允价值确定计税基础。因此，商誉在初始确认时，其计税基础一般等于账面价值，二者之间不存在差异。但是，如果企业合并符合税法规定的免税合并条件，在企业按照税法规定进行免税处理的情况下，计税时不认可商誉的价值，即商誉的计税基础为零，则商誉初始确认的账面价值大于其计税基础的差额形成一项应纳税暂时性差异。对于商誉的账面价值大于其计税基础产生的应纳税暂时性差异，会计准则规定不确认与其相关的递延所得税负债。

B. 除企业合并以外的其他交易或事项中，如果该项交易或事项发生时既不影响会计利润，也不影响应纳税所得额，则所产生的资产、负债的初始确认金额与其计税基础不同形成应纳税暂时性差异的，交易或事项发生时不确认相应的递延所得税负债。

C. 与子公司、联营企业、合营企业投资等相关的应纳税暂时性差异，一般应确认相关的递延所得税负债，但同时满足以下两个条件的除外：投资企业能够控制暂时性差异转回的时间；该暂时性差异在可预见的未来很可能不会转回。

对于采用权益法核算的长期股权投资，因其账面价值与计税基础的不同而产生的暂时性差异是否需要确认相关的所得税影响，应当考虑持有该投资的意图：如果企业拟长期持有该项长期股权投资，一般不需要确认相关的所得税影响；如果企业改变持有意图拟近期对外出售该项长期股权投资，均应确认相关的所得税影响。

③ 递延所得税负债的计量

资产负债表日，递延所得税负债应当根据税法规定，按照预期清偿该负债期间的适用税率计量，即递延所得税负债应以相关应纳税暂时性差异转回期间的适用税率计量。无论应纳税暂时性差异的转回期间如何，相关的递延所得税负债均不要求折现。

（2）递延所得税资产的确认和计量

可抵扣暂时性差异在转回期间将减少企业的应纳税所得额和相应的应交所得税，导致经济利益流入企业，因而在其产生期间，相关的所得税影响金额构成一项未来的经济利益，应确认为一项资产，即递延所得税资产产生于可抵扣暂时性差异。

① 递延所得税资产的确认原则

企业应当以可抵扣暂时性差异转回的未来期间可能取得的应纳税所得额为限，确认可抵扣暂时性差异所产生的递延所得税资产。在判断企业于可抵扣暂时性差异转回的未来期间是否能够产生足够的应纳税所得额用以利用可抵扣暂时性差异时，应考虑企业在未来期间通过正常的生产经营活动能够实现的应纳税所得额以及以前期间产生的应纳税暂时性差异在未来期间转回时将增加的应纳税所得额两方面的影响。

在确认可抵扣暂时性差异产生的递延所得税资产的同时，导致可抵扣暂时性差异产生的交易或事项发生时影响到会计利润或应纳税所得额的，相关的所得税影响应减少利润表中的所得税费用；可抵扣暂时性差异的产生与直接计入所有者权益的交易或事项相关的，相关的所得税影响应增加所有者权益（其他综合收益）；可抵扣暂时性差异的产生与企业合并中取得的资产、负债相关的，相关的所得税影响应减少购买日的商誉或增加计入合并当期损益（营业外收入）的金额。

【例 6-20】2016 年 12 月 31 日，泰山公司库存 A 商品的账面余额为 6 000 000 元，经减值测试，确定 A 商品的可变现净值为 5 000 000 元，泰山公司计提了存货跌价准备 1 000 000 元；2017 年度，泰山公司将库存 A 商品全部售出，收到出售价款（不包括收取的增值税销项税额）4 800 000 元。假定除该项库存商品计提存货跌价准备产生的会计与税收之间的差异外，不存在其他会计与税收的差异。泰山公司预计在未来期间能够产生足够的应纳税所得额用来抵扣可抵扣暂时性差异，适用的所得税税率为 25%。

泰山公司各年资产负债表日确认递延所得税资产的会计处理如下。

（1）2016 年 12 月 31 日

库存 A 商品期末账面价值小于计税基础的差额 6 000 000-5 000 000=1 000 000 元，属于可抵扣暂时性差异。因预计未来期间能够产生足够的应纳税所得额用来抵扣可抵扣暂时性差异，泰山公司应确认递延所得税资产为 1 000 000×25%=250 000 元。

借：递延所得税资产   250 000
  贷：所得税费用   250 000

该业务记账凭证后附：递延所得税计算表 1 张。

（2）2017 年 12 月 31 日

泰山公司出售 A 商品时确认的损失为 5 000 000-4 800 000=200 000 元，而 2017 年度计税时，出售 A 商品允许从当期应纳税所得额中扣除的损失则为 6 000 000-4 800 000=1 200 000 元。二者之差 1 000 000 元，为 2016 年度产生的可抵扣暂时性差异在 2017 年度全部转回所减少的本年应纳税所得额，并相应地减少了本年应交所得税为 1 000 000×25%=250 000 元。由于 2016 年度产生的可抵扣暂时性差异在 2014 年度已经全部转回，即与递延所得税资产相关的经济利益已经全部实现，所以在 2017 年资产负债表日，泰山公司应将上年确认的递延所得税资产全部转回。

借：所得税费用   250 000
  贷：递延所得税资产   250 000

该业务记账凭证后附：递延所得税计算表 1 张。

【例 6-21】2012 年 12 月 15 日，泰山实业股份有限公司购入一套办公家具，实际成本为 300 000 元，预计使用年限为 4 年，预计净残值为零，采用年限平均法计提折旧。假定税法对该类设备折旧方法和净残值的规定与会计相同，但规定的最短折旧年限为 5 年，而泰山公司在计税时按税法规定的最短折旧年限计列折旧费用。假定除该项固定资产因折旧年限不同导致的会计与税收之间的差异外，不存在其他会计与税收的差异。泰山公司预计在未来期间能够产生足够的应纳税所得额用以抵扣可抵扣暂时性差异，适用的所得税税率为 25%。

根据上列资料，泰山公司各年年末有关递延所得税的确认情况，如表 6-5 所示。

表 6-5　递延所得税确认表　　　　　　　　　单位：元

项　　目	2013	2014	2015	2016	2017
实际成本	300 000	300 000	300 000	300 000	300 000
累计会计折旧	75 000	150 000	225 000	300 000	0
期末账面价值	225 000	150 000	75 000	0	0
累计计税折旧	60 000	120 000	180 000	240 000	300 000
期末计税基础	240 000	180 000	120 000	60 000	0
可抵扣暂时性差异	15 000	30 000	45 000	60 000	0
递延所得税资产期末余额	3 750	7 500	11 250	15 000	0

根据表 6-5 的资料，泰山公司各年资产负债表日确认递延所得税资产的会计处理如下。

（1）2013 年 12 月 31 日

借：递延所得税资产　　　　　　　　　　　　　　　　　　　　　　　　　3 750

　　贷：所得税费用　　　　　　　　　　　　　　　　　　　　　　　　　　　　3 750

该业务记账凭证后附：递延所得税确认表 1 张。

（2）2014 年 12 月 31 日

2014 年资产负债表日，递延所得税资产期末余额应为 7 500 元，递延所得税资产期初余额为 3 750 元，因而本期应进一步确认递延所得税资产为 7 500-3 750=3 750 元。

借：递延所得税资产　　　　　　　　　　　　　　　　　　　　　　　　　3 750

　　贷：所得税费用　　　　　　　　　　　　　　　　　　　　　　　　　　　　3 750

该业务记账凭证后附：递延所得税确认表 1 张。

（3）2015 年 12 月 31 日

2015 年资产负债表日，递延所得税资产期末余额应为 11 250 元，递延所得税资产期初余额为 7 500 元，因而本期应进一步确认递延所得税资产为 11 250-7 500=3 750 元。

借：递延所得税资产　　　　　　　　　　　　　　　　　　　　　　　　　3 750

　　贷：所得税费用　　　　　　　　　　　　　　　　　　　　　　　　　　　　3 750

该业务记账凭证后附：递延所得税确认表 1 张。

（4）2017 年 12 月 31 日

2017 年资产负债表日，递延所得税资产期末余额应为 0 元，递延所得税资产期初余额为 15 000 元，因而本期应转回原已确认的递延所得税资产为 15 000-11 250=3 750 元。

借：递延所得税资产　　　　　　　　　　　　　　　　　　　　　　　　　3 750

　　贷：所得税费用　　　　　　　　　　　　　　　　　　　　　　　　　　　　3 750

该业务记账凭证后附：递延所得税确认表 1 张。

（5）2017 年 12 月 31 日

2017 年资产负债表日，递延所得税资产期末余额应为 0 元，递延所得税资产期初余额为 15 000 元，因而本期应将递延所得税资产账面余额全部转回。

借：所得税费用　　　　　　　　　　　　　　　　　　　　　　　　　　　15 000

　　贷：递延所得税资产　　　　　　　　　　　　　　　　　　　　　　　　　15 000

该业务记账凭证后附：递延所得税确认表 1 张。

② 不确认递延所得税资产的特殊情况

除企业合并以外的其他交易或事项中，如果该项交易或事项发生时既不影响会计利润，也不影响应纳税所得额，则所产生的资产、负债的初始确认金额与其计税基础不同形成可抵扣暂时性差异的，交易或事项发生时不确认相应的递延所得税资产。例如，企业为开发新技术、新产品、新工艺发生的研究开发费用，在形成无形资产时，由于税法规定可以按照无形资产成本的 150% 计算每期摊销额，由此产生了无形资产在初始确认时账面价值小于计税基础的差异。但由于该无形资产的确认不是产生于企业合并交易，同时在确认时既不影响会计利润也不影响应纳税所得额，按照会计准则规定，不确认该项可抵扣暂时性差异的所得税影响。

③ 递延所得税资产的计量

资产负债表日，递延所得税资产应当根据税法规定，按照预期收回该资产期间的适用税率计量。无论可抵扣暂时性差异的转回期间如何，递延所得税资产均不进行折现。

企业在确认了递延所得税资产以后，应当于资产负债表日对递延所得税资产的账面价值进行复核。如果根据新的情况估计未来期间很可能无法取得足够的应纳税所得额用以利用可抵扣暂时性差异，使得与递延所得税资产相关的经济利益无法全部实现的，应当按预期无法实现的部分减计递延所得税资产的账面价值，同时，除原确认时计入所有者权益的递延所得税资产的减计金额应计入所有者权益外，其他情况均应增加当期的所得税费用。因估计无法取得足够的应纳税所得额用以利用可抵扣暂时性差异而减计递延所得税资产账面价值的，如以后期间根据新的环境和情况判断又能够产生足够的应纳税所得额利用可抵扣暂时性差异，使得递延所得税资产包含的经济利益预计能够实现的，应相应恢复递延所得税资产的账面价值。

（3）适用税率变动时对已确认递延所得税项目的调整

递延所得税负债和递延所得税资产所代表的是未来期间有关暂时性差异转回时，导致转回期间应交所得税增加或减少的金额。因此，在适用的所得税税率发生变动的情况下，按照原税率确认的递延所得税负债或递延所得税资产就不能反映有关暂时性差异转回时对应交所得税金额的影响。在这种情况下，企业应对原已确认的递延所得税负债和递延所得税资产按照新的税率进行重新计量，调整递延所得税负债及递延所得税资产金额，使之能够反映未来期间应当承担的纳税义务或可以获得的抵税利益。

在进行上述调整时，除对直接计入所有者权益的交易或事项产生的递延所得税负债及递延所得税资产的调整金额应计入所有者权益以外，其他情况下对递延所得税负债及递延所得税资产的调整金额，应确认为税率变动当期的所得税费用（或收益）。

6．所得税费用的确认和计量

所得税会计的主要目的之一是确定当期应交所得税以及利润表中的所得税费用。在资产负债表债务法下，利润表中的所得税费用由当期所得税和递延所得税两部分组成。

（1）当期所得税

当期所得税是指企业对当期发生的交易和事项，按照税法规定计算确定的应向税务部门交纳的所得税金额，即当期应交所得税。

企业在确定当期应交所得税时，对于当期发生的交易或事项，在会计处理与纳税处理上有不同的，应在会计利润的基础上，按照适用税收法规的规定进行调整，计算出当期应纳税所得额，按照应纳税所得额与适用所得税税率计算确定当期应交所得税。一般情况下，应纳税所得额可在会计利润的基础上，考虑会计处理与纳税处理之间的差异，按照下列公式计算确定。

应纳税所得额=会计利润+计入利润表但不允许税前扣除的费用
±计入利润表的费用与可予税前抵扣的费用之间的差额
±计入利润表的收入与计入应纳税所得额的收入之间的差额
-计入利润表但不计入应纳税所得额的收入±其他需要调整的收入

当期应纳所得税税额=当期应纳税所得额×适用的所得税税率

（2）递延所得税

递延所得税是指按照会计准则的规定应当计入当期利润表的递延所得税费用（或收益）；其金额为当期应予确认的递延所得税负债减去当期应予确认的递延所得税资产的差额，用公式表示如下。

递延所得税=（期末递延所得税负债-期初递延所得税负债）
-（期末递延所得税资产-期初递延所得税资产）

其中：

期末递延所得税负债=期末应纳税暂时性差异×适用税率
期末递延所得税资产=期末可抵扣暂时性差异×适用税率

上式中，期末递延所得税负债减去期初递延所得税负债，为当期应予确认的递延所得税负债；期末递延所得税资产减去期初递延所得税资产，为当期应予确认的递延所得税资产。当期应予以确认的递延所得税负债与当期应予确认的递延所得税资产之间的差额，为当期应予以确认的递延所得税。当期应予确认的递延所得税负债大于当期应予确认的递延所得税资产的差额，为当期应予确认的递延所得税费用，递延所得税费用应当计入当期所得税费用；当期应予确认的递延所得税负债小于当期应予确认的递延所得税资产的差额，为当期应予确认的递延所得税收益，递延所得税收益应当抵减当期所得税费用。

需要注意的是，递延所得税指的是应当计入当期利润表的递延所得税费用（或收益），因此，在计算递延所得税时，不应当包括直接计入所有者权益的交易或事项产生的递延所得税负债和递延所得税资产以及企业合并中产生的递延所得税负债和递延所得税资产。

（3）所得税费用

企业在计算确定了当期所得税以及递延所得税的基础上，将两者之和确认为利润表中的所得税费用。相关公式如下。

所得税费用=当期所得税+递延所得税

【例 6-22】泰山公司适用的所得税税率为 25%，某年度按照税法规定计算的应交所得税为 1 200 万元。期末，通过比较资产、负债的账面价值与其计税基础，确定应纳税暂时性差异为 2 000 万元，可抵扣暂时性差异为 1 500 万元，上列暂时性差异均与直接计入所有者权益的交易或事项无关。泰山公司不存在可抵扣亏损和税款抵减，预计在未来期间能够产生足够的应纳税所得额用以抵扣可抵扣暂时性差异。

根据上述资料，在下列不同假定情况下，泰山公司有关所得税的会计处理如下（金额单位均为万元）。

（1）假定泰山公司的递延所得税资产和递延所得税负债均无期初余额。

当期确认的递延所得税负债=2 000×25%=500（万元）
当期确认的递延所得税资产=1 500×25%=375（万元）
当期确认的递延所得税=500-375=125（万元）
当期确认的所得税费用=1 200+125=1 325（万元）

借：所得税费用   13 250 000

  递延所得税资产   3 750 000

  贷：递延所得税负债   5 000 000

    应交税费——应交所得税   12 000 000

该业务记账凭证后附：所得税费用计算表 1 张。

（2）假定递延所得税资产期初账面余额为 300 万元，递延所得税负债期初账面余额 450 万元。

当期确认的递延所得税负债=500-450=50（万元）

当期确认的递延所得税资产=375-300=75（万元）

当期确认的递延所得税=50-75=-25（万元）

当期确认的所得税费用=1 200-25=1 175（万元）

借：所得税费用   11 750 000

  递延所得税资产   750 000

  贷：递延所得税负债   500 000

    应交税费——应交所得税   12 000 000

该业务记账凭证后附：所得税费用计算表 1 张。

（3）假定递延所得税资产期初账面余额为 500 万元，递延所得税负债期初账面余额 550 万元。

当期确认的递延所得税负债=500-550=-50（万元）

当期确认的递延所得税资产=375-500=-125（万元）

当期确认的递延所得税=-50-（-125）=75（万元）

当期确认的所得税费用=1 200+75=1 275（万元）

借：所得税费用   12 750 000

  递延所得税负债   500 000

  贷：递延所得税资产   1 250 000

    应交税费——应交所得税   12 000 000

该业务记账凭证后附：所得税费用计算表 1 张。

（4）假定递延所得税资产期初账面余额为 300 万元，递延所得税负债期初账面余额 600 万元。

当期确认的递延所得税负债=500-600=-100（万元）

当期确认的递延所得税资产=375-300=75（万元）

当期确认的递延所得税=-100-75=-175（万元）

当期确认的所得税费用=1 200-175=1 025（万元）

借：所得税费用   10 250 000

  递延所得税资产   750 000

  递延所得税负债   1 000 000

  贷：应交税费——应交所得税   12 000 000

该业务记账凭证后附：所得税费用计算表 1 张。

（5）假定递延所得税资产期初账面余额为 450 万元，递延所得税负债期初账面余额 400 万元。

当期确认的递延所得税负债=500-400=100（万元）

当期确认的递延所得税资产=375-450=-75（万元）

当期确认的递延所得税=100-（-75）=175（万元）

当期确认的所得税费用=1 200+175=1 375（万元）

借：所得税费用 13 750 000

　　贷：应交税费——应交所得税 12 000 000

　　　　递延所得税资产 750 000

　　　　递延所得税负债 1 000 000

该业务记账凭证后附：所得税费用计算表1张。

【例6-23】2017年1月1日，泰山公司递延所得税负债期初余额为400万元，其中，因可供出售金融资产公允价值变动而确认的递延所得税负债金额为60万元；递延所得税资产期初余额为200万元。2017年度，泰山公司发生下列会计处理与纳税处理存在差别的交易和事项。

（1）本年会计计提的固定资产折旧费用为560万元，按照税法规定允许税前扣除的折旧费用为720万元。

（2）向关联企业捐赠现金500万元，按照税法规定，不允许税前扣除。

（3）期末确认交易性金融资产公允价值变动收益300万元。

（4）期末确认可供出售金融资产公允价值变动收益140万元。

（5）当期支付产品保修费用100万元，前期已对产品保修费用计提了预计负债。

（6）违反环保法有关规定支付罚款260万元。

（7）期末计提存货跌价准备200万元。

2017年12月31日，泰山公司资产、负债的账面价值与其计税基础存在差异的项目，如表6-6所示。

表6-6　资产、负债账面价值与计税基础比较表

2017年12月31日　　　　　　　　　　　　　　　　　　　　　　单位：万元

项目	账面价值	计税基础	暂时性差异	
			应纳税暂时性差异	可抵扣暂时性差异
交易性金融资产	5 000	4 000	1 000	
可供出售金融资产	2 500	2 120	380	
存货	8 000	8 500		500
固定资产	6 000	5 200	800	
无形资产	3 400	3 600		200
预计负债	200	0		200
合计			2 180	900

2017年度，泰山公司利润表中的利润总额为6 000万元。该公司适用的所得税税率为25%。假定泰山公司不存在可抵扣亏损和税款抵减，预计在未来期间能够产生足够的应纳税所得额用以抵扣可抵扣暂时性差异。

泰山公司有关所得税的会计处理如下。

（1）计算确定当期所得税

应纳税所得额=6 000-（720-560）+500-300-100+260+200=6 400（万元）

应纳所得税税额=6 400×25%=1 600（万元）

（2）计算确定递延所得税

当期确认的递延所得税负债=2 180×25%-400=145（万元）

其中：应计入其他综合收益的递延所得税负债=380×25%-60=35（万元）

当期确认的递延所得税资产=900×25%-200=25（万元）

递延所得税=（145-35）-25=110-25=85（万元）

所得税费用=1 600+85=1 685（万元）

（3）编制确认所得税的会计分录（金额单位为万元）

借：所得税费用   16 85

     递延所得税资产   25

    贷：递延所得税负债   1 10

        应交税费——应交所得税   16 00

该业务记账凭证后附：所得税费用计算表 1 张。

借：其他综合收益   35

    贷：递延所得税负债   35

该业务记账凭证后附：递延所得税确认表 1 张。

思考题

1. 会计利润与应纳税所得额之间有何区别？
2. 什么是资产或负债的计税基础？
3. 如何确认递延所得税资产和递延所得税负债？
4. 如何确认所得税费用？
5. 简述应交企业所得税的计算方法。
6. 简述资产负债表债务法的基本核算程序。

第七章 个人所得税会计

- 了解我国个人所得税的相关税法规定
- 熟悉我国个人所得税的计算方法
- 掌握个人所得税的会计处理方法

关键词

个人所得税 工资薪金所得 代扣代缴

引例

所谓"月饼税",系由南京市而来。据媒体报道,2009 年 9 月 16 日,南京市地税部门接到一些市民的电话,咨询企业发放月饼及代用券等中秋物品给员工应该如何代扣代缴个人所得税。南京市地税部门相关人士表示,根据《中华人民共和国个人所得税法实施条例》的规定,单位发放月饼等任何实物均应并入工资薪金所得,扣缴个人所得税。

目前,有很多企业对现行政策不太了解,员工缺乏主动纳税意识,认为发实物是不用扣税的。事实上许多单位、企业在逢年过节时发给员工的实物或其他代用券,并没有并入个人的工资薪金所得扣缴个人所得税,或采取其他违规手段来避税。这属于偷逃税款的行为。

第一节 个人所得税现行税制

个人所得税的基本法律规范是 1980 年 9 月 10 日第五届全国人民代表大会第三次会议制定,从 1993 年 10 月 31 日第八届全国人民代表大会常务委员会第四次会议决定第一次修正《中华人民共和国个人所得税法》(以下简称《个人所得税法》)开始,多年来《个人所得税法》进行了七次修正,目前适用的是根据 2018 年 8 月 31 日第十三届全国人民代表大会常务委员会第五次会议《关于修改〈中华人民共和国个人所得税法〉的决定》修正并公布的《个人所得税法》,自 2019 年 1 月 1 日起施行。

个人所得税是以自然人取得的各类应税所得为征税对象而征收的一种所得税。

一、纳税人与征税范围

（一）纳税人

个人所得税的纳税人包括中国公民、个体工商业户、个人独资企业、合伙企业投资者、在中国有所得的外籍人员（包括无国籍人员，下同）和中国香港、澳门、台湾同胞。上述纳税人依据住所和居住时间两个标准，区分为居民个人和非居民个人，分别承担不同的纳税义务。

1．居民个人

居民个人负有无限纳税义务。其所取得的应纳税所得，无论是来源于中国境内还是中国境外任何地方，都要在中国缴纳个人所得税。根据《个人所得税法》规定，居民个人是指在中国境内有住所，或者无住所而一个纳税年度内在中国境内居住累计满183天的个人。

2．非居民个人

非居民个人是指不符合居民个人判定标准（条件）的纳税义务人。非居民个人承担有限纳税义务，即仅就其来源于中国境内的所得向中国缴纳个人所得税。《个人所得税法》规定，非居民个人在中国境内无住所又不居住，或者无住所而一个纳税年度内在中国境内居住累计不满183天的个人。

纳税年度是指自公历一月一日起至十二月三十一日止。

个人所得税法所称在中国境内有住所，是指因户籍、家庭、经济利益关系而在中国境内习惯性居住；所称从中国境内和境外取得的所得，分别是指来源于中国境内的所得和来源于中国境外的所得。

（二）征税范围

确定应税所得项目范围可以使纳税人掌握自己都有哪些收入是要纳税的。下列各项个人所得应纳个人所得税。

1．工资、薪金所得

工资、薪金所得是指个人因任职或者受雇而取得的工资、薪金、奖金、年终加薪、劳动分红、津贴、补贴以及与任职或者受雇有关的其他所得。

根据我国目前个人收入的构成情况，规定对于一些不属于工资、薪金性质的补贴、津贴或者不属于纳税人本人工资、薪金所得项目的收入不予征税。这些项目包括：

（1）独生子女补贴。

（2）执行公务员工资制度未纳入基本工资总额的补贴、津贴差额和家属成员的副食品补贴。

（3）托儿补助费。

（4）差旅费津贴、误餐补助。其中，误餐补助是指按照财政部规定，个人因公在城区、郊区工作，不能在工作单位或返回就餐的，根据实际误餐顿数，按规定的标准领取的误餐费。单位以误餐补助名义发给职工的补助、津贴不包括在内。

2．劳务报酬所得

劳务报酬所得是指个人从事劳务取得的所得，包括从事设计、装潢、安装、制图、化验、测试、医疗、法律、会计、咨询、讲学、翻译、审稿、书画、雕刻、影视、录音、录像、演出、表演、广告、展览、技术服务、介绍服务、经纪服务、代办服务以及其他劳务取得的所得。

3．稿酬所得

稿酬所得是指个人因其作品以图书、报刊等形式出版、发表而取得的所得。

4．特许权使用费所得

特许权使用费所得是指个人提供专利权、商标权、著作权、非专利技术以及其他特许权的使用权取得的所得；提供著作权的使用权取得的所得，不包括稿酬所得。

5．经营所得

（1）个体工商户从事生产、经营活动取得的所得，个人独资企业投资人、合伙企业的个人合伙人来源于境内注册的个人独资企业、合伙企业生产、经营的所得；

（2）个人依法从事办学、医疗、咨询以及其他有偿服务活动取得的所得；

（3）个人对企业、事业单位承包经营、承租经营以及转包、转租取得的所得；

（4）个人从事其他生产、经营活动取得的所得。

6．利息、股息、红利所得

利息、股息、红利所得是指个人拥有债权、股权等而取得的利息、股息、红利所得。

7．财产租赁所得

财产租赁所得是指个人出租不动产、机器设备、车船以及其他财产取得的所得。

8．财产转让所得

财产转让所得是指个人转让有价证券、股权、合伙企业中的财产份额、不动产、机器设备、车船以及其他财产取得的所得。

9．偶然所得

偶然所得是指个人得奖、中奖、中彩以及其他偶然性质的所得。

个人取得的所得，难以界定应纳税所得项目的，由国务院税务主管部门确定。

居民个人取得前款第一项至第四项所得（以下称综合所得），按纳税年度合并计算个人所得税；非居民个人取得前款第一至第四项所得，按月或者按次分项计算个人所得税。纳税人取得前款第五项至第九项所得，依照本法规定分别计算个人所得税。

（三）所得来源地的确认

1．除国务院财政、税务主管部门另有规定外，下列所得，不论支付地点是否在中国境内，均为来源于中国境内的所得：

（1）因任职、受雇、履约等在中国境内提供劳务取得的所得；

（2）将财产出租给承租人在中国境内使用而取得的所得；

（3）许可各种特许权在中国境内使用而取得的所得；

（4）转让中国境内的不动产等财产或者在中国境内转让其他财产取得的所得；

（5）从中国境内企业、事业单位、其他组织以及居民个人取得的利息、股息、红利所得。

2．在中国境内无住所的个人，在中国境内居住累计满183天的年度连续不满六年的，经向主管税务机关备案，其来源于中国境外且由境外单位或者个人支付的所得，免予缴纳个人所得税；在中国境内居住累计满183天的任一年度中有一次离境超过30天的，其在中国境内居住累计满183天的年度的连续年限重新起算。

3．在中国境内无住所的个人，在一个纳税年度内在中国境内居住累计不超过90天的，其来源于中国境内的所得，由境外雇主支付并且不由该雇主在中国境内的机构、场所负担的部分，免予缴纳个人所得税。

（四）个人所得的形式

个人所得的形式，包括现金、实物、有价证券和其他形式的经济利益；所得为实物的，应当按照取得的凭证上所注明的价格计算应纳税所得额，无凭证的实物或者凭证上所注明的价格明显偏低的，参照市场价格核定应纳税所得额；所得为有价证券的，根据票面价格和市场价格核定应纳税所得额；所得为其他形式的经济利益的，参照市场价格核定应纳税所得额。

二、税率与应纳税所得额的确定

（一）税率

1. 居民个人年度综合所得适用税率

综合所得适用七级超额累进税率，税率为3%～45%（见表7-1）。

表7-1　综合所得个人所得税税率表

级数	全年含税应纳税所得额	全年不含税应纳税所得额	税率（%）	速算扣除数（元）
1	不超过36000元的	不超过34920元的	3	0
2	超过36 000～144 000元的部分	超过34 920元至132 120元的部分	10	2 520
3	超过14 4000～300 000元的部分	超过132 120元至256 920元的部分	20	16 920
4	超过300 000～420 000元的部分	超过256 920元至346 920元的部分	25	31 920
5	超过420 000～660 000元的部分	超过346 920元至514 920元的部分	30	52 920
6	超过660 000～960 000元的部分	超过514 920元至709 920元的部分	35	85 920
7	超过960 000元的部分	超过709 920元的部分	45	181 920

注1：本表所称全年含税应纳税所得额和全年不含税应纳税所得额，是指依照税法的规定，以每一纳税年度收入额减除费用六万元以及专项扣除、专项附加扣除和依法确定的其他扣除后的余额。

注2：非居民个人取得工资、薪金所得，劳务报酬所得，稿酬所得和特许权使用费所得，依照本表按月换算后计算应纳税额。

2. 经营所得适用税率

经营所得，适用5%～35%的五级超额累进税率（见表7-2）。

表7-2　经营所得个人所得税税率表

级数	全年含税应纳税所得额	全年不含税应纳税所得额	税率（%）	速算扣除数（元）
1	不超过30 000元的部分	不超过28 500元的部分	5	0
2	超过30 000～90 000元的部分	超过28 500元至82 500元的部分	10	1 500
3	超过90 000～300 000元的部分	超过82 500元至250 500元的部分	20	10 500
4	超过300 000～500 000元的部分	超过250 500元至390 500元的部分	30	40 500
5	超过500 000元的部分	超过390 500元的部分	35	65 500

注：本表所称全年含税应纳税所得额和全年不含取应纳税所得额，是指以每一纳税年度的收入总额减除成本、费用、相关税费以及损失后的余额。

3. 利息、股息、红利所得，财产租赁所得，财产转让所得和偶然所得，适用比例税率，税率为20%。

（二）应纳税所得额的规定

1. 个人所得税每次所得，分别按照下列方法确定：

（1）劳务报酬所得、稿酬所得、特许权使用费所得，属于一次性收入的，以取得该项收入为一次；属于同一项目连续性收入的，以一个月内取得的收入为一次。

第一项　劳务报酬所得，根据不同劳务项目的特点，分别规定如下：

① 只有一次性收入的，以取得该项收入为一次。例如从事设计、安装、装潢、制图、化验、测试等劳务，往往是接受客户的委托，按照客户的要求，完成一次劳务后取得收入。因此，是属于只有一次性的收入，应以每次提供劳务取得的收入为一次；

② 属于同一事项连续取得收入的，以1个月内取得的收入为一次。例如，某歌手与一卡拉OK厅签约，在1年内每天到卡拉OK厅演唱一次，每次演出后付酬50元。在计算其劳务报酬所得时，应视为同一事项的连续性收入，以其1个月内取得的收入为一次计征个人所得税，而不能以每天取得的收入为一次。

第二项　稿酬所得，以每次出版、发表取得的收入为一次。具体又可细分为：

① 同一作品再版取得的所得，应视作另一次稿酬所得计征个人所得税；

② 同一作品先在报刊上连载，然后再出版，或先出版，再在报刊上连载的，应视为两次稿酬所得征税。即连载作为一次，出版作为另一次；

③ 同一作品在报刊上连载取得收入的，以连载完成后取得的所有收入合并为一次，计征个人所得税；

④ 同一作品在出版和发表时，以预付稿酬或分次支付稿酬等形式取得的稿酬收入，应合并计算为一次；

⑤ 同一作品出版、发表后，因添加印数而追加稿酬的，应与以前出版、发表时取得的稿酬合并计算为一次，计征个人所得税。

第三项　特许权使用费所得，以某项使用权的一次转让所取得的收入为一次。一个纳税义务人可能不仅拥有一项特许权利，而且每一项特许权的使用权也可能不止一次地向他人提供。因此，对特许权使用费所得的"次"的界定，明确为每一项使用权的每次转让所取得的收入为一次。如果该次转让取得的收入是分笔支付的，则应将各笔收入相加为一次的收入，计征个人所得税。

（2）财产租赁所得，以一个月内取得的收入为一次。

（3）利息、股息、红利所得，以支付利息、股息、红利时取得的收入为一次。

（4）偶然所得，以每次取得该项收入为一次。

2．费用减除标准

（1）居民个人的综合所得，以每一纳税年度的收入额减除费用六万元以及专项扣除、专项附加扣除和依法确定的其他扣除后的余额，为应纳税所得额。

① 专项扣除，包括居民个人按照国家规定的范围和标准缴纳的基本养老保险、基本医疗保险、失业保险等社会保险费和住房公积金等；

② 专项附加扣除，包括子女教育、继续教育、大病医疗、住房贷款利息或者住房租金、赡养老人等支出，具体如下：

第一项　子女教育

纳税人的子女接受全日制学历教育的相关支出，按照每个子女每月1 000元的标准定额扣除。

学历教育包括义务教育（年满3岁至小学入学前处于学前教育阶段的子女、小学、初中教育）、高中阶段教育（普通高中、中等职业、技工教育)、高等教育（大学专科、大学本科、硕士研究生、博士研究生教育）。

父母可以选择由其中一方按扣除标准的100%扣除，也可以选择由双方分别按扣除标准的50%扣除，具体扣除方式在一个纳税年度内不能变更。

纳税人子女在中国境外接受教育的，纳税人应当留存境外学校录取通知书、留学签证等相关教育的证明资料备查。

第二项　继续教育

纳税人在中国境内接受学历（学位）继续教育的支出，在学历（学位）教育期间按照每月400元定额扣除。同一学历（学位）继续教育的扣除期限不能超过48个月。纳税人接受技能人员职业资格继续教育、专业技术人员职业资格继续教育的支出，在取得相关证书的当年，按照3 600元定额扣除。

个人接受本科及以下学历（学位）继续教育，符合规定扣除条件的，可以选择由其父母扣除，也可以选择由本人扣除。

纳税人接受技能人员职业资格继续教育、专业技术人员职业资格继续教育的，应当留存相关证书等资料备查。

第三项　大病医疗

在一个纳税年度内，纳税人发生的与基本医保相关的医药费用支出，扣除医保报销后个人负担（指医保目录范围内的自付部分）累计超过 15 000 元的部分，由纳税人在办理年度汇算清缴时，在 80 000 元限额内据实扣除。

纳税人发生的医药费用支出可以选择由本人或者其配偶扣除；未成年子女发生的医药费用支出可以选择由其父母一方扣除。

纳税人及其配偶、未成年子女发生的医药费用支出，按规定分别计算扣除额。

纳税人应当留存医药服务收费及医保报销相关票据原件（或者复印件）等资料备查。医疗保障部门应当向患者提供在医疗保障信息系统记录的本人年度医药费用信息查询服务。

第四项　住房贷款利息

纳税人本人或者配偶单独或者共同使用商业银行或者住房公积金个人住房贷款为本人或者其配偶购买中国境内住房，发生的首套住房贷款利息支出，在实际发生贷款利息的年度，按照每月 1 000 元的标准定额扣除，扣除期限最长不超过 240 个月。纳税人只能享受一次首套住房贷款的利息扣除。

所称首套住房贷款是指购买住房享受首套住房贷款利率的住房贷款。

经夫妻双方约定，可以选择由其中一方扣除，具体扣除方式在一个纳税年度内不能变更。

夫妻双方婚前分别购买住房发生的首套住房贷款，其贷款利息支出，婚后可以选择其中一套购买的住房，由购买方按扣除标准的 100%扣除，也可以由夫妻双方对各自购买的住房分别按扣除标准的 50%扣除，具体扣除方式在一个纳税年度内不能变更。

纳税人应当留存住房贷款合同、贷款还款支出凭证备查。

第五项　住房租金

纳税人在主要工作城市没有自有住房而发生的住房租金支出，可以按照以下标准定额扣除：

标准一：直辖市、省会（首府）城市、计划单列市以及国务院确定的其他城市，扣除标准为每月 1500 元；

标准二：除第一项所列城市以外，市辖区户籍人口超过 100 万的城市，扣除标准为每月 1 100 元；市辖区户籍人口不超过 100 万的城市，扣除标准为每月 800 元。

纳税人的配偶在纳税人的主要工作城市有自有住房的，视同纳税人在主要工作城市有自有住房。

市辖区户籍人口，以国家统计局公布的数据为准。

所称主要工作城市是指纳税人任职受雇的直辖市、计划单列市、副省级城市、地级市（地区、州、盟）全部行政区域范围；纳税人无任职受雇单位的，为受理其综合所得汇算清缴的税务机关所在城市。

夫妻双方主要工作城市相同的，只能由一方扣除住房租金支出。

住房租金支出由签订租赁住房合同的承租人扣除。

纳税人及其配偶在一个纳税年度内不能同时分别享受住房贷款利息和住房租金专项附加扣除。

纳税人应当留存住房租赁合同、协议等有关资料备查。

第六项　赡养老人

纳税人赡养一位及以上被赡养人的赡养支出，统一按照以下标准定额扣除：

标准一：纳税人为独生子女的，按照每月 2 000 元的标准定额扣除；

标准二：纳税人为非独生子女的，由其与兄弟姐妹分摊每月 2 000 元的扣除额度，每人分摊的额度不能超过每月 1 000 元。可以由赡养人均摊或者约定分摊，也可以由被赡养人指定分摊。约定或者指定分摊的须签订书面分摊协议，指定分摊优先于约定分摊。具体分摊方式和额度在一个纳税年度内不能变更。

所称被赡养人是指年满 60 岁的父母，以及子女均已去世的年满 60 岁的祖父母、外祖父母。

③ 依法确定的其他扣除，包括个人缴付符合国家规定的企业年金、职业年金，个人购买符合国家规定的商业健康保险、税收递延型商业养老保险的支出，以及国务院规定可以扣除的其他项目。

专项扣除、专项附加扣除和依法确定的其他扣除，以居民个人一个纳税年度的应纳税所得额为限额；一个纳税年度扣除不完的，不结转以后年度扣除。

（2）非居民个人的工资、薪金所得，以每月收入额减除费用五千元后的余额为应纳税所得额；劳务报酬所得、稿酬所得、特许权使用费所得，以每次收入额为应纳税所得额。

上述第（1）、第（2）中所称的劳务报酬所得、稿酬所得、特许权使用费所得以收入减除百分之二十的费用后的余额为收入额。稿酬所得的收入额减按百分之七十计算。

（3）经营所得，以每一纳税年度的收入总额减除成本、费用以及损失后的余额，为应纳税所得额。

所称成本、费用，是指生产、经营活动中发生的各项直接支出和分配计入成本的间接费用以及销售费用、管理费用、财务费用；所称损失，是指生产、经营活动中发生的固定资产和存货的盘亏、毁损、报废损失，转让财产损失，坏账损失，自然灾害等不可抗力因素造成的损失以及其他损失。

取得经营所得的个人，没有综合所得的，计算其每一纳税年度的应纳税所得额时，应当减除费用 6 万元、专项扣除、专项附加扣除以及依法确定的其他扣除。专项附加扣除在办理汇算清缴时减除。

从事生产、经营活动，未提供完整、准确的纳税资料，不能正确计算应纳税所得额的，由主管税务机关核定应纳税所得额或者应纳税额。

（4）财产租赁所得，每次收入不超过四千元的，减除费用八百元；四千元以上的，减除百分之二十的费用，其余额为应纳税所得额。

（5）财产转让所得，以转让财产的收入额减除财产原值和合理费用后的余额，为应纳税所得额。

财产原值，按照下列方法确定：

①有价证券，为买入价以及买入时按照规定交纳的有关费用；

②建筑物，为建造费或者购进价格以及其他有关费用；

③土地使用权，为取得土地使用权所支付的金额、开发土地的费用以及其他有关费用；

④机器设备、车船，为购进价格、运输费、安装费以及其他有关费用。

其他财产，参照前款规定的方法确定财产原值。

纳税人未提供完整、准确的财产原值凭证，不能按照本条规定的方法确定财产原值的，由主管税务机关核定财产原值。

所称合理费用，是指卖出财产时按照规定支付的有关税费。

财产转让所得，按照一次转让财产的收入额减除财产原值和合理费用后的余额计算纳税。

（6）利息、股息、红利所得和偶然所得，以每次收入额为应纳税所得额。

3．应纳税所得额的其他规定

个人将其所得对教育、扶贫、济困等公益慈善事业进行捐赠，捐赠额未超过纳税人申报的应纳税所得额 30%的部分，可以从其应纳税所得额中扣除；国务院规定对公益慈善事业捐赠实行全额税前扣除的，从其规定。

所称个人将其所得对教育、扶贫、济困等公益慈善事业进行捐赠，是指个人将其所得通过中国境内的公益性社会组织、国家机关向教育、扶贫、济困等公益慈善事业的捐赠；所称应纳税所得额，是指计算扣除捐赠额之前的应纳税所得额。

三、应纳税额的计算

依照税法规定的适用税率和费用扣除标准，各项所得的应纳税额分别计算如下：

（一）综合所得应纳税额的计算

1．综合所得代扣代缴个人所得税的计算办法

（1）扣缴义务人向居民个人支付工资、薪金所得时，应当按照累计预扣法计算预扣税款，并按月办理扣缴申报。

累计预扣法，是指扣缴义务人在一个纳税年度内预扣预缴税款时，以纳税人在本单位截至当前月份工资、薪金所得累计收入减除累计免税收入、累计减除费用、累计专项扣除、累计专项附加扣除和累计依法确定的其他扣除后的余额为累计预扣预缴应纳税所得额，适用个人所得税预扣率表一（见表7-3），计算累计应预扣预缴税额，再减除累计减免税额和累计已预扣预缴税额，其余额为本期应预扣预缴税额。余额为负值时，暂不退税。纳税年度终了后余额仍为负值时，由纳税人通过办理综合所得年度汇算清缴，税款多退少补。

具体计算公式如下：

本期应预扣预缴税额=(累计预扣预缴应纳税所得额×预扣率−速算扣除数)−累计减免税额−累计已预扣预缴税额

累计预扣预缴应纳税所得额=累计收入−累计免税收入−累计减除费用−累计专项扣除−累计专项附加扣除−累计依法确定的其他扣除

其中：累计减除费用，按照 5 000 元/月乘以纳税人当年截至本月在本单位的任职受雇月份数计算。

表7-3　个人所得税预扣率表一
（居民个人工资、薪金所得预扣预缴适用）

级数	累计预扣预缴应纳税所得额	预扣率（%）	速算扣除数
1	不超过36 000元	3	0
2	超过36 000元至144 000元的部分	10	2 520
3	超过144 000元至300 000元的部分	20	16 920
4	超过300 000元至420 000元的部分	25	31 920
5	超过420 000元至660 000元的部分	30	52 920
6	超过660 000元至960 000元的部分	35	85 920
7	超过960 000元的部分	45	181 920

【例7-1】假定甲单位张某，属于居民个人，某年1月份含税工资收入为10 000元，2月份工资收入12 000元，每月个人需缴纳五险800元，住房公积金200元，每月抚养孩子定额扣除额为1 000元、赡养老人定额扣除额1 000元。计算甲单位应扣缴张某1、2月份个人所得税税额。

计算如下：

① 1月份需预扣缴的个税

应纳税所得额=10 000−5 000−800−200−1 000−1 000=2 000（元）

应纳税额=2 000×3%=60（元）

② 2月份需预扣缴的个税

应纳税所得额=10 000+12 000−5 000×2−800×2−200×2−1 000×2−1 000×2=6 000（元）

应纳税额=6 000×3%−60=120（元）

（2）扣缴义务人向居民个人支付劳务报酬所得、稿酬所得、特许权使用费所得时，应当按照以下方法按次或者按月预扣预缴税款：

劳务报酬所得、稿酬所得、特许权使用费所得以收入减除费用后的余额为收入额;其中,稿酬所得的收入额减按百分之七十计算。

减除费用:预扣预缴税款时,劳务报酬所得、稿酬所得、特许权使用费所得每次收入不超过四千元的,减除费用按八百元计算;每次收入四千元以上的,减除费用按收入的百分之二十计算。

应纳税所得额:劳务报酬所得、稿酬所得、特许权使用费所得,以每次收入额为预扣预缴应纳税所得额,计算应预扣预缴税额。劳务报酬所得适用个人所得税预扣率表二(见表7-4),稿酬所得、特许权使用费所得适用20%的比例预扣率。

劳务报酬所得应预扣预缴税额=预扣预缴应纳税所得额×预扣率–速算扣除数

稿酬所得、特许权使用费所得应预扣预缴税额=预扣预缴应纳税所得额×20%

表7-4 个人所得税预扣率表二
(居民个人劳务报酬所得预扣预缴适用)

级数	预扣预缴应纳税所得额	预扣率(%)	速算扣除数
1	不超过 20 000 元	20	0
2	超过 20 000 元至 50 000 元的部分	30	2 000
3	超过 50 000 元的部分	40	7 000

【例7-2】以例7-1为例,甲单位张某该年度 2 月份在业余时间为泰宁公司进行一项工程设计,按照合同规定,泰宁公司支付赵某的设计费 50 000 元,该月份张某取得某出版社稿酬 10 000 元,取得康宁公司支付的专利使用费 3 000 元。计算支付单位应扣缴张某的个人所得税。

① 泰宁公司支付张某设计费(劳务报酬)所得应预扣预缴的个人所得税

预扣预缴应纳税所得额=50 000×(1–20%)=40 000(元)

劳务报酬所得应预扣预缴税额=40 000×30%–2 000=10 000(元)

② 某出版社支付张某稿酬所得应预扣预缴的个人所得税

预扣预缴应纳税所得额=10 000×70%×(1–20%)=5 600(元)

稿酬所得应预扣预缴税额=5 600×20%=1120(元)

③ 康宁公司支付张某专利使用费(特许权使用费)所得应预扣预缴的个人所得税

预扣预缴应纳税所得额=3 000–800=2 200(元)

稿酬所得应预扣预缴税额=2 200×20%=440(元)

(3)居民个人办理年度综合所得汇算清缴时,应当依法计算劳务报酬所得、稿酬所得、特许权使用费所得的收入额,并入年度综合所得计算应纳税款,税款多退少补。

【例7-3】仍以上述甲单位张某该年度为例,张某该年度工资收入 260 000 元、从泰宁公司取得设计费 50 000 元、从某出版社取得稿酬 10 000 元、从康宁公司取得专利使用费 3 000 元;全年个人已缴纳五险 9 600 元、住房公积金 2 400 元、抚养孩子定额扣除额为 12 000 元、赡养老人定额扣除额 12 000 元;张某取得个人收入时被支付单位扣缴个人所得税共 27 440。计算该年度张某的年度个人综合所得汇算清缴应补退个人所得税额。

年度综合所得应纳税所得额=260 000+(50 000+10 000×70%+3 000)×(1–20%)–60 000–9 600–2 400–12 000–12 000=212 000(元)

年度综合所得应纳税额=212 000×20%–16 920=25 480(元)

年度综合所得应退税额=27 440–25 480=1 960(元)

(二)扣缴义务人向非居民个人支付工资、薪金所得,劳务报酬所得,稿酬所得和特许权使用费所得时,应当按以下方法按月或者按次代扣代缴个人所得税:

非居民个人的工资、薪金所得,以每月收入额减除费用五千元后的余额为应纳税所得额；劳务报酬所得、稿酬所得、特许权使用费所得，以每次收入额为应纳税所得额，适用按月换算后的非居民个人月度税率表（见表7-5）计算应纳税额。其中，劳务报酬所得、稿酬所得、特许权使用费所得以收入减除百分之二十的费用后的余额为收入额。稿酬所得的收入额减按百分之七十计算。

非居民个人工资、薪金所得，劳务报酬所得，稿酬所得，特许权使用费所得应纳税额＝应纳税所得额×税率−速算扣除数

表7-5　非居民个人所得税税率
（非居民个人工资、薪金所得，劳务报酬所得，稿酬所得，特许权使用费所得适用）

级数	应纳税所得额	税率（%）	速算扣除数
1	不超过3 000元的	3	0
2	超过3 000元至12 000元的部分	10	210
3	超过12 000元至25 000元的部分	20	1 410
4	超过25 000元至35 000元的部分	25	2 660
5	超过35 000元至55 000元的部分	30	4 410
6	超过55 000元至80 000元的部分	35	7 160
7	超过80 000元的部分	45	15 160

【例7-4】假定某外商投资企业中工作的美国专家（为非居民个人），某年2月份取得由该企业发放的含税工资收入为20 000元人民币，该专家利用业余时间为甲单位提供技术咨询服务，取得甲单位支付的咨询费50 000元，取得乙单位支付的专利使用费10 000元。计算支付单位应扣缴该美国专家的个人所得税税额。

① 外商投资企业应扣缴美国专家的个人所得税

应纳税所得额＝20 000−5 000＝15 000（元）

应扣缴的个人所得税＝15 000×20%−1 410＝1 590（元）

② 甲单位应扣缴技术咨询费的个人所得税

应纳税所得额＝50 000×（1−20%）＝40 000（元）

应扣缴的个人所得税＝40 000×30%−4 410＝7 590（元）

③ 单位应扣缴专利使用费所得的个人所得税

应纳税所得额＝10 000×（1−20%）＝8 000（元）

应扣缴的个人所得税＝8 000×10%−210＝590（元）

（三）经营所得应纳税额的计算

经营所得应纳税额的计算公式为：

应纳税额＝应纳税所得额×适用税率−速算扣除数

或　　　　＝（全年收入总额−成本、费用以及损失）×适用税率−速算扣除数

注：适用税率见表7-2

【例7-5】某经营服装业务的个体工商户，纳税年度全年营业收入50万元，与经营有关的成本20万元，费用2万元，业主没有综合所得，五险一金支出5万元，子女教育和赡养老人支出2.4万元营业外支出1万元，已预缴个人所得税1万元。年终汇算清缴，该个体工商户应补缴多少个人所得税？

全年应纳税所得额＝50−（20+2+6+5+2.4+1）＝13.6（万元）

适用最高税率20%，速算扣除数为10 500

全年应纳个人所得税＝13.6×20%−1.05＝1.67（万元）

汇算清缴应补缴税额=1.67-1=0.67（万元）

（四）财产租赁所得应纳税额的计算

1. 应纳税所得额

财产租赁所得一般以个人每次取得的收入，定额或定率减除规定费用后的余额为应纳税所得额。每次收入不超过 4 000 元，定额减除费用 800 元；每次收入在 4 000 元以上，定率减除 20%的费用。财产租赁所得以 1 个月内取得的收入为一次。

在确定财产租赁的应纳税所得额时，纳税人在出租财产过程中缴纳的税金和教育费附加，可持完税（缴款）凭证从其财产租赁收入中扣除。准予扣除的项目除了规定费用和有关税、费外，还准予扣除能够提供有效、准确凭证，证明由纳税人负担的该出租财产实际开支的修缮费用。允许扣除的修缮费用，以每次 800 元为限。一次扣除不完的，准予在下一次继续扣除，直到扣完为止。

个人出租财产取得的财产租赁收入，在计算缴纳个人所得税时，应依次扣除以下费用：

（1）财产租赁过程中缴纳的税费。

（2）由纳税人负担的该出租财产实际开支的修缮费用。

（3）税法规定的费用扣除标准。

应纳税所得额的计算公式为：

① 每次（月）收入不超过 4 000 元的：

应纳税所得额 = 每次（月）收入额-准予扣除项目-修缮费用（800 元为限）-800 元

② 每次（月）收入超过 4 000 元的：

应纳税所得额 =[每次（月）收入额-准予扣除项目-修缮费用（800 元为限）]×（1-20%）

2. 按"财产租赁所得"项目计算缴纳个人所得税

个人将承租房屋转租取得的租金收入属于个人所得税应税所得，应按"财产租赁所得"项目计算缴纳个人所得税。具体规定为：

（1）取得转租收入的个人向房屋出租方支付的租金，凭房屋租赁合同和合法支付凭据允许在计算个人所得税时从该项转租收入中扣除；

（2）有关财产租赁所得个人所得税前扣除税费的扣除次序调整为：

① 财产租赁过程中缴纳的税费；

② 向出租方支付的租金；

③ 由纳税人负担的租赁财产实际开支的修缮费用；

④ 税法规定的费用扣除标准。

3. 应纳税额的计算方法

财产租赁所得适用 20%的比例税率。但对个人按市场价格出租的居民住房取得的所得，自 2001 年 1 月 1 日起暂减按 10%的税率征收个人所得税。

【例 7-6】李某于 2014 年 1 月将其自有的面积为 150 平方米的 4 间房屋按市场价出租给张某居住。刘某每月取得租金收入 3 000 元，全年租金收入 36 000 元。计算刘某全年租金收入应缴纳的个人所得税。

财产租赁收入以每月内取得的收入为一次，按市场价出租给个人居住适用 10%的税率，因此，刘某每月及全年应纳税额为：

（1）每月应纳税额＝（3 000-800）×10%＝220（元）

（2）全年应纳税额＝220×12＝2 640（元）

本例在计算个人所得税时未考虑其他税、费。如果有对租金收入计征城市维护建设税、房产税和教育费附加等，还应将其从税前的收入中先扣除后再计算应缴纳的个人所得税。

假定上例中，当年 2 月份，因下水道堵塞找人修理发生修理费用为 500 元，有维修部门的正式的票据，则 2 月份和全年的应纳税额为：

（1）2 月份应纳税额 =（3 000–500–800）×10% = 170（元）

（2）全年应纳税额 = 220×11 + 170 = 2 590（元）

在实际征税过程中，有时会出现财产租赁所得的纳税人不明确的情况。对此，在确定财产租赁所得纳税人时，应以产权凭证为依据。无产权凭证的，由主管税务机关根据实际情况确定纳税人。如果产权所有人死亡，在未办理产权继承手续期间，该财产出租且有租金收入的，以领取租金收入的个人为纳税人。

（五）财产转让所得应纳税额的计算

财产转让所得应纳税额的计算公式为：

应纳税额 = 应纳税所得额 × 适用税率 =（收入总额–财产原值–合理税费）×20%

【例 7-7】 某个人建房一栋，造价 400 000 元，支付其他费用 50 000 元。该个人建成后将房屋出售，售价 800 000 元，在售房过程中按规定支付交易费等相关税费 40 000 元，其应纳个人所得税税额的计算过程为：

（1）应纳税所得额 = 财产转让收入–财产原值–合理费用

$$= 800\ 000–（400\ 000 + 50\ 000）–40\ 000 = 310\ 000（元）$$

（2）应纳税额 = 310 000×20% = 62 000（元）

（六）利息、股息、红利所得和偶然所得应纳税额的计算

利息、股息、红利所得和偶然所得应纳税额的计算公式为：

应纳税额 = 应纳税所得额 × 适用税率 = 每次收入额 ×20%

【例 7-8】 陈某购买福利彩票中奖所得共计价值 200 000 元。陈某领奖时告知福彩机构从中奖收入中拿出 50 000 元通过教育部门向某希望小学捐赠。请按照规定计算福彩机构代扣代缴个人所得税后，陈某实际可得中奖金额。

（1）根据税法有关规定，陈某的捐赠额可以全部从应纳税所得额中扣除（因为捐赠标准 = 200 000×30% = 60 000，实际捐赠 50 000 < 60 000）。

（2）应纳税所得额 = 偶然所得–捐赠额 = 200 000–50 000 = 150 000（元）

（3）应纳税额（即福彩机构代扣税款）= 应纳税所得额 × 适用税率 = 150 000×20% = 30 000（元）

（4）陈某实际可得金额 = 200 000–50 000–30 000 = 120 000（元）

（七）应纳税额计算中的特殊问题

1．对个人取得全年一次性奖金等计算征收个人所得税的方法

全年一次性奖金是指行政机关、企事业单位等扣缴义务人根据其全年经济效益和对雇员全年工作业绩的综合考核情况，向雇员发放的一次性奖金。一次性奖金也包括年终加薪、实行年薪制和绩效工资办法的单位根据考核情况兑现的年薪和绩效工资。

居民个人取得全年一次性奖金，在 2021 年 12 月 31 日前，不并入当年综合所得，以全年一次性奖金收入除以 12 个月得到的数额，按照按月换算后的综合所得税率表（见表 7-5），确定适用税率和速算扣除数，单独计算纳税。计算公式为：

应纳税额 = 全年一次性奖金收入 × 适用税率–速算扣除数

居民个人取得全年一次性奖金，也可以选择并入当年综合所得计算纳税。

在一个纳税年度内，对每一个纳税人，该计税办法只允许采用一次。雇员取得除全年一次性奖金以外的其他各种名目奖金，如半年奖、季度奖、加班奖、先进奖、考勤奖等，一律综合所得，按税法规定缴纳个人所得税。

自 2022 年 1 月 1 日起，居民个人取得全年一次性奖金，应并入当年综合所得计算缴纳个人所得税。

【例 7-9】假定中国公民李某某年在我国境内每月正常发放工资，12 月 31 日又一次性领取年终含税奖金 96 000 元。请计算李某取得年终奖金应缴纳的个人所得税。

（1）年终奖金适用的税率和速算扣除数为：

按 12 个月分摊后，每月的奖金＝96 000÷12＝8000（元），根据表 7-5，适用的税率和速算扣除数分别为 10%、210 元。

（2）年终奖应缴纳个人所得税为：

应纳税额＝全年一次性奖金收入×适用的税率－速算扣除数

　　　　＝96 000×10%－210＝9 390（元）

2．关于保险营销员、证券经纪人佣金收入的政策

保险营销员、证券经纪人取得的佣金收入，属于劳务报酬所得，以不含增值税的收入减除 20% 的费用后的余额为收入额，收入额减去展业成本以及附加税费后，并入当年综合所得，计算缴纳个人所得税。保险营销员、证券经纪人展业成本按照收入额的 25% 计算。

扣缴义务人向保险营销员、证券经纪人支付佣金收入时，应按照前述居民个人综合所得规定的累计预扣法计算预扣税款。

3．关于个人领取企业年金、职业年金的政策

个人达到国家规定的退休年龄，领取的企业年金、职业年金，符合《财政部 人力资源社会保障部 国家税务总局关于企业年金 职业年金个人所得税有关问题的通知》（财税〔2013〕103 号）规定的，不并入综合所得，全额单独计算应纳税款。其中按月领取的，适用月度税率表计算纳税；按季领取的，平均分摊计入各月，按每月领取额适用月度税率表计算纳税；按年领取的，适用综合所得税率表计算纳税。

个人因出境定居而一次性领取的年金个人账户资金，或个人死亡后，其指定的受益人或法定继承人一次性领取的年金个人账户余额，适用综合所得税率表计算纳税。对个人除上述特殊原因外一次性领取年金个人账户资金或余额的，适用月度税率表计算纳税。

4．关于解除劳动关系、提前退休、内部退养的一次性补偿收入的政策

（1）个人与用人单位解除劳动关系取得一次性补偿收入（包括用人单位发放的经济补偿金、生活补助费和其他补助费），在当地上年职工平均工资 3 倍数额以内的部分，免征个人所得税；超过 3 倍数额的部分，不并入当年综合所得，单独适用综合所得税率表，计算纳税。

（2）个人办理提前退休手续而取得的一次性补贴收入，应按照办理提前退休手续至法定离退休年龄之间实际年度数平均分摊，确定适用税率和速算扣除数，单独适用综合所得税率表，计算纳税。计算公式：

应纳税额＝{〔（一次性补贴收入÷办理提前退休手续至法定退休年龄的实际年度数）－费用扣除标准〕×适用税率－速算扣除数}×办理提前退休手续至法定退休年龄的实际年度数

（3）个人办理内部退养手续而取得的一次性补贴收入，按照《国家税务总局关于个人所得税有关政策问题的通知》（国税发〔1999〕58 号）规定计算纳税。

5．关于单位低价向职工售房的政策

单位按低于购置或建造成本价格出售住房给职工，职工因此而少支出的差价部分，符合《财政部 国家税务总局关于单位低价向职工售房有关个人所得税问题的通知》（财税〔2007〕13 号）第二条规定的，不并入当年综合所得，以差价收入除以 12 个月得到的数额，按照月度税率表确定适用税率和速算扣除数，单独计算纳税。计算公式为：

应纳税额＝职工实际支付的购房价款低于该房屋的购置或建造成本价格的差额×适用税

率−速算扣除数

6．关于外籍个人有关津补贴的政策

（1）2019 年 1 月 1 日至 2021 年 12 月 31 日期间，外籍个人符合居民个人条件的，可以选择享受个人所得税专项附加扣除，也可以选择按照《财政部　国家税务总局关于个人所得税若干政策问题的通知》（财税〔1994〕20 号）、《国家税务总局关于外籍个人取得有关补贴征免个人所得税执行问题的通知》（国税发〔1997〕54 号）和《财政部 国家税务总局关于外籍个人取得港澳地区住房等补贴征免个人所得税的通知》（财税〔2004〕29 号）规定，享受住房补贴、语言训练费、子女教育费等津补贴免税优惠政策，但不得同时享受。外籍个人一经选择，在一个纳税年度内不得变更。

（2）自 2022 年 1 月 1 日起，外籍个人不再享受住房补贴、语言训练费、子女教育费津补贴免税优惠政策，应按规定享受专项附加扣除。

7．两个以上的纳税人共同取得同一项所得的计税问题

两个以上的个人共同取得同一项目收入的（如共同写作一部著作而取得稿酬所得），应当对每个人取得的收入分别按照个人所得税法的规定计算纳税。

四、税收优惠

《个人所得税法》及其实施条例以及财政部、国家税务总局的若干规定等都对个人所得项目给予了减税免税的优惠。

（一）免征个人所得税的优惠

免征个人所得税的优惠主要包括如下内容：

（1）省级人民政府、国务院部委和中国人民解放军军以上单位，以及外国组织颁发的科学、教育、技术、文化、卫生、体育、环境保护等方面的奖金；

（2）国债和国家发行的金融债券利息。所称国债利息，是指个人持有中华人民共和国财政部发行的债券而取得的利息；所称国家发行的金融债券利息，是指个人持有经国务院批准发行的金融债券而取得的利息；

（3）按照国家统一规定发给的补贴、津贴。所称按照国家统一规定发给的补贴、津贴，是指按照国务院规定发给的政府特殊津贴、院士津贴，以及国务院规定免予缴纳个人所得税的其他补贴、津贴；

（4）福利费，抚恤金、救济金。所称福利费，是指根据国家有关规定，从企业、事业单位、国家机关、社会组织提留的福利费或者工会经费中支付给个人的生活补助费；所称救济金，是指各级人民政府民政部门支付给个人的生活困难补助费；

（5）保险赔款；

（6）军人的转业费、复员费、退役金；

（7）按照国家统一规定发给干部、职工的安家费、退职费、基本养老金或者退休费、离休费、离休生活补助费；

（8）依照我国有关法律规定应予免税的各国驻华使馆、领事馆的外交代表、领事官员和其他人员的所得；

上述"所得"，是指依照《中华人民共和国外交特权与豁免条例》和《中华人民共和国领事特权与豁免条例》规定免税的所得。

（9）中国政府参加的国际公约以及签订的协议中规定免税的所得；

（10）关于发给见义勇为者的奖金问题。对乡、镇（含乡、镇）以上人民政府或经县（含

县）以上人民政府主管部门批准成立的有机构、有章程的见义勇为基金或者类似性质组织，奖励见义勇为者的奖金或奖品，经主管税务机关核准，免征个人所得税；

（11）企业和个人按照省级以上人民政府规定的比例提取并缴付的住房公积金、医疗保险金、基本养老保险金、失业保险金，不计入个人当期的工资、薪金收入，免予征收个人所得税。超过规定的比例缴付的部分计征个人所得税。

个人领取原提存的住房公积金、医疗保险金、基本养老保险金时，免予征收个人所得税。

（12）国务院规定的其他免税所得。

（二）有下列情形之一的，可以减征个人所得税，具体幅度和期限，由省、自治区、直辖市人民政府规定，并报同级人民代表大会常务委员会备案：

（1）残疾、孤老人员和烈属的所得；

（2）因自然灾害遭受重大损失的。

国务院可以规定其他减税情形，报全国人民代表大会常务委员会备案。

五、境外所得税额扣除

（一）居民个人从中国境内和境外取得的综合所得、经营所得，应当分别合并计算应纳税额；从中国境内和境外取得的其他所得，应当分别单独计算应纳税额。

（二）居民个人从中国境外取得的所得，可以从其应纳税额中抵免已在境外缴纳的个人所得税税额，但抵免额不得超过该纳税人境外所得依照本法规定计算的应纳税额。

所称已在境外缴纳的个人所得税税额，是指居民个人来源于中国境外的所得，依照该所得来源国家（地区）的法律应当缴纳并且实际已经缴纳的所得税税额。

所称纳税人境外所得依照本法规定计算的应纳税额，是居民个人抵免已在境外缴纳的综合所得、经营所得以及其他所得的所得税税额的限额（以下简称抵免限额）。除国务院财政、税务主管部门另有规定外，来源于中国境外一个国家（地区）的综合所得抵免限额、经营所得抵免限额以及其他所得抵免限额之和，为来源于该国家（地区）所得的抵免限额。

居民个人在中国境外一个国家（地区）实际已经缴纳的个人所得税税额，低于依照前款规定计算出的来源于该国家（地区）所得的抵免限额的，应当在中国缴纳差额部分的税款；超过来源于该国家（地区）所得的抵免限额的，其超过部分不得在本纳税年度的应纳税额中抵免，但是可以在以后纳税年度来源于该国家（地区）所得的抵免限额的余额中补扣。补扣期限最长不得超过五年。

居民个人申请抵免已在境外缴纳的个人所得税税额，应当提供境外税务机关出具的税款所属年度的有关纳税凭证。

六、特别纳税调整

有下列情形之一的，税务机关有权按照合理方法进行纳税调整：

1. 个人与其关联方之间的业务往来不符合独立交易原则而减少本人或者其关联方应纳税额，且无正当理由；

2. 居民个人控制的，或者居民个人和居民企业共同控制的设立在实际税负明显偏低的国家（地区）的企业，无合理经营需要，对应当归属于居民个人的利润不作分配或者减少分配；

3. 个人实施其他不具有合理商业目的的安排而获取不当税收利益。

税务机关依照前款规定作出纳税调整，需要补征税款的，应当补征税款，并依法加收利息。

所称利息，应当按照税款所属纳税申报期最后一日中国人民银行公布的与补税期间同期的人民币贷款基准利率计算，自税款纳税申报期满次日起至补缴税款期限届满之日止按日加收。纳税人在补缴税款期限届满前补缴税款的，利息加收至补缴税款之日。

七、征收管理

1. 个人所得税以所得人为纳税人，以支付所得的单位或者个人为扣缴义务人。

纳税人有中国公民身份号码的，以中国公民身份号码为纳税人识别号；纳税人没有中国公民身份号码的，由税务机关赋予其纳税人识别号。扣缴义务人扣缴税款时，纳税人应当向扣缴义务人提供纳税人识别号。

2. 有下列情形之一的，纳税人应当依法办理纳税申报：

（1）取得综合所得需要办理汇算清缴；具体包括：

① 从两处以上取得综合所得，且综合所得年收入额减除专项扣除的余额超过6万元；

② 取得劳务报酬所得、稿酬所得、特许权使用费所得中一项或者多项所得，且综合所得年收入额减除专项扣除的余额超过6万元；

③ 纳税年度内预缴税额低于应纳税额；

④ 纳税人申请退税。

（2）取得应税所得没有扣缴义务人；

（3）取得应税所得，扣缴义务人未扣缴税款；

（4）取得境外所得；

（5）因移居境外注销中国户籍；

（6）非居民个人在中国境内从两处以上取得工资、薪金所得；

（7）国务院规定的其他情形。

3. 扣缴义务人应当按照国家规定办理全员全额扣缴申报，并向纳税人提供其个人所得和已扣缴税款等信息。

所称全员全额扣缴申报，是指扣缴义务人在代扣税款的次月十五日内，向主管税务机关报送其支付所得的所有个人的有关信息、支付所得数额、扣除事项和数额、扣缴税款的具体数额和总额以及其他相关涉税信息资料。

4. 居民个人取得综合所得，按年计算个人所得税；有扣缴义务人的，由扣缴义务人按月或者按次预扣预缴税款；需要办理汇算清缴的，应当在取得所得的次年三月一日至六月三十日内办理汇算清缴。预扣预缴办法由国务院税务主管部门制定。

居民个人向扣缴义务人提供专项附加扣除信息的，扣缴义务人按月预扣预缴税款时应当按照规定予以扣除，不得拒绝。

5. 非居民个人取得工资、薪金所得，劳务报酬所得，稿酬所得和特许权使用费所得，有扣缴义务人的，由扣缴义务人按月或者按次代扣代缴税款，不办理汇算清缴。

6. 纳税人取得经营所得，按年计算个人所得税，由纳税人在月度或者季度终了后十五日内向税务机关报送纳税申报表，并预缴税款；在取得所得的次年三月三十一日前办理汇算清缴。

7. 纳税人取得利息、股息、红利所得，财产租赁所得，财产转让所得和偶然所得，按月或者按次计算个人所得税，有扣缴义务人的，由扣缴义务人按月或者按次代扣代缴税款。

8. 纳税人取得应税所得没有扣缴义务人的，应当在取得所得的次月十五日内向税务机关报送纳税申报表，并缴纳税款。

9. 纳税人取得应税所得，扣缴义务人未扣缴税款的，纳税人应当在取得所得的次年六月三十日前，缴纳税款；税务机关通知限期缴纳的，纳税人应当按照期限缴纳税款。

10. 居民个人从中国境外取得所得的，应当在取得所得的次年三月一日至六月三十日内申报纳税。

11. 非居民个人在中国境内从两处以上取得工资、薪金所得的，应当在取得所得的次月十五日内申报纳税。

纳税人因移居境外注销中国户籍的，应当在注销中国户籍前办理税款清算。

12. 扣缴义务人每月或者每次预扣、代扣的税款，应当在次月十五日内缴入国库，并向税务机关报送扣缴个人所得税申报表。

13. 纳税人办理汇算清缴退税或者扣缴义务人为纳税人办理汇算清缴退税的，税务机关审核后，按照国库管理的有关规定办理退税。

（二）代扣代缴纳税

代扣代缴是指按照税法规定负有扣缴税款义务的单位或者个人，在向个人支付应纳税所得时应计算应纳税额，从其所得中扣除个人所得税并缴入国库，同时向税务机关报送扣缴个人所得税报告表。这种方法有利于控制税源，防止漏税和逃税。

扣缴义务人每月所扣的税款应当在次月 15 日内缴入国库，并向主管税务机关报送《个人所得税扣缴申报表》（如表 7-6 所示）、代扣代收税款凭证和包括每一纳税人姓名、单位、职务、收入、税款等内容的支付个人收入明细表，以及税务机关要求报送的其他有关资料。

表 7-6　个人所得税扣缴申报表

税款所属期：　　　年　月　日至　　　年　月　日

扣缴义务人名称：

扣缴义务人纳税人识别号（统一社会信用代码）：□□□□□□□□□□□□□□□□□□

金额单位：人民币元（列至角分）

序号	姓名	身份证件类型	身份证件号码	纳税人识别号	是否为非居民个人	所得项目	本月（次）情况													累计情况										准予扣除的捐赠额	税款计算							备注
							收入额计算			专项扣除				其他扣除					累计收入额	累计减除费用	累计专项扣除	累计专项附加扣除					累计其他扣除	减按计税比例		应纳税所得额	税率/预扣率	速算扣除数	应纳税额	减免税额	已缴税额	应补/退税额	
							收入	费用	免税收入	减除费用	基本养老保险费	基本医疗保险费	失业保险费	住房公积金	年金	商业健康保险	税延养老保险	财产原值	允许扣除的税费	其他				子女教育	住房贷款利息	住房租金	赡养老人	继续教育										
1	2	3	4	5	6	7	8	9	10	11	12	13	14	15	16	17	18	19	20	21	22	23	24	25	26	27	28	29	30	31	32	33	34	35	36	37	38	39	40
	合计																																						

谨声明：本表是根据国家税收法律法规及相关规定填报的，是真实的、可靠的、完整的。

扣缴义务人（签章）：　　　　　　　　年　　月　　日

经办人签字：	受理人：
经办人身份证件号码：	
代理机构签章：	受理税务机关（章）：
代理机构统一社会信用代码：	受理日期：　　年　月　日

223

表7-7　个人所得税扣缴申报表

税款所属期：　年　月　日至　年　月　日

扣缴义务人名称：

扣缴义务人纳税人识别号（统一社会信用代码）：□□□□□□□□□□□□□□□□□□

金额单位：人民币元（列至角分）

序号	姓名	身份证件类型	身份证件号码	纳税人识别号	是否为非居民个人	所得项目	收入额计算				本月（次）情况											累计情况											税款计算								备注
							收入	免税收入	费用	减除费用	专项扣除				年金	其他扣除					累计收入额	累计减除费用	累计专项扣除	累计专项附加扣除					累计其他扣除	减按计税比例	准予扣除的捐赠额	应纳税所得额	税率/预扣率	速算扣除数	应纳税额	减免税额	已缴税额	应补/退税额	
											基本养老保险费	基本医疗保险费	失业保险费	住房公积金		商业健康保险	税延养老保险	财产原值	允许扣除的税费	其他				子女教育	赡养老人	住房贷款利息	住房租金	继续教育											
1	2	3	4	5	6	7	8	9	10	11	12	13	14	15	16	17	18	19	20	21	22	23	24	25	26	27	28	29	30	31	32	33	34	35	36	37	38	39	40
会计合计																																							

谨声明：本表是根据国家税收法律法规及相关规定填报的，是真实的、可靠的、完整的。

经办人签字：

经办人身份证件号码：

代理机构签章：

代理机构统一社会信用代码：

扣缴义务人（签章）：　　　　　年　月　日

受理人：

受理税务机关（章）：

受理日期：　　　　年　月　日

国家税务总局监制

表 7-8　个人所得税年度自行纳税申报表

税款所属期：　　　年　　月　　日至　　　年　　月　　日

纳税人姓名：

纳税人识别号：□□□□□□□□□□□□□□□□□□□　　　　　　金额单位：人民币元（列至角分）

项目	行次	金额
一、收入合计（1=2+3+4+5）	1	
（一）工资、薪金所得	2	
（二）劳务报酬所得	3	
（三）稿酬所得	4	
（四）特许权使用费所得	5	
二、费用合计	6	
三、免税收入合计	7	
四、减除费用	8	
五、专项扣除合计（9=10+11+12+13）	9	
（一）基本养老保险费	10	
（二）基本医疗保险费	11	
（三）失业保险费	12	
（四）住房公积金	13	
六、专项附加扣除合计（14=15+16+17+18+19+20）	14	
（一）子女教育	15	
（二）继续教育	16	
（三）大病医疗	17	
（四）住房贷款利息	18	
（五）住房租金	19	
（六）赡养老人	20	
七、其他扣除合计（21=22+23+24+25+26）	21	
（一）年金	22	
（二）商业健康保险	23	
（三）税延养老保险	24	
（四）允许扣除的税费	25	
（五）其他	26	
八、准予扣除的捐赠额	27	
九、应纳税所得额（28=1−6−7−8−9−14−21−27）	28	
十、税率（%）	29	
十一、速算扣除数	30	
十二、应纳税额（31=28×29−30）	31	
十三、减免税额	32	
十四、已缴税额	33	
十五、应补/退税额（34=31−32−33）	34	

无住所个人附报信息		
在华停留天数	已在华停留年数	

谨声明：本表是根据国家税收法律法规及相关规定填报的，是真实的、可靠的、完整的。

　　　　　　　　　　　　　　　　　　　纳税人签字：　　　　　　　　年　　月　　日

经办人签字： 经办人身份证件号码： 代理机构签章： 代理机构统一社会信用代码：	受理人： 受理税务机关（章）： 受理日期：　　年　　月　　日

国家税务总局监制

第二节 个人所得税会计核算

一、个人所得税会计科目设置

（一）"应交税费——代扣个人所得税"科目

为了正确、及时地反映企业代扣代缴个人所得税相关涉税事项，纳税人应在"应交税费"科目下设置"代扣个人所得税"明细科目进行会计处理。该明细科目采用三栏式账户记账，贷方核算企业按规定应代扣代缴的个人所得税，借方核算企业实际缴纳的代扣个人所得税；期末，贷方余额表示尚未缴纳的代扣个人所得税，借方余额表示企业多缴的代扣个人所得税。

（二）"应付职工薪酬"科目

为了正确、及时地反映企业应付职工工资总额，应在"应付职工薪酬"科目下设置"工资"明细科目进行会计处理。该明细科目贷方核算企业按规定计提的应付职工工资总额，借方核算企业实际发放的工资和代扣个人所得税、代扣职工个人承担的社会保险等代扣款项；期末，贷方余额表示尚未发放的应付职工工资，借方余额表示企业多发的应付职工工资。

二、个人所得税会计处理

（一）支付工资、薪金代扣代缴个人所得税

企业作为个人所得税的扣缴义务人，应按规定扣缴职工应缴纳的个人所得税。企业为职工代扣代缴个人所得税有两种情况：第一，职工自己承担个人所得税，企业只负有扣缴义务；第二，企业既承担税款，又负有扣缴义务。在不同扣缴情况下，其会计处理方法也有所不同。

【例 7-10】某制造企业 2019 年 1 月应付职工工资总额为 165 000 元，其中，生产工人工资 100 000 元，车间管理人员工资 15 000 元，行政管理部门人员工资 50 000 元。6 月 10 日发放工资时，应由公司代扣代缴的个人所得税 5 000 元，代扣应由职工个人负担的各种社会保险费和住房公积金为 10 000 元，实发工资部分已经通过银行转账支付。

会计处理如下。

（1）5 月末计提工资费用时

借：生产成本	100 000
制造费用	15 000
管理费用	50 000
贷：应付职工薪酬——工资	165 000

该业务记账凭证后附：工资费用分配表 1 张。

（2）6 月 10 日发放工资时

借：应付职工薪酬——工资	165 000
贷：应交税费——代扣个人所得税	5 000
其他应付款——代扣个人社会保险及住房公积金	10 000
银行存款	150 000

该业务记账凭证后附：工资结算表 1 张。

【例7-11】某公司决定对车间工人张某发放一项奖金6 200元（税后奖金），当月以现金发放。会计处理如下。

由于张某奖金为税后所得，所以需要换算为税前所得，再计算应扣缴个人所得税。

$$应纳税所得额=\frac{不含税收入额-费用扣除标准-速算扣除数}{1-税率}$$

应纳个人所得税税额=应纳税所得额×适用税率-速算扣除数

$$企业应为张某承担税款=\frac{6\,200-3\,500-105}{1-10\%}×10\%-105=183.33（元）$$

（1）上述奖金若为安全奖，作为经常性奖金构成工资总额组成内容，企业承担的个人所得税连同奖金应作为工资薪金列支。

① 计提奖金时

借：生产成本 6 383.33
　　贷：应付职工薪酬——工资 6 383.33

该业务记账凭证后附：公司发放奖金决议1份。

② 实际发放奖金时

借：应付职工薪酬——工资 6 383.33
　　贷：应交税费——代扣个人所得税 183.33
　　　　库存现金 6 200.00

该业务记账凭证后附：奖金领取表1份。

（2）上述奖金若为合理化建议奖，作为一次性奖金不构成工资总额组成内容，企业承担的个人所得税连同奖金应作为管理费用直接列支。发放奖金时的会计分录如下。

借：管理费用 6 383.33
　　贷：应交税费——代扣个人所得税 183.33
　　　　库存现金 6 200.00

该业务记账凭证后附：奖金发放表1份。

（二）承包、承租经营所得应交个人所得税

承包、承租经营有两种情况，个人所得税也分别涉及两个项目。

（1）承包、承租人对企业经营成果不拥有所有权，仅是按合同（协议）规定取得一定所得的，其所得按工资、薪金所得项目征税，适用3%～45%的超额累进税率。

（2）承包、承租人按合同（协议）规定只向发包、出租方缴纳一定费用后，企业经营成果归其所有的，承包、承租人取得的所得，按对企事业单位的承包经营、承租经营所得项目，适用5%～35%的超额累进税率。

第一种情况的会计处理方法同工薪所得扣缴所得税的会计处理；第二种情况应由承包、承租人自行申报缴纳个人所得税，发包、出租方不做扣缴所得税的会计处理。

【例7-12】李某与企业签订承包合同经营职工食堂，合同规定承包期为1年，李某全年上交费用50 000元，年终职工食堂实现利润200 000元。

李某应纳个人所得税计算如下。

应纳税所得额=承包经营利润-上交费用-每月费用扣减合计

=200 000-50 000-3 500×12=108000（元）

应纳个人所得税税额=全年应纳税所得额×适用税率-速算扣除数

=108 000×35%-14 750=23 050（元）

（三）支付劳务报酬、特许权使用费、稿费、财产租赁费等代扣代缴个人所得税

企业支付给个人的劳务报酬、特许权使用费、稿费、财产租赁费，一般由支付单位作为扣缴义务人向纳税人扣缴税款，并计入该企业的有关期间费用账户。企业在支付上述费用时，借记"管理费用""财务费用""销售费用""应付股利"等账户，贷记"应交税费——代扣代缴个人所得税""库存现金"等账户；实际缴纳时，借记"应交税费——代扣代缴个人所得税"账户，贷记"银行存款"账户。

【例7-13】 某公司向某人购买一项专利使用权，以银行存款一次性支付100 000元，并取得税务机关代开的增值税普通发票。

会计处理如下。

代扣个人所得税税额=100 000×（1-20%）×20%=16 000（元）

（1）取得专利权使用权时

借：管理费用　　　　　　　　　　　　　　　　　　　　　　100 000

　　贷：应交税费——代扣个人所得税　　　　　　　　　　　　　16 000

　　　　银行存款　　　　　　　　　　　　　　　　　　　　　84 000

该业务记账凭证后附：增值税普通发票1张、银行付款凭证1张、专利权转让协议1份。

（2）上交代扣个人所得税时

借：应交税费——代扣个人所得税　　　　　　　　　　　　　　16 000

　　贷：银行存款　　　　　　　　　　　　　　　　　　　　　16 000

该业务记账凭证后附：税收缴款书1张。

（四）向股东支付股利代扣代缴个人所得税

股份公司向法人股东支付股票股利、现金股利时，因法人股东不缴个人所得税，无代扣代缴问题；若以资本公积转增股本，不属股息、红利的分配，也不涉及个人所得税问题。

公司向个人支付现金股利时，应代扣代缴的个人所得税可从应付现金中直接扣除。公司按应支付给个人的现金股利金额，借记"利润分配——应付现金股利"账户，贷记"应付股利"账户；当实际支付现金并代扣个人所得税时，借记"应付股利"账户，贷记"银行存款""应交税费——代扣个人所得税"账户。

企业派发股票股利或以盈余公积对个人股东转增资本，也应代扣代缴个人所得税，具体方法有如下几种。

1．内扣法

在派发股票股利或以盈余公积对个人股东转赠资本的同时，从中扣除应代扣代缴的个人所得税，借记"利润分配——转作股本的股利"账户，贷记"股本""应交税费——代扣个人所得税"账户等。这样处理会改变股东权益结构或使公司法人股与个人股权比例频繁变动。

2．外扣法

可由企业按增股金额向个人收取现金以备代缴，或委托证券代理机构从个人股东账户代扣。相关会计分录如下。

（1）公司派发股票股利或以盈余公积对个人股东转增资本时

借：利润分配——转作股本的股利

　　盈余公积

　　贷：股本（或实收资本）

该业务记账凭证后附：股东大会利润分配方案1份、工商行政管理部门增资手续1份。

（2）计算出应扣缴个人所得税时

借：其他应收款——代扣个人所得税

　　贷：应交税费——代扣个人所得税

该业务记账凭证后附：代扣个人所得税计算表 1 张。

（3）收到个人股东交来税款或证券代理机构扣缴税款时

借：银行存款（或库存现金）

　　贷：其他应收款——代扣个人所得税

该业务记账凭证后附：银行收款凭证 1 张。

（4）实际上缴税款时

借：应交税费——代扣个人所得税

　　贷：银行存款

该业务记账凭证后附：税收缴款书 1 张。

　　外扣法下，税务部门向个人收取现金或委托证券代理机构从个人股东账户代扣税款都有其麻烦和困难之处；如果可能，公司在决定股利分配方案时，可将股票股利与现金股利结合，使现金股利相当或大于个人股东应缴的所得税。这样即可免除上述不便。

思考题

1. 简述个人所得税的计算方法。
2. 企业发放工资薪金如何进行代扣代缴个人所得税的会计处理？
3. 承包、承租经营所得如何缴纳个人所得税？
4. 向股东支付股利如何进行代扣代缴个人所得税的会计处理？

第八章　资源税和土地增值税会计

- 了解我国资源税和土地增值税的相关规定
- 熟悉我国资源税和土地增值税的计算方法
- 掌握资源税和土地增值税的会计处理方法

关键词

资源税　土地增值税　会计处理

引例

某房地产企业销售商品房，除缴纳增值税、企业所得税外，还应缴纳土地增值税，税率为 30%～60%。

第一节　资源税和土地增值税现行税制

一、资源税现行税制

资源税是对在中华人民共和国领域及管辖海域从事应税矿产品开采和盐生产的单位和个人课征的一种税，属于对自然资源占用课税的范畴。

随着市场经济体制的建立和发展，盐税和资源税制原有的一些规定已不适应，同时为适应新税制简化与规范的要求，国务院于 1993 年 12 月发布了《中华人民共和国资源税暂行条例》，将矿产品、盐合并计征资源税，并决定从 1994 年 1 月起实施。为了发挥资源税促进可持续发展和抑制污染的作用，以及促进社会经济均衡发展，2011 年 11 月将石油、天然气的计税方法改为从价定率计税；2014 年 12 月 1 日起，煤炭资源税由定额征税改为定率征税；2015 年 5 月起，实施稀土、钨、钼资源税从价计征，按精矿销售额适用比例税率计征资源税；2016 年 7 月，资源税实行全面改革，除经营分散、多为现金交易的黏土、砂石仍实行从量定额计征外，其他应税矿产资源全部由从量征税改为从价征税。

（一）纳税义务人、税目、税率和税收优惠

1．纳税义务人

在我国领域及管辖海域开采矿产品或者生产盐（以下简称开采或者生产应税产品）的单位和个人，为资源税的纳税人。所称单位是指企业、行政单位、事业单位、军事单位、社会团体及其他单位。所称个人是指个体工商户和其他个人。

中外合作开采石油、天然气，自2011年11月1日起由征收矿区使用费改为征收资源税。

收购未税矿产品的单位，为资源税的扣缴义务人。

2．税目、税率

（1）税目。资源税税目包括七大类，在七个税目下面又设有若干个子目。现行资源税的税目及子目主要是根据资源税应税产品和纳税人开采资源的行业特点设置的。

① 原油是指开采的天然原油，不包括人造石油。

② 天然气是指专门开采或者与原油同时开采的天然气。

③ 煤炭是指原煤，包括以未税原煤加工的洗选煤。

④ 其他非金属矿原矿是指上列产品和井矿盐以外的非金属矿原矿，包括宝石、金刚石、玉石、膨润土、石墨、石英砂、萤石、重晶石、毒重石、蛭石、长石、氟石、滑石、内云石、硅灰石、凹凸棒石黏土、高岭土、耐火黏土、云母、大理石、花岗石、石灰石、菱镁矿、天然碱、石膏、硅线石、工业用金刚石、石棉、硫铁矿、自然硫、磷铁矿等。

⑤ 黑色金属矿原矿是指纳税人开采后自用、销售的，用于直接入炉冶炼或作为主产品先入选精矿、制造人工矿，再最终入炉冶炼的黑色金属矿石原矿，包括铁矿石、锰矿石和铬矿石。

⑥ 有色金属矿原矿包括铜矿石、铅锌矿石、铝土矿石、钨矿石、锡矿石、锑矿石、铝矿石、镍矿石、黄金矿石、钒矿石（含石打煤钒）等。

⑦ 盐。一是固体盐，包括海盐原盐、湖盐原盐和井矿盐；二是液体盐（卤水），是指氯化钠含量达到一定浓度的溶液，是用于生产碱和其他产品的原料。

纳税人在开采主矿产品的过程中伴采的其他应税矿产品，凡未单独规定适用税额的，一律按主矿产品或视同主矿产品税目征收资源税。

未列举名称的其他非金属矿原矿和其他有色金属矿原矿，由省、自治区、直辖市人民政府决定征收或暂缓征收资源税，并报财政部和国家税务总局备案。

资源税的特殊规定征税范围如下。

① 关于共伴生矿产的征免税的处理。

为促进共伴生矿的综合利用，纳税人开采销售共伴生矿，共伴生矿与主矿产品销售额分开核算的，对共伴生矿暂不计征资源税；没有分开核算的，共伴生矿按主矿产品的税目和适用税率计征资源税。财政部、国家税务总局另有规定的，从其规定。

② 视同销售的应税产品。纳税人开采或者生产应税产品，自用于连续生产应税产品的，不缴纳资源税；以应税产品自用于非生产项目和生产非应税产品，以及用于投资、分配、抵债、赠与、以物易物等方面的，视同销售，缴纳资源税。

③纳税人用已纳资源税的应税产品进一步加工应税产品销售的，不再缴纳资源税。

（2）税率。资源税采取从价定率或者从量定额的办法计征，分别以应税产品的销售额乘以纳税人具体适用的比例税率，或者以应税产品的销售数量乘以纳税人具体适用的定额税率计算，实施"级差调节"的原则。级差调节是指运用资源税对因资源贮存状况、开采条件、资源优劣、地理位置等客观存在的差别而产生的资源级差收入，通过实施差别税额标准进行调节。资源条件好的，税率、税额高一些；资源条件差的，税率、税额低一些。

资源税的税目、税率，由财政部商国务院有关部门根据纳税人所开采或者生产应税产品

的资源品位、开采条件等情况，确定《资源税税目税率幅度表》。纳税人具体适用的税率，对《资源税税目税率幅度表》中列举名称的资源品目，由省级人民政府在规定的税率幅度内提出具体适用税率建议，报财政部、国家税务总局确定核准。对未列举名称且未确定具体适用税率的其他非金属矿原矿和有色金属矿原矿，由省、自治区、直辖市人民政府根据实际情况确定具体税目和适用税率，报财政部和国家税务总局备案。

具体规定见税目税率，如表 8-1 所示。

表 8-1　资源税税目税率表（一）

自 2014 年 12 月 1 日起实施

序号	税目		征税对象	税率
1	非金属矿	原油、天然气	原矿	6%
2		煤炭	原矿	2%～10%

资源税税目税率表（二）

自 2015 年 5 月 1 日起实施

序号	税目		征税对象	税率
1	金属矿	钨	精矿	6.5%
2		钼	精矿	11%
3		稀土	精矿	—
4		重稀土	精矿	27%
5		轻稀土	精矿	—
6		内蒙古	精矿	11.5%
7		四川	精矿	9.5%
8		山东	精矿	7.5%

资源税税目税率表（三）

自 2016 年 7 月 1 日起实施

序号	税目		征税对象	税率
1	金属矿	铁矿	精矿	1%～6%
2		金矿	金锭	1%～4%
3		铜矿	精矿	2%～8%
4		铝土矿	原矿	3%～9%
5		铅锌矿	精矿	2%～6%
6		镍矿	精矿	2%～6%
7		锡矿	精矿	2%～6%
8		未列举名称的其他金属矿产品	原矿或精矿	税率不超过20%
9	非金属矿	石墨	精矿	3%～10%
10		硅藻土	精矿	1%～6%
11		高岭土	原矿	1%～6%
12		萤石	精矿	1%～6%
13		石灰石	原矿	1%～6%

序号	税目		征税对象	税率
14	非金属矿	硫铁矿	精矿	1%～6%
15		磷矿	原矿	3%～8%
16		氯化钾	精矿	3%～8%
17		硫酸钾	精矿	6%～12%
18		井矿盐	氯化钠初级产品	1%～6%
19		湖盐	氯化钠初级产品	1%～6%
20		提取地下卤水晒制的盐	氯化钠初级产品	3%～15%
21		煤层（成）气	原矿	1%～2%
22		黏土、砂石	原矿	每吨或立方米 0.1 元～5 元
23		未列举名称的其他非金属矿产品	原矿或精矿	从量税率每吨或立方米不超过 30 元；从价税率不超过 20%
24	海盐		氯化钠初级产品	1%～5%

备注：

① 铝土矿包括耐火级矾土、研磨级矾土等高铝黏土。

②氯化钠初级产品是指井矿盐、湖盐原盐、提取地下卤水晒制的盐和海盐原盐，包括固体和液体形态的初级产品。

③海盐是指海水晒制的盐，不包括提取地下卤水晒制的盐。

④ 对《资源税税目税率幅度表》列举名称的21种资源品目和未列举名称的其他金属矿，实行从价计征，计税依据由原矿销售量调整为原矿、精矿（或原矿加工品）、氯化钠初级产品或金锭的销售额。列举名称的21种资源品目包括铁矿、金矿、铜矿、铝土矿、铅锌矿、镍矿、锡矿、石墨、硅藻土、高岭土、萤石、石灰石、硫铁矿、磷矿、氯化钾、硫酸钾、井矿盐、湖盐、提取地下卤水晒制的盐、煤层（成）气、海盐。

对经营分散、多为现金交易且难以控管的黏土、砂石，按照便利征管原则，仍实行从量定额计征。

⑤ 对《资源税税目税率幅度表》中未列举名称的其他非金属矿产品，按照从价计征为主、从量计征为辅的原则，由省级人民政府确定计征方式。

3. 资源税的优惠规定

有下列情形之一的，减征或者免征资源税。

（1）关于原油、天然气资源税优惠政策

① 对油田范围内运输稠油过程中用于加热的原油、天然气免征资源税。

② 对稠油、高凝油和高含硫天然气资源税减征 40%。稠油是指地层原油黏度大于或等于 50 毫帕/秒或原油密度大于或等于 0.92 克/立方厘米的原油。高凝油是指凝固点大于 40℃的原油。高含硫天然气是指硫化氢含量大于或等于 30 克/立方米的天然气。

③ 对三次采油资源税减征 30%。三次采油是指二次采油后继续以聚合物驱、复合驱、泡沫驱、气水交替驱、二氧化碳驱、微生物驱等方式进行采油。

④ 对低丰度油气田资源税暂减征 20%。陆上低丰度油田是指每平方公里原油可采储量丰度在 25 万立方米（不含 25 万立方米）以下的油田；陆上低丰度气田是指每平方公里天然气可采储量丰度在 2.5 亿立方米（不含 2.5 亿立方米）以下的气田。海上低丰度油田是指每平方公里原油可采储量丰度在 60 万立方米（不含 60 万立方米）以下的油田；海上低丰度气田是指每平方公里天然气可采储量丰度在6亿立方米（不含6亿立方米）以下的气田。

⑤ 对深水油气田资源税减征30%。深水油气田是指水深超过300米（不含300米）的油气田。

符合上述减免税规定的原油、天然气划分不清的，一律不予减免资源税；同时符合上述两项及两项以上减税规定的，只能选择其中一项执行，不能叠加使用。

（2）对依法在建筑物、铁路、水体下通过充填开采方式采出的矿产资源，资源税减征50%。充填开采是指随着回采工作面的推进，向采空区或离层带等空间充填废石、尾矿、废渣、建筑废料以及专用充填合格材料等采出矿产品的开采方法。

（3）对实际开采年限在15年以上的衰竭期矿山开采的矿产资源，资源税减征30%。衰竭期矿山是指剩余可采储量下降到原设计可采储量的20%（含20%）以下或剩余服务年限不超过5年的矿山，以开采企业下属的单个矿山为单位确定。

（4）对鼓励利用的低品位矿、废石、尾矿、废渣、废水、废气等提取的矿产品，由省级人民政府根据实际情况确定是否给予减税或免税。

（5）纳税人开采或者生产应税产品过程中，因意外事故或者自然灾害等原因遭受重大损失的，由省、自治区、直辖市人民政府酌情决定减税或者免税。

（6）国务院规定的其他减税、免税项目。纳税人的减税、免税项目，应当单独核算销售额或者销售数量；未单独核算或者不能准确提供销售额或者销售数量的，不予减税或者免税。

（二）计税依据与应纳税额的计算

资源税的应纳税额，按照从价定率或者从量定额的办法，分别以应税产品的销售额乘以纳税人具体适用的比例税率或者以应税产品的销售数量乘以纳税人具体适用的定额税率计算。基本计算公式如下。

应纳税额 = 销售额×适用税率

或：应纳税额 = 课税数量×单位税额

1．资源税计税依据的确定

（1）关于销售额的认定

销售额是指纳税人销售应税产品向购买方收取的全部价款和价外费用，不包括增值税销项税额和运杂费用。

价外费用包括价外向购买方收取的手续费、补贴、基金、集资费、返还利润、奖励费、违约金、滞纳金、延期付款利息、赔偿金、代收款项、代垫款项、包装费、包装物租金、储备费、优质费以及其他各种性质的价外收费。

运杂费用是指应税产品从坑口或洗选（加工）地到车站、码头或购买方指定地点的运输费用、建设基金以及随运销产生的装卸、仓储、港杂费用。运杂费用应与销售额分别核算，凡未取得相应凭证或不能与销售额分别核算的，应当一并计征资源税。

（2）关于原矿销售额与精矿销售额的换算或折算

为公平原矿与精矿之间的税负，对同一种应税产品，征税对象为精矿的，纳税人销售原矿时，应将原矿销售额换算为精矿销售额缴纳资源税；征税对象为原矿的，纳税人销售自采原矿加工的精矿，应将精矿销售额折算为原矿销售额缴纳资源税。换算比或折算率原则上应通过原矿售价、精矿售价和选矿比计算，也可通过原矿销售额、加工环节平均成本和利润计算。

换算比或折算率应按简便可行、公平合理的原则，由省级财税部门确定，并报财政部、国家税务总局备案。

① 对以销售精矿为主的大部分黑色金属矿、有色金属矿和非金属矿，将其计税依据确定为精矿的销售额。对少部分销售原矿的，采用成本法或市场法将原矿销售额换算为精矿销售额，以利于两者之间的税负均衡。对以销售原矿为主的铝土矿、磷矿、高岭土、石灰石等少数有色金属矿和非金属矿，将其计税依据确定为原矿的销售额。对少部分以自采原矿加工成精矿销售的，采用成本法或市场法将精矿销售额折算为原矿销售额。

以精矿为征税对象的税目，如果纳税人销售原矿，在计算应纳资源税时，要用到换算比。换算比按照如下方法确定。

如果本地区有可参照的精矿销售价格(一般外销占 1/3 以上)，纳税人销售(或者视同销售)其自采原矿，可采用市场法将原矿销售额换算为精矿销售额计算缴纳资源税。

精矿销售额=原矿销售额×换算比

$$换算比 = \frac{精矿单位售价}{原矿单位售价×选矿比}$$

$$选矿比 = \frac{加工精矿耗用的原矿数量}{精矿数量};$$

$$或：选矿比 = \frac{精矿品位}{加工精矿耗用的原矿品位×选矿回收率}$$

选矿回收率为精矿中某有用组分的质量占入选原矿中该有用组分质量的百分比。本地区如缺乏原矿与精矿等售价比较数据，可实行跨省协作加以解决。

如果本地区精矿销售情况很少，缺乏可参照的市场售价，纳税人销售(或者视同销售)其自采原矿的，可采用成本法公式计算换算比：

$$换算比 = \frac{精矿平均销售额}{精矿平均销售额-加工环节的平均成本-加工环节的平均利润}$$

上式中"加工环节"是指原矿加工为精矿的环节；上式中加工环节的平均成本包括相关的合法合理的销售费用、管理费用和财务费用。

② 金矿以标准金锭为征税对象，纳税人销售金原矿、金精矿的，应比照上述规定将其销售额换算为金锭销售额缴纳资源税。

考虑到我国黄金企业多为销售金锭，将金矿计税依据调整为金锭的销售额。对少部分销售金原矿或金精矿的，采用成本法或市场法将其换算为金锭销售额计征。

其换算比市场法计算公式为：

金锭销售额=金精矿或金原矿销售额×换算比

$$换算比 = \frac{金锭单位售价}{金精矿或金原矿单位售价×选矿比}$$

其成本法计算公式为：

$$换算比 = \frac{金锭单位售价}{金锭单位售价-金精矿或金原矿加工为金锭的平均成本和平均利润}$$

$$选矿比 = \frac{加工金锭耗用的精矿或原矿数量}{金锭数量}$$

需要指出的是，征税对象规定为精矿的，本省如果没有销售原矿的情况，则不必确定换算比；其征税对象规定为原矿的，本省如果没有销售精矿的情形，则不必确定折算率。

（3）纳税人申报的应税产品价格明显偏低且无正当理由的，或者有视同销售应税产品行为而无销售价格的，主管税务机关应按下列顺序确定计税价格：

① 按纳税人最近时期同类应税产品的平均销售价格确定。
② 按其他纳税人最近时期同类应税产品的平均销售价格确定。
③ 按组成计税价格确定。

$$组成计税价格 = \frac{成本×（1+成本利润率）}{1-资源税税率}$$

公式中的成本利润率由省、自治区、直辖市地方税务局按同类应税产品的平均成本利润率确定。

④ 按其他合理方法确定。

（4）纳税人以未税产品和已税产品混合销售或者混合加工为应税产品销售的，应当准确核算已税产品的购进金额，在计算加工后的应税产品销售额时，准予扣减已税产品的购进金额；未分别核算的，一并计算缴纳资源税。扣减的凭据包括有关发票或者经主管税务机关审核的其他凭据。

2．原油、天然气应纳资源税的计算

对原油、天然气以销售额乘以适用的比例税率计算应纳税额。为便于征管，对开采稠油、高凝油、高含硫天然气、低丰度油气资源及三次采油的陆上油气田企业，根据以前年度符合上述减税规定的原油、天然气销售额占其原油、天然气总销售额的比例，确定资源税综合减征率和实际征收率，计算资源税应纳税额。计算公式为：

$$综合减征率 = \frac{\sum（减税项目销售额 \times 减征幅度 \times 6\%）}{总销售额}$$

实际征收率 = 6% – 综合减征率

应纳税额 = 总销售额 × 实际征收率

中国石油天然气集团公司和中国石油化工集团公司（以下简称中石油和中石化）陆上油气田企业的综合减征率和实际征收率由财政部和国家税务总局确定，具体综合减征率和实际征收率按本通知所附《陆上油气田企业原油、天然气资源税综合减征率和实际征收率表》（以下简称附表）执行。如中国石油化工股份有限公司胜利油田分公司，山东和新疆综合减征率为1.44%，实际征收率为4.56%。

【例8-1】某油田3月生产原油10万吨，当月销售8万吨，每吨3 500元（不含增值税，下同）；用于加热、修井的原油0.5万吨；自产自用其他非应税方面1万吨。同月在采油过程中还回收开采的天然气2万立方米，销售后取得销售额1 200万元。假如实际征收率为4.56%，计算该油田3月应纳资源税额。

销售和自用的原油均应当计税，但加热、修井用油属于免征资源税的项目，采油过程中伴采的天然气单独计税。计算过程如下。

原油应纳资源税 = （8+1）× 3 500 × 4.56% = 1 436.4（万元）

天然气应纳资源税 = 1 200 × 4.56% = 54.72（万元）

应纳资源税 = 1 436.4 + 54.72 = 1 491.12（万元）

3．煤炭应纳资源税的计算

纳税人开采并销售应税煤炭按从价定率办法计算缴纳资源税。应税煤炭包括原煤和以未税原煤（即自采原煤）加工的洗选煤。

原煤是指开采出的毛煤经过简单选矸（矸石直径50mm以上）后的煤炭，以及经过筛选分类后的筛选煤等。

洗选煤是指经过筛选、破碎、水洗、风洗等物理化学工艺，去灰去矸后的煤炭产品，包括精煤、中煤、煤泥等，不包括煤矸石。

（1）纳税人开采原煤直接对外销售的，以原煤销售额作为应税煤炭销售额计算缴纳资源税。

原煤应纳税额 = 原煤销售额 × 适用税率

（2）纳税人将其开采的原煤，自用于连续生产洗选煤的，在原煤移送使用环节不缴纳资源税；自用于其他方面的，视同销售原煤，计算缴纳资源税。

（3）纳税人将其开采的原煤加工为洗选煤销售的，以洗选煤销售额乘以折算率作为应税

煤炭销售额计算缴纳资源税。

$$洗选煤应纳税额=洗选煤销售额 \times 折算率 \times 适用税率$$

洗选煤折算率由省、自治区、直辖市财税部门或其授权地市级财税部门根据煤炭资源区域分布、煤质煤种等情况确定，体现有利于提高煤炭洗选率，促进煤炭清洁利用和环境保护的原则。

洗选煤折算率一经确定，原则上在 1 个纳税年度内保持相对稳定，但在煤炭市场行情、洗选成本等发生较大变化时可进行调整。

洗选煤折算率计算公式如下：

公式一：$洗选煤折算率 = \dfrac{洗选煤平均销售额-洗选环节平均成本-洗选环节平均利润}{洗选煤平均销售额} \times 100\%$

洗选煤平均销售额、洗选环节平均成本、洗选环节平均利润可按照上年当地行业平均水平测算确定。

公式二：$洗选煤折算率 = \dfrac{原煤平均销售额}{洗选煤平均销售额 \times 综合回收率} \times 100\%$

原煤平均销售额、洗选煤平均销售额可按照上年当地行业平均水平测算确定。

$$综合回收率 = \dfrac{洗选煤数量}{入洗前原煤数量} \times 100\%$$

【例 8-2】山西省大同某煤矿属于衰竭期煤矿，2016 年 12 月生产原煤 500 000 吨，销售原煤 50 000 吨，销售额 600 万元；剩余的 450 000 吨用于生产洗煤，当月生产洗煤 30 000 吨，全部销售，折算率为 80%，销售额为 800 万元；开采伴生的天然气 180 万立方米，销售 150 万立方米，销售额 200 万元。已知该公司煤炭适用的资源税税率为 3%，天然气适用的资源税税率为 6%，计算该煤矿本月应纳的资源税税额。

销售原煤直接计税，销售洗煤折算计税，衰竭期煤矿开采征减 30% 的资源税。

直接销售应纳资源税=600×3%×（1-30%）=12.6（万元）

洗煤销售=800×80%×3%×（1-30%）=13.44（万元）

煤矿生产的天然气不征资源税。

该煤矿本月应纳的资源税=12.6+13.44=26.04（万元）

4. 稀土、钨、钼资源税的计算

稀土、钨、钼应税产品包括原矿和以自采原矿加工的精矿。应纳税额的计算公式如下。

$$应纳税额=精矿销售额 \times 适用税率$$

（1）纳税人将其开采的原矿加工为精矿销售的，按精矿销售额（不含增值税）和适用税率计算缴纳资源税。纳税人开采并销售原矿的，将原矿销售额（不含增值税）换算为精矿销售额计算缴纳资源税。

（2）纳税人销售（或者视同销售）其自采原矿的，可采用成本法或市场法将原矿销售额换算为精矿销售额计算缴纳资源税。

成本法公式如下：

$$精矿销售额=原矿销售额+原矿加工为精矿的成本 \times （1+成本利润率）$$

市场法公式如下：

$$精矿销售额=原矿销售额 \times 换算比$$

【例 8-3】某独立矿山企业 2016 年 6 月开采钨矿 30 000 吨，销售 20 000 吨，每吨 10 元，销售收入 20 万元。假如换算比 3，将其他钨矿加工成精矿销售，精矿数量为 500 吨，每吨售价 800 元，钨矿的税率为 6.5%，计算该钨矿 6 月应纳资源税税额。

钨矿精矿直接按销售额征资源税，钨原矿应换算后征收资源税。

钨矿精矿应纳资源税=500×800×6.5%＝24 000（元）

钨原矿应纳资源税=200 000×3×6.5%＝39 000（元）

5. 其他应税矿产资源税的计算

其他应税矿产以原矿、精矿（或原矿加工品）、金锭、氯化钠初级产品为征税对象。对同一种应税产品，征税对象为精矿的，纳税人销售原矿时，应将原矿销售额换算为精矿销售额缴纳资源税；征税对象为原矿的，纳税人销售自采原矿加工的精矿，应将精矿销售额折算为原矿销售额缴纳资源税。

【例 8-4】 本省 A 铁矿开采企业，主要以自采和收购本省 B 矿场原矿生产精矿销售。2016 年 10 月，A、B 两企业业务如下。

（1）B 企业销售自采铁矿原矿 10000 吨给 A 企业，不含税单价 200 元，另外收取运输费用 10000 元，企业分别核算产品销售额和运输费用。

（2）A 企业以自采的原矿 30000 吨和外购的原矿 10000 吨，生产精矿 30000 吨，全部销售，不含税单价 300 元，运杂费由购买方负担。

本省铁矿（精矿）资源税税率3%，铁矿原矿的换算比为 1.34，分别计算 A、B 企业本月应纳资源税。

铁矿以精矿为征税对象，B 企业销售原矿应换算为精矿计算资源税。

B 企业本月应纳资源税=10000×200×1.34×3%×40%＝32160（元）

纳税人以未税产品和已税产品混合销售或者混合加工为应税产品销售的，应当准确核算已税产品的购进金额，在计算加工后的应税产品销售额时，准予扣减已税产品的购进金额；未分别核算的，一并计算缴纳资源税。

A 企业本月应纳资源税=（30000×300−10000×200）×3%×40%＝84000（元）

6. 从量定额计税的项目应纳税额的计算

应税产品以销售数量乘以纳税人具体适用的定额税率计算应纳税额，计算公式如下：

应纳税额=销售数量×单位税额

销售数量的一般规定如下。

（1）纳税人开采或生产应税产品销售的，以销售数量为课税数量。

（2）纳税人开采或生产应税产品自用的，以移送使用数量为课税数量。

销售数量的特殊规定。纳税人不能准确提供应税产品销售数量的，以应税产品的产量或者主管税务机关确定的折算比换算成的数量为计征资源税的销售数量。采取折算比换算课税数量的具体方法如下。

（1）金属和非金属矿产品原矿，因无法准确掌握纳税人移送使用原矿数量的，可将其精矿按选矿比折算成的原矿数量作为课税数量。选矿比简易计算公式如下：

$$选矿比 = \frac{耗用的原矿数量}{精矿数量}$$

$$选矿比 = \frac{精矿品位}{原矿品位}$$

原矿的课税数量=精矿的数量×选矿比

（2）扣缴义务人代扣代缴资源税，以收购未税矿产品的数量为课税数量。

（三）征收管理

1. 减税、免税项目

资源税贯彻普遍征收、级差调节的原则思想，因此规定的减免税项目比较少。

（1）开采原油过程中用于加热、修井的原油，免税。

（2）纳税人开采或者生产应税产品过程中，因意外事故或者自然灾害等原因遭受重大损失的，由省、自治区、直辖市人民政府酌情决定减税或者免税。

（3）铁矿石资源税减按40%征收资源税。

（4）尾矿再利用的，不再征收资源税。

（5）从2007年1月1日起，对地面抽采煤层气暂不征收资源税。煤层气是指赋存于煤层及其围岩中与煤炭资源伴生的非常规天然气，也称煤矿瓦斯。纳税人的减税、免税项目，应当单独核算课税数量；未单独核算或者不能准确提供课税数量的，不予减税或者免税。

2．出口应税产品不退（免）资源税的规定

资源税规定仅对在中国境内开采或生产应税产品的单位和个人征收，进口的矿产品和盐不征收资源税。由于对进口应税产品不征收资源税，相应的，对出口应税产品也不免征或退还已纳资源税。

3．纳税义务发生时间

（1）纳税人销售应税产品，其纳税义务发生时间如下。

① 纳税人采取分期收款结算方式的，其纳税义务发生时间为销售合同规定的收款日期的当天。

② 纳税人采取预收货款结算方式的，其纳税义务发生时间为发出应税产品的当天。

③ 纳税人采取其他结算方式的，其纳税义务发生时间为收讫销售款或者取得索取销售款凭据的当天。

（2）纳税人自产自用应税产品的纳税义务发生时间为移送使用应税产品的当天。

（3）扣缴义务人代扣代缴税款的纳税义务发生时间为支付货款的当天。

4．纳税期限

（1）纳税期限是纳税人发生纳税义务后缴纳税款的期限。资源税的纳税期限为1日、3日、5日、10日、15日或者1个月，纳税人的纳税期限由主管税务机关根据实际情况具体核定。不能按固定期限计算纳税的，可以按次计算纳税。

（2）纳税人以1个月为一期纳税的，自期满之日起10日内申报纳税；以1日、3日、5日、10日或者15日为一期纳税的，自期满之日起5日内预缴税款，于次月1日起10日内申报纳税并结清上月税款。

5．纳税地点

（1）凡是缴纳资源税的纳税人，都应当向应税产品的开采或者生产所在地主管税务机关缴纳税款。

（2）如果纳税人在本省、自治区、直辖市范围内开采或者生产应税产品，其纳税地点是需要调整的，由所在地省、自治区、直辖市税务机关决定。

（3）如果纳税人应纳的资源税属于跨省开采，其下属生产单位与核算单位不在同一省、自治区、直辖市的，对其开采的矿产品一律在开采地纳税，其应纳税款由独立核算、自负盈亏的单位，按照开采地的实际销售量（或者自用量）及适用的单位税额计算划拨。

（4）扣缴义务人代扣代缴的资源税，也应当向收购地主管税务机关缴纳。

6．纳税申报

《资源税纳税申报表》见表8-2。

填表日期： 年 月 日

纳税人认识号

表8-2 资源税纳税申报表（一）

（按从价定率办法计算应纳税额的纳税人适用）

税款所属期限：自 年 月 日至 年 月 日

金额单位：元至角分

栏次	征收品目	征收子目	销售量	销售额	折算率	适用税率或实际征收率	本期应纳税额	减征比例	本期减免税额	减免性质代码	本期已缴税额	本期应补（退）税额
	1	2	3	4	5	6	7	8	9=7×8	10	11	12=7-9-11
合计												

以下由纳税人填写：

纳税人声明：此纳税申报表是根据《中华人民共和国资源税暂行条例》及其《实施细则》的规定填报的，是真实的、可靠的、完整的。

纳税人签章 代理人签章 以下由税务机关填写： 代理人身份证号

受理人 受理日期 年 月 日 受理税务机关签章

本表一式两份，一份纳税人留存，一份税务机关留存。

240

资源税纳税申报表（二）

（按从量定额办法计算应纳税额的纳税人适用）

填表日期： 年 月 日　　　　　　　　　　　　　　　　　　　　金额单位：元至角分

纳税人识别号 ☐☐☐☐☐☐☐☐☐☐☐☐☐☐☐

税款所属期限：自 年 月 日至 年 月 日

栏次	征收品目	征收子目	计税单位	销售量	单位税额	本期应纳税额	本期减免销量	本期减免税额	减免性质代码	本期已缴税额	本期应补（退）税额
	1	2	3	4	5	6=4×5	7	8	9	10	11=6-8-10
合计											

以下由纳税人填写：

纳税人声明：此纳税申报表是根据《中华人民共和国资源税暂行条例》及其《实施细则》的规定填报的，是真实的、可靠的、完整的。

纳税人签章		代理人签章		代理人身份证号	

以下由税务机关填写：

受理日期	年 月 日	受理税务机关签章	

受理人

本表一式两份，一份纳税人留存，一份税务机关留存。

二、土地增值税现行税制

现行土地增值税的基本规范是 1993 年 12 月 13 日国务院颁布的《中华人民共和国土地增值税暂行条例》（以下简称《土地增值税暂行条例》），从 1994 年 1 月 1 日开始实施。

土地增值税是对有偿转让国有土地使用权及地上建筑物和其他附着物产权，取得增值收入的单位和个人征收的一种税。

（一）纳税义务人与征税范围

1. 纳税义务人

土地增值税的纳税义务人为转让国有土地使用权、地上的建筑及其附着物（以下简称转让房地产）并取得收入的单位和个人。单位包括各类企业、事业单位、国家机关和社会团体及其他组织。个人包括个体经营者。

2. 征税范围

土地增值税是对转让国有土地使用权及其地上建筑物和附着物征收；是对转让国有土地使用权及其地上建筑物和附着物的行为征税，不包括国有土地使用权出让所取得的收入。

（二）税率

土地增值税实行四级超率累进税率。

（1）增值额未超过扣除项目金额 50% 的部分，税率为 30%。

（2）增值额超过扣除项目金额 50%、未超过扣除项目金额 100% 的部分，税率为 40%。

（3）增值额超过扣除项目金额 100%、未超过扣除项目金额 200% 的部分，税率为 50%。

（4）增值额超过扣除项目金额 200% 的部分，税率为 60%。

上述所列四级超率累进税率，每级"增值额未超过扣除项目金额"的比例，均包括本比例数。土地增值税超率累进税率见表 8-3。

表 8-3　土地增值税四级超率累进税率表　　　　　　　　单位：%

级　　数	增值额与扣除项目金额的比率	税　　率	速算扣除系数
一	不超过 50% 的部分	30	0
二	超过 50%～100% 的部分	40	5
三	超过 100%～200% 的部分	50	15
四	超过 200% 的部分	60	35

（三）应税收入与扣除项目

1. 应税收入的确定

根据《土地增值税暂行条例》及其《实施细则》的规定，纳税人转让房地产取得的应税收入，应包括转让房地产的全部价款及有关的经济收益。从收入的形式来看，包括货币收入、实物收入和其他收入。

2. 扣除项目的确定

税法准予纳税人从转让收入额中减除的项目包括如下几项。

（1）取得土地使用权所支付的金额。取得土地使用权所支付的金额包括如下内容。

① 纳税人为取得土地使用权所支付的地价款。如果是以协议、招标、拍卖等出让方式取得土地使用权的，地价款为纳税人所支付的土地出让金；如果是以行政划拨方式取得土地使

用权的，地价款为按照国家有关规定补交的土地出让金；如果是以转让方式取得土地使用权的，地价款为向原土地使用权人实际支付的地价款。

② 纳税人在取得土地使用权时按国家统一规定缴纳的有关费用，系指纳税人在取得土地使用权过程中为办理有关手续，按国家统一规定缴纳的有关登记、过户手续费。

（2）房地产开发成本。房地产开发成本是指纳税人房地产开发项目实际发生的成本，包括土地的征用及拆迁补偿费、前期工程费、建筑安装工程费、基础设施费、公共配套设施费、开发间接费用等。

① 土地征用及拆迁补偿费，包括土地征用费、耕地占用税、劳动力安置费及有关地上、地下附着物拆迁补偿的净支出、安置动迁用房支出等。

② 前期工程费，包括规划、设计、项目可行性研究和水文、地质、勘察、测绘、"三通一平"等支出。

③ 建筑安装工程费，包括以出包方式支付给承包单位的建筑安装工程费，以自营方式发生的建筑安装工程费。

④ 基础设施费，包括开发小区内道路、供水、供电、供气、排污、排洪、通信、照明、环卫、绿化等工程发生的支出。

⑤ 公共配套设施费，包括不能有偿转让的开发小区内公共配套设施发生的支出。

⑥ 开发间接费用。直接组织、管理开发项目发生的费用，包括工资、职工福利费、折旧费、修理费、办公费、水电费、劳动保护费、周转房摊销等。

（3）房地产开发费用。房地产开发费用是指与房地产开发项目有关的销售费用、管理费用和财务费用。

财务费用中的利息支出，凡能够按转让房地产项目计算分摊并提供金融机构证明的，允许据实扣除，但最高不能超过按商业银行同类同期贷款利率计算的金额。其他房地产开发费用，按上述（1）+（2）（即取得土地使用权所支付的金额和房地产开发成本，下同）计算的金额之和的 5% 以内计算扣除。凡不能按转让房地产项目计算分摊利息支出或不能提供金融机构证明的，房地产开发费用按上述（1）+（2）计算的金额之和的 10% 以内计算扣除。计算扣除的具体比例，由各省、自治区、直辖市人民政府规定。

（4）与转让房地产有关的税金。与转让房地产有关的税金是指在转让房地产时缴纳的城市维护建设税、印花税。因转让房地产缴纳的教育费附加，也可视同税金予以扣除。

需要明确的是，房地产开发企业按照《施工、房地产开发企业财务制度》有关规定，其在转让时缴纳的印花税因列入管理费用中，故在此不允许单独再扣除。其他纳税人缴纳的印花税（按产权转移书据所载金额的 5‰贴花）允许在此扣除。

（5）其他扣除项目。对从事房地产开发的纳税人可按上述（1）+（2）计算的金额之和加计 20% 的扣除。在此，应特别指出的是，此条优惠只适用于从事房地产开发的纳税人，除此之外的其他纳税人不适用。

（6）旧房及建筑物的评估价格。纳税人转让旧房的，应按房屋及建筑物的评估价格、取得土地使用权所支付的地价款或出让金、按国家统一规定缴纳的有关费用和转让环节缴纳的税金作为扣除项目金额计征土地增值税。对取得土地使用权时未支付地价款或不能提供已支付的地价款凭据的，在计征土地增值税时不允许扣除。

（7）旧房及建筑物的评估价格是指在转让已使用的房屋及建筑物时，由政府批准设立的房地产评估机构评定的重置成本价乘以成新度折扣率后的价格。评估价格须经当地税务机关确认。重置成本价的含义是：对旧房及建筑物，按转让时的建材价格及人工费用计算，建造同样面积、同样层次、同样结构、同样建设标准的新房及建筑物所需花费的成本费用。成新度折扣率的含义是：按旧房的新旧程度作一定比例的折扣。例如，一栋房屋已使用近 10 年，建造时的造价为 800 万元，按转让时的建材及人工费用计算，建同样的新房需花费 4 000 万元，假定该房有六成新，则该房的评估价格=4 000×60% ＝2 400（万元）。

纳税人转让旧房及建筑物，凡不能取得评估价格，但能提供购房发票的，经当地税务部门确认，根据《土地增值税暂行条例》第六条第（一）、（三）项规定的扣除项目的金额（即取得土地使用权所支付的金额，新建房及配套设施的成本、费用，或者旧房及建筑物的评估价格），可按发票所载金额并从购买年度起至转让年度止每年加计 5% 计算扣除。计算扣除项目时"每年"按购房发票所载日期起至售房发票开具之日止，每满 12 个月计 1 年；超过 1 年，未满 12 个月但超过 6 个月的，可以视同为 1 年。

对纳税人购房时缴纳的契税，凡能提供契税完税凭证的，准予作为"与转让房地产有关的税金"予以扣除，但不作为加计 5% 的基数。

对于转让旧房及建筑物，既没有评估价格，又不能提供购房发票的，地方税务机关可以根据《中华人民共和国税收征收管理法》第三十五条的规定，实行核定征收。

（四）应纳税额的计算

1．增值额的确定

土地增值税纳税人转让房地产所取得的收入减除规定的扣除项目金额后的余额，为增值额。准确核算增值额，还需要有准确的房地产转让收入额和扣除项目的金额。在实际房地产交易活动中，有些纳税人由于不能准确提供房地产转让价格或扣除项目金额，致使增值额不准确，直接影响应纳税额的计算和缴纳。因此，《土地增值税暂行条例》第九条规定，纳税人有下列情形之一的，按照房地产评估价格计算征收。

（1）隐瞒和虚报房地产成交价格的。

（2）提供扣除项目金额不实的。

（3）转让房地产的成交价格低于房地产评估价格，又无正当现由的。

2．应纳税额的计算方法

土地增值税按照纳税人转让房地产所取得的增值额和规定的税率计算征收。土地增值税的计算公式是：

$$应纳税额 = \Sigma（每级距的土地增值额 \times 适用税率）$$

但在实际工作中，分步计算比较烦琐，一般采用速算扣除法计算，即计算土地增值税税额，可按增值额乘以适用的税率减去扣除项目金额乘以速算扣除系数的简便方法计算。

（1）增值额未超过扣除项目金额 50% 时，计算公式为：

$$土地增值税税额 = 增值额 \times 30\%$$

（2）增值额超过扣除项目金额 50%，未超过 100% 时，计算公式为：

$$土地增值税税额 = 增值额 \times 40\% - 扣除项目金额 \times 5\%$$

（3）增值额超过扣除项目金额 100% 未超过 200% 时，计算公式为：

$$土地增值税税额 = 增值额 \times 50\% - 扣除项目金额 \times 15\%$$

（4）增值额超过扣除项目金额 200% 时，计算公式为：

$$土地增值税税额 = 增值额 \times 60\% - 扣除项目金额 \times 35\%$$

上述公式中的 5%、15%、35% 分别为二、三、四级的速算扣除系数。见前述表 8-3。

【例 8-5】假定某房地产开发公司转让商品房一栋，取得收入总额为 1 400 万元，应扣除的购买土地的金额、开发成本的金额、开发费用的金额、相关税金的金额、其他扣除金额合计为 800 万元。请计算该房地产开发公司应缴纳的土地增值税。

① 先计算增值额

$$增值额 = 1\ 400 - 800 = 600（万元）$$

② 再计算增值额与扣除项目金额的比率

$$增值额与扣除项目金额的比率 = \frac{600}{800} \times 100\% = 75\%$$

根据上述计算方法，增值额超过扣除项目金额50%，未超过100%时，其适用的计算公式为：

$$土地增值税税额 = 增值额 \times 40\% - 扣除项目金额 \times 5\%$$

③ 计算该房地产开发公司应缴纳的土地增值税

$$应缴纳土地增值税 = 600 \times 40\% - 800 \times 5\% = 200（万元）$$

（五）税收优惠

1．建造普通标准住宅的税收优惠

纳税人建造普通标准住宅出售，增值额未超过扣除项目金额 20%的，免征土地增值税。对于纳税人既建造普通标准住宅，又建造其他房地产开发的，应分别核算增值额。不分别核算增值额或不能准确核算增值额的，其建造的普通标准住宅不能适用这一免税规定。

对企事业单位、社会团体以及其他组织转让房屋作为租房房源且增值额未超过扣除项目金额20%的，免征土地增值税。

2．国家征用收回的房地产的税收优惠

因国家建设需要依法征用、收回的房地产，免征土地增值税。这里所说的"因国家建设需要依法征用、收回的房地产"，是指因城市实施规划、国家建设的需要而被政府批准征用的房产或收回的土地使用权。

3．因城市实施规划、国家建设需要而搬迁由纳税人自行转让原房地产的税收优惠

因城市实施规划、国家建设的需要而搬迁，由纳税人自行转让原房地产的，免征土地增值税。

（六）征收管理

针对当前房地产市场逐步规范，房地产投资商的投资回报趋于正常情况，各地要进一步完善土地增值税的预征办法，预征率的确定要科学、合理。对已经实行预征办法的地区，可根据不同类型房地产的实际情况，确定适当的预征率。除保障性住房外，东部地区省份预征率不得低于2%，中部和东北地区省份不得低于1.5%，西部地区省份不得低于1%。

1．纳税地点

土地增值税的纳税人应向房地产所在地主管税务机关办理纳税申报，并在税务机关核定的期限内缴纳土地增值税。这里所说的"房地产所在地"，是指房地产的坐落地。纳税人转让的房地产坐落在两个或两个以上地区的，应按房地产所在地分别申报纳税。

2．纳税申报

土地增值税的纳税人应在转让房地产合同签订后的 7 日内，到房地产所在地主管税务机关办理纳税申报，并向税务机关提交房屋及建筑物产权、土地使用权证书，土地转让、房产买卖合同，房地产评估报告及其他与转让房地产有关的资料。纳税人因经常发生房地产转让而难以在每次转让后申报的，经税务机关审核同意后，可以定期进行纳税申报，具体期限由税务机关根据情况确定。

1995 年 5 月 17 日，国家税务总局制定并下发了《土地增值税纳税申报表》。此表包括适用于从事房地产开发纳税人的《土地增值税纳税申报表（一）》（见表 8-4）及适用于非从事房地产开发纳税人的《土地增值税纳税申报表（二）》（见表 8-5）。国家税务总局同时规定，纳税人必须按照税法的有关规定，向房地产所在地主管税务机关如实申报转让房地产所取得的

收入、扣除项目金额以及应纳土地增值税税额，并按期缴纳税款。

表 8-4　土地增值税纳税申报表（一）

（从事房地产开发的纳税人适用）

填表日期　　　　　年　月　日

纳税人识别号：　　　　　　　　　　　　　　　　　金额单位：元（列至角分）

纳税人名称		纳税所属时期		
项　　目			行次	金　　额
一、转让房地产收入总额 2 行 + 3 行			1	
其中	货币收入		2	
	实物收入及其他收入		3	
二、扣除项目金额合计 5 行 + 6 行 + 13 行 + 16 行 + 19 行			4	
1. 取得土地使用权所支付的金额			5	
2. 房地产开发成本 7 行 + 8 行 + 9 行 + 10 行 + 11 行 + 12 行			6	
其中	土地征用及拆迁补偿费		7	
	前期工程费		8	
	建筑安装工程费		9	
	基础设施费		10	
	公共配套设施费		11	
	开发间接费用		12	
3. 房地产开发费用 14 行 + 15 行			13	
其中	利息支出		14	
	其他房地产开发费用		15	
4. 与转让房地产有关的税金等 17 行 + 18 行			16	
其中	城市维护建设税		17	
	教育费附加		18	
5. 财政部规定的其他扣除项目			19	
三、增值额 20 = 1 行-4 行			20	
四、增值额与扣除项目金额之比（%）$\frac{20\ 行}{4\ 行} \times 100\%$			21	
五、适用税率（%）			22	
六、速算扣除系数（%）			23	
七、应缴土地增值税税额=20 行×22 行-4 行×23 行			24	
八、已缴土地增值税税额			25	

续表

九、应补（退）土地增值税税额=24行-25行			26		
如纳税人填报，由纳税人填写以下各栏		如委托代理人填报，由代理人填写以下各栏			备注
会计主管 （签章）	纳税人 （公章）	代理人名称		代理人 （公章）	
		代理人地址			
		经办人姓名	电话		
以下由税务机关填写					
收到申报表日期			接收人		

表 8-5　土地增值税纳税申报表（二）

（非从事房地产开发的纳税人适用）

填表日期　　　　　年　　月　　日

纳税人识别号：　　　　　　　　　　　　　　　　金额单位：元（列至角分）

纳税人名称		纳税所属时期		
项　目		行次	金　额	
一、转让房地产收入总额2行+3行		1		
其中	货币收入	2		
	实物收入及其他收入	3		
二、扣除项目金额合计5行+6行+9行		4		
1. 取得土地使用权所支付的金额		5		
2. 旧房及建筑物的评估价格7行×8行		6		
其中	旧房及建筑物的重置成本价	7		
	成新度折扣率	8		
3. 与转让房地产有关的税金等10行+11行+12行		9		
其中	城市维护建设税	10		
	印花税	11		
	教育费附加	12		
三、增值额1行-4行		13		
四、增值额与扣除项目金额之比（%）$= \dfrac{13行}{4行} \times 100\%$		14		
五、适用税率（%）		15		

续表

六、速算扣除系数（%）			16		
七、应缴土地增值税税额=13行×15行－4行×16行			17		
如纳税人填报，由纳税人填写以下各栏		如委托代理人填报，由代理人填写以下各栏			备注
会计主管 （签章）	纳税人 （公章）	代理人名称		代理人 （公章）	
		代理人地址			
		经办人姓名		电话	
以下由税务机关填写					
收到申报表日期			接收人		

第二节　资源税和土地增值税会计核算

一、资源税会计核算

（一）资源税会计科目设置

1. "应交税费——应交资源税"科目

为了正确、及时地反映企业应缴资源税相关涉税事项，纳税人应在"应交税费"科目下设置"应交资源税"明细科目进行会计处理。该明细科目采用三栏式账户记账，贷方核算企业按规定应缴的资源税，借方核算企业实际缴纳的资源税；期末，贷方余额表示尚未缴纳的资源税，借方余额表示企业多缴的资源税。

2. "税金及附加"科目

为了反映企业上缴的各种税金及附加，还应设置"税金及附加"科目。该科目核算企业应缴的消费税、资源税、城市维护建设税和教育费附加等。

企业计算应缴资源税时，借记"税金及附加"科目，贷记"应交税费——应交资源税"科目。实际缴纳时，借记"应交税费——应交资源税"科目，贷记"银行存款"科目。期末，应将"税金及附加"科目的余额转入"本年利润"科目。结转后，本科目无余额。

（二）资源税的会计处理

【例8-6】某油田5月份缴纳资源税1 200 000元，6月对外销售原油销售额1 500万元，假定适用资源税税率为6%。税务机关核定该企业纳税期限为10天，按上月税款的1/3预缴，月终结算。

会计处理如下。

$$企业每旬预缴资源税税额=\frac{1\ 200\ 000}{3}=400\ 000（元）$$

（1）每旬预缴资源税时

借：应交税费——应交资源税　　　　　　　　　　　　　　　　　　　400 000
　　贷：银行存款　　　　　　　　　　　　　　　　　　　　　　　　　400 000
该业务记账凭证后附：税收缴款书1张。

（2）6月末计提对外销售原油应纳资源税时

应纳资源税税额=15 000 000×6%=900 000（元）

借：税金及附加   900 000

  贷：应交税费——应交资源税   900 000

该业务记账凭证后附：应纳资源税计算表1张。

（3）7月清缴资源税款时

应补纳税额=900 000-400 000×3=-300 000（元）

借：银行存款   300 000

  贷：应交税费——应交资源税   300 000

该业务记账凭证后附：银行收款凭证1张。

【例8-7】某煤矿5月生产原煤290 000吨，对外直接销售100 000吨，300元/吨，销售自产自用原煤加工的选煤80 000吨，税务机关核定的选煤回收率为1∶1.5，假定该煤矿所采原煤适用资源税税率为5%，税务机关核定的纳税期限为5天，按上月实际缴纳税款4 200 000元预缴。

会计处理如下。

（1）每期预缴税款时

$$每期应预缴税额=\frac{4\,200\,000}{6}=700\,000（元）$$

借：应交税费——应交资源税   700 000

  贷：银行存款   700 000

该业务记账凭证后附：税收缴款书1张。

（2）对外销售原煤时

对外销售原煤应纳资源税税额=100 000×300×5%=1 500 000（元）

借：税金及附加   1 500 000

  贷：应交税费——应交资源税   1 500 000

该业务记账凭证后附：应缴资源税计算表1张。

（3）企业自产自用原煤，由于连续加工前无法正确计算原煤移送使用量，可按加工产品的综合回收率，将加工产品实际销售量折算成原煤数作为课税数量。按选煤销售量折算成的原煤自用数量如下。

原煤自用数量=80 000×1.5=120 000（吨）

自用原煤数量应纳资源税税额=120 000×300×5%=1 800 000（元）

借：生产成本——洗煤   1 800 000

  贷：应交税费——应交资源税   1 800 000

该业务记账凭证后附：应缴资源税计算表1张。

（4）收到退回资源税税款时：

企业应补纳资源税税额=（1 500 000+1 800 000）-700 000×6=-900 000（元）

借：银行存款   900 000

  贷：应交税费——应交资源税   900 000

该业务记账凭证后附：银行收款凭证1张。

【例8-8】某矿山联合企业6月自产入选露天矿铁矿石160 000吨，又于当月收购未税入选露天矿铁矿石32 000吨，每吨收购价格为60元。假定该矿山铁矿石适用资源税税率为6%。该矿山以10天为纳税期限，按上月实际应缴资源税240 000元预缴，月终申报纳税并结清本月税款（不考虑增值税）。

会计处理如下。

（1）每期预缴资源税时

$$企业每期预缴税额=\frac{240\ 000}{3}=80\ 000（元）$$

借：应交税费——应交资源税   80 000

  贷：银行存款   80 000

该业务记账凭证后附：税收缴款书1张。

（2）收购铁矿石时

收购铁矿石应代扣的资源税税额=32 000×60×6%×40%=46 080（元）

铁矿石采购成本=32 000×60+46 080=1 966 080（元）

借：材料采购   1 966 080

  贷：应交税费——应交资源税   46 080

    银行存款   1 920 000

该业务记账凭证后附：采购铁矿石发票1张、银行付款凭证1张。

（3）计算企业6月份应缴资源税时

企业应纳资源税税额=160 000×60×6%×40%=230 400（元）

借：生产成本——铁矿石   230 400

  贷：应交税费——应交资源税   230 400

该业务记账凭证后附：应缴资源税计算表1张。

（4）6月末应补缴资源税时

企业应补纳资源税税额=46 080+230 400-240 000=36 480（元）

借：应交税费——应交资源税   36 480

  贷：银行存款   36 480

该业务记账凭证后附：税收缴款书1张。

【例8-9】某盐场当月对外销售海盐原盐20 000吨，80元/吨，假定该盐场适用资源税税率为3%。另外，企业用原盐加工成精盐10 000吨出售。原盐与精盐的出产比例为1.1：1。

会计处理如下。

（1）企业对外销售海盐原盐时

应纳资源税税额=20 000×80×3%=48 000（元）

借：税金及附加   48 000

  贷：应交税费——应交资源税   48 000

该业务记账凭证后附：应缴资源税计算表1张。

（2）企业用原盐加工成精盐10 000吨出售时

应纳资源税税额=10 000×1.1×80×3%=26 400（元）

借：生产成本——精盐   26 400

  贷：应交税费——应交资源税   26 400

该业务记账凭证后附：应缴资源税计算表1张。

（3）上交资源税税款时

应纳资源税税额=48 000+26 400=74 400（元）

借：应交税费——应交资源税   74 400

　　贷：银行存款　　　　　　　　　　　　　　　　　　　　74 400

该业务记账凭证后附：税收缴款书 1 张。

二、土地增值税会计核算

（一）土地增值税会计科目设置

1. "应交税费——应交土地增值税" 科目

为了正确、及时地反映企业应缴土地增值税相关涉税事项，纳税人应在"应交税费"科目下设置"应交土地增值税"明细科目进行会计处理。该明细科目采用三栏式账户记账，贷方核算企业按规定应缴的土地增值税，借方核算企业实际缴纳的土地增值税；期末，贷方余额表示尚未缴纳的土地增值税，借方余额表示企业多缴的土地增值税。

2. "税金及附加" 科目

为了反映企业上缴的各种税金及附加，还应设置"税金及附加"科目，该科目核算企业应缴的消费税、资源税、土地增值税、城市维护建设税和教育费附加等。企业计算应缴土地增值税时，借记"税金及附加"科目，贷记"应交税费——应交土地增值税"科目。实际缴纳时，借记"应交税费——应交土地增值税"科目，贷记"银行存款"科目。期末，应将"税金及附加"科目的余额转入"本年利润"科目，结转后，本科目无余额。

（二）土地增值税的会计处理

1. 主营房地产业务土地增值税的会计处理

主营房地产业务的企业，由于土地增值税是在转让房地产的流转环节纳税，并且是为了取得当期营业收入而发生的支出，因此，土地增值税应借记"税金及附加"科目等，贷记"应交税费——应交土地增值税"科目。实际缴纳土地增值税时，借记"应交税费——应交土地增值税"科目，贷记"银行存款"科目等。

（1）商品房预售款预缴土地增值税的会计处理。商品房预售应符合一定条件，并取得商品房预售许可证。纳税人在项目全部竣工前转让房地产取得的收入，由于涉及成本计算及其他原因，无法据以计算土地增值税，可以预缴土地增值税。待项目全部竣工办理结算手续后，再进行清算，多退少补。

企业预缴土地增值税的会计处理与上缴土地增值税相同，均是借记"应交税费——应交土地增值税"科目，贷记"银行存款"科目。待房地产营业收入实现时，再按应缴的土地增值税，借记"税金及附加"科目，贷记"应交税费——应交土地增值税"科目。

这种会计处理方法，在企业未实现营业收入（未进行结算）前，"应交税费——应交土地增值税"账户出现借方余额，反映预缴的土地增值税。

【例 8-10】某房地产开发公司在某项目竣工前，预售部分房地产而取得收入 2 000 万元，假设该项目按照 2%预缴土地增值税、按照 3%预缴增值税、该项目利润率核定为10%，企业所得税税率为 25%，城建税税率 7%，教育费附加率 3%，公司所在地为山东；该项目于 2016 年 4 月 30 日以前开发，选用简易计税办法计算上缴增值税。项目竣工后，全部收入 5 000 万元（含税价），按税法规定进行该项目应缴土地增值税清算，该项目应缴土地增值税 95 万元。

会计处理如下。

（1）收到预售房款时

　　借：银行存款　　　　　　　　　　　　　　　　　　　20 000 000.00

　　　　贷：预收账款——××　　　　　　　　　　　　　　　20 000 000.00

该业务记账凭证后附：银行收款凭证 1 宗、预收房款收据 1 宗。

（2）按税务机关核定比例预交各种税时

$$应预交增值税税额=\frac{20\ 000\ 000}{1+5\%}\times3\%=571\ 428.57（元）$$

$$应预交土地增值税税额=\frac{20\ 000\ 000}{1+5\%}\times2\%=380\ 952.38（元）$$

$$应预交企业所得税税额=\frac{20\ 000\ 000}{1+5\%}\times10\%\times25\%=476\ 190.48（元）$$

应纳城建税税额=571 428.57×7%=40 000.00（元）

应纳教育费附加金额=571 428.57×3%=17 142.86（元）

应纳地方教育费附加金额=571 428.57×2%=11 428.57（元）

应纳地方水利建设基金金额=571 428.57×0.5%=2 857.15（元）

借：应交税费——预交增值税	571 428.57
——应交土地增值税	380 952.38
——应交所得税	476 190.48
——应交城建税	40 000.00
——应交教育费附加	17 142.86
——应交地方教育费附加	11 428.57
——应交地方水利建设基金	2 857.15
贷：银行存款	1 500 000.01

该业务记账凭证后附：税收缴款书1宗。

（3）期末计提城建税及附加时

借：税金及附加	71 428.58
贷：应交税费——应交城建税	40 000.00
——应交教育费附加	17 142.86
——应交地方教育费附加	11 428.57
——应交地方水利建设基金	2 857.15

该业务记账凭证后附：城建税及附加计算表1张。

（4）确认收入时

$$不含税收入=\frac{50\ 000\ 000}{1+5\%}=47\ 619\ 047.62（元）$$

应纳增值税税额=47 619 047.60×5%=2 380 952.38（元）

借：预收账款——××	50 000 000.00
贷：主营业务收入	47 619 047.62
应交税费——简易计税	2 380 952.38

该业务记账凭证后附：房屋销售发票1宗。

（5）结转预交增值税

借：应交税费——简易计税	571 428.57
贷：应交税费——预交增值税	571 428.57

该业务记账凭证后附：预交增值税结转说明1张。

（6）补缴增值税时

借：应交税费——简易计税　　　　　　　　　　　　　　1 809 523.81

　　贷：银行存款　　　　　　　　　　　　　　　　　　　　1 809 523.81

该业务记账凭证后附：税收缴款书 1 张。

（7）土地增值税清算时计提应交土地增值税

借：税金及附加　　　　　　　　　　　　　　　　　　　950 000.00

　　贷：应交税费——应交土地增值税　　　　　　　　　　950 000.00

该业务记账凭证后附：应交土地增值税清算表 1 份。

（8）补缴土地增值税时

借：应交税费——应交土地增值税　　　　　　　　　　　569 047.62

　　贷：银行存款　　　　　　　　　　　　　　　　　　　569 047.62

该业务记账凭证后附：税收缴款书 1 张。

（2）现房销售的涉税会计处理。在现房销售情况下，采用一次性收款、房地产移交使用、发票账单提交买主、钱货两清的，应于房地产移交和发票结算账单提交买主时作为销售实现，借记"银行存款"科目等，贷记"主营业务收入"科目等。同时，按照收取的房款计算应预交的土地增值税，借记"应交税费——应交土地增值税"科目，贷记"银行存款"科目；待该房地产项目土地增值税清算时，再将应交土地增值税借记"税金及附加"科目，贷记"应交税费——应交土地增值税"科目。

采用赊销、分期收款方式销售房地产的，应以合同规定的收款时间作为销售实现，分次结转收入。

会计处理如下。

① 收入实现时

借：银行存款

　　贷：主营业务收入

　　　　应交税费——简易计税　　　　　　　（采用简易计税办法时）

　　　　　　　　——应交增值税（销项税额）　（采用一般计税办法时）

② 结转销售成本

借：主营业务成本

　　贷：开发产品

③ 预交土地增值税时

借：应交税费——应交土地增值税

　　贷：银行存款

④ 项目清算计提应缴土地增值税时

借：税金及附加

　　贷：应交税费——应交土地增值税

2．兼营房地产业务的土地增值税会计处理

兼营房地产业务的企业转让房地产应缴的土地增值税记入"税金及附加"账户。企业按规定计算出应缴纳的土地增值税时，借记"税金及附加"科目，贷记"应交税费——应交土地增值税"科目。企业实际缴纳土地增值税时，借记"应交税费——应交土地增值税"科目，贷记"银行存款"科目。

【例 8-11】某兼营房地产业务的金融公司 2016 年 4 月 30 日前按 5 000 元/平方米的价格购入一栋两层楼房，共计 2 000 平方米，支付价款 10 000 000 元。2017 年 5 月，该公司没有

经过任何开发，以 9 000 元/平方米的价格出售，通过银行收取转让收入 18 000 000 元（不含税价）及增值税 900 000 元，公司所在地为北京市，缴纳增值税选用简易计税办法。该公司既不能按转让房地产项目计算分摊利息支出，也不能提供金融机构证明。

会计处理如下。

（1）购入楼房时

借：库存商品   10 000 000
    贷：银行存款   10 000 000

该业务记账凭证后附：购房发票 1 张、银行付款凭证 1 张。

（2）销售楼房时

借：银行存款   18 900 000
    贷：其他业务收入   18 000 000
        应交税费——简易计税   900 000

该业务记账凭证后附：售房发票 1 张、银行收款凭证 1 张。

（3）月末结转成本时

借：其他业务成本   10 000 000
    贷：库存商品   10 000 000

该业务记账凭证后附：销售成本计算表 1 张。

（4）月末计提应交城建税及附加时

应纳城市维护建设税税额=900 000×7%=63 000（元）

应纳教育费附加金额=900 000×3%=27 000（元）

借：税金及附加   90 000
    贷：应交税费——应交城市维护建设税   63 000
           ——应交教育费附加   27 000

该业务记账凭证后附：应交城建税及附加计算表 1 张。

（5）月末计提应交土地增值税

扣除项目金额=10 000 000+10 000 000×10%+90 000=11 090 000（元）

增值额=18 000 000−11 090 000=6 910 000（元）

$$增值额占扣除项目的比例=\frac{6\,910\,000}{11\,090\,000}×100\%=62.31\%$$

应纳土地增值税税额=6 910 000×40%−11 090 000×5%

$$=2\,764\,000−554\,500=2\,209\,500（元）$$

借：税金及附加   2 209 500
    贷：应交税费——应交土地增值税   2 209 500

该业务记账凭证后附：应交土地增值税计算表 1 张。

（6）实际缴纳各种税金时

借：应交税费——简易计税   900 000
          ——应交城市维护建设税   63 000
          ——应交教育费附加   27 000
          ——应交土地增值税   2 209 500
    贷：银行存款   3 199 500

该业务记账凭证后附：税收缴款书 1 宗。

3．转让房地产业务的土地增值税会计处理

企业转让国有土地使用权连同地上建筑物及其附着物，应通过"固定资产清理"等账户核算，取得的转让收入记入"固定资产清理"等账户的贷方；应缴纳的土地增值税，借记"固定资产清理"科目等，贷记"应交税费——应交土地增值税"科目等。转让以行政划拨方式取得的国有土地使用权，转让时也应缴纳土地增值税。企业先按缴纳的土地出让金作为"无形资产"入账，按转让无形资产进行会计处理。

【例 8-12】甲乙公司均为一般纳税人，甲公司因企业现金流量不足，长期拖欠乙公司商品价款 3 000 万元，乙公司已计提坏账准备 450 万元。经双方协商进行债务重组，2017 年 5 月份甲公司将其一栋 2016 年 4 月 30 日前取得的自用办公楼抵顶商品价款，并开具增值税普通发票。办公楼原价为 2 000 万元，已提折旧 500 万元，市场公允价为 2 500 万元（含税价），甲公司另支付银行存款 250 万元，经税务机关认定的重置成本价为 3 000 万元（含税价），成新度折扣率为 65%。乙公司对该办公楼重新装修后销售，取得销售款为 3 200 万元（含税价），发生装修费支出 300 万元，转让时支付相关费用为 25 万元。甲乙公司所在地均为山东省济南市。甲公司转让办公楼采用简易计税方法，乙公司转让办公楼采用一般计税方法（假设乙公司转让房产当期无可以抵扣的进项税额）。

甲公司（债务人）会计处理如下。

（1）将抵债办公楼转入清理

借：固定资产清理 15 000 000

累计折旧 5 000 000

贷：固定资产 20 000 000

该业务记账凭证后附：固定资产账面价值计算表 1 张。

（2）计提应缴各种税金时

$$应纳增值税税额 = \frac{25\,000\,000 - 20\,000\,000}{1+5\%} \times 5\% = 238\,095.24（元）$$

$$应纳城建税税额 = 238\,095.24 \times 7\% = 16\,666.67（元）$$

$$应纳教育费附加金额 = 238\,095.24 \times 3\% = 7\,142.86（元）$$

$$应纳地方教育费附加金额 = 238\,095.24 \times 2\% = 4\,761.90（元）$$

$$应纳地方水利建设基金金额 = 238\,095.24 \times 1\% = 2\,380.95（元）$$

$$城建税及附加合计 = 16\,666.67 + 7\,142.86 + 4\,761.90 + 2\,380.95 = 30\,952.38（元）$$

$$评估价格 = 30\,000\,000 \times 65\% = 19\,500\,000（元）$$

$$增值额 = \frac{25\,000\,000 - 19\,500\,000}{1+5\%} - 30\,952.38 = 5\,207\,142.86（元）$$

$$增值率 = \frac{5\,207\,142.86}{\frac{19\,500\,000}{1+5\%} + 30\,952.38} \times 100\%$$

$$= \frac{5\,207\,142.86}{18\,602\,381.00} \approx 27.99\%$$

$$应纳土地增值税税额 = 5\,207\,142.86 \times 30\% - \left[\frac{19\,500\,000}{1+5\%} + 30\,952.38\right] \times 0$$

$$= 1\,562\,142.86（元）$$

借：固定资产清理 1 593 095.24

贷：应交税费——应交城建税 16 666.67

——应交教育费附加	7 142.86
——应交地方教育费附加	4 761.90
——应交地方水利建设基金	2 380.95
——应交土地增值税	1 562 142.86

该业务记账凭证后附：应缴税金计算表1张。

（3）以办公楼抵偿债务时

债务重组利得=30 000 000−25 000 000−2 500 000=2 500 000（元）

转让资产收益=（25 000 000−238 095.24）−15 000 000−1 593 095.24

=8 168 809.52（元）

借：应付账款——乙公司 30 000 000.00

贷：固定资产清理 16 593 095.24

应交税费——简易计税 238 095.24

银行存款 2 500 000.00

营业外收入——债务重组利得 2 500 000.00

——非流动资产处置利得 8 168 809.52

该业务记账凭证后附：债务重组协议1份、银行付款凭证1张、办公楼销售发票1张、债务重组收益计算表1张。

乙公司（债权人）会计处理如下。

（1）收到抵债资产时

借：库存商品——待售房产 25 000 000

银行存款 2 500 000

坏账准备 4 500 000

贷：应收账款——甲公司 30 000 000

资产减值损失 2 000 000

该业务记账凭证后附：债务重组协议1份、银行收款凭证1张、办公楼销售发票1张、房产交接单1份。

（2）将待售房产转入在建工程时

借：在建工程 25 000 000

贷：库存商品——待售房产 25 000 000

该业务记账凭证后附：房产交接单1份。

（3）发生工程支出时

借：在建工程 3 000 000

贷：银行存款 3 000 000

该业务记账凭证后附：装修费发票1宗、银行付款凭证1宗。

（4）工程完工结转待售房产成本时

借：库存商品——待售房产 28 000 000

贷：在建工程 28 000 000

该业务记账凭证后附：房产交接单1份。

（5）销售房产时

不含税销售额=$\frac{32\ 000\ 000}{1+10\%}$=29 090 909.10（元）

应纳增值税税额 ＝ 29 090 909.10×10% = 2 909 090.90（元）

借：银行存款   32 000 000.00

　　贷：其他业务收入   29 090 909.10

　　　　应交税费——应交增值税（销项税额）   2 909 090.90

该业务记账凭证后附：银行收款凭证 1 张、房地产销售发票 1 张。

（6）月末结转出售房产成本、费用时

借：其他业务成本   28 250 000

　　贷：库存商品——待售房产   28 000 000

　　　　银行存款   250 000

该业务记账凭证后附：房产交接单 1 份、销售成本计算表 1 张、费用发票 1 张、银行付款凭证 1 张。

（7）月末计提城建税及附加时

应纳城建税税额= 2 909 090.90×7% = 203 636.36（元）

应纳教育费附加金额= 2 909 090.90×3% = 87 272.73（元）

应纳地方教育费附加金额= 2 909 090.90×2% = 58 181.82（元）

应纳地方水利建设基金金额= 2 909 090.90×0.5% = 14 545.45（元）

借：税金及附加   363 636.36

　　贷：应交税费——应交城建税   203 636.36

　　　　　　——应交教育费附加   87 272.73

　　　　　　——应交地方教育费附加   58 181.82

　　　　　　——应交地方水利建设基金   14 545.45

该业务记账凭证后附：城建税及附加计算表 1 张。

（8）月末计算应缴纳土地增值税时

扣除项目金额=25 000 000+3 000 000+250 000+363 636.36=28 613 636.40（元）

$$增值额=\frac{32\,000\,000}{1+10\%}-28\,613\,636.40=477\,272.69（元）$$

$$增值率=\frac{477\,272.69}{28\,613\,636.40}\times100\%≈1.67\%$$

应纳土地增值税税额=477 272.69×30%-28 613 636.40×0=143 181.81（元）

借：税金及附加   143 181.81

　　贷：应交税费——应交土地增值税   143 181.81

该业务记账凭证后附：应交土地增值税计算表 1 张。

（9）月末结转应交增值税时

借：应交税费——应交增值税（转出未交增值税）   2 909 090.90

　　贷：应交税费——未交增值税   2 909 090.90

（10）次月实际缴纳各种税金时

借：应交税费——未交增值税   2 909 090.90

　　　　——应交土地增值税   143 181.81

　　　　——应交城建税   203 636.36

　　　　——应交教育费附加   87 272.73

　　　　——应交地方教育费附加   58 181.82

——应交地方水利建设基金	14 545.45
贷：银行存款	3 415 909.07

该业务记账凭证后附：税收缴款书 1 宗。

思考题

1. 简述资源税的纳税范围和计税依据。
2. 企业如何进行资源税的会计处理？
3. 土地增值税如何计算？
4. 房地产企业如何进行土地增值税的会计处理？
5. 非房地产企业转让房地产如何进行会计处理？

第九章　其他税会计

- 了解我国房产税等其他税的相关规定
- 熟悉我国房产税等其他税的计算方法
- 掌握房产税等其他税的会计处理方法

关键词

房产税　城镇土地使用税　契税　耕地占用税　车辆购置税　车船税　印花税

引例

　　某公司新购一辆轿车，会计主管将缴纳车辆购置税事宜交给本公司一新入职会计张某办理。张某接到任务后，是应该在网上申报还是到税务局办理缴税事宜？是到国税局办理还是到地税局办理？缴纳的车辆购置税如何列支？他感到困扰。

第一节　房产税会计

一、房产税现行税制

　　现行房产税的基本规范是 1986 年 9 月 15 日国务院颁布的《中华人民共和国房产税暂行条例》（以下简称《房产税暂行条例》。该条件从 1986 年 10 月 1 日开始实施。

　　房产税是以房屋为征税对象，按照房屋的计税余值或租金收入，向产权所有人征收的一种财产税。征收房产税有利于地方政府筹集财政收入，也有利于加强房产管理。

（一）纳税义务人与征税范围

1. 纳税义务人

　　房产税是以房屋为征税对象，按照房屋的计税余值或租金收入，向产权所有人征收的一种财产税。房产税以在征税范围内的房屋产权所有人为纳税人。

　　（1）产权属国家所有的，由经营管理单位纳税；产权属集体和个人所有的，由集体单位和个人纳税。

此处所称单位，包括国有企业、集体企业、私营企业、股份制企业、外商投资企业、外国企业以及其他企业和事业单位、社会团体、国家机关、军队以及其他单位；所称个人，包括个体工商户以及其他个人。

（2）产权出典的，由承典人纳税。

（3）产权所有人、承典人不在房屋所在地的，或者产权未确定及租典纠纷未解决的，由房产代管人或者使用人纳税。

（4）无租使用其他房产的问题。纳税单位和个人无租使用房产管理部门、免税单位及纳税单位的房产，应由使用人代为缴纳房产税。

2．征税范围

房产税以房产为征税对象。所谓房产，是指有屋面和围护结构（有墙或两边有柱），能够遮风避雨，可供人们在其中生产、学习、工作、娱乐、居住或储藏物资的场所。房地产开发企业建造的商品房，在出售前，不征收房产税；但对出售前房地产开发企业已使用或出租、出借的商品房，应按规定征收房产税。

房产税的征税范围为城市、县城、建制镇和工矿区。具体规定如下。

（1）城市是指国务院批准设立的市。

（2）县城是指县人民政府所在地的地区。

（3）建制镇是指经省、自治区、直辖市人民政府批准设立的建制镇。

（4）工矿区是指工商业比较发达、人口比较集中、符合国务院规定的建制镇标准但尚未设立建制镇的大中型工矿企业所在地。开征房产税的工矿区须经省、自治区、直辖市人民政府批准。

房产税的征税范围不包括农村，这主要是为了减轻农民的负担。

（二）税率、计税依据和应纳税额的计算

1．税率

我国现行房产税采用的是比例税率。由于房产税的计税依据分为从价计征和从租计征两种形式，所以房产税的税率也有两种：一种是按房产原值一次减除 10%～30% 后的余值计征的，税率为 1.2%；另一种是按房产出租的租金收入计征的，税率为 12%。从 2001 年 1 月 1 日起，对个人按市场价格出租的居民住房，用于居住的，可暂减按 4%的税率征收房产税。自 2008 年 3 月 1 日起，对个人出租住房，不区分用途，按 4%的税率征收房产税。

2．计税依据

房产税的计税依据是房产的计税价值或房产的租金收入。按照房产计税价值征税的，称为从价计征；按照房产租金收入计征的，称为从租计征。

（1）从价计征。《房产税暂行条例》规定，房产税依照房产原值一次减除 10%～30% 后的余值计算缴纳。各地扣除比例由当地省、自治区、直辖市人民政府确定。

① 房产原值是指纳税人按照会计制度规定，在账簿"固定资产"科目中记载的房屋原价。因此，凡按会计制度规定在账簿中记载有房屋原价的，应以房屋原价按规定减除一定比

例后作为房产余值计征房产税；没有记载房屋原价的，按照上述原则，并参照同类房屋确定房产原值，按规定计征房产税。

值得注意的是，自 2009 年 1 月 1 日起，对依照房产原值计税的房产，不论是否记载在会计账簿固定资产科目中，均应按照房屋原价计算缴纳房产税。房屋原价应根据国家有关会计制度规定进行核算。对纳税人未按国家会计制度规定核算并记载的，应按规定予以调整或重新评估。

自 2010 年 12 月 21 日起，对按照房产原值计税的房产，无论会计上如何核算，房产原值均应包含地价，包括为取得土地使用权支付的价款、开发土地发生的成本费用等。宗地容积率低于 0.5 的，按房产建筑面积的 2 倍计算土地面积并据此确定计入房产原值的地价。

② 房产原值应包括与房屋不可分割的各种附属设备或一般不单独计算价值的配套设施，主要有暖气、卫生、通风、照明、煤气等设备；各种管线，如蒸汽、压缩空气、石油、给水排水等管道及电力、电讯、电缆导线；电梯、升降机、过道、晒台等。属于房屋附属设备的水管、下水道、暖气管、煤气管等应从最近的探视井或三通管起计算原值；电灯网、照明线从进线盒连接管起计算原值。

③ 纳税人对原有房屋进行改建、扩建的，要相应增加房屋的原值。房产余值是房产的原值减除规定比例后的剩余价值。

④ 房屋附属设备和配套设施的计税规定。从 2006 年 1 月 1 日起，房屋附属设备和配套设施计征房产税按以下规定执行。

A. 凡以房屋为载体，不可随意移动的附属设备和配套设施，如给排水、采暖、消防、中央空调、电气及智能化楼宇设备等，无论在会计核算中是否单独记账与核算，都应计入房产原值，计征房产税。

B. 对于更换房屋附属设备和配套设施的，在将其价值计入房产原值时，可扣减原来相应设备和设施的价值；对附属设备和配套设施中易损坏、需要经常更换的零配件，更新后不再计入房产原值。

⑤ 凡在房产税征收范围内的具备房屋功能的地下建筑，包括与地上房屋相连的地下建筑以及完全建在地面以下的建筑、地下人防设施等，均应当依照有关规定征收房产税。上述具备房屋功能的地下建筑是指有屋面和维护结构，能够遮风避雨，可供人们在其中生产、经营、工作、学习、娱乐、居住或储藏物资的场所。自用的地下建筑，按以下方式计税。

A. 工业用途房产，以房屋原价的 50%～60% 作为应税房产原值。

应纳房产税税额=应税房产原值×[1-（10%～30%）]×1.2%

B. 商业和其他用途房产，以房屋原价的 70%～80% 作为应税房产原值。

应纳房产税税额=应税房产原值×[1-（10%～30%）]×1.2%

房屋原价折算为应税房产原值的具体比例，由各省、自治区、直辖市和计划单列市财政和地方税务部门在上述幅度内自行确定。

C. 对于与地上房屋相连的地下建筑，如房屋的地下室、地下停车场、商场的地下部分等，应将地下部分与地上房屋视为一个整体，按照地上房屋建筑的有关规定计算征收房产税。

（2）从租计征。《房产税暂行条例》规定，房产出租的，以房产租金收入为房产税的计税依据。房产的租金收入，是指房屋产权所有人出租房产使用权所得的报酬，包括货币收入和实物收入。如果是以劳务或者其他形式为报酬抵付房租收入的，应根据当地同类房产的租金水平确定一个标准租金额，从租计征。

出租房产租赁双方签订的租赁合同约定有免收租金期限的，免收租金期间由产权所有人按照房产原值缴纳房产税。

出租地下建筑，按照出租地上房屋建筑的有关规定计算征收房产税。

3. 应纳税额的计算

房产税的计税依据有两种，与之相适应的应纳税额计算也分为两种：一是从价计征的计算；二是从租计征的计算。

（1）从价计征的计算。从价计征是按房产的原值减除一定比例后的余值计征，其计算公式如下。

应纳税额 = 应税房产原值×（1-扣除比例）×1.2%

如上所述，房产原值是"固定资产"科目中记载的房屋原价；减除一定比例是省、自治区、直辖市人民政府规定的 10%～30% 的减除比例；计征的适用税率为 1.2%。

【例 9-1】某企业的经营用房原值为 1 000 万元，按照当地规定允许减除 30% 后的余值计税，适用税率为 1.2%。请计算其应纳房产税税额。

应纳税额 = 1 000 × （1-30%） × 1.2% = 8.4 （万元）

（2）从租计征的计算。从租计征是按房产的租金收入计征，其计算公式如下。

应纳税额 = 租金收入×12%（或 4%）

【例 9-2】某公司出租房屋 3 间，年租金收入为 60 000 元，适用税率为 12%。请计算应纳房产税税额。

应纳税额 = 60 000 × 12% = 7 200 （元）

（三）税收优惠

房产税的税收优惠是根据国家政策和纳税人的负担能力制定的。房产税属地方税，因此给予地方一定的减免权限，有利于地方因地制宜地处理。目前，房产税的税收优惠政策主要包括以下几个方面。

（1）国家机关、人民团体、军队自用的房产免征房产税。但上述免税单位的出租房产以及非自身业务使用的生产、营业用房，不属于免税范围。这里的"人民团体"，是指经国务院授权的政府部门批准设立或登记备案并由国家拨付行政事业费的各种社会团体。这里的"自用的房产"，是指这些单位本身的办公用房和公务用房。

（2）由国家财政部门拨付事业经费的单位，如学校、医疗卫生单位、托儿所、幼儿园、敬老院、文化、体育、艺术这些实行全额或差额预算管理的事业单位所有的，本身业务范围内使用的房产免征房产税。

为了鼓励事业单位经济自立，由国家财政部门拨付事业经费的单位，其经费来源实行自收自支后，从事业单位实行自收自支的年度起，免征房产税 3 年。事业单位自用的房产，是指这些单位本身的业务用房。

上述单位所属的附属工厂、商店、招待所等不属于单位公务、业务的用房，应照章纳税。

（3）宗教寺庙、公园、名胜古迹自用的房产免征房产税。宗教寺庙自用的房产，是指举行宗教仪式等的房屋和宗教人员使用的生活用房。公园、名胜古迹自用的房产，是指供公共参观游览的房屋及其管理单位的办公用房。宗教寺庙、公园、名胜古迹中附设的营业单位，如影剧院、饮食部、茶社、照相馆等所使用的房产及出租的房产不属于免税范围，应照章纳税。

（4）个人所有非营业用的房产免征房产税。个人所有的非营业用房，主要是指居民住房，不分面积多少，一律免征房产税。对个人拥有的营业用房或者出租的房产，不属于免税房产，应照章纳税。

（四）征收管理

1．纳税义务发生时间

（1）纳税人将原有房产用于生产经营，从生产经营之月起缴纳房产税。

（2）纳税人自行新建房屋用于生产经营，从建成之日次月起缴纳房产税。

（3）纳税人委托施工企业建设的房屋，从办理验收手续之日次月起缴纳房产税。

（4）纳税人购置新建商品房，自房屋交付使用之日次月起缴纳房产税。

（5）纳税人购置存量房，自办理房屋权属转移、变更登记手续，房地产权属登记机关签发房屋权属证书之日次月起，缴纳房产税。

（6）纳税人出租、出借房产，自交付出租、出借房产之日次月起，缴纳房产税。

（7）房地产开发企业自用、出租、出借本企业建造的商品房，自房屋使用或交付之日次月起，缴纳房产税。

（8）自 2009 年 1 月 1 日起，纳税人因房产的实物或权利状态发生变化而依法终止房产税纳税义务的，其应纳税款的计算应截至房产的实物或权利状态发生变化的当月月末。

2．纳税期限

房产税实行按年计算、分期缴纳的征收方法，具体纳税期限由省、自治区、直辖市人民政府确定。

3．纳税地点

房产税在房产所在地缴纳。房产不在同一地方的纳税人，应按房产的坐落地点分别向房产所在地的税务机关纳税。

4．纳税申报

房产税的纳税人应按照条例的有关规定，及时办理纳税申报，并如实填写"房产税纳税申报表"，如表9-1所示。

表9-1 房产税纳税申报表

税款所属期：自 年 月 日至 年 月 日　　填表日期： 年 月 日

金额单位：元至角分；面积单位：平方米

纳税人识别号 □□□□□□□□□□□□□

纳税人信息	名称		纳税人分类		单位 个人
	登记注册类型		所属行业		
	身份证照类型　身份证　护照　军官证　其他		联系人		联系方式

一、从价计征房产税

	房产原值	其中：出租房产原值	计税比例	税率	计税月份数	本期应纳税额	减免性质代码	减免税房产的原值	本期减免税额	本期已缴税额	本期应补（退）税额
1											
2											
3											
合计			*	*	*		*				

二、从租计征房产税

	本期应税租金收入	适用税率	本期应纳税额	本期减免税额	本期已缴税额	本期应补（退）税额
1		4%　12%				
2		4%　12%				
3		4%　12%				
合计		*				

以下由纳税人填写：

纳税人声明	此纳税申报表是根据《中华人民共和国房产税暂行条例》和国家有关税收规定填报的，是真实的、可靠的、完整的。
纳税人签章	代理人签章　　代理人身份证号

以下由税务机关填写：

受理人	受理日期　 年 月 日	受理税务机关签章

本表一式两份，一份纳税人留存，一份税务机关留存。

二、房产税会计核算

（一）房产税会计科目设置

1."应交税费——应交房产税"科目

为了正确、及时地反映企业应缴房产税相关涉税事项，纳税人应在"应交税费"科目下设置"应交房产税"明细科目进行会计处理。该明细科目采用三栏式账户记账，贷方核算企业按规定应缴的房产税，借方核算企业实际缴纳的房产税；期末，贷方余额表示尚未缴纳的房产税，借方余额表示企业多缴的房产税。

2."税金及附加"科目

为了反映企业上缴的房产税等，还应设置"税金及附加"科目。该科目核算企业应缴的房产税、土地使用税、车船税和印花税等。

企业计算应缴房产税时，借记"税金及附加"科目，贷记"应交税费——应交房产税"科目；实际缴纳时，借记"应交税费——应交房产税"科目，贷记"银行存款"科目。期末，应将"税金及附加"科目的余额转入"本年利润"科目。结转后，本科目无余额。

（二）房产税会计处理

企业按季度缴纳房产税，应在"税金及附加"账户中据实列支，相关会计分录如下。

（1）季末计提房产税时

借：税金及附加

　　贷：应交税费——应交房产税

（2）实际缴纳房产税时

借：应交税费——应交房产税

　　贷：银行存款

【例9-3】 某制造公司2017年1月1日固定资产中包括房产原值1 000万元，从当年2月1日起，将200万元的房产租给其他单位使用，每年收租金12万元。3月份房产无变化。房产税按季缴纳。不考虑营业税及附加因素。

会计处理如下。

（1）3月末计提一季度应交房产税时

$$
\text{按房产余值计算的应纳房产税税额} = \frac{10\,000\,000 \times (1-30\%) \times 1.2\%}{12} + \frac{(10\,000\,000 - 2\,000\,000) \times (1-30\%) \times 1.2\%}{12} \times 2
$$

$$
= 7\,000 + 11\,200 = 18\,200 \text{（元）}
$$

$$
\text{按租金收入计算的应纳房产税税额} = \frac{120\,000 \times 12\%}{12} \times 2 = 2\,400 \text{（元）}
$$

一季度应交房产税合计=18 200+2 400=20 600（元）

借：税金及附加　　　　　　　　　　　　　　　　　　　　　　20 600

　　贷：应交税费——应交房产税　　　　　　　　　　　　　　　　　20 600

该业务记账凭证后附：应交房产税计算表1张。

（2）4月份上缴一季度房产税时

借：应交税费——应交房产税　　　　　　　　　　　　　　　　20 600

　　贷：银行存款　　　　　　　　　　　　　　　　　　　　　　　20 600

该业务记账凭证后附：税收缴款书1张。

【例9-4】 某公司为增值税一般纳税人，所在地为城市，于2016年7月1日出租2016年

4月30日前建造自有房屋一栋，租期3年，年租金50万元（含税价），每年7月1日收取租金一次。该房屋月折旧额为2万元。

会计处理如下。

（1）每年7月1日收取租金时

$$半年不含税租金收入=\frac{\frac{500\ 000}{1+5\%}}{2}=238\ 095.24（元）$$

$$半年租金收入应纳增值税税额=\frac{500\ 000}{1+5\%}\times5\%=23\ 809.52（元）$$

借：银行存款 500 000
　　贷：其他业务收入——固定资产租赁收入 238 095.24
　　　　应交税费——简易计税 23 809.52
　　　　预收账款 238 095.24

该业务记账凭证后附：银行收款凭证1张、租赁费发票1张。

（2）计提应交税费时

应纳房产税税额=238 095.24×12%=28 571.43（元）

应纳城建税税额=23 809.52×7%=1 666.67（元）

应纳教育费附加金额=23 809.52×3%=714.29（元）

借：税金及附加 30 952.39
　　贷：应交税费——应交房产税 28 571.43
　　　　　　　　——应交城建税 1 666.67
　　　　　　　　——应交教育费附加 714.29

该业务记账凭证后附：应交税费计算表1张。

（3）上交税费时

借：应交税费——简易计税 23 809.52
　　　　　　——应交房产税 28 571.43
　　　　　　——应交城建税 1 666.67
　　　　　　——应交教育费附加 714.29
　　贷：银行存款 54 761.91

该业务记账凭证后附：税收缴款书1宗。

（4）每月计提折旧时

借：其他业务成本 20 000.00
　　贷：累计折旧 20 000.00

该业务记账凭证后附：固定资产折旧计算表1张。

第二节　城镇土地使用税会计

一、城镇土地使用税现行税制

现行城镇土地使用税的基本规范是2006年12月31日国务院修改并颁布的《中华人民共和国城镇土地使用税暂行条例》（以下简称《城镇土地使用税暂行条例》），从2007年1月1日开始实施。

城镇土地使用税是以国有土地为征税对象，对拥有土地使用权的单位和个人征收的一种税。征收城镇土地使用税有利于促进土地的合理使用，调节土地级差收入，也有利于筹集地方财政资金。

（一）纳税义务人与征税范围

1．纳税义务人

城镇土地使用税是以国有土地为征税对象，对拥有土地使用权的单位和个人征收的一种税。在城市、县城、建制镇、工矿区范围内使用土地的单位和个人，为城镇土地使用税（以下简称土地使用税）的纳税人。所谓单位，包括国有企业、集体企业、私营企业、股份制企业、外商投资企业、外国企业以及其他企业和事业单位、社会团体、国家机关、军队以及其他单位；所谓个人，包括个体工商户以及其他个人。

城镇土地使用税的纳税人通常包括以下几类。

（1）拥有土地使用权的单位和个人。

（2）拥有土地使用权的单位和个人不在土地所在地的，其土地的实际使用人和代管人为纳税人。

（3）土地使用权未确定或权属纠纷未解决的，其实际使用人为纳税人。

（4）土地使用权共有的，共有各方都是纳税人，由共有各方分别纳税。

2．征税范围

城镇土地使用税的征税范围，包括在城市、县城、建制镇和工矿区内的国家所有和集体所有的土地。上述城市、县城、建制镇和工矿区分别按以下标准确认。

（1）城市是指经国务院批准设立的市。

（2）县城是指县人民政府所在地。

（3）建制镇是指经省、自治区、直辖市人民政府批准设立的建制镇。

（4）工矿区是指工商业比较发达，人口比较集中，符合国务院规定的建制镇标准，但尚未设立建制镇的大中型工矿企业所在地。工矿区须经省、自治区、直辖市人民政府批准。

上述城镇土地使用税的征税范围中，城市的土地包括市区和郊区的土地；县城的土地是指县人民政府所在地的城镇的土地；建制镇的土地是指镇人民政府所在地的土地。建立在城市、县城、建制镇和工矿区以外的工矿企业不需缴纳城镇土地使用税。

（二）税率、计税依据和应纳税额的计算

1．税率

城镇土地使用税采用定额税率，即采用有幅度的差别税额，按大、中、小城市和县城、建制镇、工矿区分别规定每平方米土地使用税年应纳税额。具体标准如下。

（1）大城市 1.5 元～30 元。

（2）中等城市 1.2 元～24 元。

（3）小城市 0.9 元～18 元。

（4）县城、建制镇、工矿区 0.6 元～12 元。

大、中、小城市以公安部门登记在册的非农业正式户口人数为依据，按照国务院颁布的《城市规划条例》中规定的标准划分。人口在 50 万人以上者为大城市；人口在 20 万～50 万人之间者为中等城市；人口在 20 万人以下者为小城市。城镇土地使用税税率如表 9-2 所示。

表9-2　城镇土地使用税税率表

级　别	人口（人）	每平方米税额（元）
大城市	50万以上	1.5～30
中等城市	20万～50万	1.2～24
小城市	20万以下	0.9～18
县城、建制镇、工矿区		0.6～12

各省、自治区、直辖市人民政府可根据市政建设情况和经济繁荣程度，在规定税额幅度内确定所辖地区的适用税额幅度。经济落后地区，土地使用税的适用税额标准可适当降低，但降低额不得超过上述规定最低税额的30%。经济发达地区的适用税额标准可以适当提高，但须报财政部批准。

2．计税依据

城镇土地使用税以纳税人实际占用的土地面积为计税依据，土地面积计量标准为每平方米。税务机关根据纳税人实际占用的土地面积，按照规定的税额计算应纳税额，向纳税人征收土地使用税。

3．应纳税额的计算方法

城镇土地使用税的应纳税额可以通过纳税人实际占用的土地面积乘以该土地所在地段的适用税额求得。计算公式如下。

全年应纳税额 = 实际占用应税土地面积（平方米）× 适用税额

【例9-5】设在某城市的一家企业使用土地面积为20 000平方米，经税务机关核定，该土地为应税土地，每平方米年税额为12元。请计算其全年应纳的土地使用税税额。

全年应纳税额 = 20 000 × 12 = 240 000（元）

（三）税收优惠

法定免缴土地使用税的优惠如下。

（1）国家机关、人民团体、军队自用的土地，是指这些单位本身的办公用地和公务用地，如国家机关、人民团体的办公楼用地，军队的训练场用地等。

（2）由国家财政部门拨付事业经费的单位自用的土地，是指这些单位本身的业务用地，如学校的教学楼、操场、食堂等占用的土地。

（3）宗教寺庙、公园、名胜古迹自用的土地。宗教寺庙自用的土地是指举行宗教仪式等的用地和寺庙内的宗教人员生活用地。公园、名胜古迹自用的土地是指供公共参观游览的用地及其管理单位的办公用地。以上单位的生产、经营用地和其他用地不属于免税范围，应按规定缴纳土地使用税，如公园、名胜古迹中附设的营业单位如影剧院、饮食部、茶社、照相馆等使用的土地。

（4）市政街道、广场、绿化地带等公共用地。

（5）直接用于农、林、牧、渔业的生产用地，是指直接从事于种植养殖、饲养的专业用地，不包括农副产品加工场地和生活办公用地。

（6）经批准开山填海整治的土地和改造的废弃土地，从使用的月份起免缴土地使用税5年～10年。具体免税期限由各省、自治区、直辖市地方税务局在《城镇土地使用税暂行条例》规定的期限内自行确定。

（7）对非营利性医疗机构、疾病控制机构和妇幼保健机构等卫生机构自用的土地，免征城镇土地使用税。

（8）企业办的学校、医院、托儿所、幼儿园，其用地能与企业其他用地明确区分的，免征城镇土地使用税。

（9）免税单位无偿使用纳税单位的土地（如公安、海关等单位使用铁路、民航等单位的土地），免征城镇土地使用税。纳税单位无偿使用免税单位的土地，纳税单位应照章缴纳城镇土地使用税。纳税单位与免税单位共同使用、共有使用权土地上的多层建筑，对纳税单位可按其占用的建筑面积占建筑总面积的比例计征城镇土地使用税。

（四）征收管理

1. 纳税期限

城镇土地使用税实行按年计算、分期缴纳的征收方法，具体纳税期限由省、自治区、直辖市人民政府确定。

2. 纳税义务发生时间

（1）纳税人购置新建商品房，自房屋交付使用之日次月起，缴纳城镇土地使用税。

（2）纳税人购置存量房，自办理房屋权属转移、变更登记手续，房地产权属登记机关签发房屋权属证书之日次月起，缴纳城镇土地使用税。

（3）纳税人出租、出借房产，自交付出租、出借房产之日次月起，缴纳城镇土地使用税。

（4）以出让或转让方式有偿取得土地使用权的，应由受让方从合同约定交付土地时间的次月起缴纳城镇土地使用税；合同未约定交付时间的，由受让方从合同签订的次月起缴纳城镇土地使用税。

（5）纳税人新征用的耕地，自批准征用之日起满1年时开始缴纳土地使用税。

（6）纳税人新征用的非耕地，自批准征用次月起缴纳土地使用税。

（7）自2009年1月1日起，纳税人因土地的权利发生变化而依法终止城镇土地使用税纳税义务的，其应纳税款的计算应截止到土地权利发生变化的当月月末。

3. 纳税地点和征收机构

城镇土地使用税在土地所在地缴纳。

纳税人使用的土地不属于同一省、自治区、直辖市管辖的，由纳税人分别向土地所在地的税务机关缴纳土地使用税；在同一省、自治区、直辖市管辖范围内，纳税人跨地区使用的土地，其纳税地点由各省、自治区、直辖市地方税务局确定。

土地使用税由土地所在地的地方税务机关征收，其收入纳入地方财政预算管理。土地使用税征收工作涉及面广，政策性较强，在税务机关负责征收的同时，还必须注意加强同国土管理、测绘等有关部门的联系，及时取得土地的权属资料，沟通情况，共同协作把征收管理工作做好。

4. 纳税申报

城镇土地使用税的纳税人应按照条例的有关规定及时办理纳税申报，并如实填写《城镇土地使用税纳税申报表》，如表9-3所示。

表9-3 城镇土地使用税纳税申报表

税款所属期：自 年 月 日至 年 月 日　　填表日期： 年 月 日　　金额单位：元至角分；面积单位：平方米

纳税人识别号

纳税人信息	名称				纳税人分类	单位 个人
	登记注册类型			*	所属行业	
	身份证照类型	身份证 护照 军官证 其他			联系人	联系方式 *
申报纳税信息	宗地的地号	土地等级	税额标准	计税月份数 土地总面积	减免税代码 减免性质	本期应纳税额 本期减免税额 本期已缴税额 本期应补（退）税额
	合计	*	*	*	*	

以下由纳税人填写：

纳税人声明：此纳税申报表是根据《中华人民共和国城镇土地使用税暂行条例》和国家有关税收法规的规定填报的，是真实的、可靠的、完整的。

纳税人签章		代理人签章	代理人身份证号

以下由税务机关填写：

受理人	受理日期 年 月 日	受理税务机关签章

本表一式两份，一份纳税人留存，一份税务机关留存。

二、城镇土地使用税会计核算

（一）城镇土地使用税会计科目设置

1.“应交税费——应交城镇土地使用税”科目

为了正确、及时地反映企业应缴城镇土地使用税相关涉税事项，纳税人应在“应交税费”科目下设置“应交城镇土地使用税”明细科目进行会计处理。该明细科目采用三栏式账户记账，贷方核算企业按规定应缴的城镇土地使用税，借方核算企业实际缴纳的城镇土地使用税；期末，贷方余额表示尚未缴纳的城镇土地使用税，借方余额表示企业多缴的城镇土地使用税。

2.“税金及附加”科目

为了反映企业上缴的城镇土地使用税等，还应设置“税金及附加”科目。该科目核算企业应缴的房产税、城镇土地使用税、车船税和印花税等。

企业计算应缴城镇土地使用税时，借记“税金及附加”科目，贷记“应交税费——应交城镇土地使用税”科目；实际缴纳时，借记“应交税费——应交城镇土地使用税”科目，贷记“银行存款”科目；期末，应将“税金及附加”科目的余额转入“本年利润”科目。结转后，本科目无余额。

（二）城镇土地使用税会计处理

缴纳城镇土地使用税的单位，应按季度上缴城镇土地使用税，相关会计分录如下。

（1）季末计提应交城镇土地使用税时

借：税金及附加

　　贷：应交税费——应交城镇土地使用税

（2）实际缴纳城镇土地使用税时

借：应交税费——应交城镇土地使用税

　　贷：银行存款

【例9-6】某公司占用土地6 000平方米。该公司当地人民政府核定土地使用税单位税额为12元/平方米。

会计处理如下。

（1）3月末计提一季度应交城镇土地使用税时

$$应纳城镇土地使用税税额=\frac{6\,000\times12}{4}=18\,000（元）$$

借：税金及附加　　　　　　　　　　　　　　　　　　　　18 000

　　贷：应交税费——应交城镇土地使用税　　　　　　　　　　　18 000

该业务记账凭证后附：应交税金计算表1张。

（2）4月份上缴一季度城镇土地使用税时

借：应交税费——应交城镇土地使用税　　　　　　　　　　18 000

　　贷：银行存款　　　　　　　　　　　　　　　　　　　　　18 000

该业务记账凭证后附：税收缴款书1张。

第三节 契税会计

一、契税现行税制

现行契税的基本规范是 1997 年 7 月 7 日国务院发布并于同年 10 月 1 日开始施行的《中华人民共和国契税暂行条例》（以下简称《契税暂行条例》）。

契税是以在中华人民共和国境内转移土地、房屋权属为征税对象，向产权承受人征收的一种财产税。征收契税有利于增加地方财政收入，有利于保护合法财产，避免产权纠纷。

（一）征税对象

契税是以在中华人民共和国境内转移土地、房屋权属为征税对象，向产权承受人征收的一种财产税。

契税的征税对象是境内转移的土地、房屋权属。具体包括以下 5 项内容。

1. 国有土地使用权出让

国有土地使用权出让是指土地使用者向国家交付土地使用权出让费用，国家将国有土地使用权在一定年限内让与土地使用者的行为。

2. 土地使用权的转让

土地使用权的转让是指土地使用者以出售、赠与、交换或者其他方式将土地使用权转移给其他单位和个人的行为。土地使用权的转让不包括农村集体土地承包经营权的转移。

3. 房屋买卖

房屋买卖是以货币为媒介，出卖者向购买者过渡房产所有权的交易行为。以下几种特殊情况视同买卖房屋。

（1）以房产抵债或实物交换房屋

经当地政府和有关部门批准，以房抵债和实物交换房屋，均视同房屋买卖，应由产权承受人，按房屋现值缴纳契税。

例如，甲某因无力偿还乙某债务，而以自有的房产折价抵偿债务。经双方同意，有关部门批准，乙某取得甲某的房屋产权，在办理产权过户手续时，按房产折价款缴纳契税。如以实物（金银首饰等等价物品）交换房屋，应视同以货币购买房屋。

对已缴纳契税的购房单位和个人，在未办理房屋权属变更登记前退房的，退还已纳契税；在办理房屋权属变更登记后退房的，不予退还已纳契税。

（2）以房产作投资或作股权转让

这种交易业务属房屋产权转移，应根据国家房地产管理的有关规定，办理房屋产权交易和产权变更登记手续视同房屋买卖，由产权承受方按契税税率计算缴纳契税。

例如，甲某以自有房产，投资于乙某企业，其房屋产权变为乙某企业所有，产权所有人发生变化，因此，乙某企业在办理产权登记手续后，按甲某入股房产现值（国有企事业房产须经国有资产管理部门评估核价）缴纳契税。如丙某以股份方式购买乙某企业房屋产权，丙某在办理产权登记后，按取得房产买价缴纳契税。

以自有房产作股投入本人独资经营的企业，免纳契税。因为以自有的房地产投入本人独资经营的企业，产权所有人和使用权使用人未发生变化，不需办理房产变更手续，也不办理契税手续。

（3）买房拆料或翻建新房，应照章征收契税

例如，甲某购买乙某房产，不论其目的是取得该房产的建筑材料或是翻建新房，实际都构成房屋买卖。甲某应首先办理房屋产权变更手续，并按买价缴纳契税。

4．房屋赠与

房屋的赠与是指房屋产权所有人将房屋无偿转让给他人所有，其中，将自己的房屋转交给他人的法人和自然人，称作房屋赠与人；接受他人房屋的法人和自然人，称为受赠人。房屋赠与的前提必须是，产权无纠纷，赠与人和受赠人双方自愿。

由于房屋是不动产，价值较大，故法律要求赠与房屋应有书面合同（契约），并到房地产管理机关或农村基层政权机关办理登记过户手续，才能生效。如果房屋赠与行为涉及涉外关系，还需公证处证明和外事部门认证，才能有效。房屋的受赠人要按规定缴纳契税。

5．房屋交换

房屋交换是指房屋所有者之间互相交换房屋的行为。

随着经济形势的发展，有些特殊方式转移土地、房屋权属的，也将视同土地使用权转让、房屋买卖或者房屋赠与。一是以土地、房屋权属作价投资、入股；二是以土地、房屋权属抵债；三是以获奖方式承受土地、房屋权属；四是以预购方式或者预付集资建房款方式承受土地、房屋权属。

6．承受国有土地使用权支付的土地出让金

对承受国有土地使用权所应支付的土地出让金，要计征契税。不得因减免土地出让金而减免契税。

（二）纳税义务人、税率和应纳税额的计算

1．纳税义务人

契税的纳税义务人是境内转移土地、房屋权属，承受的单位和个人。境内是指中华人民共和国实际税收行政管辖范围内。土地、房屋权属是指土地使用权和房屋所有权。单位是指企业单位、事业单位、国家机关、军事单位和社会团体以及其他组织。个人是指个体经营者及其他个人，包括中国公民和外籍人员。

2．税率

契税实行 3%～5% 的幅度税率。实行幅度税率是考虑到我国经济发展的不平衡，各地经济差别较大的实际情况。因此，各省、自治区、直辖市人民政府可以在 3%～5% 的幅度税率规定范围内，按照本地区的实际情况决定。

3．应纳税额的计算

（1）计税依据

契税的计税依据为不动产的价格。由于土地、房屋权属转移方式不同，定价方法不同，所以具体计税依据视不同情况而决定。

① 国有土地使用权出让、土地使用权出售、房屋买卖，以成交价格为计税依据。成交价格是指土地、房屋权属转移合同确定的价格，包括承受者应交付的货币、实物、无形资产或

者其他经济利益。

② 土地使用权赠与、房屋赠与，由征收机关参照土地使用权出售、房屋买卖的市场价格核定。

③ 土地使用权交换、房屋交换，为所交换的土地使用权、房屋的价格差额。也就是说，交换价格相等时，免征契税；交换价格不等时，由多交付的货币、实物、无形资产或者其他经济利益的一方缴纳契税。

④ 以划拨方式取得土地使用权，经批准转让房地产时，由房地产转让者补交契税。计税依据为补交的土地使用权出让费用或者土地收益。

为了避免偷、逃税款，税法规定，成交价格明显低于市场价格并且无正当理由的，或者所交换土地使用权、房屋的价格的差额明显不合理并且无正当理由的，征收机关可以参照市场价格核定计税依据。

⑤ 房屋附属设施征收契税的依据

不涉及土地使用权和房屋所有权转移变动的，不征收契税；采取分期付款方式购买房屋附属设施土地使用权、房屋所有权的，应按合同规定的总价款计征契税；承受的房屋附属设施权属如为单独计价的，按照当地确定的适用税率征收契税；如与房屋统一计价的，适用与房屋相同的契税税率。

⑥ 个人无偿赠与不动产行为（法定继承人除外），应对受赠人全额征收契税。在缴纳契税时，纳税人须提交经税务机关审核并签字盖章的《个人无偿赠与不动产登记表》，税务机关（或其他征收机关）应在纳税人的契税完税凭证上加盖"个人无偿赠与"印章，在《个人无偿赠与不动产登记表》中签字并将该表格留存。

（2）应纳税额的计算方法

契税采用比例税率。当计税依据确定以后，应纳税额的计算比较简单。应纳税额的计算公式如下。

应纳税额=计税依据×税率

【例 9-7】居民甲有两套往房，将一套出售给居民乙，成交价格为 500 000 元；将另一套两室住房与居民丙交换成两处一室住房，并支付给丙换房差价款 100 000 元。试计算甲、乙、丙相关行为应缴纳的契税（假定税率为 3%）。

① 甲应缴纳契税税额 = 100 000 × 3% = 3 000（元）

② 乙应缴纳契税税额 = 500 000 × 3% = 15 000（元）

③ 丙不缴纳契税。

（三）税收优惠

1．契税优惠的一般规定

（1）国家机关、事业单位、社会团体、军事单位承受土地、房屋用于办公、教学、医疗、科研和军事设施的，免征契税。

（2）城镇职工按规定第一次购买公有住房，免征契税。

此外，财政部、国家税务总局规定：自 2000 年 11 月 29 日起，对各类公有制单位为解决职工住房而采取集资建房方式建成的普通住房，或由单位购买的普通商品住房，经当地县以上人民政府房改部门批准、按照国家房改政策出售给本单位职工的，如属职工首次购买住房，均可免征契税。

对个人购买普通住房，且该住房属于家庭（成员范围包括购房人、配偶以及未成年子女，下同）唯一住房的，减半征收契税。对个人购买 90 平方米及以下普通住房，且该住房属于家庭唯一住房的，减按 1%税率征收契税。

（3）因不可抗力灭失住房而重新购买住房的，酌情减免。不可抗力是指自然灾害、战争等不能预见、不可避免并不能克服的客观情况。

（4）土地、房屋被县级以上人民政府征用、占用后，重新承受土地、房屋权属的，由省级人民政府确定是否减免。

（5）承受荒山、荒沟、荒丘、荒滩土地使用权，并用于农、林、牧、渔业生产的，免征契税。

（6）经外交部确认，依照我国有关法律规定以及我国缔结或参加的双边和多边条约或协定，应当予以免税的外国驻华使馆、领事馆、联合国驻华机构及其外交代表、领事官员和其他外交人员承受土地、房屋权属。

2．契税优惠的特殊规定

（1）继承土地、房屋权属

对于《中华人民共和国继承法》规定的法定继承人（包括配偶、子女、父母、兄弟姐妹、祖父母、外祖父母）继承土地、房屋权属，不征契税。

按照《中华人民共和国继承法》规定，非法定继承人根据遗嘱承受死者生前的土地、房屋权属，属于赠与行为，应征收契税。

（2）婚姻关系存续期间，房屋、土地权属原归夫妻一方所有，变更为夫妻双方共有的，免征契税。

（四）征收管理

1．纳税义务发生时间

契税的纳税义务发生时间是纳税人签订土地、房屋权属转移合同的当天，或者纳税人取得其他具有土地、房屋权属转移合同性质凭证的当天。

2．纳税期限

纳税人应当自纳税义务发生之日起 10 日内，向土地、房屋所在地的契税征收机关办理纳税申报，并在契税征收机关核定的期限内缴纳税款。契税纳税申报表如表 9-4 所示。

3．纳税地点

契税在土地、房屋所在地的征收机关缴纳。

4．征收管理

纳税人办理纳税事宜后，征收机关应向纳税人开具契税完税凭证。纳税人持契税完税凭证和其他规定的文件材料，依法向土地管理部门、房产管理部门办理有关土地、房屋的权属变更登记手续。土地管理部门和房产管理部门应向契税征收机关提供有关资料，并协助契税征收机关依法征收契税。

填表日期： 年 月 日　　　　　　　　　　　　　　　　　　　　　　　　金额单位：元至角分；面积单位：平方米

纳税人识别号 ☐☐☐☐☐☐☐☐☐☐☐☐☐☐☐

表9-4　契税纳税申报表

承受方信息	名　称		单位　　个人	所属行业	
	登记注册类型				
	身份证照类型		联系人	联系方式	
转让方信息	名　称		单位　　个人	所属行业	
	纳税人识别号				
	身份证照类型			联系方式	
土地房屋权属转移信息	土地房屋坐落地址				
	用途		权属转移对象	设立下拉列框	
	权属转移方式		家庭唯一普通住房	90平方米以上 90平方米及以下	
	权属转移面积				
	评估价格		成交单价		
	成交价格				
	计税价格		税率		
税款征收信息	计税金额				
	减免性质代码	减免税额	应纳税额		

以下由纳税人填写：

纳税人声明：此纳税申报表是根据《中华人民共和国契税暂行条例》和国家有关税收规定填报的，是真实的、可靠的、完整的。

纳税人签章		代理人签章		代理人身份证号	

以下由税务机关填写：

受理人		受理日期		年 月 日	受理税务机关签章

本表一式两份，一份纳税人留存，一份税务机关留存。

二、契税会计核算

（一）契税会计科目设置

1. "银行存款"科目

该科目核算企业上交的契税等。企业按规定上缴契税时，计入其贷方，同时借记"无形资产"科目等。

2. "无形资产"科目

该科目核算企业购入土地使用权支付的价款、契税等。企业按规定上缴契税时，借记该科目，贷记"银行存款"科目。

（二）契税会计处理

由于契税是按照签订的取得土地、房屋权属合同一次性缴纳，一般不通过"应交税费"账户，而是在实际缴纳契税时，借记"固定资产""无形资产"账户，贷记"银行存款"账户。

【例9-8】某公司以1 200万元购得一块土地的使用权。当地规定契税税率为3%。

会计处理如下。

应纳契税税额=12 000 000×3%=360 000（元）

土地使用权成本=12 000 000+360 000=12 360 000（元）

购入土地使用权时的会计分录如下。

借：无形资产——土地使用权   12 360 000

  贷：银行存款   12 360 000

该业务记账凭证后附：土地出让金收据1张、契税完税凭证1张、银行付款凭证2张。

【例9-9】甲公司以一栋房屋换取乙公司一栋房屋，房屋契约写明：甲企业房屋价值500万元，乙公司房屋价值380万元，差价120万元由乙公司以银行存款支付。经税务机关核定，认为甲乙双方房屋价值与契约写明价值基本相符。此项房屋交换乙公司应是房屋产权的承受人，是多得的一方，应为契税的纳税人；假设乙公司所在地为城市，契税税率为5%，乙公司房屋系外部购入，原值600万元，累计折旧200万元。甲、乙公司各开具增值税普通发票。要求：列示乙公司的会计分录。

乙公司会计分录如下。

（1）结转换出资产账面价值

借：固定资产清理   4 000 000

  累计折旧   2 000 000

  贷：固定资产   6 000 000

该业务记账凭证后附:房屋账面价值计算表1张、转让房屋发票1张。

（2）换入房屋时

应纳契税=（500-380）×5%=6（万元）

换入房屋成本=380+120+6=506（万元）

借：固定资产   5 060 000

  贷：固定资产清理   3 800 000

    银行存款   1 260 000

该业务记账凭证后附：非货币性资产交换协议1份、受让房屋发票1张、契税完税凭证1张、银行付款凭证2张。

（3）计提应交增值税时

由于 380-600=-120（万元）

故不需缴纳增值税。

（4）结转处置房屋损失时

换出房屋损失=3 800 000-4 000 000=-200 000（元）

借：营业外支出——处置非流动资产损失   200 000

  贷：固定资产清理   200 000

该业务记账凭证后附：处置房屋损失计算表1张。

第四节 耕地占用税会计

一、耕地占用税现行税制

现行耕地占用税法的基本规范是 2007 年 12 月 1 日国务院重新颁布的《中华人民共和国耕地占用税暂行条例》（以下简称《耕地占用税暂行条例》），从 2008 年 1 月 1 日开始实施。

耕地占用税是对占用耕地建房或从事其他非农业建设的单位和个人，就其实际占用的耕地面积征收的一种税，属于对特定土地资源占用课税。

（一）纳税义务人与征税范围

1．纳税义务人

耕地占用税的纳税义务人是占用耕地建房或从事非农业建设的单位和个人。

2．征税范围

耕地占用税的征税范围包括纳税人为建房或从事其他非农业建设而占用的国家所有和集体所有的耕地。

耕地指种植农业作物的土地，包括菜地、园地，其中，园地又包括花圃、苗圃、茶园、果园、桑园和其他种植经济林木的土地。

占用鱼塘及其他农用土地建房或从事其他非农业建设，也视同占用耕地，必须依法征收耕地占用税。占用已开发从事种植、养殖的滩涂、草场、水面和林地等从事非农业建设，由省、自治区、直辖市本着有利于保护土地资源和生态平衡的原则，结合具体情况确定是否征收耕地占用税。

此外，在占用之前 3 年内属于上述范围的耕地或农用土地，也视为耕地。

（二）税率、计税依据和应纳税额的计算

1．税率

耕地占用税在税率设计上采用了地区差别定额税率。税率规定如下。

（1）人均耕地不超过 1 亩的地区（以县级行政区域为单位，下同），每平方米为 10 元～50 元。

（2）人均耕地超过 1 亩但不超过 2 亩的地区，每平方米为 8 元～40 元。

（3）人均耕地超过 2 亩但不超过 3 亩的地区，每平方米 6 元～30 元。

（4）人均耕地超过 3 亩以上的地区，每平方米 5 元～25 元。

经济特区、经济技术开发区和经济发达、人均耕地特别少的地区，适用税额可以适当提高，但最多不得超过上述规定税额的 50%，如表 9-5 所示。

表9-5　各省、自治区、直辖市耕地占用税平均税额　　　单位：元至角分

地　　区	每平方米平均税费	地　　区	每平方米平均税费
上海	45	河北、安徽、江西、山东、河南、重庆、四川	22.5
北京	40	广西、湖南、贵州、云南、陕西	20
天津	35	山西、吉林、黑龙江	17.5
江苏、浙江、福建、广东	30	内蒙古、西藏、甘肃、青海、宁夏、新疆	12.5
辽宁、湖北、湖南	25		

2．计税依据

耕地占用税以纳税人占用耕地的面积为计税依据，以每平方米为计量单位。

3．税额计算

耕地占用税以纳税人实际占用的耕地面积为计税依据，以每平方米土地为计税单位，按适用的定额税率计税。应纳耕地占用税税款计算公式如下。

应纳耕地占用税税额＝实际占用耕地面积（平方米）×适用定额税率

【例9-10】假设某市一家企业新占用30 000平方米耕地用于工业建设，所占耕地适用的定额税率为20元/平方米。计算该企业应纳的耕地占用税。

应纳税额＝30 000×20＝600 000（元）

（三）税收优惠

1．免征耕地占用税

（1）军事设施占用耕地。

（2）学校、幼儿园、养老院、医院占用耕地。

2．减征耕地占用税

（1）铁路线路、公路线路、飞机场跑道、停机坪、港口、航道占用耕地，减按每平方米2元的税额征收耕地占用税。

根据实际需要，国务院财政、税务主管部门等国务院有关部门同意并报国务院批准后，可以对前述规定的情形免征或减征耕地占用税。

（2）农村居民占用耕地新建住宅，按照当地适用税额减半征收耕地占用税。

（四）征收管理

1．耕地占用税由地方税务机关负责征收

土地管理部门在通知单位或者个人办理占用耕地手续时，应当同时通知耕地所在地同级地方税务机关。获准占用耕地的单位或者个人应当在收到土地管理部门的通知之日起30日内缴纳耕地占用税。土地管理部门凭耕地占用税完税凭证或者免税凭证和其他有关文件发放建设用地批准书。

2．纳税申报

耕地占用税的纳税人应按照条例的有关规定，及时办理纳税申报，并如实填写《耕地占用税纳税申报表》，如表9-6所示。

金额单位：元至角分；面积单位：平方米

填表日期：　年　月　日

表9-6　耕地占用税纳税申报表

纳税人识别号 ☐☐☐☐☐☐☐☐☐☐☐☐☐☐☐

纳税人信息	名称		登记注册类型		身份证照类型		单位　　个人
	所属行业		联系人		联系方式		
	项目（批次）名称				批准占地部门	批准占地文号	
	占地位置				占地用途	占地方式	占地日期/批准日期
	批准占地面积				实际占地面积		

耕地占用信息		计税面积	其中：减免税面积	适用税率	计征税额	减免性质代码	减免税额	应缴税额
	总计							
	耕地							
	其中：1. 经济开发区							
	2. 基本农田							
	其他农用地							
	其他类型土地							

纳税人声明	此纳税申报表是根据《中华人民共和国耕地占用税暂行条例》和国家有关税收政策规定填报的，是真实的、可靠的、完整的。		
纳税人签章		代理人签章	代理人身份证号
以下由税务机关填写：			
受理人	受理日期　　年　月　日		受理税务机关签章

本表一式两份，一份纳税人留存，一份税务机关留存。

二、耕地占用税会计核算

（一）耕地占用税会计科目设置

1．"银行存款"科目

该科目核算企业上交的耕地占用税等。企业按规定上缴耕地占用税时，计入该科目的贷方，同时借记"在建工程"科目等。

2．"在建工程"科目

该科目核算企业征用农用耕地建房应缴的耕地占用税等。企业按规定上缴耕地占用税时，借记该科目，贷记"银行存款"科目。

（二）耕地占用税会计处理

由于耕地占用税是按照实际占用的耕地面积和规定的适用税额一次性缴纳，所以一般不计入"应交税费"账户，而是当实际缴纳耕地占用税时，借记"在建工程"账户，贷记"银行存款"账户。

【例 9-11】某新设公司征用一块面积为 30 000 平方米的耕地建厂，当地核定的单位税额是 20 元/平方米。

会计处理如下。

应纳耕地占用税税额=30 000×20=600 000（元）

借：在建工程　　　　　　　　　　　　　　　　　　　　600 000
　　贷：银行存款　　　　　　　　　　　　　　　　　　　　600 000

该业务记账凭证后附：耕地占用税完税凭证 1 张、银行付款凭证 1 张。

第五节　车辆购置税会计

一、车辆购置税现行税制

现行车辆购置税法的基本规范是 2000 年 10 月 22 日颁布的第 294 号国务院令并于 2001 年 1 月 1 日起施行的《中华人民共和国车辆购置税暂行条例》（以下简称《车辆购置税暂行条例》）。

车辆购置税是以在中国境内购置规定车辆为课税对象、在特定的环节向车辆购置者征收的一种税。

（一）纳税义务人与征税范围

1．纳税义务人

车辆购置税就其性质而言，属于直接税的范畴。

车辆购置税的纳税人是指在我国境内购置应税车辆的单位和个人。购置是指购买使用行为、进口使用行为、受赠使用行为、自产自用行为、获奖使用行为，以及以拍卖、抵债、走私、罚没等方式取得并使用的行为。这些行为都属于车辆购置税的应税行为。

2．征税范围

车辆购置税以列举的车辆作为征税对象，未列举的车辆不纳税，其征税范围包括汽车、摩托车、电车、挂车、农用运输车。

（二）税率与计税依据

1. 税率

车辆购置税实行统一比例税率，税率为10%。

2. 计税依据

（1）车辆购置税实行从价定率、价外征收的方法计算应纳税额，应税车辆的价格即计税价格就成为车辆购置税的计税依据。但是，由于应税车辆购置的来源不同，应税行为的发生不同，从而导致计税价格的组成也就不一样。具体内容如下。

① 纳税人购买自用的应税车辆，计税价格为纳税人购买应税车辆而支付给销售者的全部价款和价外费用，不包含增值税款。

② 纳税人进口自用的应税车辆以组成计税价格为计税依据，组成计税价格的计算公式为：

$$组成计税价格 = 关税完税价格 + 关税 + 消费税$$

③ 纳税人自产、受赠、获奖或者以其他方式取得并自用的应税车辆的计税价格，主管税务机关参照国家税务总局规定的最低计税价格核定。

（2）纳税人购买自用或者进口自用应税车辆，申报的计税价格低于同类型应税车辆的最低计税价格，又无正当理由的，按照最低计税价格征收车辆购置税。

（三）应纳税额的计算

车辆购置税实行从价定率的方法计算应纳税额，计算公式如下。

$$应纳税额 = 计税依据 × 税率$$

【例9-12】李某2011年12月份，从某汽车有限公司购买一辆小汽车供自己使用，支付了含增值税税款在内的款项116 000元。该汽车有限公司开具"机动车销售统一发票"。请计算宋某应纳车辆购置税。

① 计税依据 $= \dfrac{116\,000}{1+16\%} = 100\,000$（元）

② 应纳税额 $= 100\,000 × 10\% = 10\,000$（元）

（四）税收优惠

1. 车辆购置税减免税规定

我国车辆购置税实行法定减免、减免税范围的具体规定如下。

（1）外国驻华使馆、领事馆和国际组织驻华机构及其外交人员自用车辆免税。

（2）中国人民解放军和中国人民武装警察部队列入军队武器装备订货计划的车辆免税。

（3）设有固定装置的非运输车辆免税。

（4）自2018年7月1日至2021年6月30日，对购置挂车减半征收车辆购置税。购置日期按照《机动车销售统一发票》《海关关税专用缴款书》或者其他有效凭证的开具日期确定。

（5）有国务院规定予以免税或者减税的其他情形的，按照规定免税或减税。

2. 车辆购置税的退税

纳税人已经缴纳车辆购置税但在办理车辆登记手续前，因下列原因需要办理退还车辆购置税的，由纳税人申请，征收机构审查后办理退还车辆购置税手续。

（1）公安机关车辆管理机构不予办理车辆登记注册手续的，凭公安机关车辆管理机构出具的证明办理退税手续。

（2）因质量等原因发生退回所购车辆的，凭经销商的退货证明办理退税手续。

（五）征收管理

1．纳税申报

纳税人办理纳税申报时应如实填写《车辆购置税纳税申报表》，主管税务机关应对纳税申报资料进行审核，确定计税价格，征收税款，核发完税证明。

2．纳税环节

车辆购置税的征税环节为使用环节，即最终消费环节。具体而言，纳税人应当在向公安机关等车辆管理机构办理车辆登记注册手续前，缴纳车辆购置税。

购买二手车时，购买者应当向原车主索要《车辆购置税完税证明》。购买已经办理车辆购置税免税手续的二手车时，购买者应当到税务机关重新办理申报缴税或免税手续。未按规定办理的，按征管法的规定处理。

3．纳税地点

纳税人购置应税车辆，应当向车辆登记注册地的主管税务机关申报纳税；购置不需办理车辆登记注册手续的应税车辆，应当向纳税人所在地主管税务机关申报纳税。车辆登记注册地是指车辆的上牌落籍地或落户地。

4．纳税期限

纳税人购买自用的应税车辆，自购买之日起 60 日内申报纳税；进口自用的应税车辆，应当自进口之日起 60 日内申报纳税；自产、受赠、获奖和以其他方式取得并自用的应税车辆，应当自取得之日起 60 日内申报纳税。

这里的"购买之日"是指纳税人购车发票上注明的销售日期；"进口之日"是指纳税人报关进口的当天。

《车辆购置税纳税申报表》如表 9-7 所示。

表 9-7　车辆购置税纳税申报表

填表日期：　年　月　日　　　　　行业代码：　　　　　注册类型代码：

纳税人名称：　　　　　　　　　　　　　　　　　　　　　金额单位：元

纳税人证件名称		证件号码	
联系电话	邮政编码	地址	
车 辆 基 本 情 况			
车辆类别	1.汽车□；2.摩托车□；3.电车□；4.挂车□；5.农用运输车□。		
生产企业名称		厂牌型号	
车辆识别代号（车架号码）		发动机号码	
车 辆 购 置 信 息			
机动车销售统一发票（或有效凭证）号码	机动车销售统一发票（或有效凭证）价格		价外费用
关税完税价格	关税		消费税
购置日期		免（减）税条件	

申报计税价格	计税价格	税率	应纳税额	免（减）税额	实纳税额
		10%			

283

续表

申报人声明	授权声明
此纳税申报表是根据《中华人民共和国车辆购置税暂行条例》、《车辆购置税征收管理办法》的规定填报的，是真实、可靠、完整的。	如果您已委托代理人办理申报，请填写以下资料：为代理车辆购置税涉税事宜，现授权（　　　　　）为本纳税人的代理申报人，任何与本申报表有关的往来文件，都可交予此人。
声明人（签名或盖章）：	授权人（签名或盖章）：

纳税人签名或盖章	如委托代理人的，代理人应填写以下各栏		代理人（签名或盖章）
	代理人名称		
	经办人		
	经办人证件名称		
	经办人证件号码		

接收人：	
接收日期：	主管税务机关（章）：
备注：	

二、车辆购置税会计核算

（一）车辆购置税会计科目设置

1. "银行存款"科目

该科目核算企业上交的车辆购置税等。企业按规定上缴车辆购置税时，记入该科目的贷方，同时借记"固定资产"科目等。

2. "固定资产"科目

该科目核算企业购入车辆支付的价款、车辆购置税等。企业按规定上缴车辆购置税时，借记该科目，贷记"银行存款"科目。

（二）车辆购置税会计处理

由于车辆购置税是购入新车时一次性缴纳，一般不计入"应交税费"账户，而是在实际缴纳车辆购置税时，借记"固定资产"账户，贷记"银行存款"账户。

企业购买、进口、自产、受赠、获奖以及以其他方式取得并自用的应税车辆应缴的车辆购置税，或者当初购置的属于减免税的车辆在转让或改变用途后，按规定应补缴的车辆购置税，借记"固定资产"等，贷记"银行存款"。

【例 9-13】某公司 5 月购进一辆小汽车，机动车统一发票所列价款 220 000 元，增值税为 37 400 元，当月到主管国税机关缴纳车辆购置税，支付交通管理部门挂牌费 600 元，通过保险公司购买车辆保险 5 600 元，以上款项均通过银行支付，增值税发票当月认证。

会计处理如下。

（1）购置车辆时

应纳车辆购置税税额=220 000×10% =22 000（元）

购入汽车成本=220 000+22 000+600=242 600（元）

借：固定资产——车辆　　　　　　　　　　　　　　　　　　　242 600

应交税费——应交增值税（进项税额）		37 400
贷：银行存款		280 000

该业务记账凭证后附：机动车销售统一发票 1 张、车辆购置税完税凭证 1 张、挂牌费用发票 1 张、银行付款凭证 3 张。

（2）购买汽车保险时

借：管理费用——保险费		5 600
贷：银行存款		5 600

该业务记账凭证后附：保险费发票 1 张、银行付款凭证 1 张。

第六节　车船税会计

一、车船税现行税制

现行车船税法的基本规范是 2011 年 2 月 25 日由中华人民共和国第十一届全国人民代表大会常务委员会第十九次会议通过的《中华人民共和国车船税法》（以下简称《车船税法》），自 2012 年 1 月 1 日起施行。

（一）纳税义务人与征税范围

1．纳税义务人

车船税是指在中华人民共和国境内的车辆、船舶的所有人或者管理人按照中华人民共和国车船税暂行条例应缴纳的一种税。

车船税的纳税义务人是指在中华人民共和国境内，车辆、船舶（以下简称车船）的所有人或者管理人，应当依照《车船税法》的规定缴纳车船税。

2．征税范围

车船税的征税范围是指在中华人民共和国境内属于车船税法所附《车船税税目税额表》规定的车辆、船舶。车辆、船舶可分为如下两类。

（1）依法应当在车船管理部门登记的机动车辆和船舶。

（2）依法不需要在车船管理部门登记、在单位内部场所行驶或者作业的机动车辆和船舶。

前款所称车船管理部门。是指公安、交通运输、农业、渔业、军队、武装警察部队等依法具有车船登记管理职能的部门。单位是指依照中国法律、行政法规规定，在中国境内成立的行政机关、企业、事业单位、社会团体以及其他组织。

（二）税目与税率

车船税实行定额税率。定额税率也称固定税额，是税率的一种特殊形式。定额税率计算简便，适宜于从量计征的税种。车船税的适用税额，依照车船税法所附的《车船税税目税额表》执行。

车辆的具体适用税额由省、自治区、直辖市人民政府依照车船税法所附的《车船税税目税额表》规定的税额幅度和国务院的规定确定。

船舶的具体适用税额由国务院在车船税法所附《车船税税目税额表》规定的税额幅度内确定。

车船税采用定额税率，即对征税的车船规定单位固定税额。车船税确定税额总的原则是：非机动车船的税负轻于机动车船；人力车的税负轻于畜力车；小吨位船舶的税负轻于大船舶。由于车辆与船舶的行驶情况不同，车船税的税额也有所不同，具体如表9-8所示。

表9-8　车船税税目、税额表

目　　录		计税单位	年基准税额（元）	备　　注
乘用车按发动机气缸容量（排气量分档）	1.0升（含）以下的	每辆	60～360	核定载客人数9人（含）以下
	1.0升以上至1.6升（含）的		300～540	
	1.6升以上至2.0升（含）的		360～660	
	2.0升以上至2.5升（含）的		660～1 200	
	2.5升以上至3.0升（含）的		1 200～2 400	
	3.0升以上至4.0升（含）的		2 400～3 600	
	4.0升以上的		3 600～5 400	
商用车	客车	每辆	480～1 440	核定载客人数9人（包括电车）
	货车	整备质量每吨	16～120	1. 包括半挂牵引车、挂车、客货两用汽车、三轮汽车和低速载货汽车等。 2. 挂车按照货车税额的50%计算
其他车辆	专用作业车	整备质量每吨	16～120	不包括拖拉机
	轮式专用机械车	整备质量每吨	16～120	
摩托车		每辆	36～180	
船舶	机动船舶	净吨位每吨	3～6	拖船、非机动驳船分别按照机动船舶税额的50%计算；游艇的税额另行规定
	游艇	艇身长度每米	600～2 000	

（1）机动船舶，具体适用税额如下。

① 净吨位小于或者等于200吨的，每吨3元。

② 净吨位201吨～2 000吨的，每吨4元。

③ 净吨位2 001吨～10 000吨的，每吨5元。

④ 净吨位10 001吨及以上的，每吨6元。

拖船按照发动机功率每1千瓦折合净吨位0.67吨计算征收车船税。

（2）游艇，具体适用税额如下。

① 艇身长度不超过10米的游艇，每米600元。

② 艇身长度超过10米但不超过18米的游艇，每米900元。

③ 艇身长度超过18米但不超过30米的游艇，每米1 300元。

④ 艇身长度超过30米的游艇，每米2 000元。

⑤ 辅助动力帆艇，每米600元。

游艇艇身长度是指游艇的总长。

（3）车船税法及其实施条例涉及的整备质量、净吨位、艇身长度等计税单位，有尾数的一律按照含尾数的计税单位据实计算车船税应纳税额。计算得出的应纳税额小数点后超过两位的可四舍五入保留两位小数。

（4）乘用车以车辆登记管理部门核发的机动车登记证书或者行驶证书所载的排气量毫升数确定税额区间。

（5）车船税法和本条例所涉及的排气量、整备质量、核定载客人数、净吨位、千瓦、艇身长度，以车船登记管理部门核发的车船登记证书或者行驶证所载数据为准。

依法不需要办理登记的车船和依法应当登记而未办理登记，或者不能提供车船登记证书、行驶证的车船，以车船出厂合格证明或者进口凭证标注的技术参数、数据为准；不能提供车船出厂合格证明或者进口凭证的，由主管税务机关参照国家相关标准核定，没有国家相关标准的参照同类车船核定。

（三）应纳税额的计算与代收代缴

纳税人按照纳税地点所在的省、自治区、直辖市人民政府确定的具体适用税额缴纳车船税。车船税由地方税务机关负责征收。

（1）购置的新车船，购置当年的应纳税额自纳税义务发生的当月起按月计算。计算公式如下。

$$应纳税额 = \frac{年应纳税额}{12} \times 应纳税月份数$$

（2）在一个纳税年度内，已完税的车船被盗抢、报废、灭失的，纳税人可以凭有关管理机关出具的证明和完税证明，向纳税所在地的主管税务机关申请退还自被盗抢、报废、灭失月份起至该纳税年度终了期间的税款。

（3）已办理退税的被盗抢车船，失而复得的，纳税人应当从公安机关出具相关证明的当月起计算缴纳车船税。

（4）在一个纳税年度内，纳税人在非车辆登记地由保险机构代收代缴机动车车船税，且能够提供合法有效完税证明的，纳税人不再向车辆登记地的地方税务机关缴纳车辆车船税。

（5）已缴纳车船税的车船在同一纳税年度内办理转让过户的，不另纳税，也不退税。

【例9-14】某运输公司拥有载货汽车20辆（货车整备质量全部为15吨）；乘人大客车10辆；小客车10辆。计算该公司应纳车船税。

（注：载货汽车每吨年税额80元，乘人大客车每辆年税额800元，小客车每辆年税额700元）

载货汽车应纳税额 = 20 × 15 × 80 = 24 000（元）

乘人汽车应纳税额 = 10 × 800 + 10 × 700 = 15 000（元）

全年应纳车船税额 = 24 000 + 15 000 = 39 000（元）

（四）税收优惠

1．法定减免

（1）捕捞、养殖渔船是指在渔业船舶管理部门登记为捕捞船或者养殖船的船舶。

（2）军队、武装警察部队专用的车船，是指按照规定在军队、武装警察部队车船管理部门登记，并领取军队、武警牌照的车船。

（3）警用车船是指公安机关、国家安全机关、监狱、劳动教养管理机关和人民法院、人民检察院领取警用牌照的车辆和执行警务的专用船舶。

（4）依照法律规定应当予以免税的外国驻华使领馆、国际组织驻华代表机构及其有关人员的车船。

（5）自 2012 年 1 月 1 日起，对节约能源的车辆，减半征收车船税；对使用新能源的车辆，免征车船税。对受严重自然灾害影响纳税困难以及有其他特殊原因确需减税、免税的，可以减征或者免征车船税。

使用新能源的车辆包括纯电动汽车、燃料电池汽车和混合动力汽车。纯电动汽车、燃料电池汽车不属于车船税征收范围，其他混合动力汽车按照同类车辆适用税额减半征税。

（6）省、自治区、直辖市人民政府根据当地实际情况，可以对公共交通车船，农村居民拥有并主要在农村地区使用的摩托车、三轮汽车和低速载货汽车定期减征或者免征车船税。

2．特定减免

（1）经批准临时入境的外国车船和我国香港特别行政区、澳门特别行政区、台湾地区的车船，不征收车船税。

（2）按照规定缴纳船舶吨税的机动船舶，自车船税法实施之日起 5 年内免征车船税。

（3）依法不需要在车船登记管理部门登记的机场、港口、铁路站场内部行驶或者作业的车船，自车船税法实施之日起 5 年内免征车船税。

（五）征收管理

1．纳税期限

车船税纳税义务发生时间为取得车船所有权或者管理权的当月。以购买车船的发票或其他证明文件所载日期的当月为准。

2．纳税地点

车船税的纳税地点为车船的登记地或者车船税扣缴义务人所在地。具体规定如下。

（1）扣缴义务人代收代缴车船税的，纳税地点为扣缴义务人所在地。

（2）纳税人自行申报缴纳车船税的，纳税地点为车船登记地的主管税务机关所在地。

（3）依法不需要办理登记的车船，纳税地点为车船所有人或者管理人主管税务机关所在地。

3．纳税申报

车船税按年申报，分月计算，一次性缴纳。纳税年度为公历 1 月 1 日至 12 月 31 日。车船税按年申报缴纳。具体申报纳税期限由省、自治区、直辖市人民政府规定。

车船税的纳税人应按照条例的有关规定及时办理纳税申报，并如实填写《车船税纳税申报表》，如表9-9所示。

表9-9　车船税纳税申报表

税款所属期限：自　年　月　日至　年　月　日　　　　填表日期：　年　月　日　　　　金额单位：元至角分

纳税人识别号

纳税人名称		纳税人身份证照类型		
纳税人身份证照号码		居住（单位）地址		
联系人		联系方式		

序号	（车辆）号牌号码/（船舶）登记号码	车船识别代码（车架号/船舶识别号）	征收品目	计税单位	计税单位的数量	单位税额	年应缴税额	本年减免税额	减免性质代码	减免税证明号	当年应缴税额	本年已缴税额	本期年应补（退）税额
1	2	3	4	5	6	7=5×6	8	9	10	11=7-8	12	13=11-12

合计	——		——		——				——	——		

申报车辆总数（辆）		申报船舶总数（艘）	

以下由申报人填写：			
纳税人声明	此纳税申报表是根据《中华人民共和国车船税法》和国家有关税收规定填报的，是真实的、可靠的、完整的。		
纳税人签章		代理人签章		代理人身份证号	

以下由税务机关填写：			
受理人		受理日期		受理税务机关（签章）	

二、车船税会计核算

（一）车船税会计科目设置

1.“应交税费——应交车船税”科目

为了正确、及时地反映企业应缴车船税相关涉税事项，纳税人应在“应交税费”科目下设置“应交车船税”明细科目进行会计处理。该明细科目采用三栏式账户记账，贷方核算企业按规定应缴的车船税，借方核算企业实际缴纳的车船税；期末，贷方余额表示尚未缴纳的车船税，借方余额表示企业多缴的车船税。

2.“税金及附加”科目

为了反映企业上缴的车船税等，还应设置“税金及附加”科目。该科目核算企业应缴的房产税、土地使用税、车船税和印花税等。

企业计算应缴车船税时，借记“税金及附加”，贷记“应交税费——应交车船税”；实际缴纳时，借记“应交税费——应交车船税”，贷记“银行存款”；期末，应将“税金及附加”科目的余额转入“本年利润”科目。结转后，本科目无余额。

（二）车船税会计处理

企业按年度缴纳车船税，应在“税金及附加”账户中据实列支，相关会计分录如下。

（1）期末计提车船税时

借：税金及附加

贷：应交税费——应交车船税

（2）实际缴纳车船税时

借：应交税费——应交车船税

贷：银行存款

【例9-15】某运输公司拥有商用货车10辆（整备质量20吨）、商用客车30辆、乘用车5

辆。假设商用货车每吨车船税 60 元，商用客车每辆车船税 1 000 元，乘用车每辆车船税 500 元，车船税按年缴纳。

会计处理如下。

（1）计提当年应交车船税时

商用货车应纳车船税税额=10×20×60=12 000（元）

商用客车应纳车船税税额=30×1 000=30 000（元）

乘用车应纳车船税税额=5×500=2 500（元）

全年应纳车船税合计=12 000+30 000+2 500=44 500（元）

借：税金及附加   44 500

    贷：应交税费——应交车船税   44 500

该业务记账凭证后附：应交车船税计算表 1 张。

（2）实际缴纳车船税时

借：应交税费——应交车船税   44 500

    贷：银行存款   44 500

该业务记账凭证后附：税收缴款书 1 张。

【例9-16】某公司报销某辆汽车保险费 6 500 元，同时，由保险公司代缴车船税 960 元，开出支票付款。

会计处理如下。

（1）报销汽车保险费、车船税时

借：管理费用——保险费   6 500

    应交税费——应交车船税   960

    贷：银行存款   7 460

该业务记账凭证后附：保险费发票 1 张、支票存根 1 张。

（2）计提应交车船税时

借：税金及附加   960

    贷：应交税费——应交车船税   960

该业务记账凭证后附：应交车船税计算表 1 张。

第七节　印花税会计

一、印花税现行税制

现行印花税法的基本规范是 1988 年 8 月 6 日由国务院发布并于同年 10 月 1 日实施的《中华人民共和国印花税暂行条例》（以下简称《印花税暂行条例》）。

印花税是以经济活动和经济交往中书立、领受应税凭证的行为为征税对象征收的一种税。印花税因其采用在应税凭证上粘贴印花税票的方法缴纳税款而得名。

（一）纳税义务人

印花税的纳税义务人是在中国境内书立、使用、领受印花税法所列举的凭证并应依法履行纳税义务的单位和个人。

上述单位和个人，按照书立、使用、领受应税凭证的不同，可以分别确定为立合同人、立据人、立账薄人、领受人、使用人和各类电子应税凭证的签订人。

（二）税目与税率

1．税目

印花税的税目指印花税法明确规定的应当纳税的项目。它具体划定了印花税的征税范围。一般来说，列入税目的就要征税，未列入税目的就不征税。印花税共有以下 13 个税目。

（1）购销合同

该税目包括供应、预购、采购、购销结合及协作、调剂、补偿、贸易等合同。

（2）加工承揽合同

该税目包括加工、定做、修缮、修理、印刷、广告、测绘、测试等合同。

（3）建设工程勘察设计合同

该税目包括勘察、设计合同。

（4）建筑安装工程承包合同

该税目包括建筑、安装工程承包合同。承包合同分为总承包合同、分包合同和转包合同。

（5）财产租赁合同

该税目包括租赁房屋、船舶、飞机、机动车辆、机械、器具、设备等合同，还包括企业、个人出租门店、柜台等签订的合同。

（6）货物运输合同

该税目包括民用航空、铁路运输、海上运输、公路运输和联运合同，以及作为合同使用的单据。

（7）仓储保管合同

该税目包括仓储、保管合同，以及作为合同使用的仓单、栈单等。

（8）借款合同

该税目包括银行及其他金融组织与借款人（不包括银行同业拆借）所签订的合同，以及只填开借据并作为合同使用、取得银行借款的借据。

（9）财产保险合同

该税目包括财产、责任、保证、信用保险合同，以及作为合同使用的单据。

（10）技术合同

该税目包括技术开发、转让、咨询、服务等合同，以及作为合同使用的单据。

技术转让合同包括专利申请权转让、专利实施许可和非专利技术转让。

技术咨询合同是当事人就有关项目的分析、论证、预测和调查订立的技术合同。但一般的法律、会计、审计等方面的咨询不属于技术咨询，其所立合同不贴印花。

（11）产权转移书据

该税目包括财产所有权和版权、商标专用权、专利权、专有技术使用权等转移书据和土地使用权出让合同、土地使用权转让合同、商品房销售合同等权力转移合同。

所谓产权转移书据，是指单位和个人为产权的买卖、继承、赠与、交换、分割等所立的书据。财产所有权转移书据的征税范围是指经政府管理机关登记机关登记注册的动产、不动产的所有权转移所立的书据，以及企业股权转让所立的书据，并包括个人无偿赠送不动产所签订的"个人无偿赠与不动产登记表"。当纳税人完税后，税务机关（或其他征收机关）应在纳税人印花税完税凭证上加盖"个人无偿赠与"印章。

（12）营业账簿

该税目指单位或者个人记载生产经营活动的财务会计核算账簿。营业账簿按其反映内容的不同，可分为记载资金的账簿和其他账簿。

记载资金的账簿是指反映生产经营单位资本金数额增减变化的账簿，包括"实收资本"和"资本公积"账簿。其他账簿是指除上述账簿以外的有关其他生产经营活动内容的账簿，包括日记账簿和各明细分类账簿。

（13）权利、许可证照。

该税目包括政府部门发给的房屋产权证、工商营业执照、商标注册证、专利证、土地使用证。

2. 税率

印花税的税率有两种形式，即比例税率和定额税率。

（1）比例税率。在印花税税目中，各类合同以及具有合同性质的凭证（含以电子形式签订的各类应税凭证）、产权转移书据、营业账簿中记载资金的账簿，适用比例税率。

印花税的比例税率分为4个档次，分别是0.05‰、0.3‰、0.5‰和1‰。

① 适用0.05‰税率的为"借款合同"。

② 适用0.3‰税率的为"购销合同""建筑安装工程承包合同""技术合同"。

③ 适用0.5‰税率的为"加工承揽合同""建筑工程勘察设计合同""货物运输合同""产权转移书据""营业账簿"税目中记载资金的账簿。

④ 适用1‰税率的为"财产租赁合同""仓储保管合同""财产保险合同"。

⑤ 在上海证券交易所、深圳证券交易所、全国中小企业股份转让系统买卖、继承、赠与优先股所书立的股权转让书据，均依书立时实际成交金额，由出让方按1‰的税率计算缴纳证券（股票）交易印花税。

⑥ 在全国中小企业股份转让系统买卖、继承、赠与股票所书立的股权转让书据，依书立时实际成交金额，由出让方按1‰的税率计算缴纳证券（股票）交易印花税。

香港市场投资者通过沪港通买卖、继承、赠与上交所上市A股，按照内地现行税制规定缴纳证券（股票）交易印花税。内地投资者通过沪港通买卖、继承、赠与联交所上市股票，按照香港特别行政区现行税法规定缴纳印花税。

（2）定额税率。在印花税的13个税目中，"权利、许可证照"和"营业账簿"税目中的其他账簿，适用定额税率，均为按件贴花，税额为5元。印花税税目、税率如表9-10所示。

表9-10 印花税税目、税率表

序号	税 目	范 围	税 率	纳税人	说 明
1	购销合同	包括供应、预购、采购、购销结合及协作、调剂、补偿、易货等合同	按购销金额0.3‰贴花	立合同人	

序号	税 目	范 围	税 率	纳税人	说 明
2	加工承揽合同	包括加工、订做、修缮、修理、印刷广告、测绘、测试等合同	按加工或承揽收入0.5‰贴花	立合同人	
3	建设工程勘察设计合同	包括勘察、设计合同	按收取费用0.5‰贴花	立合同人	
4	建筑安装工程承包合同	包括建筑、安装工程承包合同	按承包金额0.3‰贴花	立合同人	
5	财产租赁合同	包括租赁房屋、船舶、飞机、机动车辆、机械、器具、设备等合同	按租赁金额1‰贴花。税额不足1元，按1元贴花	立合同人	
6	货物运输合同	包括民用航空运输、铁路运输、海上运输、内河运输、公路运输和联运合同	按运输费用0.5‰贴花	立合同人	单据作为合同使用的，按合同贴花
7	仓储保管合同	包括仓储、保管合同	按仓储保管费用1‰贴花	立合同人	仓单或栈单作为合同使用的，按合同贴花
8	借款合同	银行及其他金融组织和借款人（不包括银行同业拆借）所签订的借款合同	按借款金额0.05‰贴花	立合同人	单据作为合同使用的，按合同贴花
9	财产保险合同	包括财产、责任、保证、信用等保险合同	按收取保险费1‰贴花	立合同人	单据作为合同使用的，按合同贴花
10	技术合同	包括技术开发、转让、咨询、服务等合同	按所记载金额0.3‰贴花	立合同人	
11	产权转移书据	包括财产所有权和版权、商标专用权、专利权、专有技术使用权等转移书据、土地使用权出让合同、土地使用权转让合同、商品房销售合同	按所记载金额0.5‰贴花	立据人	
12	营业账簿	生产、经营用账册	按实收资本和资本公积的合计金额0.5‰贴花。其他账簿按件贴花5元	立账簿人	
13	权利、许可证照	包括政府部门发给的房屋产权证、工商营业执照、商标注册证、专利证、土地使用证	按件贴花5元	领受人	

（三）应纳税额的计算

1．计税依据的一般规定

印花税的计税依据为各种应税凭证上所记载的计税金额。具体规定如下。

（1）购销合同的计税依据为合同记载的购销金额。

（2）加工承揽合同的计税依据是加工或承揽收入的金额。

（3）建设工程勘察设计合同的计税依据为收取的费用。

（4）建筑安装工程承包合同的计税依据为承包金额。

（5）财产租赁合同的计税依据为租赁金额；经计算，税额不足 1 元的，按 1 元贴花。

（6）货物运输合同的计税依据为取得的运输费金额（即运费收入），不包括所运货物的金额、装卸费和保险费等。

（7）仓储保管合同的计税依据为收取的仓储保管费用。

（8）借款合同的计税依据为借款金额。针对实际借贷活动中不同的借款形式，税法规定了不同的计税方法。

（9）财产保险合同的计税依据为支付（收取）的保险费，不包括所保财产的金额。

（10）技术合同的计税依据为合同所载的价款、报酬或使用费。为了鼓励技术研究开发，对技术开发合同，只就合同所载的报酬金额计税，研究开发经费不作为计税依据。单对合同约定按研究开发经费一定比例作为报酬的，应按一定比例的报酬金额贴花。

（11）产权转移书据的计税依据为所载金额。

（12）营业账簿税目中记载资金的账簿的计税依据为"实收资本"与"资本公积"两项的合计金额。

其他账簿的计税依据为应税凭证件数。

（13）权利、许可证照的计税依据为应税凭证件数。

2．计税依据的特殊规定

（1）上述凭证以"金额""收入""费用"作为计税依据的，应当全额计税，不得作任何扣除。

（2）同一凭证，载有两个或两个以上经济事项而适用不同税目税率，如分别记载金额的，应分别计算应纳税额，相加后按合计税额贴花；如未分别记载金额的，按税率高的计税贴花。

3．应纳税额的计算

纳税人的应纳税额，根据应纳税凭证的性质，分别按比例税率或者定额税率计算，其计算公式如下。

应纳税额 = 应税凭证计税金额（或应税凭证件数）×适用税率

【例 9-17】某企业某年 5 月开业，当年发生以下有关业务事项：领受房屋产权证、工商营业执照、土地使用证各 1 件；与其他企业订立转移专用技术使用权书据 1 份，所载金额为 200 万元；订立产品购销合同 1 份，所载金额为 400 万元；订立借款合同 1 份，所载金额为 400 万元；企业记载资金的账簿中，"实收资本""资本公积"为 600 万元；其他营业账簿为 10 本。试计算该企业当年应缴纳的印花税税额。

（1）企业领受权利、许可证照应纳税额

应纳税额 = 3 × 5 = 15（元）

（2）企业订立产权转移书据应纳税额

应纳税额 = 2 000 000 × 0.5‰ = 1 000（元）

（3）企业订立购销合同应纳税额

应纳税额 = 4 000 000 × 0.3‰ = 1 200（元）

（4）企业订立借款合同应纳税额

应纳税额 = 4 000 000 × 0.05‰ = 200（元）

（5）企业记载资金的账簿

应纳税额 = 6 000 000 × 0.5‰ = 3 000（元）

（6）企业其他营业账簿应纳税额

应纳税额＝10×5＝50（元）

（7）当年企业应纳印花税税额

应纳税额＝15＋1 000＋1 200＋200＋3 000＋50＝5 465（元）

（四）税收优惠

税收优惠的主要内容如下。

（1）对已缴纳印花税凭证的副本或者抄本免税。凭证的正式签署本已按规定缴纳了印花税，其副本或者抄本对外不发生权利义务关系，只是留存备查。但以副本或者抄本视同正本使用的，则应另贴印花。

（2）对财产所有人将财产赠给政府、社会福利单位、学校所立的书据免税。所谓社会福利单位，是指扶养孤老伤残的社会福利单位。

对上述书据免税，旨在鼓励财产所有人这种有利于发展文化教育事业，造福社会的捐赠行为。

（3）对国家指定的收购部门与村民委员会、农民个人书立的农副产品收购合同免税。由于我国农副产品种类繁多，地区之间差异较大，随着经济发展，国家指定的收购部门也会有所变化。对此，印花税法授权省、自治区、直辖市主管税务机关根据当地实际情况，具体划定本地区"收购部门"和"农副产品"的范围。

（4）对无息、贴息贷款合同免税。无息、贴息贷款合同，是指我国的各专业银行按照国家金融政策发放的无息贷款，以及由各专业银行发放并按有关规定由财政部门或中国人民银行给予贴息的贷款项目所签订的贷款合同。一般情况下，无息、贴息贷款体现国家政策，满足特定时期的某种需要，其利息全部或者部分是由国家财政负担的，对这类合同征收印花税没有财政意义。

（5）对外国政府或者国际金融组织向我国政府及国家金融机构提供优惠贷款所书立的合同免税。该类合同是就具有援助性质的优惠贷款而成立的政府间协议，对其免税有利于引进和利用外资，以推动我国经济与社会的快速发展。

（6）对房地产管理部门与个人签订的用于生活居住的租赁合同免税。

（7）对农牧业保险合同免税。对该类合同免税，是为了支持农村保险事业的发展，减轻农牧业生产的负担。

（8）自2018年5月1日起，对按万分之五税率贴花的资金账簿减半征收印花税，对按件贴花五元的其他账簿免征印花税。

（五）征收管理

1．纳税方法

根据税额大小、贴花次数以及税收征收管理的需要，印花税分别采用以下3种纳税办法。

（1）自行贴花办法。

（2）汇贴或汇缴办法。

（3）委托代征办法。

2．纳税环节

印花税应当在书立或领受时贴花。具体是指在合同签订时、账簿启用时和证照领受时贴花。如果合同是在国外签订，并且不便在国外贴花的，应在将合同带入境时办理贴花纳税手续。

3．纳税地点

印花税一般实行就地纳税。对于全国性商品物资订货会（包括展销会、交易会等）上所签订合同应纳印花税，由纳税人回其所在地后及时办理贴花完税手续；对地方主办、不涉及省际关系的订货会、展销会上所签合同的印花税，其纳税地点由各省、自治区人民政府自行确定。

4．纳税申报

印花税的纳税人应按照条例的有关规定及时办理纳税申报，并如实填写《印花税纳税申报表》，如表9-11所示。

表9-11　印花税纳税申报表

填表日期　　　　　　　　　　　　　　　　　　年　月　日

纳税人识别号：　　　　　　　　　　　　　　　　　　金额单位：元至角分

纳税人名称					纳税所属时期					
应税凭证名称	件数	计税金额	使用税率	应税税额	已纳税额	应补（退）税额	贴花情况			
							上期结存	本期购进	本期贴花	本期结存
1	2	3	4	5＝2×4 或 5＝3×4	6	7＝5-6	8	9	10	11＝8+9-10

如纳税人填报，由纳税人填写以下各栏		如委托代理人填报，由代理人填写以下各栏			备注
会计主管（签章）	纳税人（公章）	代理人名称		代理人（公章）	
		代理人地址			
		经办人姓名	电话		
以下由税务机关填写					
收到申报表日期			接收人		

二、印花税会计核算

（一）印花税会计科目设置

1．"应交税费——应交印花税"科目

为了正确、及时地反映企业应缴印花税相关涉税事项，纳税人应在"应交税费"科目下设置"应交印花税"明细科目进行会计处理。该明细科目采用三栏式账户记账，贷方核算企业按规定应缴的印花税，借方核算企业实际缴纳的印花税；期末，贷方余额表示尚未缴纳的印花税，借方余额表示企业多缴的印花税。

2．"税金及附加"科目

为了反映企业上缴的印花税等，还应设置"税金及附加"科目。该科目核算企业应缴的房产税、土地使用税、车船税和印花税等。

企业计算应缴印花税时，借记"税金及附加"，贷记"应交税费——应交印花税"；实际缴纳时，借记"应交税费——应交印花税"，贷记"银行存款"；期末，应将"税金及附加"科目的余额转入"本年利润"科目。结转后，本科目无余额。

（二）印花税会计处理

企业按季度缴纳印花税，应在"税金及附加"账户中据实列支。

【例9-18】某公司2017年2月份增加实收资本1 000万元，一季度签订购销合同2 000万元，会计账本20本。

会计处理如下。

（1）3月末计提印花税时

　　增加实收资本应纳印花税税额=10 000 000×0.5‰=5 000（元）

　　签订购销合同应纳印花税税额=20 000 000×0.3‰=6 000（元）

　　会计账簿应纳印花税税额=20×5=100（元）

　　应纳印花税税额=5 000+6 000+100=11 100（元）

借：税金及附加　　　　　　　　　　　　　　　　　　　　　11 100
　　　贷：应交税费——应交印花税　　　　　　　　　　　　　　　11 100

该业务记账凭证后附：应交印花税计算表1张。

（2）4月实际缴纳印花税时

借：应交税费——应交印花税　　　　　　　　　　　　　　　11 100
　　　贷：银行存款　　　　　　　　　　　　　　　　　　　　　　11 100

该业务记账凭证后附：税收缴款书1张。

思考题

1. 如何进行房产税的会计处理？
2. 如何进行城镇土地使用税的会计处理？
3. 如何进行契税的会计处理？
4. 如何进行耕地占用税的会计处理？
5. 如何进行车辆购置税的会计处理？
6. 如何进行车船税的会计处理？
7. 如何进行印花税的会计处理？

参考文献

[1] 中国注册会计师协会. 税法[M]. 北京：经济科学出版社，2017.

[2] 国家税务总局网站.

[3] 全国注册税务师执业资格考试教材编写组.税法（Ⅰ）[M]. 北京：中国税务出版社，2017.

[4] 全国注册税务师执业资格考试教材编写组.税法（Ⅱ）[M]. 北京：中国税务出版社，2017.

[5] 盖地. 税务会计学（第9版）[M]. 北京：中国人民大学出版社，2017.

[6] 刘永泽，陈立军. 中级财务会计（第3版）[M]. 大连：东北财经大学出版社，2014.